2003

《中国农村统计年鉴－－2003》

编辑委员会

中国农村统计年鉴

China Rural Statistical Yearbook

国家统计局农村社会经济调查总队 编

中国统计出版社
China Statistics Press

(京)新登字 041 号

图书在版编目(CIP)数据

中国农村统计年鉴—2003
/国家统计局农村社会经济调查总队编.
-北京：中国统计出版社，2003.10
ISBN 7-5037-4252-6

Ⅰ.中…
Ⅱ.国…
Ⅲ.农业统计-统计资料-中国-2003-年鉴
Ⅳ.F322-66

中国版本图书馆 CIP 数据核字(2003)第 085199 号

中国农村统计年鉴—2003

作　　者/ 国家统计局农村社会经济调查总队
责任编辑/ 杨映霜
E-mail / cbsebs@stats.gov.cn
封面设计/ 张建民
出版发行/ 中国统计出版社
通信地址/ 北京市西城区月坛南街 75 号
邮政编码/ 100826
办公地址/ 北京市丰台区西三环南路甲 6 号
电　　话/(010) 63459084　63266600-22500(发行部)
印　　刷/ 科伦克三莱印务（北京）有限公司
经　　销/ 新华书店
开　　本/ 880 × 1230 毫米　1/16
字　　数/ 820 千字
印　　张/ 28
印　　数/ 1-2500 册
版　　别/ 2003 年 10 月第 1 版
版　　次/ 2003 年 10 月北京第 1 次印刷
书　　号/ ISBN 7-5037-4252-6/F·1735
定　　价/ 108.00 元

编者说明

《中国农村统计年鉴—2003》由17章组成：1、发展综述；2、综合与概要；3、农村基本情况与农业生产条件；4、农业生态与环境；5、农村投资；6、农林牧渔业产值、中间消耗及增加值；7、主要农产品种植面积与产量；8、农村市场与价格；9、农产品进出口；10、农产品成本与效益；11、农民收入与消费；12、农村文教、卫生、及其他事业；13、国营农场；14、区域农村经济；15、各地区主要农村经济指标排序；16、国外主要农业指标；17、《如何使用农村统计年鉴》。与2002年版相比，今年对第八章和第十章内容作了适当调整，在第八章增加了农产品生产者价格统计资料，在第十章农产品成本资料中删除了部分品种，同时将每一个品种增加了历史年份的数据。

《中国农村统计年鉴—2003》收录了2002年农村社会经济统计资料及建国以后各关键历史年份全国主要统计数据。本年鉴中所涉及的全国性数据均未包括我国台湾省及港、澳地区。

《中国农村统计年鉴—2003》第十章中，2002年税金按费改税后的口径计算。已实行费改税的地区按照农业税及附加的实际数额填报，尚未实行的地区按原口径的税金与村提留、乡统筹之和的70%计算。为与2002年数据保持可比性，对2001年及以前的税金相应作了调整，调整后的税金等于原口径的税金与村提留、乡统筹之和。

《中国农村统计年鉴—2003》第十四章第一部分资料，仅包括县和县级市部分，没有包括市辖区部分资料。由于行政区划的调整和部分单位数据的修正，本书对这些区域的农村经济历史数据也作了相应调整。

《中国农村统计年鉴—2003》中的符号："..."表示数据不足本表最小单位；"空格"表示缺或无该项数据；"#"表示其中项，未标年份的数据均为2002年数据。

在本书的编辑过程中，得到了国务院有关部门、各省、自治区、直辖市农调队、统计局农村处的大力支持，在此谨致谢意！

目录

一、发展综述

二、综合与概要

三、农村基本情况与农业生产条件

四、农业生态与环境

五、农村投资

六、农林牧渔业总产值、中间消耗及增加值

七、主要农产品种植面积与产量

八、农村市场与物价

九、农产品进出口

十、农产品成本与收益

十一、农村居民收入与消费

十二、农村文化、教育、卫生及其他事业

十三、国营农场

十四、区域农村经济

十五、各地区主要农村经济指标排序

十六、国外主要农业指标

十七、如何使用农村统计年鉴

1 发展综述

2002 年农业和农村经济发展综述

2002 年我国农业和农村经济面对加入世贸组织后的新形势，以增加农民收入为目标，认真落实党在农村的各项方针、政策，积极推进农业和农村经济结构战略性调整，农业生产在结构调整中保持平稳发展；粮食等主要农产品供给充裕，市场价格总体呈稳中有降的走势；农产品进出品贸易额双双增长；农民收入增速进一步回升；农村固定资产投资保持稳定增长。

主要农产品生产

2002 年我国农业适应市场需求调整生产结构和布局，优质农产品比重提高，农业生产平稳发展，多数农产品比上年有不同程度的增长，初步测算全年农业增加值比上年增长 2.9%，增速比上年提高 0.1 个百分点。

1. 粮食总产量为 45706 万吨（9141 亿斤），增长 1%

2002 年粮食生产主要特点：一是夏粮减产、早稻减产、秋粮增产，全年增产。夏粮、早稻因面积调减，单产下降，分别减产 312 万吨（62 亿斤）和 371 万吨（74 亿斤）。秋粮因单产提高，产量增加 1126 万吨（225 亿斤）。二是实行粮食购销体制改革的八个粮食主销区粮食产量比上年减少 396 万吨（79 亿斤），下降 5.6%；而粮食主产区河北、内蒙古、辽宁、吉林、黑龙江、江苏、安徽、江西、山东、河南、湖南、湖北、四川粮食产量增加 535 万吨（107 亿斤），增长 1.7%。

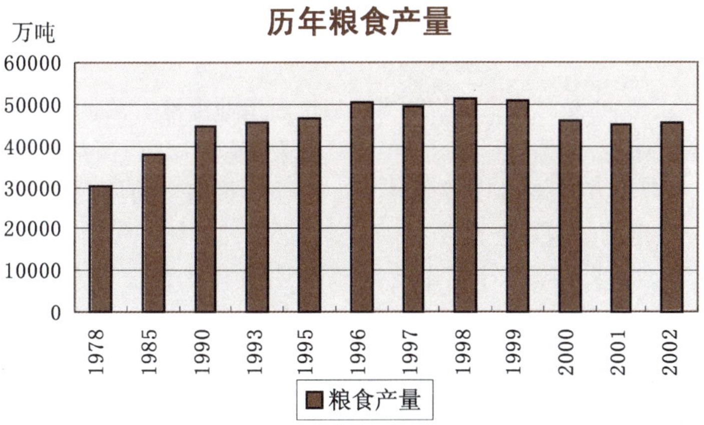

2. 油料、糖料、水果增产，棉花减产

2002 年全国油菜籽产量减少 78 万吨，但秋季油料花生、芝麻和向日葵等产量增加，全年油料总产量为 2897 万吨，比上年增长 1.1%；糖料产量 10293 万吨，比上年增长 18.9%。水果产量 6952 万吨，比上年增长 4.4%；蔬菜生产在提高品质的基础上继续扩大种植面积达 1735 万公顷，比上年增长 5.8%。

棉花因种植面积调减而减产。2002 年棉花种植面积比上年减少 13%，棉花产量为 492 万吨，比上年减少 7.7%。

3. 畜牧和水产养殖业继续保持平稳发展

生猪生产基本稳定。尽管 2002 年活猪价格低于上年，但由于玉米和饲料价格下跌，养猪业效益高于上年。2002 年猪粮比为 5.53，比上年提高了 4.4%。牛、羊和家禽生产继续保持快速发展。全年肉类总产量 6587 万吨，比上年增长 4%。

近年来，渔业生产注重保护生态资源，海洋捕捞作业量减少，水产养殖业结构和区域布局的调整步伐加快，水产品产量稳定增长。全年水产品产量达到 4565 万吨，比上年增长 4.2%。

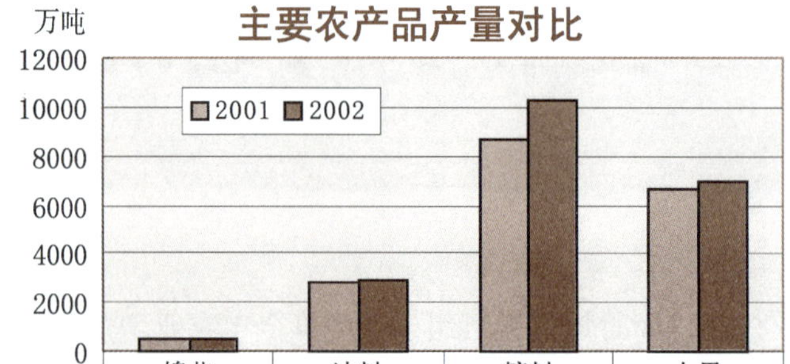

	棉花	油料	糖料	水果
2001	532.4	2864.9	8655	6658
2002	491.6	2897.2	10293	6952

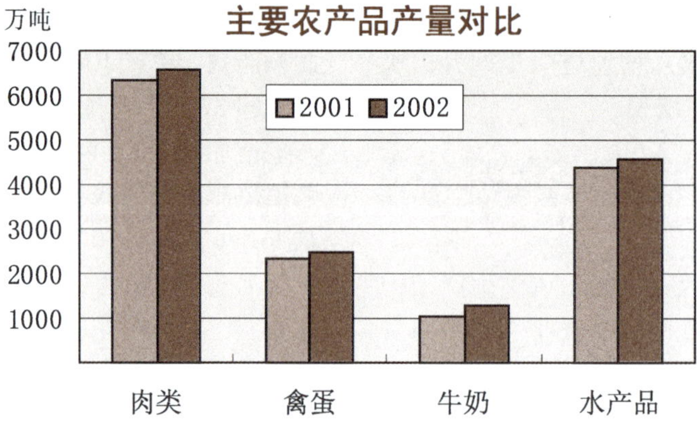

农产品价格与市场

1. 农产品市场供给充裕

2002 年粮食产量 45706 万吨（9141 亿斤），从当年看粮食产需存在一定的缺口，但由于我国粮食库存仍比较充足，粮食总供给量大于需求量。2002 年棉花产量为 492 万吨，比上年减少 7.7%；棉花需求因纺织品出口形势好、国内棉花加工能力扩大迅速上升，棉花的需求量扩大。但由于棉花库存量仍然较多，产需之间的缺口可以通过库存来弥补。油料增产，加上 2002 年进口大豆在 1000 万吨以上，总量供求平衡。肉、蛋、奶、水产品、蔬菜等农副产品生产稳定增长，市场供给充裕。

2. 农产品价格在低位徘徊

由于粮食等主要农产品供大于求，所以农产品价格仍在低位徘徊。据全国 120 个县集贸市场农产品价格调查显示，2002 年大多数农产品市场平均价格低于上年水平。粮食价格低迷，稻谷、小麦和玉米全年平均价格分别比上年下降 4%、3.5%、4.8%；大豆年末价格高于上年同期，但全年平均价格比上年下降 2.3%。棉花价格在 1—8 月份比较平稳，呈小幅波动的走势，但新棉上市后迅速上涨，第四季度的平均价格比上年同期上升 35.0%。食用油全年平均价格较上年走低，下半年价格全面回升。畜产品中猪肉全年平均价格下降 3.3%。牛羊肉价格双双走高，四季度价格明显高于前三季度。牛肉全年平均价格上涨 6.3%；羊肉全年平均价格上涨近 4.0%。鸡蛋全年平均价格上涨 4.5%。

农产品进出口

2002 年，我国农产品进出口值双增长。农产品进出口总值 305.9 亿美元，比上年增长 9.6%。其中，出口值为 181.4 亿美元，增长 12.9%；进口值为 124.4 亿美元，增长 5.1%。农产品贸易顺差扩大到 57 亿美元，比上年增长 34.8%。

1. 粮食出口大幅度增加，进口有所减少

2002 年我国粮食（不包括大豆）出口 1483.7 万吨，比上年增长 69.2%；进口 285.1 万吨，下降 17.2%；粮食净出口 1198.6 万吨，增长 125%。

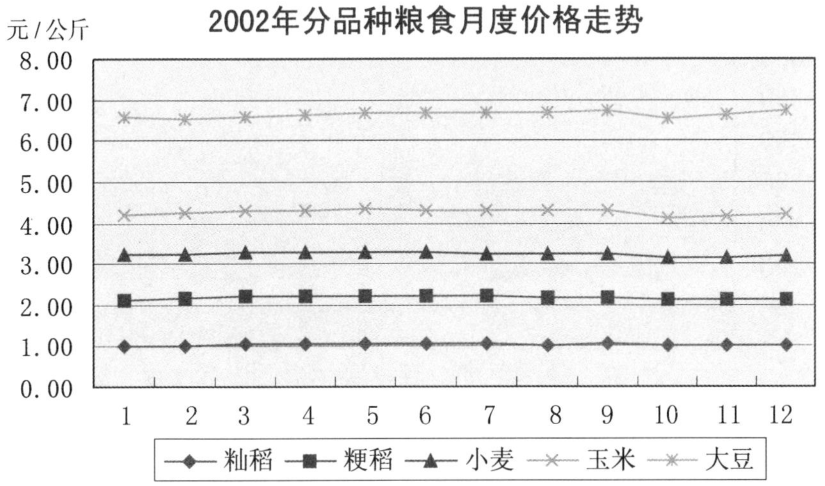

2002年我国粮食出口值为17.2亿美元，增长56%；进口值为5亿美元，下降22%。粮食贸易顺差12.3亿美元，增长162%。

大米：2002年出口量199万吨，比上年增长6.4%；进口量23.8万吨，下降18.9%；净出口175.2万吨，增长11.1%。**玉米**：2002年出口量1167.5万吨，比上年增长94.6%；进口量由上年的3.9万吨减少到0.8万吨，下降79.7%；净出口1166.7万吨，增长95.7%。**小麦**:2002年出口量97.7万吨，比上年增长37%；进口量63.2万吨，下降14.5%；由上年净进口2.6万吨转变成净出口34.5万吨。**大麦**：2002年进口量190.7万吨，比上年下降19.5%。

2. 油料进口有所减少，出口增加；食用植物油进口大幅度增加，出口有所减少

油料：2002年进口量1194.3万吨，比上年下降23.8%；出口量121.1万吨，增长12.1%。其中，大豆进口量1131.5万吨，下降18.8%；出口量30.5万吨，增长16.4%。油菜籽进口量61.8万吨，下降64.1%，进口值1.5亿美元，下降60.8%。**食用植物油**：2002年进口量321.2万吨，比上年增长91.7%；出口量9.8万吨，下降27.2%；净进口311.4万吨，增长102%。其中豆油进口87万吨，增长11.5倍，出口4.7万吨，下降20.5%；油菜籽进口61.8万吨，下降64.1%；花生油出口77万吨，增长8.9%；棕榈油进口222.1万吨，增长46.3%。

3. 棉花进出口双增长；食糖出口增长，进口略减；除畜产品外，蔬菜、水果和水产品出口量均保持了增长势头；除蔬菜外，水果、畜产品和水产品进口量均增加。畜产品贸易顺差减少，水产品贸易顺差增加

棉花：2002年出口量为15.9万吨，比上年增长164.9%；进口量20.8万吨，增长84.8%；净进口4.9万吨，下降6.7%。**食糖**：2002年出口量为32.6万吨，比上年增长66.6%；进口量118.3万吨，下降1.3%。净进口85.7万吨，下降14.5%。**蔬菜**：2002年出口量为465.7万吨，比上年增长18.3%；进口量9.1万吨，下降5.6%。净出口456.7万吨，增长18.9%。**水果**：2002年出口量199.4万吨，比上年增长34.6%；进口量94.6万吨，增长9%。净出口104.8万吨，增长70.8%。**畜产品**：受欧盟全面禁止进口我国动物源性食品的影响，2002年我国畜产品出口28.3亿美元，比上年下降3.7%；进口21.8亿美元，增长7.8%。贸易顺差6.5亿美元，下降29.1%。**水产品**：2002年水产品出口值46.9亿美元，增长12%；进口值22.7亿美元，增长21%。贸易顺差24.2亿美元，增长4.9%。

农民收入与消费

根据对全国31个省（区、市）6.8万农村住户的抽样调查，2002年农村居民人均纯收入为2476元，比上年同期增加109元，扣除价格因素的影响，实际增长4.8%。主要特点是：

1. 农村居民收入增长主要靠外出务工

2002年，农村居民务工得到的收入人均为438.2元，比上年同期增加45.6元，增长11.6%。务工收入增加对全年农村居民人均纯收入增长的

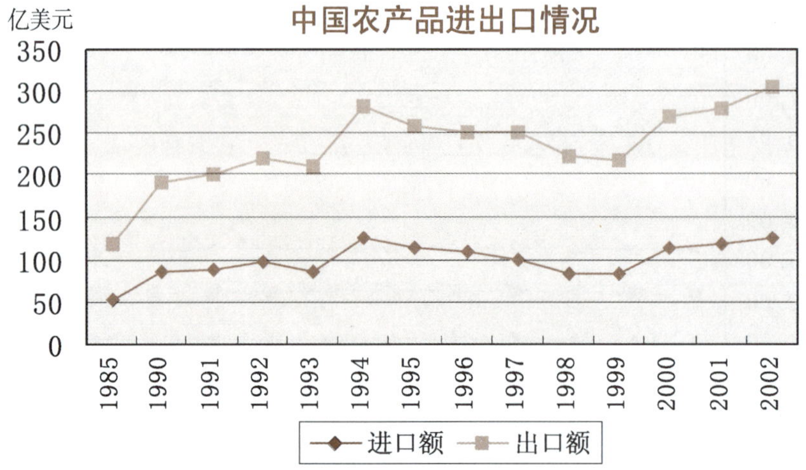

贡献率为41.8%。2002年农村居民外出务工、本乡打工得到的收入分别为298元、140元，分别比上年同期增加33元、13元，分别增长12%、10%。打工收入增长主要是由于农村居民外出打工人数继续大幅度增加。2002年外出打工人数增加了12.2%，有近17%的农村劳动力外出务过工，其中75%的外出劳动力在外打工或从业时间在6个月以上。

2. 农村居民家庭从事农业生产经营得到的收入保持稳定

2001年，由于粮食价格的回升，农村居民从事农业生产经营得到的收入扭转了持续三年下降的局面，2002年，在粮食、生猪等主要农产品价格下降的情况下，农村居民从事农业生产经营得到的收入保持了稳定。2002年农村居民从事农业生产经营得到的收入人均为1135元，比上年增加8.5元，增长0.8%。农业收入之所以能保持稳定，主要得益于林业和渔业收入适度增长。在2002年农村居民的农业收入中，种植业收入人均808元，比上年下降0.2%；牧业收入211元，下降0.6%；林业收入26元，比上年增长15.5%；渔业收入32元，增长11.5%；其它农业收入59元，增长近5%。

3. 农村居民家庭从事二三产业生产经营的收入平稳增长

近年来，农村居民从事二三产业生产经营得到的收入保持了持续平稳增长的局面。2002年，从事二三产业生产经营得到的收入人均为351.5元，比上年增加18.5元，增长5.5%。

4. 农村居民税费负担进一步减轻

2002年，农村居民的税费负担人均为78.7元，比上年减少12.5元，下降13.7%，税费负担占当年农村居民人均纯收入的比重为3.2%。由于税费负担下降，直接拉动农村居民收入增长0.5个百分点。

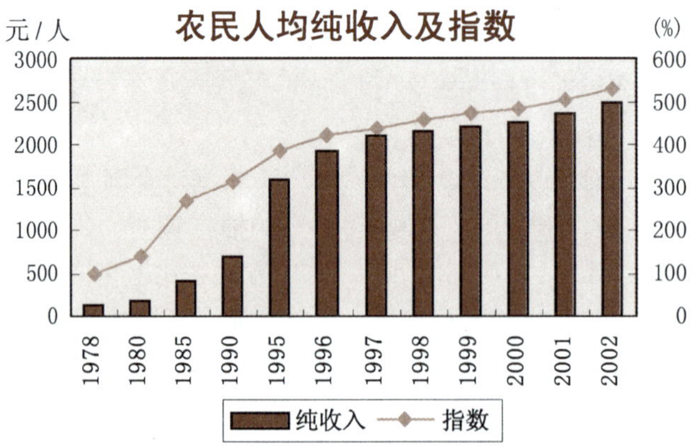

注：指数以1978年为100。

2001、2002年农村居民收入增长速度回升，2001年增长4.2%，增速比上年回升2.1个百分点，2002年增长4.8%，增速比上年回升0.6个百分点。农村居民收入由增速持续下降到连续两年回升，这种变化主要得益于以下几方面：一是农村居民经营农业得到的收入持续下降局面基本扭转。1998年以来，受农产品市场价格持续下降的影响，农村居民经营农业得到的收入连续三年下降。2001年农村居民经营农业得到的收入为1126元，比上年增加48元，增长4.2%；2002年为1135元，比上年增加8.5元，增长0.8%。二是工资性收入持续增长。农村居民的工资性收入由1997年的人均515元提高到2002年的840元，平均每年增加65元，年均增长10.3%，对农村居民收入增长的贡献率达84%。包括在乡镇企业就业收入、在本地务工收入和外出打工收入的工资性收入，已成为农村居民收入增长的主要来源。三是农村居民税费负担明显减轻。自农村经济体制改革以来，农村居民的税费负担逐年增加，增长速度快于收入增长的速度，税费负担逐年加重。1997年，农村居民的税费负担达到历史最高点，人均为108元，税费负担占当年农村居民人均纯收入的比重达5.2%。1998年后，农村居民的税费负担开始逐年下降，且下降的幅度逐年增大，农村居民税费负担明显减轻。2002年，农村居民的税费负担人均为78.7元，比1997年减少29.3元，平均每年减少5.9元。

2002年农村居民生活消费支出人均为1834.3元，比上年同期增加93.2元，考虑价格下降因素的影响，实际增长5.8 %，增速提高2.4个百分点。主要情况是：

1. 食品消费

2002年农村居民的食品支出人均848.4元，比上年增加16元，增长1.9%。食品支出占生活消费支出的比重（恩格尔系数）为46.2%，比上年下降1.5个百分点。其中，在外饮食支出人均为89.6元，比上年增加15元，增长20.1%。

2. 住房支出

2002年农村居民的住房支出人均为300.2元，比上年增加21.1元，增长7.6%。2002年末人均住房面积26.5平方米，比上年增加0.8平方米，增长3.1%。其中，钢筋混凝土结构面积为7.7平方米，比上年增长10.8%。

3. 交通、通讯费支出

2002年农村居民交通、通讯费支出人均为128.5元，比上年增加19.7元，增长18.1%。其中，购买交通和通讯工具支出人均分别比上年增长17.6%和23%。2002年农村居民每百户拥有摩托车28.1辆，比上年增加3.4辆；移动电话13.7部，比上年增加5.6部。

4. 文教娱乐费支出

2002年农村居民用于文教娱乐用品及服务支出人均为210.3元，比上年增加17.7元，增长9.2%。其中，学杂费支出人均为160.1元，比上年增加14.9元，增长10.2%。学杂费支出增加额占农村居民生活消费支出增加额的16%。

5. 家庭设备及用品支出

2002年农村居民用于家庭设备用品及服务的支出为80.4元，比上年增加3.4元，增长4.4%。其中，购买耐用消费品的支出人均为28.8元，比上年增加3.1元，增长12%。2002年末农村居民每百户拥有电冰箱14.8台，比上年增加1.3台；洗衣机31.8台，比上年增加1.9台；电风扇134.3台，比上年增加4.8台。

6. 医疗保健支出

2002年农村居民用于医疗保健的支出人均为103.9元，比上年增加7.3元，增长7.6%。

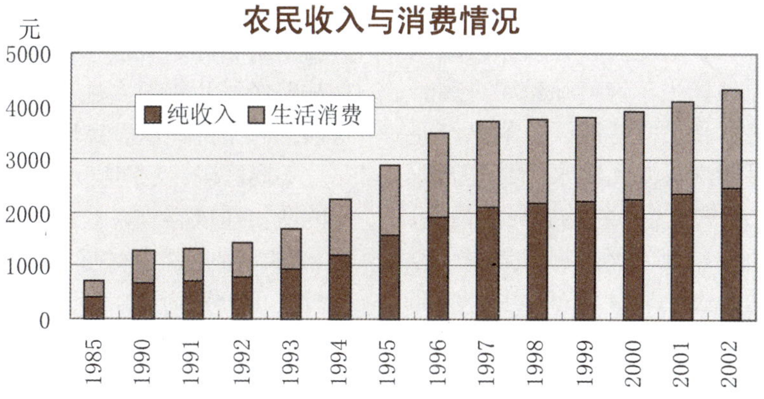

农村固定资产投资增长较快

2002年全国农村固定资产投资达8013亿元，比上年增长11.1%，增速比上年提高3.4个百分点。其中非农户投资为4853亿元，增长14.6%；农户投资为3160亿元，增长6.2%。

农村固定资产投资增长主要得益于三个方面：一是2002年乡镇企业固定资产投资增速加快。二是各地撤乡并镇工作进展较快，带动了新镇区的规划建设和投资。三是国家继续加大水利等基建投资。据调查，湖北、湖南等临近江河湖泊的地区加大水利建设；河北、内蒙古防风治沙工程已先后开工；为治理生态环境，西部退耕还林、还草投资扩大。

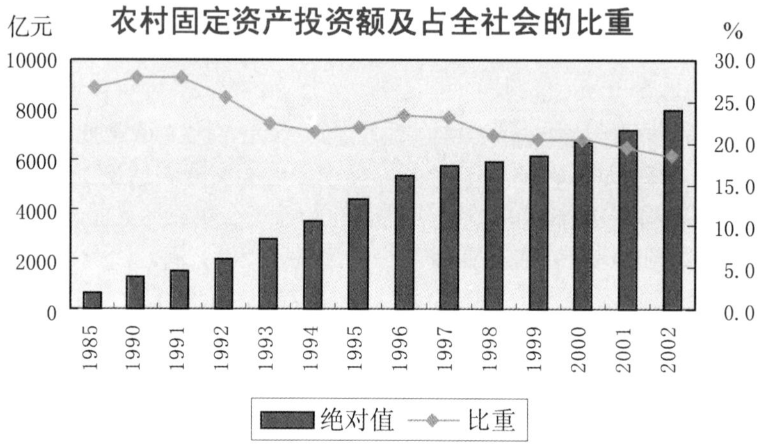

农村区域经济

近几年来，伴随着西部大开发战略实施和农村税费改革试点工作范围的扩大，2002年我国不同区域农村经济发展也出现了一些新的特点。

1. 农业向优势产区集中，加快了中、西部地区农业的发展步伐

随着农业生产结构战略性调整不断深化，农产品区域化布局进程加快，各具优势的农作物种植带、产业带逐步形成。江西、湖南、广东、广西四省优质早稻面积占全国优质早稻面积的78%；河北、山东、河南三省优质专用小麦面积约占全国的50%；东北三省优质玉米、大豆种植面积分别占全国的41%和63%。除种植业生产向优势区域集中外，畜牧、水产业和林果业区域调整步伐加快，如中原地区牛羊肉产业带，"三北"地区奶业产业带，陕西和渤海湾地区的苹果产业带，沿海及重要江河湖泊流域优质水产品等产业带正加紧建设。近几年农业生产结构布局的调整，极大地促进了农业生产稳定发展，特别是中、西部地区农业发展速度加快。2002年东、中、西部地区农业总产值为13311亿元、9242亿元、4838亿元，分别比上年实际增长4.4%、5.3%、5.8%。中、西部地区的农业增长速度均高于东部地区，中部和西部地区农业总产值占全国的比重比上年提高0.4个百分点。

2. 东、中、西部地区农村居民收入和消费增长有所变化

根据国家统计局对全国31个省（区、市）6.8万个农户的抽样调查，2002年东、中、西部农民人均纯收入为3404元、2275元、1766元。分别比上年增长5.3%、5.2%、6.3 %。西部地区增速快于东部地区和中部地区。东部、中部与西部之间农民收入的比例关系（以西部为1）由上年1.94：1.30：1缩小为1.93：1.29：1，西部农民收入与东部和中部的差距缩小。西部地区农民收入增长速度快于东部地区和中部地区，一方面是由于其基数低于东部，另一方面西部大开发战略经过几年的实施和农村税费改革试点扩大对西部和中部地区农民增收减负起到一定的作用。

不同区域、不同收入层次农村居民生活消费支出的增长速度存在一定的差异。从东中西部地区看，2002年东、中、西部地区农村居民人均生活消费支出分别为2344元、1659.7元和1381.8元，分别比上年增长4.7%、5.4%和4.5%。居民消费支出增速比上年提高1.7个百分点，西部地区农村居民消费支出增速比上年提高0.6个百分点，而东部地区农村居民消费支出增速比上年下降1.1个百分点。

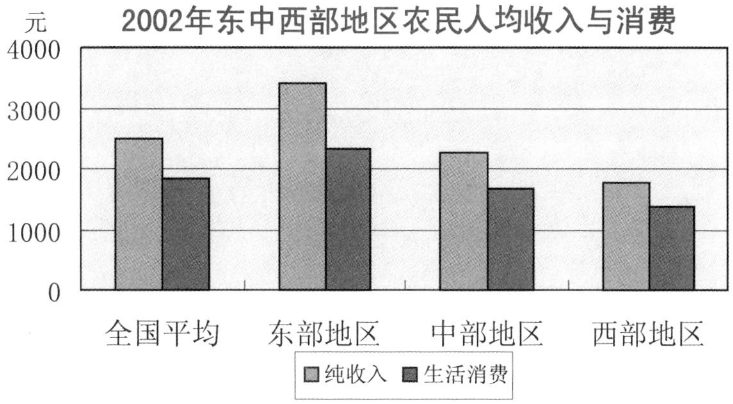

尽管2002年东、中、西部地区农业和农村经济发展出现了一些积极的变化，但由于受自然条件、地理位置、社会发展水平等多方面因素的影响，东、中、西部地区横向之间发展差距不可能在短期内消除，需要几代人坚持不懈的努力，才能取得明显成效。

2

综合与概要

2—1 农村经济主要指标

	单位	1995年	2000年	2001年	2002年	2002年为2001年%
一、年末乡村总人口	万人	91674.6	92819.7	93382.9	93502.5	100.1
二、年末乡村从业人员	万人	45041.8	47962.1	48228.9	48526.9	100.6
三、农业机械总动力	亿瓦特	3611.8	5257.4	5517.2	5793.0	105.0
四、农林牧渔业总产值	亿元	20340.9	24915.8	26179.6	27390.8	104.6
五、农林牧渔业增加值	亿元	11993.4	14628.1	15411.9	16117.3	104.6
六、农村固定资产投资完成额	亿元		6695.9	7212.3	8011.1	111.1
#农业	亿元		815.6	903.6	1036.5	114.7
#制造业	亿元		1901.0	2315.3	2718.5	117.4
#建筑业	亿元		640.6	310.8	339.2	109.1
#交通运输仓储及邮电通信业	亿元		350.5	373.4	511.9	137.1
#批发零售贸易餐饮业	亿元		123.9	163.0	159.9	98.1
七、主要农产品产量						
1. 粮食	万吨	46661.8	46217.5	45263.7	45705.8	101.0
2. 棉花	万吨	476.8	441.7	532.4	491.6	92.3
3. 油料	万吨	2250.3	2954.8	2864.8	2897.2	101.1
4. 糖料	万吨	7940.1	7635.3	8655.0	10292.7	118.9
5. 黄红麻	万吨	37.1	12.6	10.6	15.9	150.0
6. 烤烟	万吨	207.2	223.8	204.5	213.5	104.4
7. 猪牛羊肉	万吨	4265.3	4838.2	5026.1	5227.9	104.0
8. 牛奶	万吨	576.4	827.4	1025.5	1299.8	126.7
9. 禽蛋	万吨	1676.7	2243.3	2336.7	2462.7	105.4
10. 水产品	万吨	2517.2	4278.5	4381.3	4564.5	104.2
11. 水果	万吨	4214.6	6225.1	6658.0	6952.0	104.4
八、农村物价总指数（上年＝100）						
1. 农产品生产价格总指数	%	119.9	96.4	103.1	99.7	
2. 农村商品零售价格指数	%	116.4	98.5	99.6	99.1	
3. 农业生产资料价格指数	%	127.4	99.1	99.1	100.5	
4. 农村居民消费价格指数	%	117.5	99.9	100.8	99.6	
九、农村居民人均纯收入	元	1577.7	2253.4	2366.4	2475.6	104.6
农村居民人均生活消费支出	元	1310.4	1670.1	1741.1	1834.3	105.4
十、农村教育、卫生						
1. 在校学生数						
普通中学	万人	2773.0	3586.3	3279.3	3295.4	100.5
普通小学	万人	9306.2	8503.7	8604.8	8141.7	94.6
农民高等学校	人	966	800	800	1000	125.0
农民中等专业学校	人	191769	164793	126600	92056	72.7
农民技术培训学校	万人	4948.7	6209.6	6417.1	5752.6	89.6
2. 卫生院床位数	万张	73.3	73.5	74.0	67.1	90.7
卫生技术人员	万人	91.9	102.6	102.8	91.4	88.9

注：1. 建筑业投资统计口径有调整，不含农户建房投资。
2. 2000年以前农产品生产价格总指数为农副产品收购价格指数。
3. 本表增长率均为名义增长率。

2－2 按人口平均的主要农产品产量

单位:公斤/人

	粮食	棉花	油料	糖料	猪牛羊肉	水产品
1949	208.9	0.8	4.7	5.2		0.8
1952	288.1	2.3	7.4	13.4		2.9
1957	306.0	2.6	6.6	18.7		4.9
1962	240.3	1.1	3.0	5.7		3.4
1965	272.0	2.9	5.1	21.5		4.2
1970	293.2	2.8	4.6	19.0		3.9
1975	310.5	2.6	4.9	20.9		4.8
1978	318.7	2.3	5.5	24.9		4.9
1979	342.7	2.3	6.6	25.4		4.4
1980	326.7	2.8	7.8	29.7		4.6
1981	327.0	3.0	10.3	36.2		4.6
1982	351.5	3.6	11.7	43.2		5.1
1983	378.5	4.5	10.3	39.4		5.3
1984	392.8	6.0	11.5	46.1		6.0
1985	360.7	3.9	15.0	57.5		6.7
1986	367.0	3.3	13.8	54.9		7.7
1987	371.7	3.9	14.1	51.2		8.8
1988	357.7	3.8	12.0	56.2		9.6
1989	364.3	3.4	11.6	51.9		10.3
1990	393.1	4.0	14.2	63.6		10.9
1991	378.3	4.9	14.2	73.2		11.7
1992	380.0	3.9	14.1	75.6		13.4
1993	387.4	3.2	15.3	64.7		15.5
1994	373.5	3.6	16.7	61.3		17.9
1995	378.4	3.8	17.6	63.4		19.3
1996	414.1	3.5	18.2	68.7	30.3	23.1
1997	401.7	3.7	17.5	76.3	33.2	29.3
1998	412.4	3.6	18.6	78.8	37.0	31.4
1999	405.5	3.1	20.7	66.5	38.0	32.9
2000	366.1	3.5	23.4	60.5	38.3	33.9
2001	355.9	4.2	22.5	68.1	39.5	34.4
2002	357.0	3.8	22.6	80.4	40.8	35.6

注:按年平均人口计算。

2－2 续表

	黄红麻	烤烟	水果	牛奶	禽蛋	茶叶
1952	0.3	0.4	4.3			0.14
1957	0.2	0.4	5.1			0.18
1962	0.1	0.2	4.1			0.11
1965		0.5	4.5			0.14
1970	0.2	0.5	4.6			0.17
1975	0.4	0.8	5.9	1.0		0.23
1978	0.6	1.1	6.9	0.9		0.28
1980	0.6	0.7	6.9	1.2		0.31
1985	2.0	2.0	11.1	2.4	5.1	0.41
1986	0.7	1.3	12.6	2.7	5.2	0.43
1987	0.5	1.5	15.4	3.0	5.4	0.47
1988	0.5	2.1	15.1	3.1	6.3	0.49
1989	0.6	2.2	16.4	3.4	6.4	0.48
1990	0.6	2.0	16.5	3.7	7.0	0.48
1991	0.4	2.3	18.9	4.0	8.0	0.47
1992	0.5	2.7	20.9	4.3	8.7	0.48
1993	0.6	2.6	25.6	4.2	10.0	0.51
1994	0.6	2.5	29.4	4.4	12.4	0.49
1995	0.3	1.7	32.0	4.6	13.1	0.49
1996	0.3	2.4	38.2	5.2	16.0	0.49
1997	0.3	3.2	41.4	5.4	17.3	0.50
1998	0.2	1.7	43.9	6.0	16.2	0.54
1999	0.1	1.7	49.8	5.7	17.0	0.54
2000	0.1	1.8	49.3	6.6	17.8	0.54
2001	0.1	1.6	52.3	8.1	18.3	0.55
2002	0.1	1.7	54.3	10.2	19.2	0.58

2—3　农村经济在国民经济中的地位

单位:亿元、%

	国内生产总值	#第一产业	所占比重	社会消费品零售额	#县及县以下	所占比重
1952	679.0	342.9	50.5	276.8		
1957	1068.0	430.0	40.3	474.2		
1962	1149.3	453.1	39.4	604.0		
1965	1716.1	651.1	37.9	670.3		
1970	2252.7	793.3	35.2	858.0		
1975	2997.3	971.1	32.4	1271.1		
1978	3624.1	1018.4	28.1	1558.6	1053.4	67.6
1980	4517.8	1359.4	30.1	2140.0	1406.4	65.7
1981	4862.4	1545.6	31.8	2350.0	1506.7	64.1
1982	5294.7	1761.6	33.3	2570.0	1649.5	64.2
1983	5934.5	1960.8	33.0	2849.4	1792.1	62.9
1984	7171.0	2295.5	32.0	3376.4	2027.7	60.1
1985	8964.4	2541.6	28.4	4305.0	2430.5	56.5
1986	10202.2	2763.9	27.1	4950.0	2932.0	59.2
1987	11962.5	3204.3	26.8	5820.0	3393.0	58.3
1988	14928.3	3831.0	25.7	7440.0	4179.2	56.2
1989	16909.2	4228.0	25.0	8101.4	4434.6	54.7
1990	18547.9	5017.0	27.0	8300.1	4411.5	53.1
1991	21617.8	5288.6	24.5	9415.6	4885.8	51.9
1992	26638.1	5800.0	21.8	10993.7	5523.4	50.2
1993	34634.4	6882.1	19.9	12462.1	5237.2	42.0
1994	46759.4	9457.2	20.2	16264.7	6603.5	40.6
1995	58478.1	11993.0	20.5	20620.0	8243.3	40.0
1996	67884.6	13844.2	20.4	24774.1	9822.9	39.6
1997	74462.6	14211.2	19.1	27298.9	10648.5	39.0
1998	78345.1	14552.4	18.6	29152.5	11327.3	38.9
1999	82067.5	14472.0	17.6	31134.7	12043.1	38.7
2000	89468.1	14628.2	16.4	34152.6	13042.3	38.2
2001	97314.8	15411.8	15.8	37595.2	14051.8	37.4
2002	104790.6	16117.3	15.4	40910.5	15012.9	36.7

注:1. 社会消费品零售额,1992年及以前为社会商品零售总额数据。

2—3 续表 1　　　　单位:亿元、%

	工农业总产值	#农业产值	所占比重	轻工业产值	#以农产品为原料	所占比重
1952	810.0	461.0	56.9	225.0		
1957	1241.0	537.0	43.3	387.0		
1962	1504.0	584.0	38.8			
1965	2235.0	833.0	37.3	723.0		
1970	3138.0	1021.0	32.5	976.0		
1975	4467.0	1260.0	28.2	1413.0		
1978	5634.0	1397.0	24.8	1826.0		
1980	7076.6	1922.6	27.2	2430.0		
1981	7580.4	2180.6	28.8	2781.0		
1982	8294.5	2483.3	29.9	2919.0		
1983	9210.4	2750.0	29.9	3135.0		
1984	10831.4	3214.1	29.7	3608.0		
1985	13335.5	3619.5	27.1	4575.0		
1986	15207.3	4013.0	26.4	4316.9	2990.8	69.3
1987	18488.7	4675.7	25.3	5246.9	3647.9	69.5
1988	24089.9	5865.3	24.3	6881.9	4717.0	68.5
1989	28551.8	6534.7	22.9	8149.3	5626.4	69.0
1990	31586.1	7662.1	24.3	8776.8	6119.5	69.7
1991	34782.0	8157.0	23.5	10229.9	7000.1	68.4
1992	43683.7	9084.7	20.8	12217.7	8278.9	67.8
1993	59397.5	10995.5	18.5	15897.9	10470.4	65.9
1994	85926.5	15750.5	18.3	21670.6	14626.4	67.5
1995	112234.9	20340.9	18.1	20442.1	12793.1	62.6
1996	121948.7	22353.7	18.3	26999.7	17985.9	66.6
1997	137521.4	23788.4	17.3	29216.1	19106.9	65.4
1998	143589.9	24541.9	17.1	29081.8	18399.4	63.3
1999	152152.1	24519.1	16.1	30514.9	18931.1	62.0
2000				34094.5	21069.9	61.8
2001				37636.9	23604.6	62.7
2002				43355.7	27141.0	62.6

注:1. 本表为当年价。

2. 轻工业产值和以农产品为原料轻工业产值 1998 年以前为乡及乡以上工业企业口径,1998 年以后为国有及规模以上非国有工业企业数据。

2—3 续表 2

单位:亿元、%

	财政收入	#农业各税	所占比重	国家财政支出	#支农支出	所占比重
1970	662.9	32.0	4.8	649.4	49.4	7.6
1975	815.6	29.5	3.6	820.9	99.0	12.1
1978	1132.3	28.4	2.5	1122.1	150.7	13.4
1980	1159.9	27.7	2.4	1228.8	150.0	12.2
1981	1175.8	28.4	2.4	1138.4	110.2	9.7
1982	1212.3	29.4	2.4	1230.0	120.5	9.8
1983	1367.0	33.0	2.4	1409.5	132.9	9.4
1984	1642.9	34.8	2.1	1701.0	141.3	8.3
1985	2004.8	42.1	2.1	2004.3	153.6	7.7
1986	2122.0	44.5	2.1	2204.9	184.2	8.4
1987	2199.4	50.8	2.3	2262.2	195.7	8.7
1988	2357.2	73.7	3.1	2491.2	214.1	8.6
1989	2664.9	84.9	3.2	2823.8	265.9	9.4
1990	2937.1	87.9	3.0	3083.6	307.8	10.0
1991	3149.5	90.7	2.9	3386.6	347.6	10.3
1992	3483.4	119.2	3.4	3742.2	376.0	10.0
1993	4349.0	125.7	2.9	4642.3	440.5	9.5
1994	5218.1	231.5	4.4	5792.6	533.0	9.2
1995	6242.2	278.1	4.5	6823.7	574.9	8.4
1996	7408.0	369.5	5.0	7937.6	700.4	8.8
1997	8651.1	397.5	4.6	9233.6	766.4	8.3
1998	9876.0	398.8	4.0	10798.2	1154.8	10.7
1999	11444.1	423.5	4.0	13187.7	1085.8	8.2
2000	13395.2	465.3	3.7	15886.5	1231.5	7.8
2001	16386.0	481.7	3.1	18902.6	1456.7	7.7
2002	18903.6	704.3	4.1	22053.2		

注:1. 农业各税包括耕地占用税、农林特产税(1994 年为农业特产税)、农业税、牧业税和契税。

2—3 续表 3 单位:元/人

	全国居民消费水平绝对数			指数(1978 年=100)		城乡消费水平对比(农村居民=1)
		农村居民	城镇居民	农村居民	城镇居民	
1978	184	138	405	100.0	100.0	2.9
1980	236	178	496	115.5	111.9	2.8
1981	262	199	562	125.5	123.7	2.8
1982	284	221	576	136.0	124.2	2.6
1983	311	246	603	150.8	127.3	2.5
1984	354	283	662	170.4	136.3	2.3
1985	437	347	802	194.4	147.5	2.3
1986	485	376	920	199.3	158.2	2.4
1987	550	417	1089	207.9	172.0	2.6
1988	693	508	1431	220.4	187.3	2.8
1989	762	553	1568	218.8	184.4	2.8
1990	803	571	1686	219.5	198.1	3.0
1991	896	621	1925	234.2	216.6	3.1
1992	1070	718	2356	257.2	249.9	3.3
1993	1331	855	3027	272.8	272.1	3.5
1994	1746	1118	3891	285.4	276.7	3.5
1995	2236	1434	4874	308.7	289.6	3.4
1996	2641	1768	5430	351.9	296.7	3.1
1997	2834	1876	5796	363.6	307.0	3.1
1998	2972	1895	6217	370.2	332.4	3.3
1999	3138	1927	6796	385.8	366.7	3.5
2000	3397	2037	7402	406.6	418.5	3.6
2001	3609	2156	7761	424.6	449.8	3.6
2002	3791	2259	7972	441.3	485.1	3.5

2—3 续表 4　　　　单位:元

	农村居民家庭人均纯收入	指数(1978=100)	城镇居民家庭人均可支配收入	指数(1978=100)
1978	133.6	100.0	343.4	100.0
1980	191.3	139.0	477.6	127.0
1981	223.4	160.4	492.0	127.7
1982	270.1	192.3	527.0	134.1
1983	309.8	219.6	564.0	140.7
1984	355.3	249.5	651.0	158.1
1985	397.6	268.9	739.1	160.4
1986	423.8	277.6	899.6	182.5
1987	462.6	292.0	1002.2	186.9
1988	544.9	310.7	1181.4	182.5
1989	601.5	305.7	1375.7	182.8
1990	686.3	311.2	1510.2	198.1
1991	708.6	317.4	1700.6	212.4
1992	784.0	336.2	2026.6	232.9
1993	921.6	346.9	2577.4	255.1
1994	1221.0	364.4	3496.2	276.8
1995	1577.7	383.7	4283.0	290.3
1996	1926.1	418.2	4838.9	301.6
1997	2090.1	437.4	5160.3	311.9
1998	2162.0	456.2	5425.1	329.9
1999	2210.3	473.5	5854.0	360.6
2000	2253.4	483.5	6280.0	383.7
2001	2366.4	503.8	6859.6	416.3
2002	2475.6	528.0	7702.8	472.1

注:指数按可比价格计算。

2—4 各地区农村经济在国民经济中的地位

单位：%

	第一产业增加值占国内生产总值比重	第一产业从业人员占从业人员比重	县及县以下消费品零售额占全社会消费品零售额比重
北　京	3.1	8.5	21.2
天　津	4.1	20.2	21.5
河　北	15.6	49.1	52.2
山　西	9.8	46.8	39.8
内蒙古	21.6	55.8	38.8
辽　宁	10.8	37.6	16.3
吉　林	19.9	47.9	23.5
黑龙江	11.5	49.9	27.3
上　海	1.6	11.3	14.5
江　苏	10.5	39.2	30.9
浙　江	8.9	33.0	42.6
安　徽	21.6	57.2	51.2
福　建	14.2	44.7	42.0
江　西	21.9	51.2	51.2
山　东	13.2	50.1	36.8
河　南	20.9	61.6	49.7
湖　北	14.2	47.3	33.5
湖　南	19.5	58.8	46.2
广　东	8.8	39.6	34.0
广　西	24.3	61.2	50.0
海　南	37.9	60.1	34.0
重　庆	16.0	52.2	43.0
四　川	21.1	57.1	52.7
贵　州	23.7	65.3	41.3
云　南	21.1	73.3	45.9
西　藏	24.6	69.6	55.5
陕　西	14.9	53.5	32.8
甘　肃	18.5	59.5	35.1
青　海	13.2	56.4	36.9
宁　夏	16.0	55.4	33.6
新　疆	19.1	55.9	35.7

2—5 各地区以农产品为原料的轻工业情况

(按当年价计算)

单位:个、亿元

	企业数	工业总产值	增加值	销售收入	利润总额	应交增值税
全国合计	**60115**	**27141.0**	**8118.6**	**25662.0**	**1210.4**	**1001.8**
北京	1421	456.2	147.7	455.1	19.9	23.8
天津	1575	513.4	101.8	532.8	28.1	19.2
河北	2440	1073.9	305.6	1000.8	49.2	33.9
山西	519	117.5	40.1	104.3	1.5	5.0
内蒙古	467	288.7	96.0	263.1	12.5	9.4
辽宁	1595	606.2	161.5	564.2	15.9	17.2
吉林	862	384.1	128.7	330.8	11.8	12.9
黑龙江	930	409.9	127.8	376.4	14.5	18.1
上海	2928	1253.3	420.2	1278.0	93.4	58.6
江苏	6982	3677.5	949.5	3514.0	140.0	112.6
浙江	8406	3502.6	840.2	3403.8	199.7	122.6
安徽	1414	519.5	178.9	498.3	15.9	24.3
福建	2878	1121.8	374.1	1047.1	45.7	33.0
江西	1003	277.6	93.8	247.2	7.1	11.5
山东	5335	3603.6	1019.5	3339.5	164.6	104.0
河南	3507	1222.9	365.3	1114.1	42.4	37.6
湖北	2185	939.3	323.2	853.8	29.3	37.0
湖南	1436	571.2	237.5	542.6	30.2	30.1
广东	7675	3681.3	1018.7	3459.6	135.3	113.6
广西	891	386.0	120.8	365.9	13.2	21.2
海南	216	84.7	23.3	79.3	3.1	4.0
重庆	407	175.6	60.4	169.1	7.3	9.8
四川	1414	775.0	282.7	742.5	48.7	35.9
贵州	559	218.7	78.5	183.3	10.1	14.9
云南	577	647.2	416.9	623.5	57.5	64.2
西藏	124	6.8	3.9	5.3	1.0	0.3
陕西	720	260.7	88.5	250.6	5.9	13.2
甘肃	990	143.2	48.7	105.5	4.2	5.6
青海	95	15.7	4.9	15.1	0.2	0.8
宁夏	107	45.9	13.7	39.0	1.4	1.4
新疆	457	161.5	46.3	157.5	0.9	6.4

注:此表数据统计范围为全部国有及规模以上非国有工业企业。

2—6 各地区农村社会消费品零售额及占全国的比重

（按当年价计算）

单位：亿元

	社会消费品零售额			县及县以下消费品零售额占全国的比重(%)
		#县零售额	#县以下零售额	
全国合计	**40910.5**	**4880.4**	**10132.5**	**36.7**
北　　京	1744.8	98.0	272.3	21.2
天　　津	941.4	71.1	130.8	21.5
河　　北	1968.3	382.7	643.9	52.2
山　　西	755.4	149.8	150.9	39.8
内 蒙 古	606.0	143.4	91.7	38.8
辽　　宁	2258.4	115.6	253.4	16.3
吉　　林	1008.1	69.8	167.3	23.5
黑 龙 江	1320.0	186.6	173.8	27.3
上　　海	2035.2	16.7	278.1	14.5
江　　苏	3215.8	202.9	791.9	30.9
浙　　江	2877.5	286.8	940.1	42.6
安　　徽	1228.7	271.7	357.9	51.2
福　　建	1663.3	217.7	480.3	42.0
江　　西	832.7	186.8	239.7	51.2
山　　东	3181.9	295.3	875.2	36.8
河　　南	2189.8	450.3	638.7	49.7
湖　　北	2198.4	206.9	529.3	33.5
湖　　南	1678.9	307.0	468.8	46.2
广　　东	5013.6	262.6	1440.5	34.0
广　　西	1025.5	215.6	297.4	50.0
海　　南	204.4	17.3	52.1	34.0
重　　庆	763.1	106.5	221.9	43.0
四　　川	1850.1	315.1	660.4	52.7
贵　　州	416.2	78.6	93.3	41.3
云　　南	711.3	165.8	160.9	45.9
西　　藏	53.2	22.9	6.6	55.5
陕　　西	728.2	119.7	119.4	32.8
甘　　肃	433.5	69.1	83.3	35.1
青　　海	101.0	24.0	13.3	36.9
宁　　夏	108.8	19.5	17.0	33.6
新　　疆	442.9	74.3	83.8	35.7

注：分地区相加不等于全国，原因是全国数据进行了修正。

2—7 各地区城乡居民收入水平

单位：元/人

	农村居民家庭人均纯收入	城镇居民家庭人均可支配收入	城乡居民收入水平比(农村居民=1)
全国合计	**2475.63**	**7702.80**	**3.11**
北　京	5398.48	12463.92	2.31
天　津	4278.71	9337.56	2.18
河　北	2685.16	6679.68	2.49
山　西	2149.82	6234.36	2.90
内蒙古	2086.02	6051.00	2.90
辽　宁	2751.34	6524.52	2.37
吉　林	2300.99	6260.16	2.72
黑龙江	2405.24	6100.56	2.54
上　海	6223.55	13249.80	2.13
江　苏	3979.79	8177.64	2.05
浙　江	4940.36	11715.60	2.37
安　徽	2117.56	6032.40	2.85
福　建	3538.83	9189.36	2.60
江　西	2306.45	6335.64	2.75
山　东	2947.65	7614.36	2.58
河　南	2215.74	6245.40	2.82
湖　北	2444.06	6788.52	2.78
湖　南	2397.92	6958.56	2.90
广　东	3911.90	11137.20	2.85
广　西	2012.60	7315.32	3.63
海　南	2423.20	6822.72	2.82
重　庆	2097.58	7238.04	3.45
四　川	2107.64	6610.80	3.14
贵　州	1489.91	5944.08	3.99
云　南	1608.64	7240.56	4.50
西　藏	1462.27	8079.12	5.53
陕　西	1596.25	6330.84	3.97
甘　肃	1590.30	6151.44	3.87
青　海	1668.94	6170.52	3.70
宁　夏	1917.36	6067.44	3.16
新　疆	1863.26	6899.64	3.70

2—8 各地区城乡居民消费水平

单位:元/人

	全国居民消费绝对数	农村居民	城镇居民	城乡消费水平对比（农村居民=1）
北　京	9291	4390	11365	2.6
天　津	7162	3974	9403	2.4
河　北	3054	2120	6604	3.1
山　西	2562	1291	4764	3.7
内蒙古	3453	1748	5606	3.2
辽　宁	5095	2643	7874	3.0
吉　林	3869	2001	6153	3.1
黑龙江	4337	1914	7147	3.7
上　海	14295	7516	16457	2.2
江　苏	4704	3109	7742	2.5
浙　江	5515	4017	10481	2.6
安　徽	2988	2088	6351	3.0
福　建	4900	4104	7779	1.9
江　西	2651	1879	5138	2.7
山　东	3952	2681	7145	2.7
河　南	2581	1784	5922	3.3
湖　北	3535	2072	7211	3.5
湖　南	3013	2119	6346	3.0
广　东	5683	3001	10890	3.6
广　西	2405	1627	5941	3.7
海　南	3198	2378	5467	2.3
重　庆	2836	1532	7274	4.7
四　川	2621	1794	6031	3.4
贵　州	1701	1186	4690	4.0
云　南	2377	1778	5537	3.1
西　藏	2313	1336	11849	8.9
陕　西	2404	1320	5837	4.4
甘　肃	1975	1078	5344	5.0
青　海	2644	1423	5558	3.9
宁　夏	2583	1404	5426	3.9
新　疆	3150	1525	6257	4.1

2—9 主要农产品供需情况

1. 粮食

	生产量(万吨)	进口量(万吨)	出口量(万吨)	城镇居民人均消费(公斤)	农村居民人均消费(公斤)
1980	32056	1343	162		257.2
1981	32502	1481	126	145.4	256.1
1982	35450	1612	125	144.6	260.0
1983	38728	1344	196	144.5	259.9
1984	40731	1045	357	142.1	266.5
1985	37911	600	932	134.8	257.5
1986	39151	773	942	137.9	259.3
1987	40298	1628	737	133.9	259.4
1988	39408	1533	717	137.2	259.5
1989	40755	1658	656	133.9	262.3
1990	44624	1372	583	130.7	262.1
1991	43529	1345	1086	127.9	255.6
1992	44266	1175	1364	111.5	250.5
1993	45649	752	1535	97.8	251.8
1994	44510	920	1346	101.7	257.6
1995	46662	2081	214	97.0	256.1
1996	50450	1200	144	94.7	256.2
1997	49417	705	859	88.6	250.7
1998	51230	708	906	86.7	248.9
1999	50839	772	758	84.9	247.5
2000	46218	1357	1400	82.3	249.5
2001	45264	1738	903	79.7	238.6
2002	45706	1416	1514	78.5	236.5

注:1984 年及以前城镇居民人均消费量为全国城市居民人均消费量。

2. 食用植物油

2—9 续表 1

	生产量(万吨)	进口量(万吨)	出口量(万吨)	城镇居民人均消费(公斤)	农村居民人均消费(公斤)
1980	222		3.1		1.4
1981	292	4.4	6.3	4.8	1.9
1982	345	5.6	10.2	5.8	2.1
1983	360	3.5	15.6	6.5	2.2
1984	382	1.4	13.1	7.1	2.5
1985	401	3.5	16.2	5.8	2.6
1986	441	19.8	16.6	6.2	2.6
1987	478	51.1	5.6	6.5	3.1
1988	480	21.4	2.6	7.0	3.3
1989	496	105.6	6.2	6.2	3.3
1990	544	112.0	14.0	6.4	3.5
1991	644	61.0	9.9	6.9	3.9
1992	661	42.0	6.8	6.7	4.1
1993	965	24.0	13.6	7.1	4.1
1994	723	163.0	27.0	7.5	4.1
1995	1144	353.0	49.6	7.1	4.3
1996	947	264.0	47.3	7.1	4.5
1997	894	285.8	86.1	7.2	4.7
1998	602	205.5	30.9	7.6	4.6
1999	734	208.0	9.7	7.8	4.6
2000	835	179.0	11.2	8.2	5.5
2001	1383	167.5	13.4	8.1	5.5
2002	1531	321.2	9.8	8.5	5.8

3.棉花

2—9 续表 2

	生产量(万吨)	进口量(万吨)	出口量(万吨)	全国人均占有量(公斤)
1980	270.7	88.5	0.9	2.8
1981	296.8	80.1	0.1	3.0
1982	359.8	47.3	0.4	3.5
1983	463.7	23.0	5.8	4.4
1984	625.8	4.0	18.9	5.9
1985	414.7	0.0	34.7	3.9
1986	354.0	0.0	55.8	3.2
1987	424.5	0.6	75.5	3.8
1988	414.9	3.5	46.8	3.7
1989	378.8	51.9	27.2	3.3
1990	450.8	42.0	16.7	3.9
1991	567.5	37.0	20.0	4.8
1992	450.8	28.0	14.5	3.8
1993	373.9	1.0	15.0	3.1
1994	434.0	52.6	11.1	3.6
1995	476.8	74.0	2.2	3.9
1996	420.0	6.5	0.4	3.4
1997	460.3	78.3	0.1	3.7
1998	450.1	20.9	4.5	3.6
1999	382.9	5.0	23.6	3.1
2000	441.7	4.7	29.2	3.5
2001	532.4	11.3	6.0	4.2
2002	491.6	20.8	15.9	3.8

4.糖料

2—9 续表 3

	生产量(万吨)	食糖进口量(万吨)	食糖出口量(万吨)	城镇居民人均消费(公斤)	农村居民人均消费(公斤)
1980	2911.2	91.2	30.1		1.1
1981	3602.8	102.9	12.5	2.9	1.1
1982	4359.4	217.7	6.7	2.8	1.2
1983	4103.3	190.0	6.0	2.8	1.3
1984	4780.3	123.0	5.2	2.9	1.3
1985	6046.8	191.0	18.4	2.5	1.5
1986	5852.5	118.0	26.6	2.6	1.6
1987	5550.3	183.0	45.2	2.5	1.7
1988	6187.4	371.0	24.8	2.6	1.4
1989	5803.8	158.0	43.0	2.4	1.5
1990	7214.5	113.0	57.0	2.1	1.5
1991	8418.7	101.0	34.3	1.8	1.4
1992	8808.0	110.0	167.0	1.9	1.5
1993	7624.2	45.0	185.0	1.8	1.4
1994	7346.0	155.2	94.7	1.9	1.3
1995	7940.0	295.0	48.0	1.7	1.3
1996	8360.0	125.0	66.5	1.7	1.4
1997	9380.0	78.3	37.9	1.6	1.4
1998	9790.4	50.8	43.6	1.8	1.4
1999	8334.1	42.0	36.7	1.8	1.5
2000	7635.3	64.1	41.5	1.7	1.3
2001	8655.1	120.0	19.6	1.7	1.4
2002	10293.0	118.3	32.6	—	1.6

2—10 化肥供需情况

单位：万吨

	化肥			化肥零售价格指数（以上年为100）
	生产量（纯量）	进口量	施用量（纯量）	
1980	1232.0	544.0	1269.0	100.0
1981	1239.0	555.0	1335.0	100.1
1982	1278.1	606.0	1513.4	100.8
1983	1378.9	799.5	1659.8	102.4
1984	1460.2	923.0	1739.8	111.9
1985	1322.2	761.0	1775.8	103.8
1986	1359.7	510.0	1930.6	99.3
1987	1672.2	1090.0	1999.3	108.3
1988	1740.2	1471.0	2141.5	118.6
1989	1802.5	1393.0	2357.1	117.3
1990	1879.7	1626.0	2590.3	103.5
1991	1979.5	1818.0	2805.1	103.2
1992	2047.9	1859.0	2930.2	103.7
1993	1956.3	1021.0	3151.9	111.1
1994	2272.8	1266.0	3317.9	124.9
1995	2556.2	1991.0	3594.0	135.4
1996	2835.7	1857.0	3827.9	110.8
1997	2911.1	1649.0	3981.0	92.2
1998	2955.0	1387.0	4083.7	91.4
1999	3251.0	1335.0	4124.3	94.9
2000	3186.0	1189.0	4146.4	92.9
2001	3383.0	1092.0	4253.8	97.9
2002	3791.0	1682.0	4339.0	102.4

3

农村基本情况与农业生产条件

3—1 农村基本情况和乡村从业人员

指 标	单位	1995年	2000年	2001年	2002年	2002年为2001年%
一、农村基层组织情况						
1.乡镇个数	个	47136	43735	40161	39054	97.2
乡个数	个	29854	24043	20606	19243	93.4
镇个数	个	17282	19692	19555	19811	101.3
2.村民委员会个数	个	740150	734715	709257	694515	97.9
二、农村户数和人口情况						
乡村户数	万户	23281.5	24148.7	24432.2	24569.4	100.6
乡村人口数	万人	91674.6	92819.7	93382.9	93502.5	100.1
三、乡村从业人员及主要行业分布						
乡村劳动力资源数	万人	51809.6	51404.8	51809.6	52238.0	100.8
乡村从业人员	万人	45041.8	47962.1	48228.9	48526.9	100.6
(一)按性别分						
男	万人	24037.4	25517.8	25685.4	25850.1	100.6
女	万人	21004.4	22444.3	22543.5	22676.7	100.6
(二)按国民经济行业分						
1.农林牧渔业	万人	32334.5	32797.5	32451.0	31990.6	98.6
2.工业	万人	3970.7	4108.6	4296.0	4505.6	104.9
3.建筑业	万人	2203.6	2691.7	2797.4	2959.0	105.8
4.交通运输业、仓储及邮电通讯业	万人	983.0	1170.6	1205.4	1259.1	104.5
5.批发零售贸易业、餐饮业	万人	1170.4	1751.8	1864.5	1996.8	107.1
6.其他行业	万人	4379.6	5441.9	5614.6	5815.8	103.6

注:1.乡村户数是指长期(一年以上)居住在乡镇(不包括城关镇)行政管理区域内的住户,还包括居住在城关镇所辖行政村范围内的农村住户。
2.乡村人口数是指乡村地区常住居民户数中的常住人口数,即经常在家或在家居住6个月以上,而且经济和生活与本户连成一体的人口。

3—2 各地区农村基层组织情况

单位:个

地区	乡镇个数		乡个数		镇个数		村民委员会	
	2001年	2002年	2001年	2002年	2001年	2002年	2001年	2002年
全国总计	**40161**	**39054**	**20606**	**19243**	**19555**	**19811**	**709257**	**694515**
北京	214	196	67	54	147	142	4044	4032
天津	141	140	20	20	121	120	3852	3829
河北	1974	1968	1064	1035	910	933	49914	49838
山西	1187	1189	629	713	558	476	32066	30896
内蒙古	1149	1154	733	713	416	441	13302	13120
辽宁	1585	1418	927	796	658	622	16033	15950
吉林	791	788	338	330	453	458	10005	9850
黑龙江	915	909	473	457	442	452	9502	9115
上海	151	133	3	3	148	130	2715	2090
江苏	1287	1281	167	139	1120	1142	20782	20245
浙江	1415	1375	576	553	839	822	40569	39125
安徽	1791	1760	825	783	966	977	29810	29186
福建	936	928	359	352	577	576	15008	15001
江西	1666	1507	889	722	777	785	20550	20183
山东	1499	1494	335	302	1164	1192	87282	86700
河南	2029	2019	1252	1242	777	777	48556	48480
湖北	969	966	231	227	738	739	31616	28671
湖南	2358	2364	1286	1262	1072	1102	50064	50088
广东	1591	1527	32	25	1559	1502	22881	22842
广西	1356	1337	611	585	745	752	14837	14660
海南	299	200	98	20	201	180	2676	2666
重庆	1237	1223	574	559	663	664	18264	16407
四川	5051	5052	3174	3119	1877	1933	55047	55017
贵州	1460	1457	764	760	696	697	24890	23898
云南	1433	1419	1028	942	405	477	13419	13380
西藏	719	683	604	541	115	142	6422	6050
陕西	1919	1556	1068	684	851	872	31083	29207
甘肃	1533	1528	1253	1152	280	376	17834	17725
青海	422	392	349	285	73	107	4123	4129
宁夏	291	293	233	234	58	59	2690	2664
新疆	793	798	644	634	149	164	9421	9471

3—3 各地区乡村户数和乡村人口

地　区	乡村户数(万户)		乡村人口(万人)	
	2001 年	2002 年	2001 年	2002 年
全国总计	**24432.2**	**24569.4**	**93382.9**	**93502.5**
北　京	127.6	128.0	361.6	357.6
天　津	112.7	112.9	387.2	386.6
河　北	1434.1	1434.7	5385.6	5388.8
山　西	622.6	625.1	2324.0	2327.4
内蒙古	351.7	352.3	1372.9	1370.0
辽　宁	685.3	685.9	2318.6	2314.5
吉　林	369.8	376.1	1433.0	1443.5
黑龙江	465.9	474.7	1877.6	1890.5
上　海	115.8	115.2	363.7	360.7
江　苏	1544.6	1552.5	5257.7	5237.0
浙　江	1122.7	1146.6	3631.3	3664.1
安　徽	1303.4	1310.9	5106.2	5119.9
福　建	666.9	676.7	2692.6	2699.2
江　西	747.5	758.6	3207.4	3215.5
山　东	2027.3	2031.7	7033.1	7038.1
河　南	1984.3	1998.5	7865.6	7907.9
湖　北	987.0	994.6	3939.3	3960.7
湖　南	1455.4	1459.1	5413.8	5420.8
广　东	1470.1	1443.3	6185.0	6062.5
广　西	922.4	936.7	4034.8	4064.2
海　南	106.4	107.3	504.6	507.6
重　庆	714.7	718.3	2438.8	2443.2
四　川	1965.7	1967.1	6925.9	6904.9
贵　州	743.9	756.1	3160.6	3193.4
云　南	836.2	844.9	3463.7	3489.8
西　藏	38.3	38.9	218.6	220.1
陕　西	693.2	696.2	2771.3	2775.3
甘　肃	451.1	454.5	2039.5	2046.9
青　海	71.2	72.5	339.5	342.9
宁　夏	87.7	89.4	397.5	401.0
新　疆	207.0	210.4	932.0	948.0

3—4 各地区乡村从业人员

单位:万人

地 区	乡村从业人员		男		女	
	2001 年	2002 年	2001 年	2002 年	2001 年	2002 年
全国总计	**48228.9**	**48526.9**	**25685.4**	**25850.1**	**22543.5**	**22676.7**
北 京	165.3	165.6	85.5	85.8	79.8	79.8
天 津	169.2	168.7	92.5	92.2	76.7	76.5
河 北	2717.9	2731.8	1454.0	1462.1	1263.9	1269.7
山 西	988.6	1000.3	547.6	553.5	441.0	446.8
内蒙古	632.5	650.5	359.6	366.1	272.9	284.4
辽 宁	977.5	993.5	544.0	551.9	433.5	441.6
吉 林	640.0	656.0	371.4	378.3	268.6	277.7
黑龙江	918.8	929.2	526.9	533.1	391.9	396.2
上 海	255.0	253.5	128.3	129.8	126.7	123.7
江 苏	2684.4	2649.3	1383.7	1366.2	1300.8	1283.1
浙 江	2170.1	2185.6	1167.0	1170.9	1003.1	1014.7
安 徽	2821.5	2841.4	1501.7	1514.5	1319.8	1326.9
福 建	1255.2	1274.5	675.6	685.5	579.5	589.0
江 西	1552.2	1577.4	813.3	825.0	738.9	752.4
山 东	3653.7	3695.2	1941.7	1965.6	1712.0	1729.6
河 南	4687.8	4690.9	2478.6	2484.1	2209.2	2206.9
湖 北	1781.7	1797.6	937.3	953.2	844.4	844.4
湖 南	2877.6	2898.2	1560.4	1571.9	1317.2	1326.4
广 东	2858.7	2780.3	1487.1	1449.0	1371.6	1331.3
广 西	2159.6	2189.0	1141.6	1153.6	1017.9	1035.4
海 南	229.5	233.5	119.8	121.7	109.8	111.9
重 庆	1345.2	1342.2	717.9	714.2	627.3	628.0
四 川	3778.8	3762.3	1993.8	1990.6	1785.1	1771.7
贵 州	1821.5	1841.8	960.5	972.1	861.0	869.7
云 南	1971.0	1990.4	1022.2	1033.2	948.9	957.2
西 藏	100.7	103.5	51.1	52.6	49.6	50.9
陕 西	1333.1	1362.6	730.6	739.4	602.5	623.1
甘 肃	942.2	1008.2	496.3	530.4	445.9	477.8
青 海	174.0	177.3	89.8	91.7	84.3	85.7
宁 夏	200.4	203.2	104.4	106.1	95.9	97.1
新 疆	365.4	373.4	201.3	206.0	164.1	167.4

3—4 续表 1

地　　区	农林牧渔业		工　　业		建　筑　业	
	2001 年	2002 年	2001 年	2002 年	2001 年	2002 年
全国总计	**32451.0**	**31990.6**	**4296.0**	**4505.6**	**2797.4**	**2959.0**
北　　京	67.9	64.1	32.9	33.0	14.5	15.8
天　　津	81.0	80.3	40.7	40.7	11.6	11.8
河　　北	1665.0	1652.0	390.3	403.5	205.7	212.5
山　　西	658.0	658.4	114.7	119.9	51.7	54.4
内 蒙 古	518.4	535.7	18.8	19.2	23.5	23.1
辽　　宁	649.0	659.2	77.2	80.5	57.9	60.2
吉　　林	514.3	509.1	20.6	22.6	23.1	26.9
黑 龙 江	742.5	745.9	36.5	38.1	27.3	30.6
上　　海	83.2	81.5	106.5	108.8	13.3	11.1
江　　苏	1452.3	1354.2	441.7	460.6	260.1	267.5
浙　　江	985.1	929.6	531.9	582.4	116.5	122.7
安　　徽	1975.6	1931.5	173.8	194.2	186.0	200.2
福　　建	760.4	756.6	151.3	162.0	79.8	82.6
江　　西	977.4	983.5	86.2	108.3	60.9	71.0
山　　东	2434.3	2370.9	362.7	394.4	296.6	310.6
河　　南	3472.3	3393.0	373.8	398.1	295.2	317.4
湖　　北	1143.7	1131.0	112.3	110.4	106.1	108.9
湖　　南	2058.7	2019.6	195.0	215.5	130.7	142.1
广　　东	1566.4	1555.0	479.2	425.2	200.7	194.2
广　　西	1555.1	1557.0	66.0	69.0	84.6	88.9
海　　南	179.9	181.7	6.8	7.1	7.7	7.6
重　　庆	884.6	852.7	57.9	68.0	78.3	92.7
四　　川	2582.6	2503.3	180.5	195.9	226.9	246.6
贵　　州	1368.3	1353.9	68.7	71.4	37.5	39.9
云　　南	1689.4	1696.1	52.5	52.9	54.2	56.8
西　　藏	88.8	88.8	1.9	1.7	2.7	3.0
陕　　西	985.9	994.9	62.0	62.8	77.1	82.8
甘　　肃	696.8	738.2	30.0	33.0	42.9	48.4
青　　海	141.6	136.5	6.3	6.9	5.3	6.9
宁　　夏	151.7	150.5	8.9	10.1	13.3	15.5
新　　疆	321.0	326.0	8.9	9.5	5.7	6.4

3—4 续表 2

地　　区	交通运输仓储和邮电通讯业		批发零售贸易业及餐饮业		其它行业	
	2001 年	2002 年	2001 年	2002 年	2001 年	2002 年
全国总计	**1205.4**	**1259.1**	**1864.5**	**1996.8**	**5614.6**	**5815.8**
北　　京	13.9	15.3	13.0	14.5	23.2	23.0
天　　津	10.4	10.5	11.9	12.5	13.5	13.0
河　　北	93.7	94.6	137.5	141.2	225.7	228.1
山　　西	53.4	55.1	47.6	49.6	63.3	62.9
内 蒙 古	11.5	10.5	17.2	18.6	43.1	43.5
辽　　宁	37.5	38.2	50.7	51.5	105.3	103.9
吉　　林	14.0	15.1	19.6	21.3	48.4	60.9
黑 龙 江	19.2	20.8	27.6	31.0	65.7	62.9
上　　海	7.2	7.1	13.3	13.5	31.6	31.6
江　　苏	89.5	90.8	109.2	115.3	331.7	361.0
浙　　江	72.8	76.2	158.5	164.4	305.3	310.3
安　　徽	64.1	67.8	114.1	121.1	308.0	326.5
福　　建	36.9	38.1	63.7	66.9	163.1	168.4
江　　西	23.1	26.7	33.6	44.0	371.0	343.8
山　　东	116.7	125.6	160.7	178.4	282.8	315.2
河　　南	114.0	120.7	185.5	202.0	247.1	259.8
湖　　北	45.1	45.7	71.6	73.6	302.9	328.1
湖　　南	54.6	59.9	91.6	106.5	347.0	354.7
广　　东	77.5	74.3	145.1	143.9	389.8	387.6
广　　西	33.9	35.8	53.7	56.7	366.2	381.6
海　　南	6.1	6.4	9.9	10.9	19.2	19.9
重　　庆	19.0	21.3	34.9	41.5	270.4	265.9
四　　川	56.7	60.8	125.0	134.0	607.1	621.7
贵　　州	19.6	21.2	36.2	39.2	291.4	316.1
云　　南	35.8	36.8	38.6	40.4	100.6	107.5
西　　藏	2.0	2.4	1.7	2.1	3.5	5.6
陕　　西	37.1	37.7	47.5	49.9	123.6	134.5
甘　　肃	19.5	21.1	21.1	24.9	132.0	142.6
青　　海	4.3	5.1	4.1	5.0	12.5	16.9
宁　　夏	8.0	8.6	7.9	9.2	10.6	9.3
新　　疆	8.5	9.0	11.9	13.4	9.3	9.2

3—5 农村居民家庭劳动力文化状况

	单位	1995年	2000年	2001年	2002年	2002年为下列各年%	
						1995年	2001年
平均每百个劳动力中：							
不识字或识字很少	人	13.47	8.09	7.87	7.59	56.3	96.4
小学程度	人	36.62	32.22	31.14	30.63	83.6	98.4
初中程度	人	40.10	48.07	48.88	49.33	123.0	100.9
高中程度	人	8.61	9.31	9.65	9.81	113.9	101.7
中专程度	人	0.96	1.83	1.94	2.09	217.7	107.7
大专及大专以上	人	0.24	0.48	0.51	0.56	233.3	109.8

3—6 各地区农村居民家庭劳动力文化状况

单位：人

	平均每百个劳动力中：					
	不识字或识字很少	小学程度	初中程度	高中程度	中专程度	大专及大专以上
全国合计	**7.59**	**30.63**	**49.33**	**9.81**	**2.09**	**0.56**
北京	1.24	10.56	56.26	19.26	8.70	3.99
天津	1.69	28.01	54.94	10.49	3.65	1.22
河北	2.58	24.39	57.54	13.12	1.82	0.56
山西	3.16	23.80	60.81	9.75	2.09	0.39
内蒙古	6.55	30.11	50.10	10.61	1.87	0.77
辽宁	1.79	26.01	60.15	8.46	2.51	1.07
吉林	2.93	30.72	54.83	9.25	1.78	0.49
黑龙江	2.34	29.33	57.51	8.31	1.90	0.61
上海	3.38	22.05	48.34	13.11	9.67	3.44
江苏	7.23	26.41	52.26	11.21	1.86	1.04
浙江	6.52	34.45	44.19	11.69	2.44	0.70
安徽	10.95	27.42	51.98	7.31	1.87	0.48
福建	6.12	33.77	46.61	10.01	2.93	0.56
江西	5.93	35.57	48.04	8.75	1.40	0.31
山东	5.49	24.47	52.56	13.97	2.95	0.55
河南	6.61	21.63	57.48	11.88	1.93	0.46
湖北	5.19	30.73	51.17	10.45	2.02	0.44
湖南	3.19	32.04	50.25	11.90	2.05	0.56
广东	4.02	30.03	52.02	10.37	2.99	0.57
广西	4.70	33.57	49.66	9.48	2.42	0.18
海南	7.68	24.82	51.93	13.15	1.95	0.48
重庆	6.57	41.25	44.28	6.04	1.57	0.30
四川	8.62	38.87	44.96	5.91	1.42	0.22
贵州	19.67	39.42	35.33	3.66	1.66	0.26
云南	17.37	44.13	32.29	4.92	1.19	0.09
西藏	58.42	41.00	0.58			
陕西	8.70	26.71	51.24	11.46	1.17	0.72
甘肃	19.66	27.90	38.61	11.96	1.25	0.62
青海	32.56	33.07	28.20	5.24	0.78	0.16
宁夏	16.89	30.30	41.94	8.74	1.65	0.47
新疆	7.08	44.39	39.40	6.70	1.98	0.45

3—7 各地区农村居民家庭劳动力文化程度

（按人均纯收入分组）

单位：人

	平均每百个劳动力中：					
	不识字或识字很少	小学程度	初中程度	高中程度	中专程度	大专及大专以上
全国合计	**7.59**	**30.63**	**49.33**	**9.81**	**2.09**	**0.56**
3000元以上地区	**5.41**	**29.03**	**49.89**	**11.42**	**3.20**	**1.06**
上　海	3.38	22.05	48.34	13.11	9.67	3.44
北　京	1.24	10.56	56.26	19.26	8.70	3.99
浙　江	6.52	34.45	44.19	11.69	2.44	0.70
天　津	1.69	28.01	54.94	10.49	3.65	1.22
江　苏	7.23	26.41	52.26	11.21	1.86	1.04
广　东	4.02	30.03	52.02	10.37	2.99	0.57
福　建	6.12	33.77	46.61	10.01	2.93	0.56
2000—3000元地区	**5.37**	**29.47**	**52.59**	**10.11**	**1.98**	**0.48**
山　东	5.49	24.47	52.56	13.97	2.95	0.55
辽　宁	1.79	26.01	60.15	8.46	2.51	1.07
河　北	2.58	24.39	57.54	13.12	1.82	0.56
湖　北	5.19	30.73	51.17	10.45	2.02	0.44
海　南	7.68	24.82	51.93	13.15	1.95	0.48
黑龙江	2.34	29.33	57.51	8.31	1.90	0.61
湖　南	3.19	32.04	50.25	11.90	2.05	0.56
江　西	5.93	35.57	48.04	8.75	1.40	0.31
吉　林	2.93	30.72	54.83	9.25	1.78	0.49
河　南	6.61	21.63	57.48	11.88	1.93	0.46
山　西	3.16	23.80	60.81	9.75	2.09	0.39
安　徽	10.95	27.42	51.98	7.31	1.87	0.48
四　川	8.62	38.87	44.96	5.91	1.42	0.22
重　庆	6.57	41.25	44.28	6.04	1.57	0.30
内蒙古	6.55	30.11	50.10	10.61	1.87	0.77
广　西	4.70	33.57	49.66	9.48	2.42	0.18
1500—2000元地区	**15.11**	**35.42**	**39.38**	**8.33**	**1.34**	**0.43**
宁　夏	16.89	30.30	41.94	8.74	1.65	0.47
新　疆	7.08	44.39	39.40	6.70	1.98	0.45
青　海	32.56	33.07	28.20	5.24	0.78	0.16
云　南	17.37	44.13	32.29	4.92	1.19	0.09
陕　西	8.70	26.71	51.24	11.46	1.17	0.72
甘　肃	19.66	27.90	38.61	11.96	1.25	0.62
1500元以下地区	**26.72**	**39.71**	**29.01**	**2.99**	**1.36**	**0.21**
贵　州	19.67	39.42	35.33	3.66	1.66	0.26
西　藏	58.42	41.00	0.58			

3—8 主要农业机械年末拥有量

年份	农用机械总动力（亿瓦特）	大中型拖拉机（台）	小型拖拉机（万台）	大中型拖拉机机引农具（万部）	联合收割机（台）	农用载重汽车（辆）	渔用机动船	
							艘	（万千瓦）
1957	12.1	14674			1789	4084	1485	7.6
1962	75.7	54938	0.1	19.2	5906	8239	5657	33.3
1965	109.9	72599	0.4	25.8	6704	11063	7789	47.1
1970	216.5	125498	7.8	34.6	8002	15593	14200	73.0
1975	747.9	344518	59.9	90.8	12551	39585	33701	157.1
1978	1175.0	557358	137.3	119.2	18987	73770	47176	213.6
1979	1337.9	666823	167.1	131.3	23026	97105	52225	230.1
1980	1474.6	744865	187.4	136.9	27045	137668	61022	258.0
1981	1568.0	792032	203.7	139.0	31268	175126	73586	293.2
1982	1661.4	812447	228.7	137.4	33904	206383	95692	322.3
1983	1802.2	840776	275.0	130.8	35728	274751	120167	326.8
1984	1949.7	853914	329.8	123.5	35861	349261	143430	335.2
1985	2091.3	852357	382.4	112.8	34573	429554	172582	367.2
1986	2295.0	866463	452.6	100.6	30945	499164	205923	424.0
1987	2483.6	880952	530.0	103.5	33802	550192	238628	486.0
1988	2657.5	870187	595.8	97.1	35004	591406	265126	545.0
1989	2806.7	848220	654.3	99.1	36582	625116	289205	609.0
1990	2870.8	813512	698.1	97.4	38719	624384	320927	696.0
1991	2938.9	784466	730.4	99.1	43996	616637	329843	733.4
1992	3030.8	758904	750.7	104.4	51075	642356	335875	786.1
1993	3181.7	721216	788.3	100.1	56304	690469	334656	804.4
1994	3380.3	693154	823.7	98.0	63918	747981	351327	831.1
1995	3611.8	671846	864.6	99.1	75351	793520	376813	965.7
1996	3854.7	670848	918.9	105.0	96378	836899	358869	864.1
1997	4201.6	689051	1048.5	115.7	141312	875571	400010	1084.0
1998	4520.8	725215	1122.1	120.4	182629	901105	411322	1174.4
1999	4899.6	784216	1200.3	132.0	226036	933809	417379	1253.1
2000	5257.4	974547	1264.4	140.0	262578	927072	459888	1338.7
2001	5517.2	829900	1305.1	146.9	282871		480125	1379.7
2002	5793.0	911670	1339.4	157.9	310147		485693	1381.2

注：自2000年起，大中型拖拉机、联合收割机、渔用机动船统计口径变化，数字有调整。

3—9 主要农业机械年末拥有量增长情况

指　　标	单位	1995 年	1999 年	2000 年	2001 年	2002 年	2002 年为 2001 年%
(一)农用机械总动力	万千瓦	36118.1	48996.1	52573.6	55172.1	57929.9	105.0
柴油发动机动力	万千瓦	24176.3	35691.0	39140.0	41688.6	44321.6	106.3
汽油发动机动力	万千瓦	3433.9	3338.8	3128.9	2949.1	2786.1	94.5
电动机动力	万千瓦	8443.7	9879.1	10126.7	10440.2	10745.0	102.9
其他机械动力	万千瓦	64.2	87.2	89.9	94.2	74.8	79.4
(二)主要农业机械与设备							
大中型拖拉机	万台	67.2	78.4	97.5	83.0	91.2	109.8
	万千瓦	2404.1	2772.8	3161.1	2901.7	3073.4	105.9
小型拖拉机	万台	864.6	1200.3	1264.4	1305.1	1339.4	102.6
	万千瓦	7848.0	11008.9	11663.9	12257.9	12695.0	103.6
大中型拖拉机配套农具	万部	99.1	132.0	140.0	146.9	157.9	107.5
小型拖拉机配套农具	万部	958.0	1621.0	1788.8	1882.2	2003.4	106.4
农用排灌电动机	万台	510.3	700.5	741.3	775.7	810.9	104.5
	万千瓦	4038.1	4843.6	4983.9	5115.9	5301.8	103.6
农用排灌柴油机	万台	491.2	645.0	688.1	728.6	750.6	103.0
	万千瓦	3839.1	4934.6	5232.6	5580.0	5667.9	101.6
联合收割机	万台	7.5	22.6	26.2	28.3	31.0	109.6
	万千瓦	242.6	570.5	660.9	744.5	855.7	114.9
机动脱粒机	万台	605.9	834.0	876.2	903.5	898.3	99.4
渔用机动船	万艘	37.7	41.7	46.0	48.0	48.6	101.2
	万千瓦	965.7	1253.1	1338.7	1379.7	1381.2	100.1
农用运输车	万辆	51.4	261.7	679.4	763.3	957.2	125.4
	万千瓦	1631.9	3757.1	8431.9	9984.7	12215.6	122.3
机电井	万眼		421.9	435.8	440.0	459.5	104.4
节水灌溉类机械	万套	58.6	69.0	91.9	98.8	105.9	107.2
农用水泵	万台	903.5	1264.7	1392.5	1459.7	1523.2	104.4

注:1. 从 2000 年起农用运输车包括农用三轮车。

2. 2002 年大中型拖拉机中不包括变形拖拉机。

3—10 各地区主要农业机械年末拥有量

地区	农用机械总动力（万千瓦）		大中型拖拉机			
			台		万千瓦	
	2001年	2002年	2001年	2002年	2001年	2002年
全国总计	**55172.1**	**57929.9**	**829900**	**911670**	**2901.7**	**3073.4**
北京	395.0	381.8	11200	10784	51.6	47.1
天津	603.3	612.7	9300	8900	39.4	37.9
河北	7244.4	7451.2	61500	68500	237.2	260.6
山西	1767.5	1869.4	22400	22563	83.7	84.4
内蒙古	1423.6	1510.2	34500	37148	145.3	150.7
辽宁	1401.3	1484.7	32900	35191	131.6	136.1
吉林	1096.5	1150.7	33300	35763	111.8	112.1
黑龙江	1648.3	1741.8	78200	85266	324.9	330.3
上海	133.9	126.9	7200	6408	26.6	23.9
江苏	2957.9	2983.9	43700	55600	163.9	172.5
浙江	2017.2	2053.2	6300	6117	16.3	15.7
安徽	3165.0	3372.1	16500	17500	57.0	60.8
福建	888.8	915.8	1700	1474	16.4	5.5
江西	1002.0	1111.8	8100	9400	18.3	18.9
山东	7689.6	8155.6	157900	172863	498.7	546.4
河南	6078.7	6548.2	69500	78440	226.9	254.1
湖北	1469.2	1557.4	65800	66439	138.6	141.3
湖南	2358.0	2498.1	4200	6100	17.1	21.4
广东	1760.2	1779.4	4000	4100	14.9	16.3
广西	1552.4	1639.5	14400	16300	46.8	50.4
海南	212.2	210.2	3100	3100	12.0	12.8
重庆	628.1	665.6	1400	2500	3.8	5.8
四川	1735.1	1803.7	6000	10300	17.8	24.8
贵州	647.9	699.4	8800	10400	27.1	29.9
云南	1397.8	1460.4	16700	20600	53.7	64.0
西藏	123.2	145.8	1900	1900	0.0	10.7
陕西	1099.8	1166.5	24400	28181	77.8	89.7
甘肃	1122.0	1185.3	12300	11733	47.2	45.5
青海	264.7	281.4	2400	1700	9.8	11.1
宁夏	407.6	447.5	4900	5734	18.5	18.7
新疆	880.9	919.6	65400	70666	267.2	274.3

3—10 续表 1

地　　区	小型拖拉机				大中型拖拉机配套农具（部）	
	台		万千瓦			
	2001 年	2002 年	2001 年	2002 年	2001 年	2002 年
全国总计	**13050840**	**13393884**	**12257.9**	**12695.0**	**1469355**	**1578861**
北　　京	23606	20040	24.9	22.7	21007	20016
天　　津	37100	36500	35.8	36.1	10800	11000
河　　北	1321390	1349350	1301.7	1342.9	123114	132318
山　　西	202332	196479	197.0	194.1	43744	44276
内 蒙 古	452551	470454	494.9	525.6	47193	54738
辽　　宁	159707	165244	158.1	164.4	46753	46386
吉　　林	412934	449601	397.8	437.0	76586	74193
黑 龙 江	653351	680452	627.8	669.0	188501	193707
上　　海	9003	8425	8.1	7.6	19514	17757
江　　苏	894197	897498	796.3	792.0	83873	81666
浙　　江	241020	228414	206.1	194.5	3987	3826
安　　徽	1756388	1871139	1383.7	1492.6	38585	36366
福　　建	151752	115500	161.5	108.6	451	447
江　　西	83760	89000	76.2	81.0	4960	5000
山　　东	1553801	1577311	1299.0	1347.4	304476	353865
河　　南	2365300	2492180	2451.7	2592.4	122290	145860
湖　　北	248788	266834	181.6	191.9	52214	59749
湖　　南	205585	192762	189.9	178.5	5151	6604
广　　东	331323	328006	255.6	250.8	5736	7420
广　　西	235666	227785	234.7	224.4	9814	11323
海　　南	28534	27716	24.9	25.9	1760	1828
重　　庆	12100	10000	13.6	11.7	600	700
四　　川	130558	130906	148.7	151.0	8859	7182
贵　　州	53600	52590	54.2	54.7	2000	3100
云　　南	304826	299060	299.9	303.9	8055	10319
西　　藏	38318	30400	41.0	51.3	2136	2558
陕　　西	192292	197235	209.6	218.8	39890	42312
甘　　肃	334418	331697	339.8	341.4	18445	18437
青　　海	178638	190581	160.7	174.8	4194	3441
宁　　夏	163059	169856	166.7	171.2	6556	8083
新　　疆	274943	290869	316.6	336.9	168111	174384

3—10 续表 2

地　　区	小型拖拉机配套农具（部）		农用排灌电动机			
			台		万千瓦	
	2001 年	2002 年	2001 年	2002 年	2001 年	2002 年
全国总计	**18821829**	**20033634**	**7756695**	**8109120**	**5115.9**	**5301.8**
北　　京	12631	11874	70511	77318	65.9	61.3
天　　津	37900	34300	72200	72200	102.9	102.4
河　　北	1639876	1676141	1280137	1304277	1017.6	1041.7
山　　西	222133	237374	111304	107803	129.6	134.2
内 蒙 古	535429	607529	118609	121796	102.0	105.1
辽　　宁	185064	193783	660798	733683	174.8	179.9
吉　　林	863916	938415	100079	106419	58.6	67.9
黑 龙 江	646477	693920	49918	51443	42.4	45.5
上　　海	8509	8806	23144	20888	25.4	23.9
江　　苏	1514811	1450243	397354	401784	407.7	444.4
浙　　江	236746	228082	344305	359638	163.3	165.4
安　　徽	3716655	4099282	927851	979931	301.7	301.3
福　　建	60442	62334	33166	36600	27.3	28.6
江　　西	99590	100400	99830	105400	98.4	102.2
山　　东	2281725	2373388	879103	912624	602.8	644.5
河　　南	3806300	4188460	849720	922830	479.1	502.0
湖　　北	411182	464409	176377	197483	292.3	300.2
湖　　南	48793	47567	421942	453107	216.3	218.7
广　　东	271055	282500	287699	236836	120.1	122.7
广　　西	469608	528142	90195	103004	52.1	54.7
海　　南	3694	4418	1914	2281	1.6	1.7
重　　庆	6000	6000	205200	235500	52.5	53.8
四　　川	115832	112543	90092	83608	137.8	141.7
贵　　州	7800	10200	48000	53960	27.8	32.0
云　　南	157866	164603	42135	44184	62.6	63.5
西　　藏	10424	11684	1075	1487	1.2	1.6
陕　　西	266580	263960	252356	257113	144.3	145.5
甘　　肃	554863	573119	70083	71804	106.7	107.9
青　　海	123214	130463	2178	2252	7.9	7.8
宁　　夏	138895	148494	17708	17990	16.3	17.7
新　　疆	367819	381201	31712	33877	77.0	82.0

3—10 续表 3

地　区	农用排灌柴油机				农用水泵（台）	
	台		万千瓦			
	2001 年	2002 年	2001 年	2002 年	2001 年	2002 年
全国总计	**7285693**	**7506066**	**5580.0**	**5667.9**	**14596618**	**15232376**
北　京	1911	1766	1.2	1.4	59866	54924
天　津	36000	35900	26.7	26.7	98900	98700
河　北	1351368	1318377	1186.6	1157.5	1567458	1637159
山　西	16872	16801	19.3	19.8	120463	115410
内蒙古	128861	135963	111.1	118.3	266306	284578
辽　宁	113662	115649	98.9	105.3	1029874	1128395
吉　林	258602	269920	172.8	181.7	369686	376492
黑龙江	171142	185881	156.5	170.5	308345	315673
上　海	10				23154	20888
江　苏	172350	177581	211.0	160.3	580866	597427
浙　江	78783	79111	39.7	39.8	429841	441276
安　徽	316921	325646	227.8	232.4	1395501	1488825
福　建	57646	71400	41.3	47.1	78465	98813
江　西	215320	255000	150.5	159.2	280000	294300
山　东	1875264	1895906	1518.4	1539.0	2438485	2490906
河　南	497890	508410	479.5	496.3	1883800	1886610
湖　北	197913	199892	156.3	160.6	404595	438940
湖　南	786497	814927	368.7	394.6	1273184	1317562
广　东	185091	198057	106.7	117.5	317512	349311
广　西	232500	250073	118.5	127.4	395704	437096
海　南	64596	69679	29.4	31.5	34016	34871
重　庆	65900	72900	41.1	45.7	259900	295800
四　川	270535	302275	176.6	186.5	390541	412586
贵　州	72000	78090	49.4	52.4	96700	109100
云　南	56264	60337	29.9	32.4	90256	94928
西　藏	2853	3596	2.7	3.6	446	754
陕　西	33458	36848	28.3	29.3	261238	267058
甘　肃	15198	15186	16.1	15.5	76044	77036
青　海	680	828	1.0	1.3	2362	2502
宁　夏	1770	1913	1.7	1.7	30111	29412
新　疆	7836	8154	12.7	12.5	32999	35044

3—10 续表 4

地　　区	联合收割机				节水灌溉类机械（套）	
	台		万千瓦			
	2001 年	2002 年	2001 年	2002 年	2001 年	2002 年
全国总计	**282871**	**310147**	**744.5**	**855.7**	**988006**	**1059209**
北　　京	5125	4544	31.0	26.2	12093	12114
天　　津	2700	2600	9.1	8.6	2900	2600
河　　北	43946	45808	153.7	164.0	35215	37614
山　　西	5626	5578	19.1	21.1	12026	10292
内 蒙 古	4482	4410	27.5	28.0	25911	30575
辽　　宁	931	911	2.4	1.6	13205	14343
吉　　林	186	259	1.0	1.2	12542	13073
黑 龙 江	12615	12128	76.7	85.6	9999	11547
上　　海	4730	4086	3.4	3.0	633	554
江　　苏	52025	56151	82.9	113.2	30323	32972
浙　　江	13911	13325	24.2	24.1	19249	20175
安　　徽	13205	18223	31.8	45.5	168053	172623
福　　建	686	683	1.1	1.1	4871	4914
江　　西	1800	2500	4.4	6.1	12300	27900
山　　东	55668	61979	74.8	88.3	353156	414869
河　　南	31300	36600	94.9	116.6	186500	165100
湖　　北	3363	5722	8.0	13.6	10100	10770
湖　　南	4925	7021	8.6	12.7	8192	7253
广　　东	3100	2869	6.5	6.4	21573	16310
广　　西	386	445	0.8	0.9	22181	20800
海　　南	187	189	2.8	2.9	2000	
重　　庆	50	60	0.7	0.2	2000	2000
四　　川	3587	4100	3.6	5.6	7941	9676
贵　　州	100	64	0.1	0.1	300	2800
云　　南	484	483	0.9	1.0	1117	2116
西　　藏	169.4	625	0.3	0.6		318
陕　　西	10136	11095	30.0	31.5	5844	6865
甘　　肃	1339	1344	5.7	6.2	2068	2611
青　　海	676	651	5.7	4.8	238	246
宁　　夏	1856	1996	5.5	5.5	1119	1271
新　　疆	3577	3698	27.6	29.7	4357	4908

3—10 续表 5

地　区	机动脱粒机（部）		渔用机动船			
			艘		万千瓦	
	2001 年	2002 年	2001 年	2002 年	2001 年	2002 年
全国总计	**9034737**	**8982654**	**480125**	**485693**	**1379.6**	**1381.2**
北　京	10761	8488	2	2		
天　津	36600	29400	12000	10400	10.2	8.3
河　北	450186	366627	14443	13254	43.0	42.8
山　西	60247	59788		16		
内蒙古	61484	64694	90	110	0.3	0.3
辽　宁	115438	115629	35887	35918	101.2	105.3
吉　林	145174	144718	883	906	0.8	0.9
黑龙江	125170	128232	4700	5060	3.8	4.0
上　海	106752	96909	2688	2662	20.3	21.8
江　苏	1201584	1114459	60651	61864	108.7	110.9
浙　江	1337464	1349404	56098	55211	426.8	430.2
安　徽	521051	526842	12583	13395	12.1	13.9
福　建	47764	50100	69000	76700	163.7	162.5
江　西	344970	406900	24300	24400	22.5	10.1
山　东	746602	736662	46992	47148	127.2	127.0
河　南	942700	753820	901	850	1.1	1.1
湖　北	127907	128117	12845	13237	6.5	6.6
湖　南	1018221	1074217	13457	13949	6.4	6.8
广　东	426839	450713	72128	68817	222.2	219.4
广　西	267945	322852	13391	13785	44.6	48.8
海　南	24007	25254	16093	16699	51.5	53.1
重　庆	155300	189900	1800	2000	1.1	1.3
四　川	404369	458186	8000	7900	3.6	4.5
贵　州	16900	23800	400	700	0.5	1.1
云　南	115710	115791	300	238	0.6	0.3
西　藏	8201	11165				
陕　西	119382	130328	78	104	0.1	0.1
甘　肃	31922	37491	20	11		
青　海	9566	9667	140	68	0.2	0.1
宁　夏	20150	19730	4		0.5	
新　疆	34371	32771	251	289	0.3	0.3

3—11 农村电力、灌溉面积、化肥施用量情况

年　份	乡村办水电站		农村用电量（亿千瓦）	有效灌溉面积（千公顷）	化肥施用量（万吨）
	个数(个)	装机容量(万千瓦)			
1952	98	0.8	0.5	19959.0	7.8
1957	544	2.0	1.4	27339.0	37.3
1962	7436	25.2	16.1	30545.0	63.0
1965			37.1		194.2
1978	82387	228.4	253.1	44965.0	884.0
1979	83224	276.4	282.7	45003.0	1086.3
1980	80319	304.1	320.8	44888.0	1269.4
1981	74017	336.0	369.9	44874.0	1334.9
1982	66256	353.0	396.9	44177.0	1513.4
1983	62328	346.3	428.1	44644.0	1659.8
1984	60062	361.5	464.0	44453.0	1739.8
1985	55754	380.2	508.9	44036.0	1775.8
1986	54136	387.9	586.7	44226.0	1930.6
1987	51978	394.1	658.8	44403.0	1999.7
1988	51558	428.9	712.0	44376.0	2141.5
1989	50862	416.8	790.5	44917.2	2357.1
1990	52387	428.8	844.5	47403.1	2590.3
1991	49644	456.9	963.2	47822.1	2805.1
1992	48082	478.6	1106.9	48590.1	2930.2
1993	45153	481.9	1244.9	48646.4	3150.1
1994	48722	503.7	1473.9	48759.1	3317.9
1995	40699	519.5	1655.7	49281.2	3593.7
1996	37743	533.7	1812.7	50381.4	3827.9
1997	36117	562.4	1980.1	51238.5	3980.7
1998	33185	634.8	2042.2	52295.6	4083.7
1999	31678	664.1	2173.4	53158.4	4124.3
2000	29962	698.5	2421.3	53820.3	4146.4
2001	29183	896.6	2610.8	54249.4	4253.8
2002	27633	812.2	2993.4	54354.8	4339.4

3—12 农村电力和农田水利建设情况

指　　标	单 位	1995 年	2000 年	2001 年	2002 年	2002 年为 2001 年%
一、乡村办水电站	个	40699	29962	29183	27633	94.7
装机容量	万千瓦	519.5	698.5	896.6	812.2	90.6
发电量	亿千瓦小时	134.1	205.0	213.8	235.5	110.1
二、农村用电量	亿千瓦小时	1655.7	2421.3	2610.8	2993.4	114.7
三、农田水利建设情况						
有效灌溉面积	千公顷	49281.2	53820.3	54249.4	54354.8	100.2
旱涝保收面积	千公顷	36118.8	38336.3	39434.7	39350.2	99.8
机电排灌面积	千公顷	32205.3	35954.1	36211.9	36213.1	100.0

3—13 农用化肥、农膜、柴油和农药使用量

指　　标	单 位	1995 年	2000 年	2001 年	2002 年	2002 年为 2001 年%
一、化肥施用量(折纯量)	万吨	3593.7	4146.4	4253.8	4339.4	102.0
氮　肥	万吨	2021.9	2161.5	2164.1	2157.3	99.7
磷　肥	万吨	632.4	690.5	705.7	712.2	100.9
钾　肥	万吨	268.5	376.5	399.6	422.4	105.7
复合肥	万吨	670.8	917.9	983.7	1040.4	105.8
二、农用塑料薄膜使用量	吨	915487	1335446	1449286	1539484	106.2
#地膜使用量	吨	470042	722497	780911	839716	107.5
地膜覆盖面积	千公顷	6493.0	10624.8	10960.7	11701.1	106.8
三、农用柴油使用量	万吨	1087.8	1405.0	1485.3	1507.5	101.5
四、农药使用量	万吨	108.7	128.0	127.5	131.2	102.9

3—14 各地区农村电力和农田水利建设情况

地 区	乡村办水电站（个）		装机容量（万千瓦）		发电量（万千瓦）		农村用电量（亿千瓦小时）	
	2001年	2002年	2001年	2002年	2001年	2002年	2001年	2002年
全国总计	**29183**	**27633**	**896.6**	**812.1**	**2138248**	**2355055**	**2610.8**	**2993.4**
北 京	34	36	1.6	1.7	1169	1414	31.2	35.8
天 津							37.8	40.3
河 北	96	95	1.7	2.6	1649	1914	184.1	201.7
山 西	105	99	2.5	3.7	9247	7933	57.8	57.6
内蒙古	4	4			17	24	22.8	23.6
辽 宁	133	134	20.9	21.9	33000	50000	105.4	119.2
吉 林	66	62	3.9	3.5	9828	7226	24.1	23.9
黑龙江	26	12	1.1	1.1	4753	4834	28.7	29.1
上 海							79.7	81.8
江 苏	3	3	40.0	40.0	36	37	345.0	423.6
浙 江	2385	2482	117.0	135.0	284791	376845	285.2	341.1
安 徽	556	531	11.7	10.5	21124	22812	47.4	51.8
福 建	3540	3760	103.4	121.5	447773	472299	86.8	106.5
江 西	1166	1827	18.2	34.0	57169	100069	34.5	36.3
山 东	18	13	0.4	0.4	351	239	214.0	238.3
河 南	473	445	6.9	6.3	6061	4932	134.6	141.4
湖 北	829	669	36.5	31.8	54963	50996	60.2	60.7
湖 南	4178	4115	41.8	45.8	139393	149262	46.7	49.8
广 东	6121	5394	305.6	162.3	413119	442472	463.4	586.4
广 西	1045	999	15.3	16.8	39393	50898	30.7	31.2
海 南	44	48	0.9	3.3	2287	3273	1.8	2.3
重 庆	714	660	22.2	21.5	73334	72499	30.1	33.9
四 川	2943	2793	78.4	81.0	330616	342063	89.5	93.0
贵 州	795	721	10.7	13.8	39400	41921	13.9	14.3
云 南	1470	1177	25.8	25.0	108770	85978	32.6	34.8
西 藏	235	237	2.8	2.1	4461	5173	1.0	0.4
陕 西	1708	858	11.0	7.8	16740	16298	58.6	67.0
甘 肃	224	223	3.2	4.8	7047	12192	27.4	29.0
青 海	56	54	1.8	2.7	8563	9805	2.4	2.2
宁 夏							7.9	8.2
新 疆	216	182	11.6	11.5	23195	21647	25.5	28.3

3—15 各地区农用化肥施用量

（按折纯法计算）

单位：万吨

地　区	农用化肥施用量		1. 氮肥		2. 磷肥	
	2001 年	2002 年	2001 年	2002 年	2001 年	2002 年
全国总计	**4253.8**	**4339.4**	**2164.1**	**2157.3**	**705.7**	**712.2**
北　京	15.7	14.9	9.0	8.3	1.0	1.2
天　津	17.3	17.6	9.2	9.4	2.3	2.3
河　北	273.4	278.8	147.8	147.7	43.9	44.7
山　西	84.9	89.0	39.7	40.8	19.5	19.3
内蒙古	79.3	82.8	44.8	45.9	14.0	14.5
辽　宁	109.8	111.4	65.0	63.5	10.6	10.7
吉　林	114.1	117.0	63.9	62.9	5.5	6.2
黑龙江	123.2	129.7	52.2	52.7	28.5	30.8
上　海	20.3	17.7	14.7	12.4	1.8	1.5
江　苏	338.0	337.5	188.1	186.0	50.5	51.2
浙　江	90.3	91.9	57.3	56.8	12.4	12.5
安　徽	280.7	270.3	126.9	118.9	48.5	42.5
福　建	117.4	119.9	52.1	52.1	16.1	16.4
江　西	109.7	112.5	48.3	46.8	19.7	22.0
山　东	428.6	433.9	197.7	189.7	54.7	54.6
河　南	441.7	468.8	211.1	220.5	101.6	106.2
湖　北	245.3	257.0	126.8	133.1	54.6	56.8
湖　南	184.3	184.3	98.6	97.5	24.0	23.6
广　东	195.1	196.4	97.4	96.6	20.1	20.2
广　西	168.1	176.5	57.5	59.3	23.3	24.0
海　南	27.0	29.0	8.9	9.6	6.1	2.0
重　庆	72.6	73.4	45.8	44.7	16.6	16.7
四　川	212.0	209.6	121.8	118.5	41.9	42.3
贵　州	70.0	73.6	42.1	43.6	10.9	10.4
云　南	120.0	125.0	70.1	72.2	19.9	21.7
西　藏	3.0	3.0	1.6	1.4	0.5	0.6
陕　西	131.1	131.9	72.4	71.4	16.5	16.2
甘　肃	66.1	69.4	32.9	34.5	15.4	16.3
青　海	7.2	7.2	3.4	3.3	1.5	1.6
宁　夏	24.6	25.0	14.3	14.5	3.0	3.0
新　疆	83.3	84.3	42.7	43.1	21.3	20.4

3—15 续表

单位:万吨

地　　区	3. 钾肥		4. 复合肥	
	2001 年	2002 年	2001 年	2002 年
全国总计	**399.6**	**422.4**	**983.7**	**1040.4**
北　　京	0.5	0.6	5.2	4.9
天　　津	0.8	0.9	5.1	5.0
河　　北	17.5	19.9	64.3	66.5
山　　西	5.1	5.8	20.6	23.2
内 蒙 古	3.9	4.5	16.5	17.9
辽　　宁	7.9	8.3	26.4	28.9
吉　　林	8.5	8.9	36.2	39.1
黑 龙 江	11.8	13.4	30.7	32.9
上　　海	0.6	0.5	3.2	3.3
江　　苏	17.8	18.4	81.6	82.0
浙　　江	6.6	7.4	14.1	15.2
安　　徽	28.0	28.6	77.3	80.5
福　　建	23.0	23.6	26.2	27.8
江　　西	18.2	19.0	23.5	24.7
山　　东	38.9	40.3	137.3	149.4
河　　南	40.3	43.4	88.8	98.7
湖　　北	17.5	19.4	46.4	47.7
湖　　南	30.4	30.2	31.3	33.1
广　　东	38.6	38.9	39.0	40.9
广　　西	39.4	42.1	47.9	51.1
海　　南	2.6	3.6	9.4	13.8
重　　庆	2.5	3.2	7.0	7.8
四　　川	10.4	11.0	37.9	37.8
贵　　州	5.2	5.5	11.7	14.1
云　　南	9.7	9.9	20.2	21.2
西　　藏	0.1	0.2	0.8	0.9
陕　　西	7.7	8.4	34.4	29.8
甘　　肃	3.1	3.4	14.7	15.3
青　　海	0.3	0.3	2.0	2.0
宁　　夏	0.5	0.6	6.8	7.0
新　　疆	2.4	2.5	17.0	18.2

3—16 各地区农用塑料薄膜使用量

地　区	农用塑料薄膜使用量（吨）		地膜使用量（吨）		地膜覆盖面积（公顷）	
	2001 年	2002 年	2001 年	2002 年	2001 年	2002 年
全国总计	**1449286**	**1539484**	**780911**	**839716**	**10960668**	**11701092**
北　京	10229	12456	4366	5272	26419	30719
天　津	14167	20342	5257	11614	66156	68814
河　北	69641	75172	35933	41006	610407	700901
山　西	29102	29283	20955	21186	414798	393143
内蒙古	30420	30031	24583	25343	495980	487683
辽　宁	84904	91369	21160	25003	238542	211096
吉　林	51460	45253	20636	19559	111156	118591
黑龙江	51561	48944	21298	22251	267489	301901
上　海	22273	22460	7307	7595	23320	25334
江　苏	66102	68823	31218	31131	464089	455596
浙　江	35361	39240	17371	18929	177453	143816
安　徽	65655	65487	32693	32655	664382	891944
福　建	22697	25553	11513	13785	79726	86395
江　西	30778	35407	16922	20780	95024	69401
山　东	257711	292175	104266	125757	1468518	1651657
河　南	94092	98610	42341	45874	738220	797300
湖　北	53526	52443	27636	28019	345550	360360
湖　南	43011	47568	27663	31078	349343	391683
广　东	28560	31452	15463	16823	90123	92367
广　西	18889	19944	13375	12697	241735	226757
海　南	730	3530	559	2649	7780	23231
重　庆	19444	25337	13369	15939	159103	215020
四　川	74311	75648	50090	51135	640018	648567
贵　州	19805	22838	12397	14725	138305	188500
云　南	50929	56638	40586	43980	547622	658066
西　藏	294	521	44	120	217	331
陕　西	23071	20612	17153	14478	385213	370065
甘　肃	69969	79410	44486	47399	706127	716427
青　海	645	821	318	326	7626	7572
宁　夏	5232	5289	3181	3554	72287	76007
新　疆	104717	96828	96772	89054	1327941	1291848

3—17 各地区农用柴油和农药使用量

地　　区	农用柴油使用量(万吨)		农药使用量(吨)	
	2001年	2002年	2001年	2002年
全国总计	**1485.3**	**1507.5**	**1274820**	**1312284**
北　京	9.5	6.6	4510	4700
天　津	15.4	16.1	2807	2532
河　北	213.6	216.0	73803	74652
山　西	22.7	23.6	18438	18631
内蒙古	31.4	28.7	9819	10650
辽　宁	47.8	46.2	36083	41118
吉　林	33.8	32.4	24099	23751
黑龙江	81.6	82.3	30977	35417
上　海	11.3	11.4	9839	9644
江　苏	75.1	75.8	91591	86350
浙　江	175.8	175.8	66324	63870
安　徽	45.8	46.1	73011	74276
福　建	56.1	76.6	52841	55313
江　西	16.5	16.7	51384	57323
山　东	161.5	169.1	145000	163739
河　南	83.5	85.1	98463	101981
湖　北	42.2	41.1	109708	106260
湖　南	24.7	25.5	85591	86972
广　东	68.8	63.2	85871	84692
广　西	40.6	45.4	46614	48629
海　南	11.6	14.2	10963	13573
重　庆	11.3	11.3	19065	19336
四　川	31.2	32.5	54841	54351
贵　州	3.6	3.8	8329	8819
云　南	46.1	43.2	25000	25738
西　藏	0.5	0.9	583	1612
陕　西	43.7	41.7	10449	10200
甘　肃	16.7	18.3	12750	13268
青　海	4.9	5.3	1776	1647
宁　夏	11.9	12.7	1689	1723
新　疆	46.1	40.0	12602	11518

3—18 各地区农村居民家庭拥有生产性固定资产原值

单位:元/户

	合计	1. 农业	#房屋及建筑物	#役畜及产品畜	#大中型铁木农具	#农林牧渔业机械	2. 工业
全国总计	**5221.33**	**3741.01**	**1201.56**	**798.44**	**291.83**	**1348.93**	**418.20**
北京	6258.09	1784.89	523.07	406.13	85.49	744.20	1161.33
天津	7227.96	4161.43	1675.81	778.83	334.50	1374.87	288.33
河北	6671.58	4503.24	660.33	514.36	303.51	2918.34	771.66
山西	4049.37	2245.66	454.52	549.48	168.77	981.44	161.17
内蒙古	10936.85	9776.67	2875.60	2419.50	678.48	3108.52	228.51
辽宁	4989.95	3871.68	1423.68	1052.72	234.82	1078.36	296.43
吉林	6470.76	5863.70	1180.64	2012.21	291.15	2319.57	92.93
黑龙江	7543.35	6970.03	1483.15	1451.85	443.73	3399.17	87.46
上海	2624.32	1967.72	1418.90	34.50	334.82	155.25	96.60
江苏	5044.82	2930.35	1224.23	143.81	231.50	1313.16	819.50
浙江	8418.75	3830.57	2292.09	157.87	245.71	1005.45	2181.92
安徽	4948.81	4144.12	1070.22	484.14	386.84	2166.91	184.65
福建	4615.74	2065.86	1075.83	282.35	178.87	434.81	1050.16
江西	2873.95	2145.06	923.36	555.40	325.94	194.37	146.27
山东	6029.81	4337.77	1013.01	654.65	259.46	2304.85	433.64
河南	5406.91	4482.13	809.97	533.48	399.07	2654.37	250.70
湖北	2953.37	2279.72	992.44	591.60	252.01	389.77	195.32
湖南	3192.01	2113.89	1089.98	339.96	313.62	338.99	289.77
广东	4129.87	1937.59	671.66	459.44	252.37	497.58	571.15
广西	3057.75	2194.85	633.82	773.81	192.98	554.08	323.60
海南	4463.49	3223.08	194.06	1080.32	201.03	1311.64	96.43
重庆	2375.64	1881.59	1211.85	390.39	175.82	87.43	111.28
四川	3592.28	2726.22	1707.94	530.23	263.85	185.29	121.44
贵州	3288.31	2492.58	1333.67	906.57	157.20	77.66	257.60
云南	4762.47	3299.59	1387.74	1299.06	131.95	379.81	408.82
西藏	17765.63	15887.00	7254.03	6735.56	569.64	1128.13	60.08
陕西	3960.25	2343.42	593.37	480.74	176.76	1032.57	290.14
甘肃	4780.36	3810.73	1004.93	1015.07	442.67	1215.77	262.39
青海	7487.33	5943.88	946.22	1739.34	263.97	2859.43	235.61
宁夏	12024.13	6983.16	1463.96	1486.82	355.82	3512.28	576.17
新疆	8724.90	7649.96	1657.75	2984.40	555.11	2297.58	125.26

3—18 续表

单位:元/户

	#房屋及建筑物	#生产设备	3. 建筑业	4. 交通运输业	5. 批发和零售贸易、餐饮业	6. 社会服务业	7. 文教卫生业	8. 其他
全国总计	**144.01**	**260.21**	**34.38**	**662.36**	**153.65**	**56.83**	**19.96**	**135.01**
北京	846.67	314.67	93.33	2485.33	434.53	176.00	0.00	122.67
天津	107.50	139.83	6.67	1936.00	373.22	316.05	46.67	112.27
河北	229.83	513.55	48.40	959.11	224.91	81.20	13.40	69.64
山西	58.24	92.84	43.52	1190.56	216.57	68.43	7.24	116.22
内蒙古	74.83	141.46		494.97	116.50	10.44	6.41	303.35
辽宁	127.88	165.75	4.97	492.25	190.48	11.96	19.58	102.60
吉林	38.31	51.18		378.98	13.13	10.50	2.45	109.09
黑龙江	20.63	61.25	2.86	291.44	77.50	34.70	11.88	66.50
上海	89.18	7.42	26.17	158.33	218.00	53.83	0.33	103.33
江苏	330.12	466.77	57.80	906.80	159.11	115.08	4.85	51.33
浙江	687.07	1479.48	73.80	1503.71	421.96	283.36	41.44	81.98
安徽	78.14	90.58	33.51	339.79	130.56	43.77	8.44	63.97
福建	402.86	631.15	219.78	700.46	245.99	152.53	69.07	111.90
江西	27.43	114.51	3.33	439.23	71.07	11.96	36.57	20.47
山东	132.19	273.66	30.08	794.10	206.07	33.22	62.47	132.48
河南	103.00	144.14	40.43	314.47	219.36	48.40	33.60	17.81
湖北	53.97	125.40	4.82	340.26	83.41	8.53	3.94	37.37
湖南	54.83	210.11	37.80	525.02	119.63	40.55	17.84	47.51
广东	183.69	364.39	29.49	870.38	210.54	82.21	7.11	421.40
广西	69.33	239.92	8.18	375.64	107.30	16.10	9.12	22.94
海南	16.78	69.10	17.50	375.79	76.07	85.21	2.36	587.06
重庆	57.87	50.41	2.67	256.39	56.92	27.39	4.50	34.91
四川	33.94	75.82	8.03	455.68	112.55	12.98	15.87	139.53
贵州	122.00	126.99	44.51	334.75	54.74	21.63	19.14	63.36
云南	203.67	195.37	3.75	465.26	29.63	12.92	2.83	539.67
西藏	3.15	53.81		1643.46	83.44	17.59	0.00	74.06
陕西	77.93	205.83	104.57	931.66	104.50	58.80	21.43	105.73
甘肃	65.54	187.28	9.44	400.28	116.22	38.00	49.06	94.24
青海	70.18	163.43		882.52	67.17	4.17	37.67	316.32
宁夏	128.80	447.37	4.00	2288.58	149.98	123.85	7.83	1890.55
新疆	19.68	87.52	52.05	671.87	123.81	2.68	1.94	97.34

3—19 各地区耕地面积及占全国的比重

地 区	耕地面积(总资源) (千公顷)	占全国比重 (%)
全国总计	**130039.2**	**100.00**
北 京	343.9	0.26
天 津	485.6	0.37
河 北	6883.3	5.29
山 西	4588.6	3.53
内蒙古	8201.0	6.31
辽 宁	4174.8	3.21
吉 林	5578.4	4.29
黑龙江	11773.0	9.05
上 海	315.1	0.24
江 苏	5061.7	3.89
浙 江	2125.3	1.63
安 徽	5971.7	4.59
福 建	1434.7	1.10
江 西	2993.4	2.30
山 东	7689.3	5.91
河 南	8110.3	6.24
湖 北	4949.5	3.81
湖 南	3953.0	3.04
广 东	3272.2	2.52
广 西	4407.9	3.39
海 南	762.1	0.59
四 川	9169.1	7.05
贵 州	4903.5	3.77
云 南	6421.6	4.94
西 藏	362.6	0.28
陕 西	5140.5	3.95
甘 肃	5024.7	3.86
青 海	688.0	0.53
宁 夏	1268.8	0.98
新 疆	3985.7	3.07

注:本表数据来源于国土资源部、国家统计局、全国农业普查办公室"关于土地利用现状调查数据成果的公报",耕地面积(总资源)数据为1996年10月31日时点数。据国家统计局初步测算,2001年耕地总资源为127082千公顷,其中:常用耕地面积为105826千公顷,临时性耕地面积为21256千公顷。

3－20 各地区农业生产经营单位农业用地面积构成

单位：%

地 区	农业用地	耕地	园地	林地	牧草地	渔业养殖面积
全国总计	**100.00**	**43.18**	**2.33**	**32.25**	**20.64**	**1.59**
北 京	100.00	72.25	9.80	15.69	0.13	2.13
天 津	100.00	86.01	3.87	1.23	0.15	8.75
河 北	100.00	69.89	2.37	21.59	5.26	0.89
山 西	100.00	69.40	3.91	25.67	0.78	0.25
内蒙古	100.00	36.46	0.20	22.02	40.66	0.67
辽 宁	100.00	55.41	3.91	36.99	0.64	3.05
吉 林	100.00	41.79	0.31	54.09	2.10	1.72
黑龙江	100.00	52.00	0.16	41.67	4.59	1.59
上 海	100.00	85.65	3.83	1.63	0.01	8.88
江 苏	100.00	85.07	3.51	4.18	0.19	7.05
浙 江	100.00	30.34	6.78	58.86	0.01	4.01
安 徽	100.00	62.25	2.45	31.10	0.11	4.10
福 建	100.00	20.41	6.99	70.82	0.03	1.75
江 西	100.00	27.25	2.83	67.05	0.11	2.76
山 东	100.00	83.43	7.73	6.76	0.21	1.88
河 南	100.00	83.72	2.33	12.63	0.11	1.21
湖 北	100.00	52.87	2.56	38.70	0.54	5.32
湖 南	100.00	40.33	2.64	53.41	1.04	2.59
广 东	100.00	27.16	7.70	60.58	0.05	4.51
广 西	100.00	36.92	4.07	54.96	2.81	1.25
海 南	100.00	30.78	5.36	60.56	1.82	1.48
重 庆	100.00	65.83	1.64	29.94	1.30	1.29
四 川	100.00	37.68	1.13	22.83	37.82	0.54
贵 州	100.00	61.33	1.51	35.87	1.18	0.11
云 南	100.00	34.74	2.47	60.61	1.76	0.41
西 藏	100.00	29.05	0.10	8.53	62.32	
陕 西	100.00	45.08	5.29	46.94	2.48	0.21
甘 肃	100.00	39.53	0.76	16.74	42.92	0.05
青 海	100.00	19.56	0.05	13.14	67.23	0.01
宁 夏	100.00	75.10	2.22	11.90	10.18	0.60
新 疆	100.00	11.29	0.39	1.78	86.39	0.15

4

农业生态与环境

4—1 全国自然保护区情况

(2001年)

项　　目	单　位	1997年	1999年	2000年	2001年
1.自然保护区数	个	926	1146	1227	1551
#国家级	个	124	155	155	171
省　级	个	392	404	433	526
市　级	个	84	138	154	269
县　级	个	326	449	479	585
2.自然保护区总面积	万公顷	7698	8815	9821	12989
#国家级	万公顷	2647	5816	5806	5904
省　级	万公顷	4606	2265	3031	5726
市　级	万公顷	66	163	253	423
县　级	万公顷	379	571	730	936
3.自然保护区总面积占国土面积	%	7.6	8.8	9.85	12.9
4.珍稀濒危动物繁殖场数	个	1015	940	992	1402
5.珍稀植物引种栽培场数	个	72	72	50	86
6.生态示范区数	个	130	222	220	215
#国家级	万公顷	130	154	—	82
省　级	个		68		

4—2 各地区自然保护区工作基本情况

(2001 年)

地　　区	自然保护区个数(个)	保护区面积(千公顷)	保护区面积占辖区面积比重(%)	珍稀濒危动物繁殖场(个)	珍稀植物引种栽培场(个)	生态示范区个数(个)
全　　国	**1551**	**129890.0**	**12.9**	**1402**	**86**	**82**
北　　京	17	86.3	5.13	1		2
天　　津	8	129.2	11.4			1
河　　北	15	162.8	0.87	30		1
山　　西	12	112.5	0.72			1
内 蒙 古	111	8944.4	7.56			2
辽　　宁	60	2579.9	10.1	1		5
吉　　林	29	1951.3	10.8	42	11	2
黑 龙 江	139	3553.5	7.82	58	20	9
上　　海	3	56.4	8.9			1
江　　苏	22	534.9	5.21	8	3	14
浙　　江	27	132.6	1.3	1	2	6
安　　徽	30	526.9	4.05	4	2	6
福　　建	54	410.1	2.47	5	3	3
江　　西	57	475.0	2.85		1	4
山　　东	58	813.0	4.91		4	6
河　　南	28	468.8	2.81			3
湖　　北	32	583.7	3.14			3
湖　　南	69	805.4	3.8	127	7	2
广　　东	177	2846.6	3.84			1
广　　西	62	1565.6	6.47	810	5	2
海　　南	65	2696.4	5.06	281	4	1
重　　庆	37	794.6	9.66			
四　　川	97	6347.8	13	9	6	3
贵　　州	79	462.7	2.63			1
云　　南	146	2781.2	7.06	18	14	1
西　　藏	14	40080.0	33.4			
陕　　西	22	595.2	2.89			
甘　　肃	40	8067.6	17.7	6	3	
青　　海	8	20608.3	28.6	1	1	
宁　　夏	8	229.6	4.43			1
新　　疆	25	20487.3	12.8			1

4—3 林业重点工程历年完成造林面积

单位：千公顷

年别	合计	天然林保护工程	退耕还林工程		京津风沙源治理工程	速生丰产用材林基地工程
			退耕还林工程合计	其中：退耕地造林		
1979～1985年	10109.80					
1986年	1106.73					
1987年	1064.80					
1988年	1063.93					
1989年	1001.80					
1990年	1662.06					
"七五"小计	5899.32					
1991年	2082.20					
1992年	2308.00					
1993年	2602.10				132.80	257.50
1994年	2729.59				139.79	223.32
1995年	2862.17				168.59	242.87
"八五"小计	12584.06				441.18	723.69
1996年	2669.49				164.95	187.81
1997年	2642.61				215.95	193.20
1998年	2856.00	290.35			231.58	138.05
1999年	2827.70	477.56			211.58	106.10
2000年	3345.92	426.37	683.60	328.42	280.27	246.88
"九五"小计	14341.72	1194.28	683.60	328.42	1104.33	872.04
2001年	3173.29	948.08	890.29	405.44	217.32	88.87
2002年	6777.38	856.08	4423.61	2039.77	676.38	45.68
1979～2002年	52885.57	2998.44	5997.50	2773.63	2439.21	1730.28

注：太行山绿化工程1990年造林面积354.60千公顷系指1984—1990年的造林面积，其中1990年造林面积为109.73千公顷。
京津风沙源治理工程1993—2000年数据为原全国防沙治沙工程数据。速丰林基地工程1993—2000年数据为原利用世界银行贷款营造速丰林工程数据。
本表数据从2001年开始，将原有的16个工程整合形成10个重点防护林工程。

4—3 续表

年　别	三北及长江流域等防护林工程						
	小　计	三北防护林体系工程	长江中上游防护林体系工程	沿海防护林体系工程	珠江流域防护林体系工程	太行山绿化工程	平原绿化工程
1979～1985 年	10109.80	10109.80					
1986 年	1106.73	1106.73					
1987 年	1064.80	1064.80					
1988 年	1063.93	1063.93					
1989 年	1001.80	956.07	45.73				
1990 年	1662.06	983.33	324.13			354.60	
“七五”小计	5899.32	5174.86	369.86			354.60	
1991 年	2082.20	1170.47	462.40	223.60		225.73	
1992 年	2308.00	1255.20	584.60	235.80		232.40	
1993 年	2211.80	1160.00	573.00	131.20		275.20	72.40
1994 年	2366.48	1255.49	546.00	152.78		358.22	53.99
1995 年	2450.71	1333.26	535.71	103.27		427.04	51.43
“八五”小计	11419.19	6174.42	2701.71	846.65		1518.59	177.82
1996 年	2316.73	1342.28	463.96	72.17		402.46	35.86
1997 年	2233.46	1266.12	447.75	63.48	56.72	366.32	33.07
1998 年	2196.02	1243.96	448.60	60.29	39.85	343.74	59.58
1999 年	2032.46	1245.41	369.84	44.48	32.09	293.36	47.28
2000 年	1708.80	1053.16	206.94	56.91	30.68	298.51	62.60
“九五”小计	10487.47	6150.93	1937.09	297.33	159.34	1704.39	238.39
2001 年	1028.73	535.52	162.72	90.90	27.05	141.29	71.25
2002 年	775.63	453.77	110.29	55.71	46.55	76.15	33.16
1979～2002 年	39720.14	28599.30	5281.67	1290.59	232.94	3795.02	520.62

4—4 各地区林业重点工程造林面积

单位:公顷

地 区	全部造林	重点工程造林		
		合计	天保	退耕
全国合计	**7776445**	**6777367**	**856077**	**4423607**
北 京	47911	43607	—	—
天 津	7620	7620	—	—
河 北	493178	417079	—	106956
山 西	680695	581292	63085	383286
内蒙古	907398	880414	165693	401270
辽 宁	237632	222898	—	117697
吉 林	142074	126090	538	113397
黑龙江	238687	183924	—	118571
上 海	14029	676	—	—
江 苏	72781	8334	—	—
浙 江	21206	9866	—	—
安 徽	317710	300229	—	266667
福 建	17486	8492	—	—
江 西	162276	156129	—	146716
山 东	152597	10340	—	—
河 南	266874	218974	10400	160003
湖 北	270587	238065	4133	219024
湖 南	100850	88556	—	66732
广 东	57562	11463	—	—
广 西	174733	150159	—	125546
海 南	21425	14392	—	11744
重 庆	175521	175521	20734	154787
四 川	694644	662252	230470	431497
贵 州	374309	356914	23298	307066
云 南	402293	297857	95078	187765
西 藏	17518	5459	1126	
陕 西	750541	697389	163119	498353
甘 肃	340650	316067	45491	245590
青 海	133364	129367	19579	80410
宁 夏	185475	185475	13333	120000
新 疆	290446	272467	—	160530

注:全国数据包括大兴安岭林业集团。

4－4 续表

地　区	重点工程造林			其它造林
	三北	京津	速丰	
全国合计	**775625**	**676375**	**45683**	**999078**
北　京	16869	26738	—	4304
天　津	4060	3560	—	—
河　北	52082	254620	3421	76099
山　西	51323	83598	—	99403
内蒙古	5592	307859	—	26984
辽　宁	105201	—	—	14734
吉　林	12155	—	—	15984
黑龙江	65353	—	—	54763
上　海	676	—	—	13353
江　苏	7061	—	1273	64447
浙　江	9866	—	—	11340
安　徽	29777	—	3785	17481
福　建	7568	—	924	8994
江　西	6831	—	2582	6147
山　东	10001	—	339	142257
河　南	48571	—	47900	
湖　北	11701	—	3207	32522
湖　南	13613	—	8211	12294
广　东	7617	—	3846	46099
广　西	19804	—	4809	24574
海　南	2648	—	—	7033
重　庆	—	—	—	—
四　川	285	—	—	32392
贵　州	19518	—	7032	17395
云　南	11441	—	3573	104436
西　藏	4333	—	—	12059
陕　西	35917	—	—	53152
甘　肃	24986	—	—	24583
青　海	29378	—	—	3997
宁　夏	52142	—	—	—
新　疆	109256	—	2681	17979

4—5　灌区、水库和除涝、治水、治碱情况

项　　目	单　位	1990 年	1995 年	2000 年	2001 年	2002 年
年底灌区数	处	5363	5562	5683	5686	5691
＃3.3 万公顷以上	处	72	74	101	108	110
2.0—3.3 万公顷	处	76	99	141	169	168
灌区有效灌溉面积	万公顷	2123.1	2249.9	2449.3	2476.6	2503.0
＃3.3 万公顷以上	万公顷	604.7	631.4	788.3	861.7	915.8
2.0—3.3 万公顷	万公顷	189.6	244.4	344.0	405.4	407.2
水库	座	83387	84775	85120	85136	85288
大型水库	座	366	387	420	433	445
中型水库	座	2499	2593	2704	2736	2781
小型水库	座	80522	81795	81996	81967	82062
水库库容量	亿立方米	4660	4797	5184	5281	5595
大型水库	亿立方米	3397	3493	3842	3927	4229
中型水库	亿立方米	690	719	746	758	767
小型水库	亿立方米	573	585	594	595	597
节水灌溉面积	万公顷			1638.9	1744.6	1862.7
除涝面积	万公顷	1933.7	2006.5	2098.9	2102.1	2109.7
水土流失治理面积	万公顷	5300	6690	8096	8154	8541
治碱面积	万公顷	499.5	543.4	584.1	575.1	528.3
堤防长度	万公里	22.0	24.7	27.0	27.3	27.4
堤防保护耕地面积	万公顷	3200.0	3060.9	3960.0	4067.1	4286.2

4—6 各地区水利设施和除涝、治水、治减面积

地区	水库数（座）	水库库容量（亿立方米）	除涝面积（千公顷）	治减面积（千公顷）	水土流失治理面积（千公顷）
全国	**85288**	**5594.6**	**21097.1**	**5282.9**	**85410.0**
北京	85	93.5	149.8		595.7
天津	137	27.5	403.1	211.1	31.6
河北	1104	158.3	1637.6	829.3	5642.9
山西	738	53.5	93.8	215.3	4298.4
内蒙古	463	75.9	275.0	0.2	7678.3
辽宁	917	304.1	992.0	249.8	5152.4
吉林	1314	308.2	1002.7	135.8	3164.1
黑龙江	612	84.6	3188.1	196.7	3604.7
上海			65.6	28.6	
江苏	916	189.2	2785.0	688.2	802.4
浙江	3910	378.0	477.0	2.6	2082.8
安徽	4856	194.7	2176.4	101.4	1855.9
福建	2695	116.5	120.8	30.2	996.4
江西	9577	280.5	342.1		3156.9
山东	5570	191.2	2569.2	930.4	3558.4
河南	2347	395.2	1847.3	675.8	3945.8
湖北	5835	550.1	1213.8	3.4	4179.7
湖南	13287	366.5	456.9		2321.6
广东	6624	583.2	501.7		1247.0
广西	4380	283.6	202.1	74.0	1253.6
海南	1013	94.0	9.9		26.5
重庆	2748	40.7	14.3		1647.4
四川	6668	99.2	87.3	0.3	4479.5
贵州	1932	74.7	46.5		2297.7
云南	5267	94.1	221.8	5.1	3511.1
西藏	112	8.4	36.3	1.0	108.5
陕西	1053	66.2	132.3	63.7	8546.7
甘肃	288	86.9	12.5	0.2	7029.0
青海	152	299.9		9.9	687.4
宁夏	199	18.6			1395.1
新疆	489	77.8	36.5	829.7	112.7

4—7 受灾和成灾面积

单位：千公顷

年　　份	受灾面积	＃旱灾	＃洪涝灾	成灾面积	＃旱灾	＃洪涝灾
1952	9137	4236	2794	4433	2589	1844
1957	29149	17205	8083	14983	7400	6032
1962	37175	20808	9810	17386	8691	6318
1965	20804	13631	5587	11223	8107	2813
1970	9974	5723	3129	3295	1931	1234
1975	35379	24832	6817	10239	5319	3467
1978	50790	40170	2850	24457	17970	2012
1979	39370	24650	6760	15120	9320	2870
1980	44526	26111	9146	29777	14174	6070
1981	39786	25693	8625	18743	12134	3973
1982	33133	20697	8361	15985	9972	4397
1983	34713	16089	12162	16209	7586	5747
1984	31887	15819	10632	15607	7015	5395
1985	44365	22989	14197	22705	10063	8949
1986	47135	31042	9155	23656	14765	5601
1987	42086	24920	8686	20393	13033	4104
1988	50874	32904	11949	23945	15303	6128
1989	46991	29358	11328	24449	15262	5917
1990	38474	18175	11804	17819	7805	5605
1991	55472	24914	24596	27814	10559	14614
1992	51333	32980	9423	25895	17049	4464
1993	48829	21098	16387	23133	8657	8611
1994	55043	30425	17329	31383	17049	10744
1995	45821	23455	12731	22267	10401	7604
1996	46989	20151	18146	21233	6247	10855
1997	53429	33516	11415	30307	20012	5839
1998	50145	14236	22292	25181	5060	13785
1999	49981	30156	9020	26731	16614	5071
2000	54688	40541	7323	34374	26784	4321
2001	52155	38472	6042	31743	23698	3614
2002	47119	22207	12378	27319	13247	7474

4—8 全国受灾、成灾和绝收面积

单位：千公顷

指　　标	1995年	2000年	2001年	2002年	2002年为2001年%
一、受灾面积	45821	54688	52215	47119	90.2
1.旱 灾	23455	40541	38472	22207	57.7
2.洪涝灾	12731	7323	6042	12378	204.9
3.风雹灾	4476	2307	3627	7477	206.1
4.冷冻灾	3576	2795	2978	4212	141.4
5.台风灾		1722	1096	845	77.1
二、成灾面积	22267	34374	31793	27319	85.9
1.旱 灾	10401	26784	23698	13247	55.9
2.洪涝灾	7604	4321	3614	7474	206.8
3.风雹灾	2075	1162	2056	3832	186.4
4.冷冻灾	1791	1032	1777	2293	129.0
5.台风灾		1075	648	473	73.0
三、绝收面积	5618	10148	8217	6559	79.8
1.旱　灾	2121	8006	6420	2568	40.0
2.洪涝灾	2627	1324	793	2251	284.0
3.风雹灾	561	321	536	1104	205.9
4.冷冻灾	194	260	337	535	158.8
5.台风灾		237	131	101	77.1

4—9 各地区受灾面积

地区	受灾面积合计		旱灾		洪涝灾	
	2001年	2002年	2001年	2002年	2001年	2002年
全国总计	**52155**	**47119**	**38472**	**22207**	**6041.6**	**12378**
北京	96	195	75	166	1.1	2
天津	182	235	160	219	5	
河北	2964	2995	2390	2170	24	36
山西	2553	1603	2275	1200	38	207
内蒙古	3595	2388	3120	1899	115	115
辽宁	2665	1592	2067	1120	103	252
吉林	2917	1426	2698	862	64	189
黑龙江	4238	4149	3750	1209	155	405
上海		63			60	29
江苏	1178	771	672	405	226	221
浙江	370	763	36		270	465
安徽	2790	1159	2547	391	107	752
福建	253	894	48	354	62	341
江西	630	1040	396	54	204	654
山东	3596	4942	2160	3787	497	4
河南	2848	2807	2420	1533	131	234
湖北	2885	2674	2363	297	374	1532
湖南	1749	2806	1050	262	582	1976
广东	1094	1978	53	1204	379	468
广西	1155	1170	53	102	772	963
海南	182	289	30	76	67	116
重庆	1800	1466	1400	466	256	824
四川	3717	2564	2980	1282	613	915
贵州	1070	1159	698	170	225	419
云南	1137	1446	582	401	392	448
西藏	35	70	23	24	12	46
陕西	2475	1877	1900	1233	55	291
甘肃	2214	1216	1580	671	164	129
青海	307	337	267	300	35	18
宁夏	360	352	264	99	11	77
新疆	1100	693	415	251	42.5	250

4－9 续表

地　区	风雹灾		冷冻灾		台风灾	
	2001年	2002年	2001年	2002年	2001年	2002年
全国总计	**3627**	**7477**	**2978**	**4212**	**1096**	**845**
北　京	20	27				
天　津	17	16				
河　北	400	661	150	128		
山　西	170	151	70	45		
内蒙古	210	359	150	15		
辽　宁	62	207	433	13		
吉　林	60	179	95	196		
黑龙江	80	1502	253	1033		
上　海		34				
江　苏	180	130	100	15		
浙　江	16	36	4		44	262
安　徽	130	16	6			
福　建	20	20		54	123	125
江　西	30	332				
山　东	504	396	435	755		
河　南	159	804	138	236		
湖　北	88	622	60	223		
湖　南	110	255	7	313		
广　东	14	9	70	13	578	284
广　西	27	22	37	3	266	80
海　南				3	85	94
重　庆	75	76	69	100		
四　川	98	148	26	219		
贵　州	110	323	37	247		
云　南	143	456	20	141		
西　藏						
陕　西	200	110	320	243		
甘　肃	230	349	240	67		
青　海	5	14		5		
宁　夏	65	141	20	35		
新　疆	404	82	238	110		

4—10 各地区成灾面积

地区	成灾面积合计		旱灾		洪涝灾	
	2001年	2002年	2001年	2002年	2001年	2002年
全国总计	**31742.6**	**27319**	**23698**	**13247**	**3614**	**7474**
北京	63.1	103	52	81	1	2
天津	107	136	93	130	5	
河北	1923	1847	1730	1600	13	25
山西	1827	935	1618	680	24	145
内蒙古	2440	1468	2067	1167	82	93
辽宁	1534	1153	1140	748	65	195
吉林	2212	768	2038	389	38	136
黑龙江	2388	1967	2120	660	115	284
上海		13			50	11
江苏	649	392	480	202	104	121
浙江	195	384	31		133	220
安徽	1680	677	1560	199	76	465
福建	148	462	27	193	37	174
江西	413	602	276	28	127	459
山东	2281	3179	1333	2573	313	2
河南	1825	1400	1540	691	77	100
湖北	2030	1702	1703	151	237	941
湖南	1099	1859	629	173	389	1372
广东	610	987	24	560	212	252
广西	757	723	38	79	518	575
海南	114	163	11	61	42	49
重庆	900	847	698	294	121	440
四川	1894	1125	1490	537	327	417
贵州	549	694	333	103	120	246
云南	611	823	280	194	231	259
西藏	20	11	10		10	11
陕西	1383	1227	935	800	28	183
甘肃	1173	848	855	491	68	95
青海	125	244	100	218	21	15
宁夏	212	237	160	78	3	42
新疆	580.5	343	327	167	27	145

4－10 续表

地　区	风雹灾		冷冻灾		台风灾	
	2001 年	2002 年	2001 年	2002 年	2001 年	2002 年
全国总计	**2056**	**3832**	**1777**	**2293**	**648**	**473**
北　京	10	20				
天　津	9	6				
河　北	150	180	30	42		
山　西	121	85	64	25		
内蒙古	160	198	131	10		
辽　宁	26	203	303	7		
吉　林	60	157	76	86		
黑龙江	50	323	103	700		
上　海		2				
江　苏	35	69	30			
浙　江	9	21	3		19	143
安　徽	40	13	4			
福　建	12			28	72	67
江　西	10	115				
山　东	328	217	307	387		
河　南	114	556	94	53		
湖　北	60	461	30	149		
湖　南	76	129	5	185		
广　东	7	7	30	10	337	158
广　西	16	15	26	1	159	53
海　南				1	61	52
重　庆	45	45	36	68		
四　川	58	112	19	59		
贵　州	70	204	26	141		
云　南	90	281	10	89		
西　藏						
陕　西	210	73	210	171		
甘　肃	100	235	150	27		
青　海	4	11				
宁　夏	39	90	10	27		
新　疆	147	4	80	27		

5

农村投资

5—1 国家财政用于农业的支出

单位:亿元

	农业支出	支援农村生产支出和各项农业事业费	基本建设支出	科技三项费用	其他	农业支出占财政支出的比重(%)
1952	9.0	2.7	3.8		2.1	5.1
1957	23.5	8.0	10.9		3.6	7.7
1962	38.2	19.3	8.7		7.6	12.5
1965	55.0	17.3	23.5	1.1	10.3	11.8
1970	49.4	15.9	22.5		8.2	7.6
1975	99.0	42.5	35.6	0.1	17.6	12.1
1978	150.7	77.0	51.1	1.1	13.9	13.4
1980	150.0	82.1	48.6	1.3	13.9	12.2
1985	153.6	101.0	37.7	2.0	12.9	7.7
1986	184.2	124.3	43.9	2.7	13.3	8.4
1987	195.7	134.2	46.8	2.3	12.5	8.7
1988	214.1	158.7	39.7	2.4	13.3	8.6
1989	265.9	197.1	50.6	2.5	15.7	9.4
1990	307.8	221.8	66.7	3.1	16.3	10.0
1991	347.6	243.6	75.5	2.9	25.6	10.3
1992	376.0	269.0	85.0	3.0	19.0	10.0
1993	440.5	323.4	95.0	3.0	19.0	9.5
1994	533.0	399.7	107.0	3.0	23.3	9.2
1995	574.9	430.2	110.0	3.0	24.0	8.3
1996	700.4	510.1	141.5	4.9	43.9	8.8
1997	766.4	560.8	159.8	5.5	40.4	8.3
1998	1154.8	626.0	460.7	9.1	59.0	10.7
1999	1085.8	677.5	357.0	9.1	42.2	8.2
2000	1231.5	766.9	414.5	9.7	40.4	7.8
2001	1456.7	918.0	480.8	10.3	47.7	7.7

注:从 1998 年开始,"农业基本建设支出"包括增发国债安排的支出。

5—2 农业基本建设投资和新增固定资产

	农业基本建设投资（亿元）	#水利基建投资	农业基本建设投资占基本建设投资比重(%)	水利基本建设投资占农业基本建设投资比重(%)	农林牧渔水利新增固定资产（亿元）
“一五”时期	41.8	24.3	7.1	58.1	34.5
“二五”时期	135.7	96.6	11.3	71.2	84.6
1963—1965 年	74.5	28.9	17.6	38.8	60.6
“三五”时期	104.3	70.1	10.7	67.3	53.8
“四五”时期	173.1	117.1	9.8	67.7	92.6
“五五”时期	246.1	157.2	10.5	63.9	152.8
#1980 年	52.0	27.1	9.3	52.0	35.4
“六五”时期	172.8	93.0	5.1	53.8	140.5
1981 年	29.2	13.6	6.6	46.5	23.1
1982 年	34.1	17.5	6.1	51.2	23.8
1983 年	35.5	21.1	6.0	59.6	36.6
1984 年	37.1	20.7	5.0	55.7	27.1
1985 年	36.9	20.2	3.4	54.5	30.0
“七五”时期	241.2	143.7	3.3	59.6	174.7
1986 年	35.1	22.9	3.0	65.2	30.3
1987 年	42.1	27.0	3.1	64.1	30.9
1988 年	46.2	23.6	3.0	51.2	30.6
1989 年	50.7	29.5	3.3	58.3	37.2
1990 年	67.2	40.7	4.0	60.5	45.7
“八五”时期	697.8	440.7	3.0	63.1	417.8
1991 年	85.0	50.2	4.0	59.0	50.2
1992 年	111.0	68.3	3.7	61.5	62.9
1993 年	127.8	81.6	2.8	63.8	77.2
1994 年	154.9	98.2	2.4	63.4	91.6
1995 年	219.1	142.5	3.1	65.0	135.9
“九五”时期	3143.2	1993.7	5.6	63.4	1725.0
1996 年	317.9	206.6	3.7	65.0	153.2
1997 年	412.7	258.8	4.2	62.7	211.7
1998 年	637.1	411.7	5.4	64.6	288.7
1999 年	835.5	536.5	6.7	64.2	498.4
2000 年	940.0	580.1	7.0	61.7	572.9
“十五”时期					
2001	993.4	558.8	6.8	56.3	506.5
2002	1291.6	703.8	7.3	54.5	636.8

5—3 农村集体单位和农村居民个人固定资产投资额

单位：亿元，%

	全社会固定资产投资总额	#农村集体单位固定资产投资	占全社会固定资产投资比重	#农村居民个人固定资产投资	占全社会固定资产投资比重
“六五”时期	7997.6	699.8	8.8	1527.4	19.1
1981年	961.0	83.7	8.7	166.3	17.3
1982年	1230.4	131.4	10.7	198.5	16.1
1983年	1430.1	110.7	7.7	305.1	21.3
1984年	1832.9	174.8	9.5	379.1	20.7
1985年	2543.2	199.2	7.8	478.4	18.8
“七五”时期	19744.0	1818.3	9.2	3903.9	19.8
1986年	3120.6	245.4	8.1	574.8	19.0
1987年	3791.7	365.7	10.0	695.4	19.1
1988年	4753.8	456.7	10.2	865.2	19.2
1989年	4410.4	384.4	9.3	892.0	21.6
1990年	4517.0	366.1	8.2	876.5	19.7
“八五”时期	62211.3	7476.4	12.0	6712.9	10.8
1991年	5594.5	494.0	9.0	1042.6	18.9
1992年	8080.1	994.9	12.7	1005.5	12.8
1993年	13072.3	1631.2	13.1	1137.7	9.1
1994年	17042.1	1988.6	12.1	1519.2	9.3
1995年	20019.3	2367.7	11.8	2007.9	10.0
“九五”时期	138734.5	16225.9	11.7	13596.6	9.8
1996年	22913.6	2802.3	12.2	2540.0	11.1
1997年	24941.1	3055.6	12.3	2691.2	10.8
1998年	28406.2	3233.3	11.4	2681.5	9.4
1999年	29855.0	3343.1	11.2	2779.6	9.3
2000年	32918.0	3791.6	11.5	2904.3	8.8
“十五”时期					
2001年	37213.5	4235.7	11.5	2976.6	8.1
2002年	43499.9	4887.9	11.2	3123.2	7.2

5—4 农村居民家庭生产费用现金支出

单位:元/人

	1995 年	2000 年	2001 年	2002 年	2002 年为下列各年%	
					1995 年	2001 年
生产费用现金支出	**517.06**	**608.39**	**662.93**	**702.90**	**135.9**	**106.0**
一、家庭经营费用现金支出	454.74	544.49	584.80	617.41	135.8	105.6
农业生产支出	261.41	286.54	296.59	309.69	118.5	104.4
# 种植业生产支出	254.81	283.94	292.47	306.48	120.3	104.8
林业生产支出	2.12	4.16	4.01	4.57	215.6	114.0
牧业生产支出	138.30	155.66	183.69	194.18	140.4	105.7
渔业生产支出	8.82	16.53	18.12	22.24	252.2	122.7
工业生产支出	10.60	21.27	21.91	22.92	216.2	104.6
建筑业支出	3.22	5.77	5.82	7.28	226.1	125.1
交通运输邮电业支出	16.26	26.18	26.42	27.80	171.0	105.2
批发和零售贸易餐饮业支出	7.38	13.92	13.74	14.54	196.8	105.8
社会服务业支出	2.47	3.83	4.14	4.18	169.2	101.0
文教卫生业支出		1.14	1.06	1.45		136.8
其他支出	4.16	9.49	9.30	8.56	206.3	92.0
二、购买生产性固定资产支出	62.32	63.91	78.13	85.50	137.2	109.4
#大中型铁木农具	1.65	1.31	1.08	1.31	79.4	121.3
农牧渔业机械	20.01	18.33	22.32	22.27	111.3	99.8
工业机械	3.16	4.28	4.90	4.78	151.3	97.6
运输机械	16.52	21.91	25.60	26.92	163.0	105.2
役畜	10.16	7.68	8.40	10.10	99.4	120.2
产品畜	2.48	4.10	7.54	9.93	400.4	131.7

5—5 各地区农村居民家庭生产费用现金支出

单位:元/人

	生产费用现金支出		1.家庭经营费用现金支出		2.购买生产性固定资产支出	
	2001年	2002年	2001年	2002年	2001年	2002年
全国合计	**662.93**	**702.90**	**584.80**	**617.41**	**78.13**	**85.50**
北　京	799.45	758.85	746.04	744.12	53.41	14.73
天　津	958.06	968.94	893.20	886.70	64.86	82.24
河　北	725.58	739.60	585.61	634.17	139.97	105.43
山　西	392.15	469.47	341.02	400.06	51.13	69.41
内蒙古	1023.32	1076.91	848.01	868.15	175.31	208.76
辽　宁	917.32	1041.31	843.73	941.06	73.59	100.26
吉　林	979.66	1011.34	805.33	834.38	174.33	176.96
黑龙江	1285.09	1453.77	1086.36	1214.32	198.73	239.45
上　海	581.36	463.38	574.25	457.57	7.11	5.82
江　苏	715.77	757.75	642.92	685.68	72.85	72.07
浙　江	904.87	913.52	790.76	787.79	114.12	125.73
安　徽	486.08	526.51	431.64	450.30	54.44	76.21
福　建	657.44	662.43	634.46	650.72	22.98	11.71
江　西	448.49	505.67	422.70	445.79	25.80	59.88
山　东	952.91	1037.62	851.21	945.22	101.70	92.40
河　南	594.48	627.36	507.56	533.99	86.92	93.37
湖　北	489.71	505.45	446.99	472.03	42.71	33.42
湖　南	584.64	595.63	532.64	547.80	52.00	47.83
广　东	746.61	733.88	715.24	701.90	31.38	31.98
广　西	636.34	664.37	585.15	604.59	51.19	59.78
海　南	442.95	691.32	418.59	646.71	24.36	44.60
重　庆	383.90	416.82	367.01	393.22	16.89	23.60
四　川	532.17	597.06	503.03	549.82	29.15	47.24
贵　州	316.99	342.98	274.90	290.41	42.09	52.57
云　南	461.68	498.04	391.56	445.04	70.11	52.99
西　藏	291.12	265.18	105.26	142.48	185.86	122.70
陕　西	479.65	529.92	409.50	426.78	70.15	103.14
甘　肃	418.38	457.55	362.75	376.37	55.63	81.18
青　海	469.64	581.13	316.44	311.53	153.20	269.60
宁　夏	896.21	938.56	757.41	748.39	138.80	190.17
新　疆	1235.55	1199.79	1078.36	1037.48	157.18	162.31

5—6 各地区农村居民家庭总支出构成

（按人均纯收入分组）

	构成（以总支出为100）						
	总支出	1.家庭经营费用支出	2.购置生产性固定资产支出	3.税费支出	4.生活消费支出	5.财产性支出	6.转移性支出
全国合计	**100.00**	**25.00**	**2.92**	**2.69**	**62.74**	**0.36**	**6.28**
3000元以上地区	**100.00**	**17.52**	**1.37**	**1.38**	**71.52**	**0.33**	**7.88**
上　海	100.00	6.61	0.08	0.84	75.96	0.34	16.17
北　京	100.00	14.95	0.29	0.56	74.68	0.93	8.59
浙　江	100.00	15.69	2.43	1.11	71.36	0.26	9.15
天　津	100.00	25.95	2.36	1.68	62.01	0.19	7.82
江　苏	100.00	18.76	1.89	2.29	68.74	0.21	8.10
广　东	100.00	20.06	0.84	1.27	73.98	0.20	3.64
福　建	100.00	18.56	0.32	1.06	71.07	0.67	8.32
2000—3000元地区	**100.00**	**27.36**	**3.13**	**3.34**	**59.67**	**0.39**	**6.11**
山　东	100.00	30.95	2.69	3.41	58.10	0.32	4.54
辽　宁	100.00	32.28	2.84	3.27	50.53	0.30	10.78
河　北	100.00	28.44	4.25	3.33	59.54	0.14	4.29
湖　北	100.00	19.83	1.23	4.19	64.38	0.60	9.77
海　南	100.00	28.47	1.78	1.32	64.08	0.31	4.03
黑龙江	100.00	35.61	6.21	6.20	43.41	1.92	6.66
湖　南	100.00	21.29	1.54	2.73	66.42	0.20	7.83
江　西	100.00	20.89	2.29	2.63	68.21	0.29	5.70
吉　林	100.00	29.83	5.40	4.27	51.27	0.71	8.52
河　南	100.00	26.66	3.95	3.74	61.46	0.13	4.06
山　西	100.00	21.17	3.34	2.53	65.14	0.28	7.54
安　徽	100.00	22.46	3.28	4.12	63.55	0.13	6.46
四　川	100.00	30.58	1.78	2.86	59.98	0.18	4.62
重　庆	100.00	24.59	1.03	1.90	65.62	0.25	6.60
内蒙古	100.00	36.14	6.20	3.11	48.95	0.28	5.32
广　西	100.00	27.30	2.30	1.52	64.88	0.33	3.67
1500—2000元地区	**100.00**	**29.40**	**4.94**	**2.54**	**58.82**	**0.31**	**3.99**
宁　夏	100.00	33.07	6.85	1.52	51.06	0.25	7.27
新　疆	100.00	38.70	5.60	3.82	48.68	0.31	2.90
青　海	100.00	18.07	12.08	1.96	62.08	0.69	5.11
云　南	100.00	31.82	2.30	1.72	60.01	0.20	3.95
陕　西	100.00	22.25	4.58	2.74	66.18	0.40	3.86
甘　肃	100.00	24.88	4.52	2.46	64.23	0.24	3.67
1500元以下地区	**100.00**	**23.80**	**4.04**	**1.23**	**65.45**	**0.33**	**5.15**
贵　州	100.00	25.29	2.96	1.47	64.01	0.18	6.08
西　藏	100.00	17.24	8.80	0.17	71.77	0.97	1.05

5—7 农村固定资产投资情况

单位:亿元

	全国合计	非农户			农户
			企业单位	事业单位	
农村固定资产投资完成额	**8011.1**	**4887.9**	**3389.1**	**1498.8**	**3123.2**
构　成					
1.建筑工程	4471.9	2364.5	1267.7	1096.8	2107.3
其中:水利	247.5	211.9	33.2	178.8	35.6
住宅	2158.2	240.5	121.7	118.8	1917.7
2.安装工程	143.7	133.8	96.9	36.9	9.9
3.设备工器具购置	2616.5	1999.7	1782.7	217.0	616.8
其中:生产设备	2013.3	1606.5	1522.1	84.4	406.8
4.其它	779.1	389.8	241.8	148.1	389.3
投　向					
1.农业	1036.5	422.8	159.1	263.7	613.8
2.采掘业	136.5	133.6	131.3	2.4	2.8
3.制造业	2718.5	2645.4	2410.8	234.6	73.1
4.电力煤气及水的生产和供应业	131.6	125.0	80.8	44.2	6.7
5.建筑业	339.2	198.9	107.9	91.0	140.3
6.地质勘探、水利管理业	50.3	42.9	5.4	37.4	7.4
7.交通运输仓储及邮电通信业	511.9	286.8	77.0	209.8	225.1
8.批发和零售贸易餐饮业	159.9	133.7	109.7	23.9	26.2
9.金融保险业	5.3	5.2	3.6	1.6	0.1
10.房地产业	123.7	111.6	82.8	28.8	12.0
11.社会服务业	103.4	90.4	54.7	35.7	13.0
12.卫生体育社会福利业	86.0	80.0	36.8	43.3	5.9
13.教育文化艺术及广播电影电视业	220.1	213.4	20.6	192.8	6.7
14.科学研究和综合技术服务业	3.0	5.2	0.9	2.1	…
15.国家机关政党机关社会团体	210.1	210.1	16.4	193.7	…
16.其它行业	2175.1	185.1	91.4	93.8	1990.0

5—8 各地区农村固定资产投资情况

单位:亿元

	总投资额	非农户			农户
			企业单位	事业单位	
全国合计	**8011.1**	**4887.9**	**3389.1**	**1498.8**	**3123.2**
北　京	102.5	72.5	42.6	29.9	30.0
天　津	92.0	74.0	58.7	15.3	18.0
河　北	666.5	479.2	329.3	149.9	187.3
山　西	85.6	39.3	25.9	13.5	46.3
内蒙古	72.6	20.4	4.9	15.5	52.2
辽　宁	241.5	148.8	123.6	25.2	92.7
吉　林	83.5	21.2	6.9	14.3	62.3
黑龙江	87.5	16.1	11.2	4.9	71.3
上　海	201.4	194.6	22.5	172.1	6.9
江　苏	934.8	712.3	609.4	102.9	222.5
浙　江	1048.1	846.6	734.1	112.5	201.5
安　徽	210.0	58.0	29.3	28.7	152.0
福　建	222.5	140.5	98.6	41.9	82.0
江　西	174.4	76.2	52.0	24.3	98.2
山　东	901.5	615.9	454.7	161.1	285.6
河　南	530.1	227.0	126.3	100.7	303.1
湖　北	228.9	140.7	64.7	76.0	88.2
湖　南	359.7	151.9	83.3	68.6	207.8
广　东	563.5	311.6	244.2	67.3	251.9
广　西	122.6	23.3	6.7	16.6	99.3
海　南	22.7	7.0	4.0	3.0	15.7
重　庆	104.1	56.2	30.5	25.8	47.9
四　川	421.6	270.0	147.6	122.4	151.6
贵　州	77.1	12.5	3.8	8.7	64.6
云　南	149.8	58.4	15.4	43.0	91.3
西　藏					
陕　西	119.9	33.5	17.7	15.8	86.4
甘　肃	60.8	26.7	16.0	10.7	34.1
青　海	16.9	7.0	1.6	5.4	9.9
宁　夏	43.5	21.1	14.1	6.9	22.5
新　疆	65.6	25.3	9.4	15.9	40.3

5—9 各地区农村固定资产构成情况

单位:亿元

	投资额	1.建筑工程	#水利	#住宅	2.安装工程	3.设备工器具购置	#生产设备	4.其它
全国合计	**8011.1**	**4471.9**	**247.5**	**2158.2**	**143.7**	**2616.5**	**2013.3**	**779.1**
北京	102.5	67.4	2.0	32.7	1.1	24.1	12.5	10.0
天津	92.0	47.6	0.8	23.0	1.0	37.9	32.3	5.4
河北	666.5	314.2	28.5	125.8	20.7	261.2	189.2	70.4
山西	85.6	47.4	2.3	31.4	0.9	23.1	17.6	14.3
内蒙	72.6	36.2	4.5	21.0	1.1	20.6	18.3	14.7
辽宁	241.5	136.4	4.8	58.1	8.9	60.6	49.1	35.6
吉林	83.5	36.7	1.4	24.3	1.2	17.5	9.3	28.1
黑龙江	87.5	29.5	0.2	23.2	0.3	35.5	31.9	22.2
上海	201.4	116.2	0.4	8.3	2.8	61.5	36.3	20.8
江苏	934.8	432.2	11.7	136.5	20.8	401.8	344.5	80.0
浙江	1048.1	498.4	23.0	172.1	25.0	443.5	339.9	81.2
安徽	210.0	145.2	11.8	109.3	1.6	42.8	34.7	20.4
福建	222.5	165.7	5.5	82.7	3.3	40.5	31.0	13.0
江西	174.4	108.8	3.4	78.5	3.3	45.0	36.2	17.4
山东	901.5	456.1	27.0	186.3	16.1	373.4	312.6	55.9
河南	530.1	356.8	14.9	209.0	4.2	142.3	99.9	26.8
湖北	228.9	138.6	23.8	72.0	1.1	64.7	50.9	24.5
湖南	359.7	255.5	29.6	156.7	5.6	76.0	59.6	22.6
广东	563.5	350.4	8.8	187.0	7.9	145.6	130.6	59.6
广西	122.6	90.0	2.2	70.1	0.1	24.9	18.5	7.6
海南	22.7	7.5	0.8	4.3	0.2	5.4	4.0	9.5
重庆	104.1	80.4	3.8	48.0	0.8	15.2	10.8	7.7
四川	421.6	228.8	10.5	96.1	9.7	130.1	69.0	52.9
贵州	77.1	44.0	1.2	35.5	0.4	19.7	7.0	13.0
云南	149.8	104.9	8.7	60.3	0.5	20.3	15.2	24.1
西藏								
陕西	119.9	83.0	2.8	63.3	1.4	22.1	14.8	13.4
甘肃	60.8	32.2	3.4	17.3	0.3	23.3	15.9	5.0
青海	16.9	7.4	0.8	2.3	0.4	8.2	6.5	0.9
宁夏	43.5	25.1	2.3	12.6	2.3	9.3	7.7	6.8
新疆	65.6	29.4	6.3	10.5	0.7	20.3	7.6	15.3

5—10 各地区农村固定资产投向情况

单位:亿元

	投资额	1.农业	2.采掘业	3.制造业	4.电力煤气及水的生产和供应业	5.建筑业
全国合计	**8011.1**	**1036.5**	**136.5**	**2718.5**	**131.6**	**339.2**
北京	102.5	6.2	0.6	15.1	2.2	11.7
天津	92.0	6.1	0.0	37.4	0.1	24.5
河北	666.5	113.1	12.8	223.7	11.4	19.9
山西	85.6	11.9	5.6	12.0	0.3	3.6
内蒙	72.6	29.7	3.1	0.4	3.2	4.2
辽宁	241.5	43.2	3.6	63.1	0.9	35.1
吉林	83.5	32.2	0.2	2.3	0.8	1.5
黑龙江	87.5	46.6	0.1	6.1	0.2	11.8
上海	201.4	3.9	0.6	146.6	0.6	4.2
江苏	934.8	74.3	2.1	535.6	2.1	19.7
浙江	1048.1	51.4	6.8	670.9	8.9	34.1
安徽	210.0	42.2	1.5	22.3	2.2	1.2
福建	222.5	14.1	0.5	52.6	11.7	12.9
江西	174.4	19.7	1.6	37.4	3.5	11.1
山东	901.5	139.9	2.8	393.4	10.8	19.2
河南	530.1	99.2	35.7	65.2	4.3	0.1
湖北	228.9	50.6	8.2	43.2	15.9	0.8
湖南	359.7	33.3	12.1	41.2	11.0	3.8
广东	563.5	29.5	0.4	209.8	14.1	5.4
广西	122.6	17.3	0.9	4.5	2.5	1.3
海南	22.7	10.8	0.2	0.4	0.0	0.6
重庆	104.1	10.5	1.2	14.3	1.7	1.9
四川	421.6	46.2	32.8	77.7	8.6	85.2
贵州	77.1	15.1	1.3	2.6	1.1	0.0
云南	149.8	19.3	0.4	11.4	3.1	1.8
西藏						
陕西	119.9	20.2	0.6	8.3	3.5	19.0
甘肃	60.8	8.8	0.3	11.1	2.3	0.4
青海	16.9	4.0	0.5	0.2	1.0	0.1
宁夏	43.5	11.0	0.0	9.3	0.0	0.0
新疆	65.6	26.5	0.1	0.4	3.5	3.8

5—10 续表

	6.地质勘探业水利管理业	7.交通运输仓储及邮电通信业	8.批发和零售贸易餐饮业	9.金融保险业	10.房地产业	11.社会服务业
全国合计	**50.3**	**511.9**	**159.9**	**5.3**	**123.7**	**103.4**
北京	0.2	2.0	4.5	0.7	4.1	5.5
天津	0.2	2.5	9.1	0.0	2.3	3.4
河北	0.2	49.0	31.2	0.4	9.3	7.6
山西	0.0	9.5	6.2	0.0	0.0	6.5
内蒙	2.8	2.8	0.2	0.0	0.0	0.1
辽宁	3.6	7.0	8.8	0.3	9.0	8.2
吉林	0.2	7.8	1.5	0.1	0.3	1.7
黑龙江	0.0	4.2	0.5	0.0	1.6	0.1
上海	0.6	3.7	6.8	0.0	2.1	2.9
江苏	0.5	34.6	12.1	0.5	12.7	9.8
浙江	1.2	46.7	13.2	0.0	9.0	6.0
安徽	0.0	15.7	0.9	0.0	0.4	1.4
福建	0.6	17.0	4.6	0.2	17.7	8.1
江西	0.0	20.8	0.5	0.0	8.9	2.3
山东	0.6	61.9	16.5	0.8	15.1	6.3
河南	3.1	67.5	7.2	0.4	0.4	4.3
湖北	0.3	19.7	2.4	0.1	1.2	1.1
湖南	24.6	23.5	8.3	0.3	2.8	5.8
广东	0.2	31.9	6.8	0.5	2.9	1.3
广西	0.2	5.7	1.4	0.0	1.4	1.5
海南	0.6	2.9	0.2	0.0	0.0	0.4
重庆	0.0	12.2	1.0	0.3	6.5	1.9
四川	3.7	27.2	7.1	0.5	9.7	3.3
贵州	0.0	5.4	0.3	0.0	0.0	0.5
云南	2.6	7.1	3.5	0.0	0.1	5.3
西藏						
陕西	0.1	7.8	1.0	0.0	1.1	1.7
甘肃	3.4	3.8	0.9	0.0	0.5	1.2
青海	0.0	6.4	0.4	0.0	0.0	0.3
宁夏	0.4	2.0	1.4	0.0	0.0	4.7
新疆	0.4	3.4	1.3	0.1	4.4	0.5

5—10 续表

	12.卫生体育和社会福利业	13.教育文化艺术及广播电影电视业	14.科学研究和综合技术服务业	15.国家机关政党机关社会团体	16.其它行业
全国合计	**86.0**	**220.1**	**3.0**	**210.1**	**2175.1**
北　京	6.6	1.3	0.1	7.6	34.1
天　津	1.0	0.3	0.0	0.2	4.9
河　北	11.1	15.1	0.3	22.5	138.9
山　西	0.2	5.0	0.0	0.8	24.0
内　蒙	0.1	2.8	0.0	1.3	21.9
辽　宁	5.1	6.5	0.0	5.3	41.6
吉　林	0.5	3.1	0.0	3.4	27.9
黑龙江	0.1	2.9	0.0	1.2	12.1
上　海	0.7	2.5	0.1	0.8	25.4
江　苏	5.6	17.8	0.0	51.6	155.7
浙　江	7.2	10.0	0.0	8.5	174.4
安　徽	0.9	7.2	0.0	3.4	110.6
福　建	4.1	8.0	0.0	2.7	67.5
江　西	0.6	4.7	0.0	3.1	60.2
山　东	4.6	11.4	1.8	14.8	201.7
河　南	3.8	19.7	0.1	6.0	213.2
湖　北	1.6	7.0	0.0	9.3	67.5
湖　南	0.9	12.1	0.1	9.1	170.8
广　东	16.1	18.6	0.0	14.3	211.6
广　西	1.2	7.8	0.0	3.9	73.0
海　南	0.1	0.7	0.1	0.3	5.2
重　庆	1.7	4.7	0.0	2.6	43.6
四　川	5.7	22.3	0.2	21.3	69.9
贵　州	0.7	2.5	0.0	2.2	45.4
云　南	2.1	8.3	0.0	5.4	79.2
西　藏					
陕　西	1.8	7.4	0.0	0.8	46.7
甘　肃	1.0	6.2	0.0	0.7	20.0
青　海	0.1	0.9	0.0	0.6	2.4
宁　夏	0.0	0.9	0.0	0.6	13.2
新　疆	0.5	2.3	0.0	5.7	12.7

6

农林牧渔业总产值、中间消耗及增加值

6—1 农林牧渔业增加值和指数

年 份	农林牧渔业增加值(亿元)	指 数	
		以 1978 年为 100	以上年为 100
1978	1018.4	100.0	104.1
1979	1258.9	106.1	106.1
1980	1359.4	104.5	98.5
1981	1545.6	111.9	107.0
1982	1761.6	124.8	111.5
1983	1960.8	135.1	108.3
1984	2295.5	152.6	112.9
1985	2541.6	155.4	101.8
1986	2763.9	160.5	103.3
1987	3204.3	168.1	104.7
1988	3861.0	172.3	102.5
1989	4228.0	177.6	103.1
1990	5017.0	190.7	107.3
1991	5288.6	195.2	102.4
1992	5743.9	203.1	104.1
1993	6882.3	211.2	104.0
1994	9457.2	219.6	104.0
1995	11993.4	229.5	104.5
1996	13391.2	241.2	105.1
1997	14148.6	251.6	104.3
1998	14555.7	260.4	103.5
1999	14457.2	267.7	102.8
2000	14628.1	274.1	102.4
2001	15411.9	281.8	102.8
2002	16117.3	290.0	102.9

注:1. 指数按可比价格计算。
2. 本年鉴农林牧渔业增加值数据为年报核实数。

6—2 农林牧渔业总产值、增加值、中间消耗及构成

（按当年价格计算）

	总产值	增加值	中间消耗	#中间物质消耗	#对非物质生产部门的劳务支出
一、绝对数(亿元)					
农林牧渔业合计	**27390.8**	**16117.3**	**11273.5**	**10425.6**	**847.9**
1.农业	14931.5	9482.3	5449.3	4939.8	509.5
种植业	13705.6	8808.2	4897.4	4439.5	457.9
其它农业	1226.0	674.1	551.9	500.3	51.6
2.林业	1033.5	710.8	322.7	282.0	40.7
3.牧业	8454.6	4166.7	4287.9	4107.1	180.8
4.渔业	2971.1	1757.5	1213.6	1096.6	117.0
二、构成(%)					
(以农林牧渔业合计为100)					
农林牧渔业合计	**100.0**	**100.0**	**100.0**	**100.0**	**100.0**
1.农业	54.5	58.8	48.3	47.4	60.1
种植业	50.0	54.6	43.4	42.6	54.0
其它农业	4.5	4.2	4.9	4.8	6.1
2.林业	3.8	4.4	2.9	2.7	4.8
3.牧业	30.9	25.9	38.0	39.4	21.3
4.渔业	10.8	10.9	10.8	10.5	13.8

6—3 各地区农林牧渔业总产值、增加值和中间消耗

（按当年价格计算）

单位:亿元

	总产值	增加值	中间消耗	#中间物质消耗	#对非物质生产部门的劳务支出
全　国	**27390.8**	**16117.3**	**11273.5**	**10425.6**	**847.9**
北　京	230.4	98.0	132.3	123.8	8.5
天　津	181.1	84.0	97.1	87.1	10.0
河　北	1729.2	957.0	772.2	736.7	35.4
山　西	351.6	197.8	153.8	147.3	6.6
内蒙古	587.0	365.7	221.2	196.6	24.6
辽　宁	1132.5	590.2	542.3	470.4	72.0
吉　林	678.5	409.0	269.5	249.1	20.4
黑龙江	776.7	446.6	330.1	314.2	15.8
上　海	233.6	88.2	145.3	132.1	13.2
江　苏	2011.5	1014.5	996.9	926.0	71.0
浙　江	1136.3	728.1	408.1	356.0	52.1
安　徽	1305.6	772.5	533.0	495.4	37.6
福　建	1088.7	664.8	423.9	390.3	33.7
江　西	824.5	536.0	288.6	260.8	27.8
山　东	2526.0	1390.0	1136.0	1083.7	52.3
河　南	2194.8	1288.4	906.5	848.1	58.4
湖　北	1203.3	734.3	469.0	410.5	58.6
湖　南	1319.9	847.2	472.7	458.1	14.6
广　东	1764.8	1016.6	748.3	679.8	68.5
广　西	916.5	589.7	326.8	320.7	6.1
海　南	360.2	228.9	131.3	110.9	20.3
重　庆	461.0	315.8	145.2	133.2	12.0
四　川	1600.6	1042.4	558.1	522.5	35.6
贵　州	431.4	280.8	150.6	144.4	6.2
云　南	737.5	470.5	267.0	248.3	18.8
西　藏	55.9	41.4	14.5	12.9	1.6
陕　西	509.1	301.4	207.6	190.8	16.9
甘　肃	359.4	214.5	145.0	141.7	3.3
青　海	65.5	44.9	20.6	18.4	2.2
宁　夏	92.5	52.8	39.7	39.0	0.7
新　疆	525.0	305.0	220.0	176.9	43.1

6—4　各地区分部门农林牧渔业增加值

（按当年价格计算）

单位：亿元

地　区	合计	农业	林业	牧业	渔业
全国总计	**16117.3**	**9482.3**	**710.8**	**4166.7**	**1757.5**
北　京	98.0	46.7	6.7	40.0	4.6
天　津	84.0	43.4	0.9	28.0	11.7
河　北	957.0	563.4	24.5	330.8	38.3
山　西	197.8	128.1	12.4	56.2	1.0
内蒙古	365.7	211.8	19.9	130.2	3.8
辽　宁	590.2	312.6	16.9	140.4	120.3
吉　林	409.0	284.6	9.7	112.0	2.7
黑龙江	446.6	330.1	6.1	101.5	8.9
上　海	88.2	44.8	3.2	22.4	17.8
江　苏	1014.5	644.5	18.4	174.8	176.8
浙　江	728.1	400.9	56.0	95.7	175.6
安　徽	772.5	442.6	51.6	188.4	90.0
福　建	664.8	292.7	54.5	120.1	197.5
江　西	536.0	281.7	46.2	125.8	82.4
山　东	1390.0	832.4	33.9	309.0	214.7
河　南	1288.4	816.2	43.3	412.9	16.0
湖　北	734.3	417.1	17.2	201.4	98.5
湖　南	847.2	497.0	44.2	248.6	57.5
广　东	1016.6	545.5	43.0	190.5	237.6
广　西	589.7	329.1	31.8	155.0	73.8
海　南	228.9	97.4	32.7	36.9	61.9
重　庆	315.8	204.3	10.8	86.7	14.0
四　川	1042.4	593.2	40.8	376.0	32.5
贵　州	280.8	184.6	13.2	79.5	3.6
云　南	470.5	295.7	39.8	124.8	10.2
西　藏	41.4	20.1	0.9	20.4	0.0
陕　西	301.4	214.8	17.3	67.1	2.2
甘　肃	214.5	150.0	5.1	58.6	0.8
青　海	44.9	17.1	1.7	26.0	0.1
宁　夏	52.8	34.2	1.9	15.6	1.1
新　疆	305.0	205.8	6.2	91.5	1.5

6—5 各地区分部门农林牧渔业增加值构成

（按当年价格计算）

单位：%

地区	合计	农业	林业	牧业	渔业
全国总计	**100**	**58.8**	**4.4**	**25.9**	**10.9**
北京	100	47.6	6.9	40.8	4.7
天津	100	51.6	1.0	33.4	14.0
河北	100	58.9	2.6	34.6	4.0
山西	100	64.8	6.3	28.4	0.5
内蒙古	100	57.9	5.4	35.6	1.0
辽宁	100	53.0	2.9	23.8	20.4
吉林	100	69.6	2.4	27.4	0.7
黑龙江	100	73.9	1.4	22.7	2.0
上海	100	50.8	3.6	25.4	20.2
江苏	100	63.5	1.8	17.2	17.4
浙江	100	55.1	7.7	13.1	24.1
安徽	100	57.3	6.7	24.4	11.6
福建	100	44.0	8.2	18.1	29.7
江西	100	52.6	8.6	23.5	15.4
山东	100	59.9	2.4	22.2	15.4
河南	100	63.3	3.4	32.0	1.2
湖北	100	56.8	2.3	27.4	13.4
湖南	100	58.7	5.2	29.3	6.8
广东	100	53.7	4.2	18.7	23.4
广西	100	55.8	5.4	26.3	12.5
海南	100	42.5	14.3	16.1	27.0
重庆	100	64.7	3.4	27.4	4.4
四川	100	56.9	3.9	36.1	3.1
贵州	100	65.7	4.7	28.3	1.3
云南	100	62.8	8.5	26.5	2.2
西藏	100	48.5	2.3	49.2	0.0
陕西	100	71.3	5.8	22.3	0.7
甘肃	100	69.9	2.4	27.3	0.4
青海	100	38.1	3.7	58.0	0.2
宁夏	100	64.7	3.6	29.6	2.1
新疆	100	67.5	2.0	30.0	0.5

6—6 各地区分部门农林牧渔业增加值比重

（以该部门总产值为100）

单位：%

地 区	农业	林业	牧业	渔业
全国总计	**63.5**	**68.8**	**49.3**	**59.2**
北 京	51.9	52.5	34.1	45.2
天 津	50.4	57.8	40.5	48.3
河 北	61.3	65.4	46.8	58.1
山 西	56.4	49.9	57.5	55.3
内蒙古	63.8	69.1	59.0	70.8
辽 宁	57.9	60.4	38.9	59.2
吉 林	67.8	67.6	46.9	46.9
黑龙江	67.7	37.4	40.3	42.6
上 海	46.1	40.9	26.8	39.5
江 苏	55.3	50.8	38.3	50.0
浙 江	75.3	75.2	46.7	54.1
安 徽	62.1	74.5	48.1	68.1
福 建	65.9	64.7	53.9	58.5
江 西	66.8	78.0	53.8	74.9
山 东	58.6	70.2	44.2	59.9
河 南	60.0	71.6	55.0	68.5
湖 北	62.1	60.9	56.8	66.1
湖 南	74.6	80.6	48.9	63.9
广 东	64.8	75.3	42.4	57.1
广 西	70.7	80.0	50.6	70.4
海 南	64.3	66.6	56.8	65.4
重 庆	77.4	79.7	52.1	81.7
四 川	73.5	74.7	54.3	71.3
贵 州	66.2	72.5	61.7	64.6
云 南	66.4	74.4	55.8	67.5
西 藏	69.1	77.4	79.7	69.1
陕 西	60.8	65.2	53.6	54.0
甘 肃	58.3	37.0	67.1	75.6
青 海	59.9	63.2	76.2	73.7
宁 夏	64.6	37.3	48.8	46.4
新 疆	56.7	56.0	61.8	47.2

6—7 各地区分部门农林牧渔业中间消耗

（按当年价格计算）

单位：亿元

地　区	合计	农业	林业	牧业	渔业
全国合计	**11273.5**	**5449.3**	**322.7**	**4287.9**	**1213.6**
北　京	132.3	43.4	6.1	77.3	5.6
天　津	97.1	42.7	0.6	41.2	12.6
河　北	772.2	355.2	13.0	376.3	27.6
山　西	153.8	99.0	12.5	41.5	0.8
内蒙古	221.2	120.3	8.9	90.4	1.6
辽　宁	542.3	227.5	11.1	220.9	82.8
吉　林	269.5	135.1	4.6	126.8	3.0
黑龙江	330.1	157.4	10.2	150.6	12.0
上　海	145.3	52.4	4.6	61.1	27.3
江　苏	996.9	521.0	17.9	281.3	176.8
浙　江	408.1	131.3	18.5	109.4	149.0
安　徽	533.0	269.8	17.7	203.3	42.2
福　建	423.9	151.5	29.7	102.7	140.1
江　西	288.6	139.8	13.0	108.2	27.6
山　东	1136.0	588.5	14.4	389.4	143.8
河　南	906.5	544.1	17.2	337.8	7.4
湖　北	469.0	254.1	11.1	153.4	50.5
湖　南	472.7	169.6	10.6	260.1	32.4
广　东	748.3	296.2	14.1	259.2	178.7
广　西	326.8	136.4	8.0	151.5	31.0
海　南	131.3	54.0	16.4	28.1	32.7
重　庆	145.2	59.8	2.7	79.5	3.1
四　川	558.1	214.3	13.8	316.9	13.1
贵　州	150.6	94.3	5.0	49.3	2.0
云　南	267.0	149.7	13.7	98.7	4.9
西　藏	14.5	9.0	0.3	5.2	0.0
陕　西	207.6	138.4	9.3	58.0	1.9
甘　肃	145.0	107.3	8.7	28.7	0.2
青　海	20.6	11.5	1.0	8.1	0.0
宁　夏	39.7	18.7	3.2	16.4	1.3
新　疆	220.0	157.0	4.9	56.5	1.7

6—8 各地区分部门农林牧渔业中间消耗构成

（按当年价格计算）

单位：%

地　　区	以农林牧渔业中间消耗为100			
	农业	林业	牧业	渔业
全国合计	**48.3**	**2.9**	**38.0**	**10.8**
北　　京	32.8	4.6	58.4	4.3
天　　津	44.0	0.7	42.4	12.9
河　　北	46.0	1.7	48.7	3.6
山　　西	64.4	8.1	27.0	0.5
内 蒙 古	54.4	4.0	40.9	0.7
辽　　宁	42.0	2.0	40.7	15.3
吉　　林	50.1	1.7	47.0	1.1
黑 龙 江	47.7	3.1	45.6	3.6
上　　海	36.0	3.2	42.0	18.8
江　　苏	52.3	1.8	28.2	17.7
浙　　江	32.2	4.5	26.8	36.5
安　　徽	50.6	3.3	38.1	7.9
福　　建	35.7	7.0	24.2	33.0
江　　西	48.5	4.5	37.5	9.6
山　　东	51.8	1.3	34.3	12.7
河　　南	60.0	1.9	37.3	0.8
湖　　北	54.2	2.4	32.7	10.8
湖　　南	35.9	2.2	55.0	6.9
广　　东	39.6	1.9	34.6	23.9
广　　西	41.7	2.4	46.4	9.5
海　　南	41.2	12.5	21.4	24.9
重　　庆	41.2	1.9	54.8	2.2
四　　川	38.4	2.5	56.8	2.3
贵　　州	62.6	3.3	32.7	1.3
云　　南	56.1	5.1	37.0	1.9
西　　藏	62.1	1.9	35.9	0.0
陕　　西	66.7	4.5	28.0	0.9
甘　　肃	74.0	6.0	19.8	0.2
青　　海	55.7	4.7	39.4	0.1
宁　　夏	47.2	8.1	41.4	3.3
新　　疆	71.3	2.2	25.7	0.8

6—9　各地区分部门农林牧渔业中间消耗比重

（按当年价格计算）

单位：%

地　　区	以该部门总产值为 100			
	农业	林业	牧业	渔业
全国总计	**36.5**	**31.2**	**50.7**	**40.8**
北　　京	48.1	47.5	65.9	54.8
天　　津	49.6	42.2	59.5	51.7
河　　北	38.7	34.6	53.2	41.9
山　　西	43.6	50.1	42.5	44.7
内 蒙 古	36.2	30.9	41.0	29.2
辽　　宁	42.1	39.6	61.1	40.8
吉　　林	32.2	32.4	53.1	53.1
黑 龙 江	32.3	62.6	59.7	57.4
上　　海	53.9	59.1	73.2	60.5
江　　苏	44.7	49.2	61.7	50.0
浙　　江	24.7	24.8	53.3	45.9
安　　徽	37.9	25.5	51.9	31.9
福　　建	34.1	35.3	46.1	41.5
江　　西	33.2	22.0	46.2	25.1
山　　东	41.4	29.8	55.8	40.1
河　　南	40.0	28.4	45.0	31.5
湖　　北	37.9	39.1	43.2	33.9
湖　　南	25.4	19.4	51.1	36.1
广　　东	35.2	24.7	57.6	42.9
广　　西	29.3	20.0	49.4	29.6
海　　南	35.7	33.4	43.2	34.6
重　　庆	22.6	20.3	47.9	18.3
四　　川	26.5	25.3	45.7	28.7
贵　　州	33.8	27.5	38.3	35.4
云　　南	33.6	25.6	44.2	32.5
西　　藏	30.9	22.6	20.3	30.9
陕　　西	39.2	34.8	46.4	46.0
甘　　肃	41.7	63.0	32.9	24.4
青　　海	40.1	36.8	23.8	26.3
宁　　夏	35.4	62.7	51.2	53.6
新　　疆	43.3	44.0	38.2	52.8

6—10 分项农林牧渔业中间消耗

单位:亿元

项　　目	1990 年	1997 年	2000 年	2001 年	2002 年
中间消耗总计		**9615.5**	**10287.6**	**10767.8**	**11273.5**
一、中间物质消耗	**2508.2**	**8864.8**	**9497.8**	**9981.0**	**10425.6**
1.用种量	245.7	854.8	879.3	947.5	1013.0
2.饲料	995.2	3708.5	3908.2	4138.3	4394.1
3.肥料	601.2	1634.0	1641.6	1677.4	1700.2
4.燃料	152.0	544.7	684.1	713.3	734.8
5.农药	70.7	259.7	208.0	217.9	225.8
6.农膜		121.9	137.1	146.3	152.6
7.畜牧用药			69.0	74.9	82.9
8.用电量	61.6	365.0	441.7	473.4	497.2
9.小农机			113.7	109.6	124.5
10.原材料			383.3	374.7	357.3
11.办公用品			40.6	35.1	37.2
12.对物质生产部门的劳务支出			481.4	487.0	503.5
13.其他	381.9	1376.1	509.9	585.7	602.5
二、对非物质生产部门的劳务支出		**750.7**	**789.8**	**786.8**	**847.9**

6—11 各地区农林牧渔业增加值、中间消耗占农林牧渔总产值比重

(按当年价格计算)

单位:亿元

地　区	农林牧渔业增加值	占农林牧渔业总产值比重(%)	农林牧渔业中间消耗	占农林牧渔业总产值比重(%)
全国总计	**16117.3**	**58.8**	**11273.5**	**41.2**
北　京	98.0	42.6	132.3	57.4
天　津	84.0	46.4	97.1	53.6
河　北	957.0	55.3	772.2	44.7
山　西	197.8	56.3	153.8	43.7
内蒙古	365.7	62.3	221.2	37.7
辽　宁	590.2	52.1	542.3	47.9
吉　林	409.0	60.3	269.5	39.7
黑龙江	446.6	57.5	330.1	42.5
上　海	88.2	37.8	145.3	62.2
江　苏	1014.5	50.4	996.9	49.6
浙　江	728.1	64.1	408.1	35.9
安　徽	772.5	59.2	533.0	40.8
福　建	664.8	61.1	423.9	38.9
江　西	536.0	65.0	288.6	35.0
山　东	1390.0	55.0	1136.0	45.0
河　南	1288.4	58.7	906.5	41.3
湖　北	734.3	61.0	469.0	39.0
湖　南	847.2	64.2	472.7	35.8
广　东	1016.6	57.6	748.3	42.4
广　西	589.7	64.3	326.8	35.7
海　南	228.9	63.6	131.3	36.4
重　庆	315.8	68.5	145.2	31.5
四　川	1042.4	65.1	558.1	34.9
贵　州	280.8	65.1	150.6	34.9
云　南	470.5	63.8	267.0	36.2
西　藏	41.4	74.1	14.5	25.9
陕　西	301.4	59.2	207.6	40.8
甘　肃	214.5	59.7	145.0	40.3
青　海	44.9	68.5	20.6	31.5
宁　夏	52.8	57.1	39.7	42.9
新　疆	305.0	58.1	220.0	41.9

6—12 农林牧渔业总产值

（按当年价格计算）

单位：亿元

年份	农林牧渔业总产值	农业产值	林业产值	牧业产值	渔业产值
1952	461.00	395.95	7.28	51.72	6.05
1957	537.00	443.93	17.51	65.41	10.15
1962	584.00	494.65	13.02	63.77	12.56
1965	833.00	684.31	22.32	111.54	14.83
1970	1021.00	838.44	28.59	136.61	17.36
1975	1260.00	1020.46	39.18	178.44	21.92
1978	1397.00	1117.60	48.06	209.27	22.07
1979	1697.60	1325.30	60.70	285.60	26.00
1980	1922.60	1454.14	81.38	354.23	32.85
1981	2180.62	1635.87	98.89	402.17	43.69
1982	2483.26	1865.30	110.04	456.70	51.22
1983	2750.00	2074.47	127.20	485.11	63.22
1984	3214.13	2380.15	161.61	587.32	85.05
1985	3619.49	2506.39	188.68	798.31	126.11
1986	4013.01	2771.75	201.19	875.71	164.36
1987	4675.70	3160.49	221.98	1068.37	224.86
1988	5865.27	3666.89	275.30	1600.61	322.47
1989	6534.73	4100.58	284.92	1800.38	348.85
1990	7662.09	4954.26	330.27	1967.00	410.56
1991	8157.03	5146.43	367.90	2159.22	483.48
1992	9084.71	5588.02	422.61	2460.52	613.48
1993	10995.53	6605.14	494.00	3014.40	881.99
1994	15750.47	9169.22	611.07	4671.99	1298.19
1995	20340.86	11884.63	709.94	6044.98	1701.31
1996	22353.73	13539.75	778.01	6015.54	2020.43
1997	23788.36	13852.54	817.76	6835.36	2282.7
1998	24541.86	14241.88	851.26	7025.84	2422.88
1999	24519.06	14106.22	886.30	6997.58	2529.04
2000	24915.77	13873.59	936.52	7393.08	2712.57
2001	26179.64	14462.79	938.75	7963.13	2814.97
2002	27390.75	14931.54	1033.50	8454.64	2971.07

6—13 农林牧渔业总产值构成

（按当年价格计算）

单位：%

年份	以农林牧渔业总产值为100			
	农业产值	林业产值	牧业产值	渔业产值
1952	85.9	1.6	11.2	1.3
1957	82.7	3.3	12.2	1.9
1962	84.7	2.2	10.9	2.2
1965	82.2	2.7	13.4	1.8
1970	82.1	2.8	13.4	1.7
1975	81.0	3.1	14.2	1.7
1978	80.0	3.4	15.0	1.6
1979	78.1	3.6	16.8	1.5
1980	75.6	4.2	18.4	1.7
1981	75.0	4.5	18.4	2.0
1982	75.1	4.4	18.4	2.1
1983	75.4	4.6	17.6	2.3
1984	74.1	5.0	18.3	2.6
1985	69.2	5.2	22.1	3.5
1986	69.1	5.0	21.8	4.1
1987	67.6	4.7	22.8	4.8
1988	62.5	4.7	27.3	5.5
1989	62.8	4.4	27.6	5.3
1990	64.7	4.3	25.7	5.4
1991	63.1	4.5	26.5	5.9
1992	61.5	4.7	27.1	6.8
1993	60.1	4.5	27.4	8.0
1994	58.2	3.9	29.7	8.2
1995	58.4	3.5	29.7	8.4
1996	60.6	3.5	26.9	9.0
1997	58.2	3.4	28.8	9.6
1998	58.0	3.5	28.6	9.9
1999	57.5	3.6	28.5	10.4
2000	55.7	3.8	29.7	10.8
2001	55.2	3.6	30.4	10.8
2002	54.5	3.8	30.9	10.8

6—14 农林牧渔业分项产值及构成

（按当年价格计算）

指标	绝对数(亿元)				
	1990 年	1995 年	2000 年	2001 年	2002 年
农林牧渔业总产值	**7662.09**	**20340.86**	**24915.78**	**26179.65**	**27390.75**
一、农业产值	**4954.26**	**11884.63**	**13873.59**	**14462.79**	**14931.54**
(一)种植业	4481.74	11050.02	12627.97	13201.68	13705.50
1.主产品产值	4144.66	10572.79	12135.39	12664.75	13162.85
#粮食作物合计	2409.44	6090.05	5299.83	5303.30	5199.66
#谷物		5306.40	4335.60	4350.60	4214.58
#油料			710.47	676.96	681.40
#棉花			517.04	524.18	524.97
#糖类			171.15	198.11	219.34
#烟叶			183.64	183.99	194.43
#蔬菜、瓜类			3597.30	3874.89	4205.07
#茶、桑、果			1040.22	1222.19	1364.79
2.副产品产值	337.08	477.23	492.57	536.92	542.64
#粮食作物副产品	295.48	413.03	425.56	453.85	462.30
#谷物		364.56	365.28	316.33	345.53
(二)其他农业	472.52	834.61	1245.62	1261.12	1191.64
二、林业产值	330.27	709.94	936.52	938.75	1033.50
1.营林	104.00	193.25	255.77	285.22	343.88
2.林产品	85.12	257.24	399.26	383.13	408.54
3.村及村以下采伐	141.15	259.44	281.49	270.41	281.08
三、牧业产值	1967.00	6044.98	7393.08	7963.13	8454.64
1.牲畜	1244.29	3877.75	4640.83	4921.13	5133.78
#牛			389.69	434.91	490.96
#猪	1066.96	3239.46	3840.16	4028.88	4124.95
#羊	55.80	286.65	352.00	399.86	454.24
2.家禽的饲养	229.75	855.70	1161.02	1253.83	1380.25
3.活的畜禽产品	412.48	1157.46	1372.48	1509.17	1609.41
4.捕猎	2.93	7.66	60.95	11.28	13.19
5.其它动物饲养	77.55	176.39	218.28	302.04	318.02
四、渔业产值	410.56	1701.31	2712.57	2814.97	2971.07
1.海水产品	206.75	876.15	1308.66	1345.28	1410.86
#养殖	42.65	287.00	539.91	585.37	648.89
2.内陆水产品	203.81	825.16	1403.78	1469.68	1560.21
#养殖	161.99	698.88	1191.09	1271.15	1340.81

6－14 续表

指　标	构成(%)				
	1990 年	1995 年	2000 年	2001 年	2002 年
农林牧渔业总产值	**100.0**	**100.0**	**100.0**	**100.0**	**100.0**
一、农业产值	**64.7**	**58.4**	**55.7**	**55.2**	**54.5**
(一)种植业	58.5	54.3	50.7	50.4	50.0
1.主产品产值	54.1	52.0	48.7	48.4	48.1
#粮食作物合计	31.4	29.9	21.3	20.3	19.0
#谷物		26.1	17.4	16.6	15.4
#油料			2.9	2.6	2.5
#棉花			2.1	2.0	1.9
#糖类			0.7	0.8	0.8
#烟叶			0.7	0.7	0.7
#蔬菜、瓜类			14.4	14.8	15.4
#茶、桑、果			4.2	4.7	5.0
2.副产品产值	4.4	2.3	2.0	2.1	2.0
#粮食作物副产品	3.9	2.0	1.7	1.7	1.7
#谷物		1.8	1.5	1.2	1.3
(二)其他农业	6.2	4.1	5.0	4.8	4.4
二、林业产值	**4.3**	**3.5**	**3.8**	**3.6**	**3.8**
1.营林	1.4	1.0	1.0	1.1	1.3
2.林产品	1.1	1.3	1.6	1.5	1.5
3.村及村以下采伐	1.8	1.3	1.1	1.0	1.0
三、牧业产值	**25.7**	**29.7**	**29.7**	**30.4**	**30.9**
1.牲畜	16.2	19.1	18.6	18.8	18.7
#牛			1.6	1.7	1.8
#猪	13.9	15.9	15.4	15.4	15.1
#羊	0.7	1.4	1.4	1.5	1.7
2.家禽的饲养	3.0	4.2	4.7	4.8	5.0
3.活的畜禽产品	5.4	5.7	5.5	5.8	5.9
4.捕获			0.2		
5.其它动物饲养	1.0	0.9	0.9	1.2	1.2
四、渔业产值	**5.4**	**8.4**	**10.9**	**10.8**	**10.8**
1.海水产品	2.7	4.3	5.3	5.1	5.2
#养殖	0.6	1.4	2.2	2.2	2.4
2.内陆水产品	2.7	4.1	5.6	5.6	5.7
#养殖	2.1	3.4	4.8	4.9	4.9

6—15 各地区农林牧渔业总产值

（按当年价格计算）

单位:亿元

地区	农林牧渔业总产值		农业产值		#种植业	
	2001 年	2002 年	2001 年	2002 年	2001 年	2002 年
全国总计	**26179.6**	**27390.8**	**14462.8**	**14931.5**	**13201.7**	**13705.5**
北京	214.1	230.4	89.7	90.1	88.1	88.5
天津	169.5	181.1	86.7	86.1	78.5	81.9
河北	1680.5	1729.2	899.4	918.6	817.0	833.1
山西	301.5	351.6	191.3	227.1	185.0	224.0
内蒙古	555.9	587.0	307.6	332.1	270.7	304.3
辽宁	1045.7	1132.5	503.1	540.1	442.7	476.9
吉林	659.3	678.5	405.9	419.7	386.9	392.1
黑龙江	711.0	776.7	450.6	487.5	444.5	481.6
上海	227.6	233.6	95.5	97.2	95.0	96.6
江苏	1956.1	2011.5	1142.7	1165.5	893.1	902.1
浙江	1108.0	1136.3	529.5	532.2	458.0	482.1
安徽	1258.1	1305.6	688.0	712.4	630.1	653.8
福建	1061.6	1088.7	433.2	444.2	390.3	401.8
江西	790.3	824.5	405.9	421.5	351.8	359.6
山东	2454.0	2526.0	1401.3	1420.9	1385.2	1402.8
河南	2102.8	2194.8	1331.6	1360.3	1206.0	1238.3
湖北	1172.8	1203.3	658.3	671.2	655.3	668.8
湖南	1283.1	1319.9	665.7	666.6	611.2	609.7
广东	1688.0	1764.8	817.9	841.8	722.2	747.5
广西	872.9	916.5	439.9	465.5	433.3	463.1
海南	325.1	360.2	141.3	151.5	120.9	134.8
重庆	431.2	461.0	250.4	264.1	234.5	248.9
四川	1466.8	1600.6	769.9	807.4	715.5	760.2
贵州	418.6	431.4	279.9	278.9	247.3	249.2
云南	703.5	737.5	431.3	445.3	385.1	399.4
西藏	52.8	55.9	27.6	29.1	21.4	21.9
陕西	478.8	509.1	337.4	353.2	291.7	311.0
甘肃	344.6	359.4	254.0	257.3	235.5	249.6
青海	63.3	65.5	28.9	28.6	21.6	20.7
宁夏	85.3	92.5	49.4	52.9	49.0	52.7
新疆	496.8	525.0	348.8	362.8	334.6	348.2

6—15 续表

地　区	林业产值		牧业产值		渔业产值	
	2001年	2002年	2001年	2002年	2001年	2002年
全国总计	**938.8**	**1033.5**	**7963.1**	**8454.6**	**2815.0**	**2971.1**
北　京	9.5	12.8	105.2	117.2	9.6	10.3
天　津	1.5	1.5	60.8	69.2	20.6	24.3
河　北	34.0	37.5	685.9	707.1	61.2	65.9
山　西	12.3	24.9	96.3	97.8	1.7	1.9
内蒙古	26.1	28.8	216.2	220.6	6.0	5.4
辽　宁	21.8	27.9	332.3	361.3	188.5	203.2
吉　林	11.3	14.3	236.4	238.8	5.8	5.7
黑龙江	15.7	16.2	224.6	252.1	20.1	20.9
上　海	3.5	7.7	88.4	83.5	40.1	45.1
江　苏	30.8	36.3	448.5	456.0	334.2	353.7
浙　江	73.7	74.5	195.9	205.1	308.8	324.5
安　徽	66.2	69.3	371.6	391.7	132.3	132.2
福　建	82.3	84.2	215.5	222.7	330.5	337.6
江　西	54.0	59.2	226.1	233.9	104.3	110.0
山　东	47.2	48.3	654.7	698.4	350.7	358.5
河　南	57.0	60.5	693.8	750.7	20.4	23.4
湖　北	27.1	28.3	352.6	354.8	134.8	148.9
湖　南	51.9	54.8	480.3	508.7	85.2	89.8
广　东	56.8	57.1	423.2	449.7	390.1	416.3
广　西	39.4	39.8	292.3	306.5	101.2	104.7
海　南	43.3	49.1	58.2	65.0	82.3	94.6
重　庆	11.2	13.5	154.4	166.2	15.2	17.2
四　川	50.9	54.6	605.0	692.9	41.0	45.6
贵　州	15.1	18.2	118.5	128.8	5.1	5.5
云　南	47.2	53.5	210.6	223.5	14.4	15.2
西　藏	1.3	1.2	23.9	25.6	0.0	0.0
陕　西	23.6	26.6	114.1	125.1	3.8	4.1
甘　肃	8.6	13.9	80.9	87.3	1.1	1.0
青　海	1.8	2.7	32.5	34.1	0.1	0.1
宁　夏	3.5	5.1	30.3	32.0	2.1	2.4
新　疆	10.1	11.1	134.0	148.0	3.9	3.1

6—16 各地区农业分项产值

（按当年价格计算）

单位:亿元

地　　区	种植业	1.主产品产值	#粮食作物合计	#谷物	#油料
全　　国	**13705.6**	**13162.85**	**5199.66**	**4214.58**	**681.40**
北　　京	88.48	87.61	10.14	8.37	1.50
天　　津	81.91	79.57	13.80	12.42	1.01
河　　北	833.12	812.19	276.80	234.34	41.94
山　　西	224.00	212.21	106.96	76.84	9.11
内 蒙 古	304.35	279.01	181.40	128.84	20.57
辽　　宁	476.94	455.38	174.69	147.24	15.92
吉　　林	392.11	356.35	246.09	193.92	10.44
黑 龙 江	481.61	461.66	340.41	200.14	10.29
上　　海	96.60	95.77	15.59	15.09	1.76
江　　苏	902.12	867.26	334.67	291.74	47.65
浙　　江	482.06	474.20	115.53	97.23	9.85
安　　徽	653.84	620.02	288.62	239.21	65.26
福　　建	401.84	393.31	101.59	73.20	8.33
江　　西	359.63	347.65	164.26	150.93	21.52
山　　东	1402.81	1346.05	344.73	298.67	73.16
河　　南	1238.30	1180.76	473.60	411.45	104.40
湖　　北	668.76	642.33	216.81	179.04	50.04
湖　　南	609.72	594.08	257.31	233.30	23.64
广　　东	747.47	728.50	200.11	164.15	21.79
广　　西	463.15	450.58	166.34	151.43	16.78
海　　南	134.82	132.72	26.91	18.08	2.89
重　　庆	248.91	238.77	125.61	92.32	7.92
四　　川	760.18	733.88	355.46	284.60	46.76
贵　　州	249.18	240.38	123.20	91.14	15.51
云　　南	399.37	382.52	169.46	133.85	6.65
西　　藏	21.94	18.37	14.59	14.01	1.08
陕　　西	310.99	297.59	122.55	99.53	9.32
甘　　肃	249.62	234.79	101.27	59.88	9.86
青　　海	20.70	18.83	9.76	4.63	4.56
宁　　夏	52.73	48.56	30.38	25.87	2.69
新　　疆	348.24	331.96	91.04	83.12	19.21

6—16续表1

地　区	#棉花	#糖类	#烟叶	#蔬菜、瓜类	#茶、桑、果
全　国	**524.97**	**219.34**	**194.43**	**4205.07**	**1364.79**
北　京	0.42			50.75	16.22
天　津	7.38			47.23	7.94
河　北	58.03	0.43	0.78	313.65	103.94
山　西	7.35	0.55	0.26	59.64	25.87
内蒙古	0.29	4.94	0.63	42.60	2.36
辽　宁	0.30	1.43	1.97	178.04	52.09
吉　林	0.04	1.77	4.08	61.52	11.64
黑龙江		10.60	3.54	78.04	4.87
上　海	0.10	0.83		59.96	8.66
江　苏	37.30	2.55	0.04	326.23	48.76
浙　江	2.16	9.03	0.51	183.13	86.97
安　徽	53.72	2.15	1.86	123.08	57.72
福　建	0.01	3.67	9.76	119.94	105.28
江　西	6.91	4.35	1.59	101.85	19.95
山　东	72.15	0.01	6.37	678.43	134.60
河　南	91.41	2.20	21.88	392.59	60.65
湖　北	34.05	6.60	7.35	216.38	57.55
湖　南	15.55	7.58	15.20	202.90	27.23
广　东		29.83	5.48	247.86	176.95
广　西	0.07	78.04	1.85	72.29	96.48
海　南		7.91	0.01	58.34	27.84
重　庆	0.04	1.09	6.14	65.47	23.70
四　川	2.40	5.70	9.09	210.54	63.19
贵　州	0.07	2.52	25.91	55.87	10.92
云　南	0.04	25.54	65.83	70.02	23.67
西　藏				2.49	0.13
陕　西	4.45	0.10	3.25	69.49	72.37
甘　肃	7.07	0.58	0.78	56.10	9.56
青　海			0.02	3.50	0.16
宁　夏			0.01	9.51	1.56
新　疆	123.66	9.35	0.23	47.66	25.96

6—16续表2

地　　区	2.副产品产值	#粮食作物副产品	#谷物	其他农业
全　　国	**542.6**	**462.3**	**345.5**	**80.3**
北　　京	0.9	0.8	0.7	0.1
天　　津	2.3	2.0	0.0	0.3
河　　北	20.9	17.7	16.3	3.2
山　　西	11.8	11.2	10.3	0.6
内 蒙 古	25.3	21.4	0.0	3.9
辽　　宁	21.6	19.9	19.6	1.7
吉　　林	35.8	35.4	0.0	0.4
黑 龙 江	19.9	19.6	13.2	0.4
上　　海	0.8	0.7	0.7	0.1
江　　苏	34.9	24.3	21.9	10.6
浙　　江	7.9	7.2	6.0	0.7
安　　徽	33.8	28.0	24.4	5.9
福　　建	8.5	7.9	6.3	0.7
江　　西	12.0	10.2	9.4	1.8
山　　东	56.8	47.4	44.6	9.3
河　　南	57.5	47.6	43.4	10.0
湖　　北	26.4	22.6	17.8	3.9
湖　　南	15.6	13.7	11.4	1.9
广　　东	19.0	13.5	10.4	5.5
广　　西	12.6	7.6	5.2	5.0
海　　南	2.1	1.1	0.8	1.0
重　　庆	10.1	9.7	7.1	0.5
四　　川	26.3	24.2	19.1	2.1
贵　　州	8.8	8.1	6.1	0.7
云　　南	16.9	14.0	11.0	2.9
西　　藏	3.6	3.4	0.0	0.1
陕　　西	13.4	12.1	11.0	1.3
甘　　肃	14.8	13.7	12.3	1.1
青　　海	1.9	1.5	0.9	0.4
宁　　夏	4.2	4.0	3.8	0.2
新　　疆	16.3	12.2	11.8	4.1

6—17 各地区林业分项产值

（按当年价格计算）

单位：亿元

地区	林业产值	1. 营林	2. 林产品	3. 村及村以下采伐
全国	**1033.50**	**343.88**	**408.54**	**281.08**
北京	12.81	9.39	2.80	0.63
天津	1.52	1.13	0.20	0.19
河北	37.49	21.85	13.26	2.38
山西	24.88	20.87	3.86	0.15
内蒙古	28.84	25.02	2.35	1.46
辽宁	27.94	14.25	8.83	4.86
吉林	14.33	7.01	4.43	2.89
黑龙江	16.23	9.56	5.60	1.07
上海	7.75	6.38	1.25	0.12
江苏	36.29	22.42	9.59	4.28
浙江	74.50	6.03	46.15	22.32
安徽	69.30	17.02	35.63	16.66
福建	84.17	3.33	52.35	28.49
江西	59.16	9.61	15.59	33.96
山东	48.25	15.94	25.19	7.13
河南	60.45	20.88	15.84	23.73
湖北	28.33	11.36	5.73	11.24
湖南	54.78	8.01	18.01	28.76
广东	57.09	8.38	16.04	32.68
广西	39.82	5.46	18.46	15.90
海南	49.14	5.13	40.76	3.24
重庆	13.51	6.79	5.50	1.22
四川	54.60	23.30	11.10	20.20
贵州	18.17	8.99	6.31	2.87
云南	53.53	12.38	29.56	11.58
西藏	1.22	0.47	0.31	0.44
陕西	26.62	16.01	9.25	1.36
甘肃	13.87	10.32	3.33	0.23
青海	2.66	2.49	0.04	0.13
宁夏	5.14	5.09	0.04	
新疆	11.09	9.02	1.19	0.89

6—18 各地区畜牧业分项产值

（按当年价格计算）

单位:亿元

地　区	牧业产值	1.牲畜	#牛	#猪	#羊
全　国	**8454.64**	**532.99**	**490.96**	**4124.95**	**454.24**
北　京	117.23	13.25	13.14	34.23	7.95
天　津	69.22	1.33	1.29	24.95	3.99
河　北	707.13	35.55	29.99	313.23	46.82
山　西	97.77	7.35	6.75	49.09	8.31
内蒙古	220.56	29.04	25.34	69.38	54.77
辽　宁	361.33	17.00	14.16	143.32	9.57
吉　林	238.78	16.38	14.04	102.27	2.85
黑龙江	252.14	36.18	33.05	95.13	6.91
上　海	83.48	0.21	0.21	28.25	1.96
江　苏	456.02	7.83	7.53	166.11	27.16
浙　江	205.09	1.14	1.14	112.69	4.83
安　徽	391.70	26.74	26.65	191.60	16.17
福　建	222.75	1.58	1.58	141.28	2.48
江　西	233.94	14.64	14.64	139.79	1.29
山　东	698.44	48.62	46.71	244.40	42.73
河　南	750.73	94.57	91.71	344.11	58.09
湖　北	354.84	13.43	9.75	229.31	4.67
湖　南	508.65	9.64	9.60	376.14	7.62
广　东	449.70	7.47	7.47	235.53	0.51
广　西	306.50	14.20	13.85	208.51	1.98
海　南	65.03	5.52	5.52	28.82	1.58
重　庆	166.20	5.25	5.23	101.58	2.29
四　川	692.92	20.88	19.98	351.93	23.79
贵　州	128.80	15.02	13.67	92.21	2.58
云　南	223.49	15.01	12.88	164.42	8.08
西　藏	25.58	9.32	8.65	0.86	7.10
陕　西	125.12	11.63	10.94	58.30	8.67
甘　肃	87.31	14.36	12.54	42.41	14.29
青　海	34.15	7.64	7.10	7.47	11.52
宁　夏	32.04	4.76	4.18	8.88	5.45
新　疆	148.04	27.43	21.69	18.76	58.22

6－18 续表

地　区	2.家禽的饲养	3.活的畜禽产品	4.捕猎	5.其他动物饲养
全　国	**1380.25**	**1609.41**	**13.19**	**318.02**
北　京	33.80	18.89		7.40
天　津	11.40	17.49		3.09
河　北	71.10	214.43	0.03	25.96
山　西	3.95	27.06	0.08	1.92
内蒙古	10.43	53.59	0.18	2.95
辽　宁	78.74	95.05	0.07	15.13
吉　林	54.85	54.17		7.23
黑龙江	28.75	75.79	0.10	9.27
上　海	35.12	16.61		1.09
江　苏	91.60	112.38	3.57	47.36
浙　江	28.01	26.30	0.15	31.97
安　徽	74.18	73.74	0.71	6.35
福　建	43.75	27.39	1.58	4.68
江　西	39.03	28.89	1.31	8.73
山　东	139.10	189.61	0.54	33.45
河　南	74.79	161.90	0.80	16.47
湖　北	35.39	67.98	0.32	3.62
湖　南	49.65	57.75	0.46	7.30
广　东	160.54	23.61	1.80	20.24
广　西	64.20	10.95		6.65
海　南	21.41	2.22	0.35	4.92
重　庆	19.72	31.86	0.10	5.41
四　川	158.32	96.03	0.70	36.29
贵　州	10.49	7.96		0.55
云　南	19.57	12.80	0.02	3.10
西　藏	0.13	7.99	0.04	0.13
陕　西	7.64	35.04	0.23	3.58
甘　肃	4.47	10.73		0.49
青　海	0.33	6.98	0.05	0.14
宁　夏	2.96	9.35		0.63
新　疆	6.80	34.88	0.02	1.92

6—19 各地区渔业分项产值

（按当年价格计算）

单位：亿元

地 区	渔业产值	1.海水产品	#养殖	2.内陆水产品	#养殖
全 国	**2971.07**	**1410.86**	**648.89**	**1560.21**	**1340.81**
北 京	10.27			10.27	10.27
天 津	24.28	7.60	4.21	16.68	10.34
河 北	65.92	37.86	13.57	28.06	22.28
山 西	1.86			1.86	1.84
内蒙古	5.43			5.43	
辽 宁	203.19	152.92	75.26	50.26	42.28
吉 林	5.69			5.69	4.44
黑龙江	20.85			20.85	18.97
上 海	45.13	12.55	1.58	32.58	31.29
江 苏	353.68	93.12	34.93	260.56	229.87
浙 江	324.51	234.63	86.02	89.88	76.71
安 徽	132.19			132.19	88.59
福 建	337.55	253.65	144.07	83.90	73.53
江 西	109.95			109.95	90.91
山 东	358.47	295.31	161.02	63.16	58.02
河 南	23.37			23.37	22.13
湖 北	148.93			148.93	127.64
湖 南	89.85			89.85	78.33
广 东	416.29	185.52	93.87	230.78	218.54
广 西	104.73	54.08	17.84	50.64	45.54
海 南	94.60	83.63	16.51	10.97	4.32
重 庆	17.19			17.19	16.12
四 川	45.59			45.59	41.37
贵 州	5.54			5.54	4.82
云 南	15.19			15.19	12.45
西 藏	0.01			0.01	
陕 西	4.12			4.12	3.70
甘 肃	1.00			1.00	0.96
青 海	0.11			0.11	0.10
宁 夏	2.44			2.44	2.29
新 疆	3.15			3.15	3.15

6—20 各经济地带农林牧渔业总产值及构成

（按当年价格计算）

单位:亿元

指　　标	东部经济地带		中部经济地带		西部经济地带	
	2001年	2002年	2001年	2002年	2001年	2002年
一、绝对数(亿元)						
农林牧渔业总产值	**12803.1**	**13310.8**	**8834.8**	**9242.0**	**4541.8**	**4837.9**
1.农业	6580.4	6753.5	5104.7	5298.5	2777.8	2879.5
2.林业	443.9	476.8	321.6	356.3	173.3	200.4
3.牧业	3561.1	3741.9	2897.9	3049.1	1504.1	1663.6
4.渔业	2217.7	2338.6	510.6	538.1	86.6	94.3
二、构成(%)						
农林牧渔业总产值	**100.0**	**100.0**	**100.0**	**100.0**	**100.0**	**100.0**
1.农业	51.4	50.7	57.8	57.3	61.2	59.5
2.林业	3.5	3.6	3.6	3.9	3.8	4.1
3.牧业	27.8	28.1	32.8	33.0	33.1	34.4
4.渔业	17.3	17.6	5.8	5.8	1.9	1.9

6—21 农林牧渔业总产值

单位:亿元

年　份	农林牧渔业总产值	农业产值	林业产值	牧业产值	渔业产值
			(按 1957 年不变价格计算)		
1952	417.00	364.90	2.90	47.90	1.30
1957	536.70	455.50	9.30	69.00	2.90
1962	430.30	370.80	7.30	44.50	
1965	589.60	484.80	12.00	82.70	10.10
1970	716.30	596.80	16.00	92.60	10.90
			(按 1970 年不变价格计算)		
1975	1202.40	966.80	37.10	179.40	19.10
1978	1288.70	1031.00	44.40	193.00	20.30
1979	1386.30	1100.50	45.00	221.20	19.60
			(按 1980 年不变价格计算)		
1980	1964.50	1491.60	94.50	339.60	38.80
1981	2091.40	1592.90	98.40	359.60	40.50
1982	2327.60	1767.34	106.80	407.96	45.50
1983	2508.20	1917.06	117.70	423.99	49.40
1984	2815.60	2136.83	140.10	480.61	58.10
1985	2912.20	2133.39	146.40	563.29	69.10
1986	3010.70	2191.32	141.20	594.85	83.30
1987	3185.14	2332.06	140.83	613.90	98.35
1988	3309.70	2364.33	144.11	691.48	109.78
1989	3412.76	2420.72	144.62	729.78	117.64
			(按 1990 年不变价格计算)		
1990	8151.21	5190.79	378.43	2048.80	533.19
1991	8451.76	5239.60	408.55	2229.67	573.94
1992	8989.12	5461.34	439.89	2426.08	661.81
1993	9692.87	5747.23	475.26	2686.77	783.61
1994	10525.89	5933.82	517.33	3134.38	940.36
1995	11670.71	6404.96	543.44	3599.07	1123.24
1996	12127.00	6901.58	574.00	3371.19	1280.23
1997	12942.35	7209.98	593.07	3711.68	1427.62
1998	13712.76	7564.64	610.37	3984.52	1553.23
1999	14351.44	7891.10	629.61	4165.86	1664.87
2000	14863.90	7999.82	663.37	4428.29	1772.42
2001	15493.96	8288.27	658.61	4705.60	1841.48
2002	16259.68	8611.68	705.20	4988.53	1954.27

6—22 农林牧渔业总产值指数

（以1952年为100）

年　　份	农林牧渔业总产值	农业产值	林业产值	牧业产值	渔业产值
1949	65.2	64.6	55.2	70.4	46.2
1952	100.0	100.0	100.0	100.0	100.0
1957	128.7	124.8	320.7	144.1	223.1
1962	103.2	101.6	251.7	92.9	592.30
1965	141.4	132.9	413.8	172.7	776.9
1970	171.8	163.6	551.7	193.3	838.5
1975	192.4	179.4	745.5	232.2	1150.3
1978	206.2	191.3	892.2	249.8	1222.5
1979	221.8	204.2	904.2	286.3	1180.4
1980	224.9	203.6	1014.8	306.4	1270.7
1981	239.5	217.4	1056.6	324.4	1326.4
1982	266.5	241.2	1146.8	368.0	1490.1
1983	287.2	261.7	1263.9	382.5	1617.8
1984	322.4	291.7	1504.4	433.6	1902.8
1985	333.4	291.2	1572.1	508.2	2263.0
1986	344.7	299.1	1516.2	536.6	2728.1
1987	364.7	318.3	1512.3	553.8	3221.0
1988	379.0	322.4	1547.5	623.8	3595.3
1989	390.8	330.4	1553.0	658.3	3852.7
1990	420.5	356.7	1601.1	704.4	4238.2
1991	436.0	360.1	1728.5	766.5	4562.1
1992	463.0	375.3	1861.1	834.1	5260.5
1993	500.0	394.9	2010.4	923.8	6222.5
1994	543.0	407.5	2189.3	1078.1	7467.0
1995	602.2	439.7	2298.8	1237.7	8915.6
1996	658.9	474.0	2428.1	1379.0	10161.8
1997	703.2	495.2	2508.7	1518.3	11331.4
1998	745.0	519.6	2582.0	1629.9	12328.6
1999	779.7	542.0	2664.6	1704.0	13215.0
2000	807.8	549.6	2808.5	1811.4	14074.0
2001	842.0	569.4	2788.4	1924.8	14622.3
2002	883.6	591.6	2985.6	2040.5	15518.0

注:本表按可比价格计算。

6—23 各地区农林牧渔业总产值指数

（以上年为100）

地　　区	农林牧渔业总产值	农业产值	林业产值	牧业产值	渔业产值
全国合计	**104.9**	**103.9**	**107.1**	**106.0**	**106.1**
北　　京	111.1	105.2	140.6	115.3	102.4
天　　津	106.0	91.1	113.3	114.9	136.2
河　　北	105.0	104.0	110.9	106.5	103.3
山　　西	116.4	120.0	156.0	104.7	106.1
内 蒙 古	104.9	106.5	110.8	102.0	102.0
辽　　宁	108.3	107.3	125.9	108.8	107.3
吉　　林	113.7	123.9	111.6	102.6	97.7
黑 龙 江	108.1	107.5	102.2	110.5	104.0
上　　海	103.0	100.3	245.5	96.0	112.9
江　　苏	103.8	102.3	115.7	103.9	108.0
浙　　江	100.7	97.7	102.5	104.2	102.4
安　　徽	104.4	104.5	102.6	104.9	103.5
福　　建	103.5	103.1	102.1	104.3	104.0
江　　西	104.0	102.7	105.9	103.3	108.5
山　　东	101.1	97.5	95.5	106.8	102.3
河　　南	104.6	103.9	103.2	105.4	119.3
湖　　北	102.0	97.6	103.0	104.6	112.4
湖　　南	102.7	100.2	104.6	105.1	105.9
广　　东	107.5	109.4	97.2	105.9	106.5
广　　西	107.8	111.2	100.7	105.2	102.7
海　　南	105.4	97.4	107.0	109.8	114.0
重　　庆	105.5	105.7	119.8	104.2	105.6
四　　川	107.4	105.1	105.7	109.9	112.1
贵　　州	102.5	98.5	116.9	108.5	108.3
云　　南	104.6	103.5	109.0	105.1	109.3
西　　藏	103.8	103.0	119.8	103.6	70.3
陕　　西	106.2	105.9	110.6	106.1	108.7
甘　　肃	105.8	103.7	163.6	106.1	100.4
青　　海	103.5	98.5	145.8	105.2	98.6
宁　　夏	107.8	106.7	152.6	104.1	117.7
新　　疆	105.2	103.9	111.5	108.9	102.1

注：本表按可比价格计算。

6—24 各地区农林牧渔业总产值增减及占全国的比重

（按1990年不变价计算）

单位：亿元

地区	农林牧渔业总产值		2002年比2001年增减		占全国的比重(%)	
	2001年	2002年	绝对数	%	2001年	2002年
全国合计	**15494.0**	**16259.7**	**765.7**	**4.9**	**100.0**	**100.0**
北京	121.0	134.5	13.4	11.1	0.8	0.8
天津	99.5	105.5	6.0	6.0	0.6	0.6
河北	844.6	887.0	42.4	5.0	5.5	5.5
山西	180.7	210.3	29.6	16.4	1.2	1.3
内蒙古	302.4	317.3	14.9	4.9	2.0	2.0
辽宁	625.8	677.6	51.8	8.3	4.0	4.2
吉林	377.7	429.4	51.7	13.7	2.4	2.6
黑龙江	463.6	501.2	37.6	8.1	3.0	3.1
上海	122.7	126.3	3.7	3.0	0.8	0.8
江苏	1196.5	1241.9	45.3	3.8	7.7	7.6
浙江	621.9	626.0	4.1	0.7	4.0	3.8
安徽	711.3	742.5	31.2	4.4	4.6	4.6
福建	625.7	647.5	21.9	3.5	4.0	4.0
江西	495.1	515.1	20.0	4.0	3.2	3.2
山东	1605.6	1623.5	17.9	1.1	10.4	10.0
河南	1188.3	1243.1	54.8	4.6	7.7	7.6
湖北	737.2	752.0	14.8	2.0	4.8	4.6
湖南	756.4	776.6	20.2	2.7	4.9	4.8
广东	1010.9	1086.9	76.0	7.5	6.5	6.7
广西	589.6	635.8	46.2	7.8	3.8	3.9
海南	196.5	207.1	10.5	5.4	1.3	1.3
重庆	240.9	254.2	13.3	5.5	1.6	1.6
四川	841.5	903.6	62.1	7.4	5.4	5.6
贵州	220.3	225.8	5.6	2.5	1.4	1.4
云南	392.1	410.3	18.1	4.6	2.5	2.5
西藏	29.2	30.3	1.1	3.8	0.2	0.2
陕西	301.9	320.6	18.7	6.2	1.9	2.0
甘肃	197.5	208.9	11.4	5.8	1.3	1.3
青海	33.4	34.5	1.2	3.5	0.2	0.2
宁夏	50.2	54.1	3.9	7.8	0.3	0.3
新疆	314.1	330.5	16.3	5.2	2.0	2.0

6－25 各地区农林牧渔业总产值

（按 1990 年不变价格计算）

单位：亿元

地 区	农林牧渔业总产值		农业产值	
	2001 年	2002 年	2001 年	2002 年
全国总计	**15494.0**	**16259.7**	**8288.3**	**8611.7**
北 京	121.0	134.5	54.4	57.2
天 津	99.5	105.5	49.0	44.6
河 北	844.6	887.0	476.3	495.4
山 西	180.7	210.3	112.8	135.3
内蒙古	302.4	317.3	164.0	174.7
辽 宁	625.8	677.6	257.9	276.7
吉 林	377.7	429.4	193.7	240.0
黑龙江	463.6	501.2	288.4	309.9
上 海	122.7	126.3	46.9	47.0
江 苏	1196.5	1241.9	702.1	717.9
浙 江	621.9	626.0	276.4	270.0
安 徽	711.3	742.5	384.5	401.8
福 建	625.7	647.5	247.3	255.1
江 西	495.1	515.1	242.2	248.7
山 东	1605.6	1623.5	819.9	799.0
河 南	1188.3	1243.1	703.9	731.4
湖 北	737.2	752.0	393.0	383.7
湖 南	756.4	776.6	382.5	383.2
广 东	1010.9	1086.9	525.5	575.0
广 西	589.6	635.8	313.9	349.0
海 南	196.5	207.1	77.3	75.3
重 庆	240.9	254.2	133.5	141.1
四 川	841.5	903.6	425.5	447.2
贵 州	220.3	225.8	140.3	138.2
云 南	392.1	410.3	230.3	238.4
西 藏	29.2	30.3	12.4	12.8
陕 西	301.9	320.6	210.5	222.8
甘 肃	197.5	208.9	145.8	151.2
青 海	33.4	34.5	15.7	15.5
宁 夏	50.2	54.1	28.8	30.8
新 疆	314.1	330.5	233.4	242.5

6—25 续表

地　区	林业产值		牧业产值		渔业产值	
	2001 年	2002 年	2001 年	2002 年	2001 年	2002 年
全国总计	**658.6**	**705.2**	**4705.6**	**4988.5**	**1841.5**	**1954.3**
北　京	5.0	7.0	55.3	63.8	6.4	6.5
天　津	0.7	0.8	36.4	41.8	13.4	18.3
河　北	18.3	20.3	311.3	331.4	38.7	40.0
山　西	7.5	11.7	59.4	62.1	1.1	1.2
内蒙古	16.8	18.6	117.9	120.2	3.7	3.7
辽　宁	15.3	19.3	214.3	233.2	138.2	148.4
吉　林	8.6	9.6	171.0	175.6	4.3	4.2
黑龙江	14.0	14.3	144.1	159.2	17.1	17.8
上　海	1.9	4.8	52.2	50.2	21.6	24.3
江　苏	18.0	20.9	281.2	292.2	195.2	210.9
浙　江	40.9	41.9	116.0	120.9	188.6	193.2
安　徽	37.7	38.7	206.8	216.9	82.3	85.2
福　建	68.3	69.7	108.4	113.1	201.6	209.7
江　西	42.7	45.2	130.6	134.8	79.6	86.4
山　东	32.5	31.1	501.8	536.1	251.4	257.2
河　南	37.2	38.4	434.0	457.6	13.1	15.6
湖　北	20.8	21.5	211.1	220.7	112.2	126.1
湖　南	41.0	42.9	261.1	274.4	71.8	76.0
广　东	40.9	39.8	213.9	226.5	230.5	245.6
广　西	32.3	32.6	170.9	179.9	72.4	74.4
海　南	41.6	44.6	29.7	32.6	47.8	54.5
重　庆	6.7	8.0	92.2	96.1	8.4	8.9
四　川	30.5	32.3	360.7	396.4	24.7	27.7
贵　州	10.3	12.1	67.2	72.9	2.5	2.7
云　南	38.4	41.9	116.4	122.4	7.0	7.6
西　藏	0.9	1.0	15.9	16.5	0.0	0.0
陕　西	15.7	17.3	73.3	77.8	2.4	2.6
甘　肃	4.9	8.0	46.2	49.1	0.6	0.6
青　海	1.2	1.7	16.4	17.2	0.1	0.1
宁　夏	1.8	2.8	17.8	18.6	1.7	2.0
新　疆	6.0	6.7	71.9	78.3	2.8	2.9

6—26 农林牧渔业分项产值及构成

（按1990年不变价格计算）

指　　标	绝对数(亿元)				
	1990年	1995年	2000年	2001年	2002年
农林牧渔业总产值	**8151.21**	**11670.71**	**14863.93**	**15493.96**	**16259.68**
一、农业产值	**5190.79**	**6404.96**	**7999.82**	**8288.27**	**8611.68**
(一)种植业	4702.62	5698.92	6996.24	7287.11	7652.11
1.主产品产值	4375.00	5355.14	6665.95	6958.31	7325.23
#粮食作物合计	2501.45	2335.41	2641.25	2585.21	2589.91
#谷物		2026.75	2240.00	2188.64	2173.94
#油料			435.24	422.79	423.80
#棉花			292.79	359.18	325.03
#糖类			114.75	127.85	149.17
#烟叶			76.71	70.95	72.64
#蔬菜、瓜类			1688.21	1773.07	1927.73
#茶、桑、果			991.81	1129.58	1272.08
2.副产品产值	326.80	343.78	330.29	328.81	326.88
# 粮食作物副产品	288.50	294.06	286.56	276.15	275.37
#谷物		258.95	247.10	211.66	214.13
(二)其他农业	488.17	706.02	1003.57	1001.15	925.18
二、林业产值	**378.43**	**543.44**	**663.37**	**658.61**	**705.20**
1.营林	108.64	137.40	150.01	163.78	191.48
2.林产品	89.93	173.44	273.78	262.50	279.00
3.村及村以下采伐	179.86	232.60	239.59	232.33	234.72
三、牧业产值	**2048.80**	**3599.07**	**4428.32**	**4705.60**	**4988.53**
1.牲畜	1292.15	2027.31	2398.64	2512.20	2623.89
#牛			212.79	226.80	247.62
#猪	1100.09	1708.67	2023.26	2109.29	2185.95
#羊	59.45	108.65	127.40	139.96	153.37
2.家禽的饲养	231.56	566.19	731.78	792.70	848.18
3.活的畜禽产品	440.61	854.55	1146.81	1228.21	1307.67
4.捕获	3.24	6.29	38.74	7.37	7.91
5.其它动物饲养	81.24	144.73	145.63	185	200.87
四、渔业产值	**533.19**	**1123.24**	**1772.42**	**1841.48**	**1954.27**
1.海水产品	306.37	590.96	856.67	870.04	892.75
#养殖	136.82	216.85	335.96	349.93	387.93
2.内陆水产品	226.82	532.28	915.75	971.44	1061.52
#养殖	225.41	428.39	772.83	836.87	909.42

6—26 续表

指　　标	构成(%)				
	1990 年	1995 年	2000 年	2001 年	2002 年
农林牧渔业总产值	**100.0**	**100.0**	**100.0**	**100.0**	**100.0**
一、农业产值	**63.7**	**54.9**	**53.8**	**53.5**	**53.0**
(一)种植业	57.7	48.8	47.1	47.0	47.1
1.主产品产值	53.7	45.9	44.8	44.9	45.1
#粮食作物合计	30.7	20.0	17.8	16.7	15.9
#谷物		17.4	15.1	14.1	13.4
#油料			2.9	2.7	2.6
#棉花			2.0	2.3	2.0
#糖类			0.8	0.8	0.9
#烟叶			0.5	0.5	0.4
#蔬菜、瓜类			11.4	11.4	11.9
#茶、桑、果			6.7	7.3	7.8
2.副产品产值	4.0	2.9	2.2	2.1	2.0
# 粮食作物副产品	3.5	2.5	1.9	1.8	1.7
#谷物	0.0	2.2	1.7	1.4	1.3
(二)其他农业	6.0	6.0	6.8	6.5	5.7
二、林业产值	**4.6**	**4.7**	**4.5**	**4.3**	**4.3**
1.营林	1.3	1.2	1.0	1.1	1.2
2.林产品	1.1	1.5	1.8	1.7	1.7
3.村及村以下采伐	2.2	2.0	1.6	1.5	1.4
三、牧业产值	**25.1**	**30.8**	**29.8**	**30.4**	**30.7**
1.牲畜	15.9	17.4	16.1	16.2	16.1
#牛	0.0	0.0	1.4	1.5	1.5
#猪	13.5	14.6	13.6	13.6	13.4
#羊	0.7	0.9	0.9	0.9	0.9
2.家禽的饲养	2.8	4.9	4.9	5.1	5.2
3.活的畜禽产品	5.4	7.3	7.7	7.9	8.0
4.捕获	0.0	0.1	0.3	0.0	0.0
5.其它动物饲养	1.0	1.2	1.0	1.2	1.2
四、渔业产值	**6.5**	**9.6**	**11.9**	**11.9**	**12.0**
1.海水产品	3.8	5.1	5.8	5.6	5.5
#养殖	1.7	1.9	2.3	2.3	2.4
2.内陆水产品	2.8	4.6	6.2	6.3	6.5
#养殖	2.8	3.7	5.2	5.4	5.6

6—27 各地区农业分项产值

（按1990年不变价格计算）

单位：亿元

地　区	种植业	1.主产品产值	#粮食作物合计	#谷物	#油料
全　国	**7652.11**	**7325.23**	**2589.91**	**2173.94**	**423.80**
北　京	56.22	55.50	4.51	3.89	0.69
天　津	40.54	38.67	7.21	6.54	0.45
河　北	424.68	411.54	126.81	114.33	22.23
山　西	132.21	125.41	48.24	37.22	4.99
内蒙古	159.90	148.41	77.89	59.49	12.02
辽　宁	227.52	215.10	75.36	65.94	8.31
吉　林	221.65	208.59	127.40	101.86	6.40
黑龙江	300.89	283.03	191.89	116.20	6.42
上　海	46.44	45.85	9.04	8.64	1.38
江　苏	456.92	434.00	181.01	165.75	31.13
浙　江	227.81	223.01	53.80	47.01	6.63
安　徽	364.50	345.89	156.99	134.74	41.68
福　建	228.67	224.35	47.20	37.25	3.81
江　西	200.90	193.51	89.84	83.88	13.29
山　东	783.33	744.12	172.90	155.12	50.15
河　南	653.36	620.07	230.11	206.11	63.65
湖　北	381.78	367.43	115.68	101.19	36.52
湖　南	333.42	322.21	138.25	125.38	16.96
广　东	508.86	498.89	81.74	72.41	11.27
广　西	346.43	335.66	85.83	77.88	8.23
海　南	70.35	68.95	11.18	8.96	1.52
重　庆	128.51	122.72	62.42	46.69	4.83
四　川	412.55	395.62	179.05	145.76	28.56
贵　州	117.18	110.01	55.05	39.68	10.15
云　南	206.31	196.52	79.63	62.15	3.88
西　藏	10.03	8.49	6.96	6.64	0.63
陕　西	188.70	179.69	60.26	49.73	5.82
甘　肃	145.64	137.20	44.07	31.84	5.46
青　海	12.49	11.66	5.67	3.35	3.19
宁　夏	30.62	28.66	16.47	14.43	1.33
新　疆	233.72	224.43	47.45	43.89	12.23

6—27 续表 1

地　　区	#棉花	#糖类	#烟叶	#蔬菜、瓜类	#茶、桑、果
全　　国	**325.03**	**149.17**	**72.64**	**1927.73**	**1272.08**
北　　京	0.23			32.63	10.45
天　　津	4.32	0.01		18.11	6.84
河　　北	29.26	0.19	0.29	132.73	94.75
山　　西	5.44		0.24	37.08	26.41
内 蒙 古	0.15	0.06	0.28	29.12	6.57
辽　　宁	0.19		0.86	65.10	38.20
吉　　林	0.02	0.08	1.39	40.94	11.59
黑 龙 江		2.98	2.18	57.97	5.63
上　　海	0.06			22.47	5.30
江　　苏	23.00	0.20	0.03	120.43	31.66
浙　　江	1.42	0.03	0.12	64.32	44.81
安　　徽	30.00	0.89	0.99	52.81	43.48
福　　建		0.02	3.30	40.53	94.97
江　　西	4.27	0.72	0.63	51.87	13.07
山　　东	45.92	0.11	2.62	315.49	121.77
河　　南	48.65	0.93	8.35	191.80	53.68
湖　　北	19.36	2.47	3.05	101.57	48.46
湖　　南	11.04	6.51	5.59	80.65	28.89
广　　东		0.04	2.06	145.62	217.43
广　　西	0.05	0.24	0.68	41.39	121.93
海　　南		0.02	0.01	12.06	31.72
重　　庆	0.02	0.53	2.50	27.82	17.72
四　　川	1.41	1.98	4.12	105.57	52.80
贵　　州	0.04	0.13	9.88	21.54	7.47
云　　南	0.03	0.41	21.29	28.43	20.52
西　　藏				0.80	0.06
陕　　西	2.79	0.04	1.59	29.85	66.46
甘　　肃	4.96	0.29	0.47	23.87	17.78
青　　海		0.08	0.01	2.15	0.19
宁　　夏				6.34	2.23
新　　疆	92.40	1.00	0.12	26.67	29.23

6—27 续表 2

地　　区	2.副产品产值	#粮食作物副产品	#谷物	其他农业
全　　国	**326.88**	**275.37**	**214.13**	**925.18**
北　　京	0.72	0.62	0.60	1.00
天　　津	1.87	1.60		4.09
河　　北	13.14	11.08	10.25	70.69
山　　西	6.80	6.41	5.76	3.13
内 蒙 古	11.49	9.77		14.80
辽　　宁	12.41	11.35	10.48	49.17
吉　　林	13.06	12.82		18.39
黑 龙 江	17.86	17.47	12.74	9.01
上　　海	0.59	0.52	0.49	0.60
江　　苏	22.92	17.07	15.20	261.02
浙　　江	4.80	4.40	3.45	7.81
安　　徽	18.60	15.45	13.34	37.26
福　　建	4.32	3.94	2.76	26.38
江　　西	7.39	6.28	5.86	47.85
山　　东	39.20	33.80	32.24	15.72
河　　南	33.28	27.95	25.45	78.08
湖　　北	14.34	11.84	10.11	1.91
湖　　南	11.21	9.67	7.74	49.81
广　　东	9.97	6.14	4.59	66.14
广　　西	10.77	5.84	4.73	2.58
海　　南	1.40	0.78	0.58	4.98
重　　庆	5.78	5.49	3.97	12.61
四　　川	16.92	15.62	11.76	34.61
贵　　州	7.17	6.52	4.65	21.02
云　　南	9.79	7.38	5.76	32.10
西　　藏	1.54	1.51		2.73
陕　　西	9.01	8.22	7.31	34.13
甘　　肃	8.44	7.85	6.90	5.58
青　　海	0.83	0.72	0.47	3.00
宁　　夏	1.96	1.85	1.75	0.15
新　　疆	9.29	5.44	5.21	8.81

6—28 各地区林业分项产值

（按19990年不变价格计算）

单位:亿元

地　区	林业产值	1. 营林	2. 林产品	3. 村及村以下采伐
全　国	**705.20**	**191.48**	**279.00**	**234.72**
北　京	6.97	5.02	1.45	0.50
天　津	0.83	0.54	0.12	0.16
河　北	20.29	12.67	5.65	1.97
山　西	11.65	9.27	2.15	0.23
内蒙古	18.61	14.38	2.53	1.70
辽　宁	19.30	8.39	7.37	3.54
吉　林	9.58	4.20	2.17	3.21
黑龙江	14.31	7.23	6.26	0.82
上　海	4.78	3.52	1.15	0.10
江　苏	20.87	11.92	6.32	2.63
浙　江	41.88	3.23	23.18	15.47
安　徽	38.68	6.09	20.67	11.92
福　建	69.71	1.75	41.83	26.13
江　西	45.18	5.96	10.70	28.51
山　东	31.08	10.51	14.35	6.22
河　南	38.43	10.12	9.61	18.70
湖　北	21.47	6.77	4.56	10.14
湖　南	42.88	5.77	11.19	25.92
广　东	39.76	3.36	11.62	24.78
广　西	32.56	3.45	11.08	18.02
海　南	44.56	4.05	37.43	3.08
重　庆	8.05	3.79	3.26	1.00
四　川	32.30	13.33	6.41	12.56
贵　州	12.08	4.64	4.64	2.79
云　南	41.89	7.03	23.44	11.42
西　藏	1.02	0.31	0.15	0.56
陕　西	17.33	9.28	6.95	1.10
甘　肃	7.98	5.57	2.14	0.27
青　海	1.71	1.57	0.02	0.13
宁　夏	2.77	2.72	0.04	
新　疆	6.70	5.00	0.55	1.15

6—29 各地区畜牧业分项产值

（按1990年不变价格计算）

单位：亿元

地　　区	牧业产值	1.牲畜	#牛	#猪	#羊
全　　国	**4988.53**	**2623.89**	**247.62**	**2185.95**	**153.37**
北　　京	63.77	25.56	6.05	16.25	2.50
天　　津	41.77	18.86	0.69	12.32	0.96
河　　北	331.44	141.62	14.20	110.65	14.16
山　　西	62.14	31.85	3.17	24.26	3.98
内 蒙 古	120.19	70.22	15.69	34.13	18.22
辽　　宁	233.21	93.44	4.83	83.10	2.44
吉　　林	175.55	78.50	11.90	61.00	2.19
黑 龙 江	159.19	69.76	10.08	56.30	2.33
上　　海	50.15	14.60	0.16	13.52	0.72
江　　苏	292.19	112.23	3.81	100.85	7.30
浙　　江	120.89	56.94	0.56	55.53	0.86
安　　徽	216.91	106.84	9.06	90.91	5.68
福　　建	113.10	63.97	1.02	62.32	0.62
江　　西	134.83	82.69	8.66	73.48	0.39
山　　东	536.11	187.14	21.66	145.70	18.55
河　　南	457.58	249.57	38.37	191.48	18.53
湖　　北	220.74	130.20	5.26	122.03	1.28
湖　　南	274.45	210.79	6.99	200.57	3.11
广　　东	226.53	106.99	5.35	101.51	0.13
广　　西	179.86	128.41	8.88	118.35	0.85
海　　南	32.64	18.05	3.30	14.21	0.44
重　　庆	96.11	66.61	2.98	62.62	0.99
四　　川	396.43	241.43	13.29	216.52	8.14
贵　　州	72.87	63.40	7.41	54.32	0.97
云　　南	122.35	103.11	8.40	90.49	2.22
西　　藏	16.51	11.33	6.61	0.43	3.96
陕　　西	77.84	40.82	4.83	32.81	2.75
甘　　肃	49.05	36.08	5.13	24.47	4.38
青　　海	17.22	12.25	3.91	3.49	4.46
宁　　夏	18.57	8.13	0.99	5.19	1.82
新　　疆	78.34	42.51	14.38	7.12	18.42

6—29 续表

地　区	2.家禽的饲养	3.活的畜禽产品	4.捕猎	5.其他动物饲养
全　国	**848.18**	**1307.67**	**7.91**	**200.87**
北　京	20.28	11.51		6.41
天　津	7.57	13.86		1.47
河　北	34.47	146.54	0.02	8.78
山　西	2.65	26.44	0.08	1.12
内蒙古	6.75	41.42		1.80
辽　宁	45.53	85.10	0.07	9.07
吉　林	40.48	49.91		6.66
黑龙江	25.40	57.73	0.04	6.26
上　海	24.16	10.46		0.93
江　苏	57.74	96.96	0.96	24.29
浙　江	18.32	21.92	0.15	23.57
安　徽	50.54	54.58	0.49	4.46
福　建	26.20	20.18	1.02	1.74
江　西	23.91	20.01	1.04	7.18
山　东	115.49	209.98	0.18	23.33
河　南	54.23	146.37	0.65	6.76
湖　北	25.98	61.74	0.12	2.71
湖　南	22.00	37.45	0.39	3.82
广　东	87.69	15.22	1.65	14.97
广　西	38.89	7.19		5.37
海　南	9.43	1.55	0.14	3.47
重　庆	8.79	16.56	0.06	4.08
四　川	71.99	58.78	0.57	23.66
贵　州	5.39	3.83		0.26
云　南	9.44	7.67	0.02	2.12
西　藏	0.05	5.07	0.04	0.02
陕　西	5.69	28.39	0.17	2.77
甘　肃	2.41	9.65		0.92
青　海	0.21	4.57	0.04	0.14
宁　夏	2.00	7.91		0.53
新　疆	4.49	29.12	0.01	2.21

6—30 各地区渔业分项产值

（按 1990 年不变价格计算）

单位：亿元

地　区	渔业产值	1.海水产品	#养殖	2.内陆水产品	#养殖
全　国	**1954.27**	**892.75**	**387.93**	**1061.52**	**909.42**
北　京	6.51			6.51	6.51
天　津	18.27	5.97	3.23	12.30	7.34
河　北	39.95	22.14	10.12	17.81	14.10
山　西	1.20			1.20	1.20
内蒙古	3.75			3.75	
辽　宁	148.36	117.56	48.27	30.80	24.71
吉　林	4.24			4.24	3.09
黑龙江	17.81			17.81	16.21
上　海	24.33	4.62	0.67	19.71	18.83
江　苏	210.88	48.72	18.28	162.16	143.06
浙　江	193.18	136.60	34.71	56.58	48.29
安　徽	85.19			85.19	56.78
福　建	209.68	155.02	88.05	54.66	47.90
江　西	86.36			86.36	70.60
山　东	257.22	213.97	116.67	43.25	39.73
河　南	15.61			15.61	14.70
湖　北	126.11			126.11	108.08
湖　南	76.02			76.02	67.45
广　东	245.62	103.33	52.29	142.29	134.75
广　西	74.37	38.72	11.02	35.65	31.72
海　南	54.52	46.10	4.63	8.42	4.36
重　庆	8.90			8.90	8.26
四　川	27.70			27.70	25.16
贵　州	2.68			2.68	2.34
云　南	7.62			7.62	6.49
西　藏	0.01			0.01	
陕　西	2.59			2.59	2.24
甘　肃	0.61			0.61	0.58
青　海	0.08			0.08	0.08
宁　夏	2.01			2.01	1.99
新　疆	2.89			2.89	2.89

7

主要农产品种植面积与产量

7—1 主要农作物播种面积

单位：千公顷

年份	农作物总播种面积	粮食面积					
			稻谷	小麦	玉米	大豆	薯类
1952	141256	123979	28382	24780	12566	11679	8688
1957	157244	133633	32241	27542	14943	12748	10495
1962	140229	121621	26935	24075	12817	9504	12171
1965	144624	119627	29825	24709	15671	8593	11175
1970	143487	119267	32358	25458	15831	7985	10717
1975	149545	121062	35729	27661	18598	6999	10969
1978	150104	120587	34421	29183	19961	7144	11796
1979	148477	119263	33873	29357	20133	7247	10952
1980	146379	117234	33879	28844	20087	7227	10153
1981	145157	114958	33295	28307	19425	8023	9621
1982	144755	113463	33071	27955	18543	8419	9370
1983	143993	114047	33137	29050	18824	7567	9402
1984	144221	112884	33179	29577	18537	7286	8988
1985	143626	108845	32070	29218	17694	7718	8572
1986	144204	110933	32266	29616	19124	8295	8685
1987	144957	111268	32193	28798	20212	8445	8867
1988	144869	110123	31987	28785	19692	8120	9054
1989	146554	112205	32700	29841	20353	8057	9098
1990	148362	113466	33064	30753	21401	7560	9121
1991	149586	112314	32590	30948	21574	7041	9079
1992	149007	110560	32090	30496	21044	7221	9057
1993	147741	110509	30355	30235	20694	9454	9220
1994	148241	109544	30171	28981	21152	9222	9270
1995	149879	110060	30744	28860	22776	8127	9519
1996	152381	112548	31406	29611	24498	7471	9798
1997	153969	112912	31765	30057	23775	8346	9785
1998	155706	113787	31214	29774	25239	5500	10000
1999	156373	113161	31284	28855	25904	7962	10355
2000	156300	108463	29962	26653	23056	9307	10538
2001	155708	106080	28812	24664	24282	9482	10217
2002	154636	103891	28202	23908	24634	8720	9881

7—1 续表 单位:千公顷

年 份	棉 花	花 生	油菜籽	芝 麻	黄红麻	甘 蔗	甜 菜	烤 烟
1952	5576	1804	1863	1057	158	183	35	186
1957	5775	2541	2308	942	143	267	159	355
1962	3497	1301	1361	716	62	154	83	176
1965	5003	1846	1822	663	113	351	171	325
1970	4997	1709	1453	555	135	387	199	291
1975	4955	1877	2313	534	297	523	303	460
1978	4867	1768	2599	571	412	549	331	913
1979	4512	2075	2761	843	362	512	325	509
1980	4920	2339	2844	776	314	479	443	397
1981	5185	2473	2801	818	306	551	436	587
1982	5829	2416	4122	965	246	653	462	889
1983	6077	2201	3669	789	227	654	544	572
1984	6923	2421	3413	858	320	728	502	715
1985	5141	3319	4494	1052	991	965	561	1077
1986	4306	3253	4916	1007	345	950	521	895
1987	4844	3022	5267	869	272	859	498	913
1988	5535	2977	4937	703	277	924	745	1304
1989	5203	2946	4993	722	286	959	569	1503
1990	5588	2907	5503	669	300	1009	670	1342
1991	6538	2880	6133	680	270	1164	783	1562
1992	6835	2976	5976	746	277	1246	660	1849
1993	4985	3379	5300	754	274	1088	599	1835
1994	5528	3776	5783	690	176	1057	698	1302
1995	5422	3809	6907	642	147	1125	695	1309
1996	4722	3616	6734	594	147	1208	638	1683
1997	4491	3722	6475	616	162	1312	612	2161
1998	4459	4039	6527	630	93	1401	583	1200
1999	3726	4268	6899	697	65	1303	341	1216
2000	4041	4856	7494	784	50	1185	329	1269
2001	4810	4991	7095	758	52	1248	406	1181
2002	4184	4921	7143	759	55	1394	424	1192

7—2 主要农作物播种面积增减情况

单位:千公顷

	1995 年	2000 年	2001 年	2002 年	2002 年为 2001 年%
农作物总播种面积	149879	156300	155708	154636	99.3
一、粮食作物	**110060**	**108463**	**106080**	**103891**	**97.9**
(一)谷物	89309	85264	82596	81466	98.6
1. 稻谷	30744	29962	28812	28202	97.9
2. 小麦	28860	26653	24664	23908	96.9
3. 玉米	22776	23056	24282	24634	101.4
4. 谷子	1522	1250	1148	1140	99.3
5. 高粱	1215	889	783	843	107.7
6. 其它谷物	4192	3454	2907	2740	94.2
(二)豆类	11232	12660	13268	12543	94.5
其中:大豆	8127	9307	9482	8720	92.0
杂豆	3105	3353	3786	3823	101.0
(三)薯类	9519	10538	10217	9881	96.7
其中:马铃薯	3434	4723	4719	4667	98.9
二、油料作物	**13101**	**15400**	**14631**	**14766**	**100.9**
#花生	3809	4856	4991	4921	98.6
油菜籽	6907	7494	7095	7143	100.7
芝麻	642	784	758	759	100.1
胡麻籽	621	498	402	453	112.6
向日葵	813	1229	1016	1131	111.3
三、棉花	**5422**	**4041**	**4810**	**4184**	**87.0**
四、麻类	**376**	**262**	**323**	**338**	**104.6**
#黄红麻	147	50	52	55	106.5
苎　麻	97	96	114	125	109.7
大　麻	16	13	12	15	124.0
亚　麻	113	96	141	139	98.3
五、糖料	**1820**	**1514**	**1654**	**1818**	**109.9**
1. 甘蔗	1125	1185	1248	1393	111.7
2. 甜菜	695	329	406	424	104.4
六、烟叶	**1470**	**1437**	**1340**	**1328**	**99.1**
#烤烟	1309	1269	1181	1192	100.9
七、药材	**279**	**676**	**827**	**964**	**116.6**
八、蔬菜、瓜类	**10616**	**17281**	**18607**	**19708**	**105.9**
#蔬菜	9515	15237	16403	17353	105.8
九、其他农作物	**6736**	**7352**	**7436**	**7640**	**102.7**
#青饲料	1825	2142	2590	3014	116.4

7—3 主要农作物播种面积构成

(以农作物总播种面积为100)

单位:%

	1995年	2000年	2001年	2002年
农作物总播种面积	100.0	100.0	100.0	100.0
一、粮食作物	**73.4**	**69.4**	**68.1**	**67.2**
(一)谷物	59.6	54.6	53.0	52.7
1. 稻谷	20.5	19.2	18.5	18.2
2. 小麦	19.3	17.1	15.8	15.5
3. 玉米	15.2	14.8	15.6	15.9
4. 谷子	1.0	0.8	0.7	0.7
5. 高粱	0.8	0.6	0.5	0.5
6. 其它谷物	2.8	2.2	1.9	1.8
(二)豆类	7.5	8.1	8.5	8.1
其中:大豆	5.4	6.0	6.1	5.6
杂豆	2.1	2.1	2.4	2.5
(三)薯类	6.4	6.7	6.6	6.4
其中:马铃薯	2.3	3.0	3.0	3.0
二、油料作物	**8.7**	**9.9**	**9.4**	**9.5**
#花生	2.5	3.1	3.2	3.2
油菜籽	4.6	4.8	4.6	4.6
芝麻	0.4	0.5	0.5	0.5
胡麻籽	0.4	0.3	0.3	0.3
向日葵	0.5	0.8	0.7	0.7
三、棉花	**3.6**	**2.6**	**3.1**	**2.7**
四、麻类	**0.3**	**0.2**	**0.2**	**0.2**
#黄红麻	0.1			
苎　麻	0.1	0.1	0.1	0.1
大　麻	...			
亚　麻	0.1	0.1	0.1	0.1
五、糖料	**1.2**	**1.0**	**1.1**	**1.2**
1. 甘蔗	0.8	0.8	0.8	0.9
2. 甜菜	0.5	0.2	0.3	0.3
六、烟叶	**1.0**	**0.9**	**0.9**	**0.9**
#烤烟	0.9	0.8	0.8	0.8
七、药材	**0.2**	**0.4**	**0.5**	**0.6**
八、蔬菜、瓜类	**7.1**	**11.1**	**11.9**	**12.7**
#蔬菜	6.3	9.7	10.5	11.2
九、其他农作物	**4.5**	**4.7**	**4.8**	**4.9**
#青饲料	1.2	1.4	1.7	1.9

7—4 各地区农作物总播种面积

单位:千公顷

地区	1990年	1995年	2000年	2001年	2002年	2002年为2001年%
全国总计	**148361.5**	**149879.4**	**156299.8**	**155707.9**	**154635.5**	**99.3**
北京	590.3	553.2	457.3	386.4	342.0	88.5
天津	573.2	572.7	533.1	544.5	522.8	96.0
河北	8786.7	8720.1	9024.4	8990.8	8935.1	99.4
山西	4016.3	3895.6	4042.4	3672.3	3900.5	106.2
内蒙古	4722.4	5079.4	5914.4	5707.3	5887.0	103.1
辽宁	3618.9	3623.7	3622.0	3964.8	3809.2	96.1
吉林	4039.8	4059.8	4542.2	4890.1	4687.7	95.9
黑龙江	8558.5	8647.4	9329.5	9989.2	9858.4	98.7
上海	631.1	542.1	520.7	490.9	476.7	97.1
江苏	8259.2	7909.0	7944.9	7777.4	7797.9	100.3
浙江	4384.7	3923.0	3554.3	3245.9	3064.5	94.4
安徽	8313.6	8354.2	9005.8	8733.1	8997.6	103.0
福建	2745.9	2835.1	2793.3	2713.1	2661.3	98.1
江西	5758.1	5950.6	5650.8	5534.7	5355.1	96.8
山东	10882.6	10837.3	11147.3	11266.1	11047.8	98.1
河南	11889.7	12136.8	13136.9	13127.7	13359.8	101.8
湖北	7361.1	7413.7	7584.1	7489.0	7355.0	98.2
湖南	7951.8	7840.4	8002.1	7931.7	7789.9	98.2
广东	5671.5	5304.3	5156.9	5193.1	4932.4	95.0
广西	5141.3	5745.7	6260.7	6288.1	6299.9	100.2
海南	821.3	870.0	906.0	871.7	863.3	99.0
重庆			3590.8	3555.9	3467.1	97.5
四川	12475.3	12838.8	9609.1	9571.5	9564.6	99.9
贵州	3578.3	4203.1	4696.7	4650.7	4645.4	99.9
云南	4492.1	4958.9	5786.0	5929.6	5813.1	98.0
西藏	213.5	219.3	231.1	230.9	232.9	100.9
陕西	4859.8	4496.9	4555.4	4331.9	4198.3	96.9
甘肃	3611.3	3773.3	3740.2	3688.9	3649.9	98.9
青海	544.7	568.8	553.7	529.0	494.3	93.4
宁夏	888.9	956.0	1016.5	1007.6	1147.9	113.9
新疆	2979.5	3050.2	3391.6	3404.1	3478.3	102.2

7—5 各地区粮食播种面积增减情况

单位：千公顷

地 区	1995 年	2000 年	2001 年	2002 年	2002 年为 2001 年%
全国总计	**110060.4**	**108462.5**	**106080.0**	**103890.8**	**97.9**
北 京	434.1	308.3	213.8	169.0	79.0
天 津	443.3	345.9	328.5	311.3	94.7
河 北	6829.5	6918.7	6628.9	6484.4	97.8
山 西	3151.5	3186.5	2877.1	3011.0	104.7
内 蒙 古	4143.2	4435.9	4383.2	4343.5	99.1
辽 宁	3030.9	2858.6	3162.9	2845.4	90.0
吉 林	3576.9	3833.7	4201.6	4037.6	96.1
黑 龙 江	7500.2	7852.5	8534.0	8291.2	97.2
上 海	343.9	258.8	211.2	187.7	88.9
江 苏	5755.2	5304.3	4886.7	4882.6	99.9
浙 江	2814.4	2300.3	1939.1	1659.1	85.6
安 徽	5852.5	6183.8	5841.7	6091.9	104.3
福 建	2017.3	1828.5	1725.7	1630.2	94.5
江 西	3509.3	3322.0	3265.2	3187.9	97.6
山 东	8131.6	7363.2	7153.5	6912.6	96.6
河 南	8810.0	9029.6	8822.8	8975.1	101.7
湖 北	4776.7	4156.2	4015.7	3882.8	96.7
湖 南	5115.6	5029.9	4802.8	4652.6	96.9
广 东	3472.3	3311.1	3125.6	2876.5	92.0
广 西	3662.7	3655.9	3641.9	3556.9	97.7
海 南	574.9	542.0	519.9	508.1	97.7
重 庆		2773.4	2714.6	2609.4	96.1
四 川	9933.7	6854.5	6706.7	6645.9	99.1
贵 州	2864.5	3151.3	3121.1	3076.1	98.6
云 南	3643.0	4238.7	4339.0	4160.6	95.9
西 藏	188.2	201.4	199.1	195.2	98.0
陕 西	3807.7	3821.5	3517.6	3397.2	96.6
甘 肃	2928.7	2798.2	2690.6	2628.8	97.7
青 海	384.3	322.7	312.2	284.7	91.2
宁 夏	761.8	807.1	781.4	881.1	112.8
新 疆	1602.5	1468.2	1415.7	1514.6	107.0

7—6 各地区粮食播种面积

（按季节分）

单位：千公顷

地区	夏收粮食		早稻		秋收粮食	
	2001年	2002年	2001年	2002年	2001年	2002年
全国总计	**27927.8**	**27414.0**	**6388.4**	**5872.7**	**71763.9**	**70604.0**
北京	72.7	47.5			141.1	121.5
天津	106.7	95.9			221.8	215.4
河北	2629.6	2493.2			3999.3	3991.2
山西	858.9	829.3			2018.2	2181.7
内蒙古					4383.2	4343.5
辽宁	171.8	138.2			2991.1	2707.2
吉林					4201.6	4037.6
黑龙江					8534.0	8291.2
上海	45.5	44.4			165.7	143.3
江苏	2032.1	2048.9			2854.5	2833.7
浙江	229.1	190.8	300.5	215.1	1409.5	1253.2
安徽	2137.7	2233.3	310.9	276.1	3393.1	3582.5
福建	149.7	139.1	371.2	327.1	1204.8	1164.0
江西	105.6	90.6	1127.3	1110.5	2032.3	1986.9
山东	3547.1	3398.7			3606.5	3514.0
河南	4882.4	4947.8			3940.4	4027.3
湖北	1114.7	1084.3	369.3	312.1	2531.7	2486.4
湖南	279.9	279.2	1361.1	1224.5	3161.8	3148.9
广东	246.3	229.3	1174.3	1050.5	1705.1	1596.7
广西	88.0	86.3	1141.5	1130.3	2412.4	2340.3
海南			165.2	161.5	354.7	346.6
重庆	783.1	748.6	0.8	0.6	1930.7	1860.2
四川	1965.2	1937.6	4.3	3.8	4737.2	4704.5
贵州	1084.9	1079.7	0.8	0.8	2035.4	1995.6
云南	1330.0	1218.2	61.2	60.0	2947.8	2882.4
西藏					199.1	195.0
陕西	1590.3	1512.2			1927.3	1885.0
甘肃	1362.9	1305.4			1327.7	1323.3
青海					312.2	284.7
宁夏	335.2	449.2			446.2	431.9
新疆	778.4	786.2			637.4	728.4

7—7 各地区粮食播种面积

（按品种分）

单位：千公顷

地 区	谷 物		#稻 谷		#小 麦		#玉 米	
	2001 年	2002 年	2001 年	2002 年	2001 年	2002 年	2001 年	2002 年
全国总计	**82595.6**	**81466.3**	**28812.4**	**28201.6**	**24663.8**	**23908.3**	**24282.1**	**24633.7**
北 京	185.4	144.4	6.8	4.5	72.6	47.4	100.1	87.2
天 津	278.1	272.5	11.4	14.9	106.7	95.9	140.9	146.5
河 北	5736.1	5625.8	94.1	111.0	2579.8	2449.6	2543.4	2577.4
山 西	2145.9	2220.5	5.1	3.5	820.6	798.1	837.8	891.0
内 蒙 古	2637.6	2717.5	86.2	89.8	516.2	464.6	1518.9	1562.2
辽 宁	2623.8	2372.3	515.5	556.4	98.8	49.8	1566.8	1431.6
吉 林	3464.4	3385.5	686.9	666.1	53.8	23.0	2609.5	2579.5
黑 龙 江	4408.7	4466.0	1567.0	1564.4	423.3	260.8	2132.7	2285.6
上 海	202.2	179.6	153.9	133.1	32.0	31.4	5.2	4.5
江 苏	4355.5	4354.0	2010.3	1982.1	1712.8	1715.9	429.8	436.5
浙 江	1565.4	1364.1	1340.0	1172.3	121.4	94.2	51.8	52.2
安 徽	4654.5	4891.5	1950.1	2044.1	1961.2	2056.9	589.3	651.4
福 建	1241.1	1158.7	1156.5	1082.9	30.4	23.5	35.4	36.2
江 西	2876.4	2839.2	2808.3	2786.6	38.3	28.5	19.9	16.8
山 东	6307.5	6155.9	173.6	155.3	3545.8	3397.5	2505.2	2530.1
河 南	7589.8	7796.2	415.9	469.4	4801.6	4855.7	2200.0	2319.9
湖 北	3186.9	3097.4	1987.9	1932.0	735.9	700.1	400.9	390.8
湖 南	4117.0	3965.1	3691.6	3541.5	110.0	99.8	269.8	272.9
广 东	2561.9	2369.2	2369.3	2195.5	11.2	10.7	164.6	141.9
广 西	3016.1	2963.6	2423.6	2412.6	14.7	12.8	556.9	520.3
海 南	376.6	364.6	354.6	344.5			16.7	16.1
重 庆	1722.2	1668.5	764.0	755.2	422.1	388.2	489.9	476.9
四 川	5044.1	4997.7	2093.1	2076.1	1498.6	1456.9	1200.8	1207.9
贵 州	2073.1	2008.6	750.0	734.6	520.5	498.4	721.8	703.8
云 南	3177.5	3041.9	1100.3	1083.0	640.7	604.2	1138.1	1128.9
西 藏	188.2	183.4	1.1	1.7	47.0	44.8	3.4	3.6
陕 西	2797.9	2688.2	140.8	130.5	1424.2	1356.7	1005.1	999.9
甘 肃	1956.3	1909.9	7.1	6.3	1124.0	1080.0	467.1	503.5
青 海	208.3	175.8			156.2	142.5	2.3	1.8
宁 夏	615.8	701.7	74.2	76.4	299.3	370.8	147.8	155.1
新 疆	1281.4	1386.8	73.3	75.0	744.3	749.7	410.3	501.9

7—7 续表

单位：千公顷

地　区	豆　类		#大豆		薯　类		#马铃薯	
	2001年	2002年	2001年	2002年	2001年	2002年	2001年	2002年
全国总计	**13267.8**	**12543.1**	**9481.7**	**8719.6**	**10216.6**	**9881.4**	**4718.8**	**4667.5**
北　京	22.5	18.4	20.0	15.5	5.9	6.2		
天　津	48.4	36.9	45.5	35.2	2.1	1.9		
河　北	484.0	452.1	379.2	331.3	408.8	406.6	181.4	184.6
山　西	384.8	423.9	216.5	245.6	346.5	366.7	294.8	313.8
内蒙古	1178.7	1045.7	755.0	596.1	566.9	580.3	562.4	577.7
辽　宁	365.9	317.7	333.1	285.4	173.2	155.4	106.7	94.9
吉　林	646.5	582.9	432.6	415.0	90.7	69.2	89.7	67.0
黑龙江	3702.0	3381.2	3326.3	2930.1	423.3	444.0	420.8	442.0
上　海	8.2	7.4	4.6	4.5	0.8	0.8		
江　苏	385.1	384.9	244.4	243.4	146.0	143.8		
浙　江	204.7	192.8	122.8	114.4	169.0	102.2	63.5	
安　徽	796.6	806.4	679.7	747.4	390.7	393.7	12.3	13.1
福　建	130.6	126.4	98.2	93.8	354.0	345.1	86.4	85.4
江　西	226.1	203.3	146.3	131.8	162.7	145.4		
山　东	414.7	344.2	395.4	322.0	431.3	412.6	127.3	132.4
河　南	660.4	626.6	563.5	528.0	572.7	552.3		
湖　北	362.3	353.0	218.2	215.3	466.5	432.4	237.4	233.6
湖　南	294.2	290.6	203.6	198.2	391.7	396.9	98.7	105.4
广　东	119.2	109.9	88.1	85.0	444.6	397.5	47.2	43.9
广　西	318.9	304.3	250.0	237.5	306.9	289.0		
海　南	16.5	16.5	8.7	8.8	126.8	127.0		
重　庆	218.9	219.0	78.6	80.6	773.5	721.8	302.4	306.9
四　川	479.4	505.7	187.4	193.7	1183.2	1142.5	309.9	305.3
贵　州	324.0	326.7	139.2	136.4	724.0	740.8	494.9	508.6
云　南	608.8	605.6	126.8	122.7	552.7	513.1	378.7	348.1
西　藏	10.6	11.1	0.7	1.8	0.3	0.6		0.6
陕　西	359.8	357.3	229.1	224.4	359.9	351.7	262.2	262.0
甘　肃	251.1	234.0	82.9	81.8	483.2	484.9	483.2	484.9
青　海	47.0	48.2			56.9	60.7	56.9	60.7
宁　夏	84.4	103.5	26.3	25.6	81.2	75.9	81.2	75.9
新　疆	113.6	107.2	79.1	68.2	20.8	20.7	20.8	20.7

7—8 各地区油料播种面积

单位:千公顷

地区	油料合计		#花生		#油菜籽	
	2001年	2002年	2001年	2002年	2001年	2002年
全国总计	**14630.9**	**14766.3**	**4991.3**	**4920.6**	**7094.6**	**7143.4**
北京	14.1	15.7	13.3	15.3		
天津	20.5	18.9	4.0	3.5		
河北	631.7	642.0	494.5	479.8	24.9	26.0
山西	309.9	355.1	19.6	18.8	8.6	10.1
内蒙古	607.9	688.5	8.8	11.1	198.5	224.8
辽宁	235.4	305.9	184.1	243.7	1.1	1.4
吉林	234.0	157.8	71.7	43.2		
黑龙江	302.4	373.8	21.4	17.1	13.2	4.1
上海	63.8	53.4	1.3	1.5	62.4	51.8
江苏	927.2	907.3	230.2	223.6	681.0	668.1
浙江	306.6	289.1	16.3	17.0	286.2	268.0
安徽	1415.4	1453.2	300.6	284.6	952.7	1002.3
福建	123.7	121.9	106.0	106.0	16.3	14.6
江西	778.7	704.2	183.4	176.7	547.7	482.9
山东	1008.1	984.4	971.5	952.5	26.9	25.6
河南	1444.0	1537.0	956.0	944.8	233.5	337.0
湖北	1465.3	1507.3	210.1	206.0	1118.1	1155.3
湖南	912.9	894.0	144.4	147.5	757.2	734.6
广东	353.4	325.0	341.1	315.0	10.2	8.0
广西	328.4	312.2	240.4	233.5	76.1	67.6
海南	54.6	53.5	49.0	49.2		
重庆	225.1	236.3	46.1	48.0	167.9	173.9
四川	1049.2	1048.8	257.6	264.2	780.1	773.4
贵州	498.0	504.7	45.7	43.9	445.5	451.6
云南	199.7	186.2	40.6	40.4	127.0	122.6
西藏	16.8	20.4			16.8	18.7
陕西	291.1	280.6	30.9	29.6	167.7	166.1
甘肃	326.5	310.8	1.0	1.4	138.7	136.5
青海	168.7	152.9			163.5	148.2
宁夏	100.2	110.6	……	0.1	0.2	0.7
新疆	217.6	215.1	1.6	2.7	72.9	70.0

7—9 各地区棉花和麻类播种面积

单位:千公顷

地 区	棉 花		麻 类		#黄红麻	
	2001 年	2002 年	2001 年	2002 年	2001 年	2002 年
全国总计	**4809.8**	**4184.2**	**323.1**	**337.8**	**51.8**	**55.4**
北 京	2.9	3.1				
天 津	45.0	44.8	0.1		0.1	
河 北	418.5	407.4	2.6	3.6	2.4	3.4
山 西	90.1	72.3	0.6	0.6		
内蒙古	0.9	0.7	3.1	3.6		
辽 宁	7.3	3.0	0.2	0.1	0.1	
吉 林	0.1	0.2	1.2	2.3		
黑龙江			128.8	103.3		
上 海	1.1	0.8				
江 苏	384.0	311.8	1.4	1.7	0.4	0.3
浙 江	27.7	18.7	0.8	0.7	0.5	0.5
安 徽	363.0	321.2	17.1	18.8	10.2	12.3
福 建	0.1	0.1	0.3	0.2	0.2	0.1
江 西	70.5	55.0	11.2	9.8	1.3	1.0
山 东	735.4	664.9	2.6	2.3	2.4	2.0
河 南	858.2	793.0	20.0	19.1	18.8	18.6
湖 北	346.7	293.0	24.2	28.0	2.7	5.1
湖 南	149.4	129.2	48.4	56.7	0.7	1.3
广 东			1.0	0.9	0.9	0.8
广 西	1.7	1.6	6.7	6.1	6.1	5.6
海 南			0.4	0.2	0.4	0.2
重 庆	0.7	0.6	6.8	6.9	0.3	0.3
四 川	66.4	33.0	24.8	29.9	4.3	3.7
贵 州	2.0	1.7	2.6	2.1	0.1	0.2
云 南	1.0	1.0	3.0	8.2		
西 藏						
陕 西	50.4	42.8	0.8	0.7		
甘 肃	56.9	40.4	2.3	4.3		
青 海			0.1	3.5		
宁 夏						
新 疆	1129.7	943.9	12.1	24.1		

7—10 各地区糖料播种面积

单位:千公顷

地区	糖料合计		1. 甘蔗		2. 甜菜	
	2001年	2002年	2001年	2002年	2001年	2002年
全国总计	**1654.2**	**1817.5**	**1248.0**	**1393.5**	**406.2**	**424.1**
北京						
天津						
河北	9.3	11.6			9.3	11.6
山西	5.2	6.7			5.2	6.7
内蒙古	57.7	70.5			57.7	70.5
辽宁	18.0	14.0			18.0	14.0
吉林	35.8	27.4			35.8	27.4
黑龙江	182.1	198.9			182.1	198.9
上海	1.3	1.5	1.3	1.5		
江苏	6.2	6.5	5.8	6.1	0.4	0.4
浙江	17.4	18.4	17.4	18.4		
安徽	8.1	8.0	8.1	7.9	0.1	0.1
福建	15.5	18.5	15.5	18.5		
江西	25.9	26.0	25.9	26.0		
山东	0.1	0.4			0.1	0.4
河南	4.6	5.1	4.6	5.1		
湖北	18.9	19.2	18.9	19.2		
湖南	30.1	32.6	30.1	32.6		
广东	163.5	171.6	163.5	171.6		
广西	574.6	670.7	574.6	670.7		
海南	60.8	65.0	60.8	65.0		
重庆	2.5	2.9	2.5	2.9		
四川	30.7	32.1	30.6	31.9	0.1	0.2
贵州	18.1	18.9	18.1	18.8		0.1
云南	269.3	297.4	269.0	297.2	0.3	0.2
西藏						
陕西	1.5	1.3	1.5	0.3	0.1	1.0
甘肃	11.4	7.2			11.4	7.2
青海						
宁夏	0.1				0.1	
新疆	85.5	85.3			85.5	85.3

7—11 各地区烟叶和药材播种面积

单位:千公顷

地区	烟叶合计		#烤烟		药材	
	2001年	2002年	2001年	2002年	2001年	2002年
全国总计	**1339.6**	**1327.6**	**1180.6**	**1191.7**	**827.3**	**963.9**
北京					2.9	2.2
天津					0.2	0.2
河北	4.1	4.9	2.9	3.2	24.7	30.0
山西	6.3	4.3	6.2	4.2	28.7	36.0
内蒙古	5.8	4.9	4.9	4.0	31.7	27.7
辽宁	11.5	14.1	10.1	12.8	7.5	13.4
吉林	22.1	21.3	11.4	11.4	18.7	20.4
黑龙江	46.4	44.7	41.2	39.6	21.4	24.4
上海					0.4	0.6
江苏	0.7	0.7			18.3	18.0
浙江	1.8	2.4			19.7	22.6
安徽	16.0	14.7	15.1	13.8	61.9	71.1
福建	58.9	65.3	57.3	64.1	12.4	13.6
江西	14.7	13.4	12.2	11.3	24.1	26.3
山东	47.3	41.8	45.9	41.3	28.2	24.8
河南	174.0	148.2	170.0	147.2	80.6	95.6
湖北	63.4	60.9	40.4	42.9	55.0	79.4
湖南	85.7	93.6	77.1	85.1	56.0	64.4
广东	35.7	30.8	30.0	26.0	19.5	22.7
广西	21.9	16.2	10.3	7.8	21.3	23.7
海南	0.2	0.2	0.2	0.2	4.3	4.9
重庆	55.2	56.0	40.1	43.5	15.5	20.2
四川	70.3	70.1	42.3	46.8	62.4	73.0
贵州	202.1	217.3	182.4	199.2	17.2	18.3
云南	335.6	358.0	325.9	347.1	15.0	19.0
西藏						
陕西	42.2	32.2	40.6	31.3	41.1	40.7
甘肃	14.0	9.4	13.0	8.5	104.5	132.8
青海	0.3	0.1			1.1	2.8
宁夏	0.2	0.1	0.2	0.1	11.2	12.5
新疆	3.0	2.2	0.9	0.5	22.0	22.8

7—12 各地区蔬菜、瓜类和青饲料播种面积

单位：千公顷

地　　区	蔬　　菜		瓜　　类		青饲料	
	2001年	2002年	2001年	2002年	2001年	2002年
全国总计	**16402.5**	**17352.9**	**2267.7**	**2354.9**	**2590.3**	**3013.5**
北　　京	119.9	122.1	9.4	8.7	11.5	7.6
天　　津	129.5	128.4	16.0	12.6	1.7	1.7
河　　北	925.7	1028.9	109.7	104.1	151.3	123.1
山　　西	247.0	271.0	41.8	46.3	37.7	65.3
内 蒙 古	182.3	207.7	34.9	36.1	332.9	437.7
辽　　宁	412.9	481.0	39.6	45.8	9.2	15.9
吉　　林	259.8	291.1	63.5	68.2	3.8	5.8
黑 龙 江	427.0	432.0	129.7	141.2	52.5	103.1
上　　海	149.4	160.7	27.4	27.9	9.5	7.9
江　　苏	1180.2	1290.8	127.3	147.8	64.7	64.6
浙　　江	628.5	697.0	94.7	91.6	13.6	15.4
安　　徽	564.3	600.3	215.2	211.4	31.8	38.9
福　　建	562.6	596.2	32.6	35.4	58.1	60.8
江　　西	605.0	625.0	94.5	98.6	72.0	79.9
山　　东	1850.0	1970.9	305.2	311.2	11.4	16.0
河　　南	1304.2	1375.7	309.8	319.1	7.3	15.6
湖　　北	1086.7	1069.1	129.9	118.1	93.7	110.6
湖　　南	828.6	899.6	130.3	127.4	215.1	241.2
广　　东	1123.8	1128.0	42.9	45.3	89.0	87.3
广　　西	931.3	967.9	73.6	72.4	232.6	235.2
海　　南	161.0	160.7	17.4	18.1	0.7	0.6
重　　庆	354.1	359.7	12.3	14.7	89.6	89.7
四　　川	933.1	987.1	35.9	48.1	324.7	344.1
贵　　州	372.3	390.2	16.8	19.1	60.9	65.1
云　　南	390.5	402.7	17.1	17.9	137.0	133.1
西　　藏	8.8	9.3		0.5	5.1	6.5
陕　　西	286.4	263.7	37.1	36.1	43.0	81.3
甘　　肃	186.9	200.7	30.5	34.1	150.7	167.4
青　　海	17.8	20.4	0.2	0.2	26.6	27.9
宁　　夏	47.5	51.2	14.4	13.8	49.6	73.3
新　　疆	125.9	164.2	58.2	83.0	203.2	291.1

7—13 各地区主要农作物播种面积构成

（以农作物总播种面积为100）

单位：%

地　区	粮　食	棉　花	油　料	糖　料	烟　叶	蔬菜、瓜类
全国总计	**67.18**	**2.71**	**9.55**	**1.18**	**0.86**	**12.74**
北　京	49.42	0.91	4.59			38.25
天　津	59.54	8.57	3.62			26.97
河　北	72.57	4.56	7.19	0.13	0.06	12.68
山　西	77.19	1.85	9.10	0.17	0.11	8.13
内蒙古	73.78	0.01	11.70	1.20	0.08	4.14
辽　宁	74.70	0.08	8.03	0.37	0.37	13.83
吉　林	86.13		3.37	0.58	0.45	7.66
黑龙江	84.10		3.79	2.02	0.45	5.81
上　海	39.39	0.16	11.19	0.32		39.57
江　苏	62.61	4.00	11.63	0.08	0.01	18.45
浙　江	54.14	0.61	9.43	0.60	0.08	25.73
安　徽	67.71	3.57	16.15	0.09	0.16	9.02
福　建	61.26		4.58	0.69	2.45	23.73
江　西	59.53	1.03	13.15	0.49	0.25	13.51
山　东	62.57	6.02	8.91		0.38	20.66
河　南	67.18	5.94	11.50	0.04	1.11	12.69
湖　北	52.79	3.98	20.49	0.26	0.83	16.14
湖　南	59.73	1.66	11.48	0.42	1.20	13.18
广　东	58.32		6.59	3.48	0.63	23.79
广　西	56.46	0.03	4.95	10.65	0.26	16.51
海　南	58.85		6.19	7.52	0.03	20.71
四　川	75.26	0.02	6.82	0.08	1.62	10.80
重　庆	69.48	0.34	10.97	0.34	0.73	10.82
贵　州	66.22	0.04	10.86	0.41	4.68	8.81
云　南	71.57	0.02	3.20	5.12	6.16	7.23
西　藏	83.82		8.76			4.18
陕　西	80.92	1.02	6.68	0.03	0.77	7.14
甘　肃	72.02	1.11	8.52	0.20	0.26	6.43
青　海	57.59		30.94		0.02	4.17
宁　夏	76.76		9.63		0.01	5.66
新　疆	43.54	27.14	6.18	2.45	0.06	7.11

7—14 主要农作物产品产量

单位:万吨

年份	粮食总产量	#稻谷	#小麦	#玉米	#大豆	#薯类
1949	11318	4865	1381	1242	509	985
1952	16392	6843	1813	1685	952	1633
1957	19505	8678	2364	2144	1005	2192
1962	15441	6299	1667	1626	651	2345
1965	19453	8772	2922	2366	614	1986
1970	23996	10999	2919	3303	871	2668
1975	28452	12556	4531	4722	724	2857
1978	30477	13693	5384	5595	757	3174
1979	33212	14375	6273	6004	746	2846
1980	32056	13991	5521	6260	794	2873
1981	32502	14396	6964	5921	933	2597
1982	35450	16160	6847	6056	903	2705
1983	38728	16887	8139	6821	976	2925
1984	40731	17826	8782	7341	970	2848
1985	37911	16857	8581	6383	1050	2604
1986	39151	17222	9004	7086	1161	2534
1987	40298	17442	8777	7924	1218	2822
1988	39408	16911	8543	7735	1165	2697
1989	40755	18013	9081	7893	1023	2730
1990	44624	18933	9823	9682	1100	2743
1991	43529	18381	9595	9877	971	2716
1992	44266	18622	10159	9538	1030	2844
1993	45649	17751	10639	10270	1950	3181
1994	44510	17593	9930	9928	1600	3025
1995	46662	18523	10221	11199	1350	3263
1996	50454	19510	11057	12747	1322	3536
1997	49417	20074	12329	10431	1473	3192
1998	51230	19871	10973	13295	1515	3604
1999	50839	19849	11388	12809	1425	3641
2000	46218	18791	9964	10600	1541	3685
2001	45264	17758	9387	11409	1541	3563
2002	45706	17454	9029	12131	1651	3666

7—15 主要农作物产品产量增减情况

单位:万吨

	1995年	2000年	2001年	2002年	2002年为2001年%
一、粮食作物	**46661.8**	**46217.5**	**45263.7**	**45705.8**	**101.0**
(一)谷物	41611.6	40522.4	39648.2	39798.7	100.4
1. 稻谷	18522.6	18790.8	17758.0	17453.9	98.3
2. 小麦	10220.7	9963.6	9387.3	9029.0	96.2
3. 玉米	11198.6	10600.0	11408.8	12130.8	106.3
4. 谷子	301.9	212.5	196.7	217.6	110.6
5. 高粱	475.6	258.2	269.7	332.7	123.4
6. 其它谷物	892.3	697.3	627.7	634.8	101.1
(二)豆类	1787.5	2010.0	2052.8	2241.2	109.2
1.大豆	1350.2	1540.9	1540.6	1650.5	107.1
2.杂豆	437.3	469.1	512.3	590.7	115.3
(三)薯类	3262.6	3685.2	3562.7	3665.9	102.9
其中:马铃薯	914.4	1325.5	1291.3	1403.7	108.7
二、油料作物	**2250.3**	**2954.8**	**2864.9**	**2897.2**	**101.1**
其中:花生	1023.5	1443.7	1441.6	1481.8	102.8
油菜籽	977.7	1138.1	1133.1	1055.2	93.1
芝麻	58.3	81.1	80.4	89.5	111.3
胡麻籽	36.4	34.4	25.3	40.9	161.6
向日葵	126.9	195.4	147.8	194.6	131.7
三、棉花	**476.8**	**441.7**	**532.4**	**491.6**	**92.3**
四、麻类	**89.7**	**52.9**	**68.1**	**96.4**	**141.5**
其中:黄红麻	37.1	12.6	10.6	15.9	150.0
苎　麻	14.7	16.1	19.7	23.8	121.1
大　麻	2.2	1.7	2.0	3.0	150.5
亚　麻	35.2	21.4	34.5	52.4	152.0
五、糖料	**7940.1**	**7635.3**	**8655.1**	**10292.7**	**118.9**
1. 甘蔗	6542	6828.0	7566.3	9010.7	119.1
2. 甜菜	1398.4	807.3	1088.9	1282.0	117.7
六、烟叶	**231.4**	**255.2**	**235.0**	**244.7**	**104.1**
其中:烤烟	207.2	223.8	204.5	213.5	104.4

7—16 各地区粮食总产量

单位:万吨

地　　区	1995 年	2000 年	2001 年	2002 年	2002 年为 2001 年%
全国总计	**46661.8**	**46217.5**	**45263.7**	**45705.8**	**101.0**
北　　京	259.8	144.2	104.9	82.3	78.5
天　　津	207.5	124.1	143.3	137.8	96.2
河　　北	2739.2	2551.1	2491.8	2435.8	97.8
山　　西	917.1	853.4	692.1	925.5	133.7
内 蒙 古	1055.4	1241.9	1239.1	1406.1	113.5
辽　　宁	1423.5	1140.0	1394.4	1510.4	108.3
吉　　林	1992.4	1638.0	1953.4	2214.8	113.4
黑 龙 江	2552.1	2545.5	2651.7	2941.2	110.9
上　　海	210.4	174.0	151.4	130.5	86.2
江　　苏	3286.3	3106.6	2942.1	2907.1	98.8
浙　　江	1430.9	1217.7	1072.7	942.3	87.8
安　　徽	2580.7	2472.1	2500.3	2765.0	110.6
福　　建	919.7	854.7	817.3	763.2	93.4
江　　西	1607.4	1614.6	1600.0	1549.5	96.8
山　　东	4246.4	3837.7	3720.6	3292.7	88.5
河　　南	3466.5	4101.5	4119.9	4210.0	102.2
湖　　北	2463.8	2218.5	2138.5	2047.0	95.7
湖　　南	2691.6	2767.9	2700.3	2501.3	92.6
广　　东	1734.8	1760.1	1600.1	1478.9	92.4
广　　西	1508.2	1528.5	1511.4	1486.8	98.4
海　　南	201.8	199.6	195.8	188.6	96.3
重　　庆		1106.9	1023.5	1082.4	105.8
四　　川	4365.0	3372.0	2926.5	3132.4	107.0
贵　　州	948.9	1161.3	1100.3	1034.2	94.0
云　　南	1188.9	1467.8	1486.3	1424.7	95.9
西　　藏	70.0	96.2	98.3	98.3	100.0
陕　　西	913.4	1089.1	976.6	1005.6	103.0
甘　　肃	644.2	713.5	753.2	782.7	103.9
青　　海	114.2	82.7	103.2	91.3	88.5
宁　　夏	203.2	252.7	274.8	301.9	109.9
新　　疆	718.5	783.7	780.0	835.6	107.1

7—17 各地区分季粮食作物产量

单位:万吨

地区	夏收粮食		早稻		秋收粮食	
	2001年	2002年	2001年	2002年	2001年	2002年
全国总计	**10173.4**	**9861.3**	**3400.3**	**3029.0**	**31690.0**	**32815.5**
北京	36.6	24.3			68.3	58.0
天津	45.1	44.1			98.2	93.7
河北	1140.6	1114.2			1351.2	1321.6
山西	228.6	245.3			463.5	680.2
内蒙古					1239.1	1406.1
辽宁	41.1	44.6			1353.3	1465.8
吉林					1953.4	2214.8
黑龙江					2651.7	2941.2
上海	17.8	14.8			133.7	115.7
江苏	821.5	758.2			2120.6	2148.9
浙江	65.0	48.3	165.5	114	842.2	780.0
安徽	804.2	757.5	147.3	130	1548.8	1877.5
福建	47.3	44.6	187.5	159.5	582.5	559.1
江西	13.2	10.7	568.3	535	1018.5	1003.8
山东	1655.4	1547.3			2065.2	1745.4
河南	2338.4	2289.3			1781.5	1920.7
湖北	319.1	232.3	212.2	159.7	1607.2	1655.1
湖南	66.1	63.1	783.2	627.8	1851.0	1810.4
广东	101.0	93.2	632.9	584.98	866.2	800.7
广西	16.7	16.6	587.7	608.5	907.0	861.7
海南			75.95	71.5	119.8	117.1
重庆	174.2	174.5	0.5	0.3	848.8	907.6
四川	551.8	573.7	2.8	2.5	2371.9	2556.2
贵州	206.4	212.4	0.5	0.4	893.4	821.4
云南	233.9	240.9	36.0	34.8	1216.5	1149.1
西藏					98.3	98.3
陕西	432.7	440.1			543.9	565.5
甘肃	347.0	369.2			406.3	413.5
青海					103.2	91.3
宁夏	87.2	106.3			187.6	195.6
新疆	382.6	396.0			397.4	439.6

7—18 各地区分品种粮食作物产量

单位：万吨

地区	谷物		#稻谷		#小麦		#玉米	
	2001年	2002年	2001年	2002年	2001年	2002年	2001年	2002年
全国总计	**39648.2**	**39798.7**	**17758.0**	**17453.9**	**9387.3**	**9029.0**	**11408.8**	**12130.8**
北京	96.3	74.6	4.3	2.9	36.6	24.3	53.9	46.1
天津	134.0	131.2	7.4	11.2	45.1	44.1	75.2	71.1
河北	2309.0	2256.3	47.2	55.7	1122.7	1099.5	1059.5	1035.0
山西	602.1	776.3	2.3	2.0	227.4	243.2	309.9	435.3
内蒙古	1016.5	1097.7	56.7	56.0	127.1	121.5	757.0	821.5
辽宁	1283.3	1392.5	335.2	406.2	15.5	11.5	818.7	858.0
吉林	1775.6	1988.1	371.2	370.0	11.6	7.9	1328.4	1540.0
黑龙江	1989.1	2195.5	1016.3	921.0	93.8	89.4	819.5	1070.5
上海	148.0	126.5	127.4	109.2	12.5	10.4	3.7	3.0
江苏	2745.1	2702.7	1693.2	1709.9	703.9	644.5	259.9	261.7
浙江	952.1	842.3	875.6	779.6	37.1	25.4	21.1	22.3
安徽	2247.5	2432.3	1174.3	1327.5	741.9	683.7	279.9	356.8
福建	631.6	580.2	606.8	557.5	8.7	6.7	10.8	11.2
江西	1505.3	1462.9	1491.4	1451.6	5.9	4.3	6.2	5.5
山东	3323.1	2994.4	110.1	109.4	1655.2	1547.1	1532.4	1316.0
河南	3724.7	3827.7	202.7	336.5	2299.7	2248.4	1151.4	1189.8
湖北	1875.5	1823.2	1451.9	1469.8	213.0	151.2	194.9	187.4
湖南	2476.2	2268.5	2328.9	2119.2	21.4	18.3	115.1	119.2
广东	1373.1	1268.2	1298.3	1202.8	3.1	3.2	65.2	53.5
广西	1404.3	1384.3	1231.2	1219.3	2.2	1.8	168.5	161.0
海南	157.0	145.4	150.8	139.3			4.9	5.1
重庆	766.1	790.5	472.8	490.2	92.0	93.2	180.6	197.4
四川	2400.3	2557.4	1428.6	1503.7	448.7	459.1	452.3	525.1
贵州	878.2	788.9	459.8	347.8	87.7	87.0	319.4	343.2
云南	1246.7	1177.2	595.9	543.2	137.9	134.1	477.3	461.5
西藏	95.0	94.6	0.6	0.6	28.5	27.8	1.7	1.7
陕西	865.9	887.4	92.1	80.3	406.6	405.3	352.8	374.5
甘肃	568.4	602.5	6.6	5.6	296.1	312.1	199.0	219.2
青海	70.0	56.0			51.3	45.2	1.2	1.2
宁夏	249.0	275.7	61.7	66.7	83.6	96.1	94.8	104.3
新疆	739.5	797.8	56.8	59.3	370.8	382.7	293.8	332.9

7—18 续表

地　区	豆　类		#大　豆		薯　类		#马铃薯	
	2001 年	2002 年	2001 年	2002 年	2001 年	2002 年	2001 年	2002 年
全国总计	**2052.8**	**2241.2**	**1540.6**	**1650.5**	**3563.1**	**3665.9**	**1291.3**	**1403.7**
北　京	5.2	4.0	4.8	3.5	3.5	3.7		
天　津	8.5	5.7	8.2	5.5	0.8	0.9		
河　北	67.1	60.6	56.3	49.4	115.7	119.0	25.5	32.0
山　西	34.2	49.4	22.1	29.7	55.8	99.9	36.6	77.3
内蒙古	113.8	139.9	83.4	96.4	108.8	168.5	106.9	167.4
辽　宁	57.4	56.9	54.2	53.2	53.7	61.0	25.5	36.1
吉　林	134.2	185.0	110.5	127.5	43.7	41.7	39.7	39.7
黑龙江	537.5	610.7	496.2	556.3	125.1	135.0	123.3	133.1
上　海	2.8	3.5	1.7	1.9	0.6	0.5		
江　苏	104.5	105.9	67.1	70.3	92.5	98.5		
浙　江	45.4	41.9	28.5	26.3	75.2	58.1	17.0	
安　徽	105.7	147.4	89.4	139.4	147.1	185.3	6.6	5.9
福　建	26.5	26.4	19.6	18.8	159.2	156.6	28.1	27.8
江　西	32.7	29.9	23.9	22.1	62.0	56.7		
山　东	94.4	76.4	91.0	73.8	303.2	221.9	75.9	84.0
河　南	122.5	115.4	107.6	97.8	272.7	266.9	0.0	
湖　北	73.8	64.7	42.8	42.2	189.2	159.1	77.6	59.4
湖　南	61.3	61.2	45.2	44.9	162.8	171.7	31.5	32.5
广　东	25.1	24.0	17.4	15.9	201.9	186.7	20.3	17.6
广　西	42.5	40.3	34.4	32.3	64.6	62.2		
海　南	2.7	3.2	1.5	1.6	36.1	40.0		
重　庆	16.2	27.8	5.9	9.3	241.2	264.1	78.5	75.3
四　川	97.1	106.7	38.6	42.5	429.5	468.3	98.1	104.3
贵　州	37.2	40.8	16.7	18.4	184.9	204.5	128.1	136.9
云　南	90.7	93.6	16.0	15.9	149.0	153.9	118.6	121.4
西　藏	3.2	3.4	0.3	0.4	0.1	0.2		0.2
陕　西	28.7	30.7	19.6	21.2	82.0	87.5	51.2	59.1
甘　肃	38.3	38.6	13.6	11.9	146.5	141.6	146.5	141.6
青　海	9.3	10.9			23.9	24.4	23.9	24.4
宁　夏	5.9	10.0	2.3	3.7	19.9	16.2	19.9	16.2
新　疆	28.5	26.4	21.9	18.6	12.0	11.5	12.0	11.5

7—19 各地区油料产量

单位:吨

地 区	油料合计		#花 生		#油菜籽	
	2001 年	2002 年	2001 年	2002 年	2001 年	2002 年
全国总计	**28648965**	**28972049**	**14415748**	**14817644**	**11331445**	**10552249**
北 京	42676	46455	41316	45798		
天 津	39042	34020	11648	10170		
河 北	1538123	1512599	1442733	1404462	28788	30180
山 西	180790	384027	34275	37950	6995	9452
内 蒙 古	806193	1089117	7059	13087	129612	282214
辽 宁	462553	564529	420504	507904	1996	2239
吉 林	343445	461177	145929	186535		
黑 龙 江	362912	528088	38293	34516	14703	4848
上 海	128075	98525	4757	4813	123104	92780
江 苏	2325299	2170339	840929	837092	1458079	1308103
浙 江	582200	469714	41706	44935	534878	419286
安 徽	2988118	2823207	1039603	1129726	1778656	1522935
福 建	260763	258556	241723	240529	17910	16761
江 西	905295	824182	408616	407900	463306	383506
山 东	3772768	3403712	3690798	3338534	56835	57025
河 南	3625872	4206839	2950993	3361872	425863	560000
湖 北	2794457	2452873	639863	722512	1947943	1514039
湖 南	1373939	1192528	297753	311806	1064422	867993
广 东	808987	763686	797319	751912	9288	9570
广 西	572275	559897	487833	480937	73144	69589
海 南	103014	100393	96935	97202		
重 庆	299617	350443	72859	83504	219097	258443
四 川	1809819	2015197	458152	554374	1336939	1447649
贵 州	713244	724754	72087	74691	634770	640493
云 南	276613	275428	53972	53672	204184	205231
西 藏	43545	45252	74	95	43469	45151
陕 西	375372	410788	70886	70127	231258	245774
甘 肃	384154	419257	1508	2051	178072	202746
青 海	230000	234000			226014	226563
宁 夏	73447	108798	8	176	173	691
新 疆	426358	443669	5615	8762	121947	128988

7—20 各地区棉花和麻类产量

单位:吨

地 区	棉 花		麻类合计		＃黄红麻	
	2001 年	2002 年	2001 年	2002 年	2001 年	2002 年
全国总计	**5323510**	**4916218**	**681368**	**963667**	**105988**	**158996**
北 京	3433	3497				
天 津	63617	62374	220	320	193	320
河 北	419297	401882	7231	10271	6897	10060
山 西	83790	74679	315	197	1	
内 蒙 古	3156	2579	3907	10437		
辽 宁	7508	2983	245	225	97	70
吉 林	265	412	3329	8305		
黑 龙 江			298345	362461		
上 海	1447	925				
江 苏	460504	362821	4397	4839	1112	1049
浙 江	31618	22380	2099	2033	1662	1590
安 徽	357000	337000	34288	45806	21322	33297
福 建	109	59	588	526	405	372
江 西	80510	66891	17176	15611	4142	2882
山 东	780959	722045	8993	6361	8562	5830
河 南	827700	764800	23675	53599	20543	52171
湖 北	373500	322593	51219	65393	14231	24333
湖 南	190000	153000	98222	136263	1862	4203
广 东			2530	2294	2486	2226
广 西	950	826	13199	12364	11921	11188
海 南			1934	972	1631	972
重 庆	365	293	8857	12139	459	360
四 川	29794	23594	39408	44744	8174	7868
贵 州	711	650	2171	1920	207	179
云 南	471	378	4900	23305	67	13
西 藏						
陕 西	49827	42988	717	1074	14	13
甘 肃	98979	69570	2433	14259		
青 海			34	3928		
宁 夏			55	50		
新 疆	1458000	1477000	50881	123971		

7—21 各地区糖料产量

单位:吨

地　区	糖料合计		1.甘　蔗		2.甜　菜	
	2001年	2002年	2001年	2002年	2001年	2002年
全国总计	**86551280**	**102926779**	**75662665**	**90106882**	**10888615**	**12819897**
北　京						
天　津						
河　北	99023	147293			99023	147293
山　西	90196	184529			90196	184529
内蒙古	1330867	1950165			1330867	1950165
辽　宁	356632	397571			356632	397571
吉　林	694459	761846			694459	761846
黑龙江	3298189	4375576			3298189	4375576
上　海	84823	86977	84823	86977		
江　苏	320074	346819	314624	338992	5450	7827
浙　江	1059661	1134431	1059661	1134431		
安　徽	293122	313663	292634	310230	488	3433
福　建	955402	1179146	955402	1179146		
江　西	1237046	1308464	1237046	1308464		
山　东	868	1844			868	1844
河　南	262021	279086	262021	279086		
湖　北	784182	919128	784182	919128		
湖　南	1664054	1803800	1664054	1803800		
广　东	12130292	13154749	12130292	13154749		
广　西	36533284	45933828	36533284	45933828		
海　南	3207974	3747881	3207974	3747881		
重　庆	100818	120586	100818	120586		
四　川	1557707	1715074	1556688	1712055	1019	3019
贵　州	651225	739969	651113	739825	112	144
云　南	14814886	17336643	14810995	17333635	3891	3008
西　藏						
陕　西	19392	31047	17054	4069	2338	26978
甘　肃	451165	288532			451165	288532
青　海	90				90	
宁　夏	2603				2603	
新　疆	4551225	4668132			4551225	4668132

7—22 各地区烟叶产量

单位:吨

地区	烟叶合计		#烤烟	
	2001年	2002年	2001年	2002年
全国总计	**2349627**	**2446526**	**2045250**	**2135154**
北京	34	31		
天津	217			
河北	9356	11083	4062	5252
山西	10665	8037	10489	7659
内蒙古	10262	9915	8845	8670
辽宁	23548	28679	19787	25987
吉林	48829	51285	18213	18474
黑龙江	84215	74353	72799	62713
上海				
江苏	1336	1322		
浙江	3698	5455		
安徽	36040	33121	33678	31286
福建	101468	108939	98692	107222
江西	19730	19787	16635	17232
山东	84381	87147	80763	83029
河南	320038	274870	311825	272452
湖北	122885	108193	73119	72234
湖南	162776	186400	151134	174484
广东	67937	60738	55235	49375
广西	38268	26048	18191	11123
海南	540	1023	540	1023
重庆	80064	87052	53200	64355
四川	121736	140865	65507	88478
贵州	288606	330242	263828	306465
云南	614681	718012	600806	661522
西藏		2		
陕西	65472	52778	62913	51010
甘肃	26087	15839	23040	14048
青海	465	407		
宁夏	413	160	413	160
新疆	5880	4744	1536	901

7—23 主要农作物单位面积产量

单位:公斤/公顷

	1995 年	2000 年	2001 年	2002 年	2002 年为 2001 年%
一、粮食作物	**4240**	**4261**	**4267**	**4399**	**103.1**
(一)谷物	4659	4753	4800	4885	101.8
1. 稻谷	6025	6272	6163	6189	100.4
2. 小麦	3541	3738	3806	3777	99.2
3. 玉米	4917	4598	4698	4924	104.8
4. 谷子	1983	1700	1713	1909	111.4
5. 高粱	3914	2904	3446	3945	114.5
6. 其它谷物	2129	2019	2160	2317	107.3
(二)豆类	1591	1588	1547	1787	115.5
1. 大豆	1661	1656	1625	1893	116.5
2. 杂豆	1408	1399	1353	1545	114.2
(三)薯类	3428	3497	3487	3710	106.4
其中:马铃薯	2663	2806	2736	3008	109.9
二、油料作物	**1717**	**1919**	**1958**	**1962**	**100.2**
其中:花生	2687	2973	2888	3011	104.3
油菜籽	1415	1519	1597	1477	92.5
芝麻	908	1034	1061	1180	111.2
胡麻籽	586	690	628	903	143.8
向日葵	1562	1590	1455	1721	118.3
三、棉花	**879**	**1093**	**1107**	**1175**	**106.2**
四、麻类	**2386**	**2024**	**2109**	**2853**	**135.3**
其中:黄红麻	2534	2516	2046	2868	140.2
苎　麻	1514	1685	1731	1907	110.2
大　麻	1404	1324	1640	2022	123.3
亚　麻	3115	2229	2441	3784	155.0
五、糖料	**43630**	**50426**	**52321**	**56630**	**108.2**
1. 甘蔗	58136	57626	60625	64663	106.7
2. 甜菜	20132	24518	26807	30232	112.8
六、烟叶	**1574**	**1776**	**1754**	**1843**	**105.1**
其中:烤烟	1584	1763	1732	1792	103.4

7－24 各地区分季粮食作物单位面积产量

单位：公斤/公顷

地区	夏收粮食		早稻		秋收粮食	
	2001年	2002年	2001年	2002年	2001年	2002年
全国总计	**3642.8**	**3597.2**	**5322.6**	**5157.7**	**4415.9**	**4647.8**
北京	5034.4	5115.8			4840.5	4773.7
天津	4225.9	4599.6			4429.0	4351.3
河北	4337.7	4468.8			3378.5	3311.3
山西	2661.7	2958.2			2296.6	3117.8
内蒙古					2826.9	3237.2
辽宁	2391.9	3227.2			4524.4	5414.5
吉林					4649.1	5485.4
黑龙江					3107.2	3547.4
上海	3900.2	3332.6			8068.4	8071.0
江苏	4042.3	3700.4			7428.9	7583.3
浙江	2836.6	2529.2	5507.5	5301.1	5975.1	6223.9
安徽	3761.9	3391.8	4737.4	4709.0	4564.6	5240.8
福建	3159.7	3206.3	5051.2	4876.2	4834.8	4803.3
江西	1250.0	1180.9	5041.2	4817.8	5011.6	5052.2
山东	4667.0	4552.6			5726.4	4967.1
河南	4789.3	4626.9			4521.2	4769.2
湖北	2863.0	2142.1	5744.6	5116.3	6348.2	6656.4
湖南	2361.7	2261.8	5754.1	5126.9	5854.2	5749.2
广东	4101.2	4065.1	5389.7	5568.4	5080.2	5014.8
广西	1897.7	1923.5	5148.5	5383.5	3759.7	3682.0
海南			4597.5	4429.3	3377.5	3377.7
重庆	2224.5	2331.0	6250.0	5454.5	4396.3	4879.0
四川	2807.9	2960.9	6557.4	6578.9	5007.0	5433.5
贵州	1902.5	1967.2	6250.0	5000.0	4389.3	4116.1
云南	1758.3	1977.1	5873.9	5801.2	4126.7	3986.6
西藏					4934.2	5039.5
陕西	2721.1	2910.3			2821.9	3000.0
甘肃	2545.7	2828.0			3059.9	3124.7
青海					3305.6	3206.9
宁夏	2601.4	2366.4			4204.4	4528.8
新疆	4915.7	5036.4			6234.4	6035.5

7—25 各地区分品种粮食作物单位面积产量

单位:公斤/公顷

地 区	谷 物		#稻 谷		#小 麦		#玉 米	
	2001 年	2002 年	2001 年	2002 年	2001 年	2002 年	2001 年	2002 年
全国总计	**4800.3**	**4885.3**	**6163.3**	**6189.0**	**3806.1**	**3776.5**	**4698.4**	**4924.5**
北 京	5194.2	5166.2	6323.5	6444.4	5041.3	5126.6	5384.6	5286.7
天 津	4820.4	4816.5	6509.2	7515.1	4225.9	4599.6	5334.9	4851.5
河 北	4025.4	4010.6	5020.7	5018.9	4351.9	4488.7	4165.5	4015.5
山 西	2805.9	3495.9	4509.8	5678.0	2771.3	3046.5	3699.2	4885.7
内 蒙 古	3853.9	4039.5	6577.7	6238.4	2462.2	2614.9	4983.9	5258.7
辽 宁	4891.2	5869.8	6501.5	7300.5	1564.6	2309.2	5225.1	5993.3
吉 林	5125.1	5872.5	5404.2	5554.7	2152.4	3452.2	5090.7	5970.1
黑 龙 江	4511.8	4916.0	6485.6	5887.2	2215.9	3427.9	3842.5	4683.7
上 海	7319.7	7044.0	8276.3	8206.1	3918.1	3301.5	7093.0	6592.9
江 苏	6302.5	6207.3	8422.8	8626.8	4109.6	3755.9	6046.6	5994.5
浙 江	6082.0	6174.8	6534.3	6650.3	3053.5	2698.4	4076.5	4275.9
安 徽	4828.6	4972.5	6021.8	6494.2	3782.9	3324.0	4749.5	5477.4
福 建	5089.0	5007.3	5246.9	5148.2	2861.8	2851.1	3050.8	3093.9
江 西	5233.3	5152.5	5310.7	5209.2	1540.5	1514.9	3115.6	3301.5
山 东	5268.4	4864.3	6342.8	7040.9	4668.0	4553.6	6116.7	5201.6
河 南	4907.5	4909.6	4873.9	7167.7	4789.5	4630.4	5233.6	5128.5
湖 北	5885.1	5886.4	7303.9	7607.6	2893.9	2159.3	4861.3	4795.5
湖 南	6014.6	5721.0	6308.6	5983.7	1945.1	1838.0	4266.3	4366.6
广 东	5359.6	5352.9	5479.6	5478.4	2758.0	2999.1	3962.3	3767.5
广 西	4656.0	4671.0	5080.0	5053.9	1496.6	1406.3	3025.7	3094.4
海 南	4168.6	3987.0	4252.9	4042.5			2944.3	3151.0
重 庆	4448.4	4737.7	6188.5	6490.7	2179.6	2401.1	3686.5	4139.2
四 川	4758.5	5117.2	6825.4	7242.9	2994.1	3151.2	3766.7	4347.2
贵 州	4236.2	3927.5	6130.7	4734.3	1684.9	1745.5	4425.0	4876.3
云 南	3923.5	3870.0	5415.6	5015.5	2152.0	2219.6	4193.8	4088.2
西 藏	5044.1	5157.9	5660.4	3515.2	6054.5	6217.6	4824.6	4732.4
陕 西	3094.7	3301.1	6538.6	6153.3	2855.1	2987.4	3510.3	3745.4
甘 肃	2905.5	3154.8	9201.7	8769.7	2634.4	2890.1	4260.6	4352.7
青 海	3360.5	3185.4			3284.3	3171.9	5217.4	6666.7
宁 夏	4043.5	3929.0	8315.4	8730.4	2793.2	2591.7	6414.1	6724.7
新 疆	5771.2	5752.5	7749.7	7913.6	4981.7	5104.0	7159.8	6632.4

7—25 续表

地　区	豆　类		#大　豆		薯　类		#马铃薯	
	2001 年	2002 年	2001 年	2002 年	2001 年	2002 年	2001 年	2002 年
全国总计	**1547.2**	**1786.8**	**1624.8**	**1892.9**	**3487.5**	**3709.9**	**2736.4**	**3007.5**
北　京	2311.1	2173.9	2400.0	2258.1	5932.2	5967.7		
天　津	1752.4	1529.9	1793.0	1557.3	3961.4	5026.7		
河　北	1386.3	1339.5	1485.9	1491.7	2829.7	2925.8	1403.0	1733.7
山　西	888.3	1165.9	1020.8	1209.9	1610.9	2723.8	1241.3	2462.0
内蒙古	965.5	1337.8	1104.6	1616.3	1919.2	2902.8	1900.8	2897.5
辽　宁	1567.9	1791.0	1627.3	1864.1	3099.7	3925.4	2389.0	3804.0
吉　林	2075.4	3173.1	2554.3	3071.6	4814.2	6028.9	4427.3	5925.4
黑龙江	1451.9	1806.2	1491.7	1898.6	2955.4	3040.5	2930.1	3011.3
上　海	3418.8	4734.7	3652.2	4118.9	7037.0	6125.0		
江　苏	2712.5	2751.7	2745.8	2888.6	6336.6	6852.2		
浙　江	2218.5	2171.7	2321.6	2295.9	4450.0	5685.2		
安　徽	1327.3	1827.9	1315.2	1865.1	3765.3	4706.2	5352.8	4492.4
福　建	2029.1	2088.6	1995.9	2004.3	4497.2	4537.8	3252.3	3255.3
江　西	1446.3	1472.0	1633.6	1679.2	3810.7	3898.2		
山　东	2275.5	2220.2	2301.4	2293.4	7029.4	5378.1	5966.4	6349.5
河　南	1854.7	1841.4	1909.6	1852.3	4762.6	4833.2		
湖　北	2037.3	1833.1	1959.4	1958.7	4054.5	3678.3	3268.6	2543.7
湖　南	2083.9	2106.1	2220.3	2263.8	4156.7	4325.3	3191.8	3086.4
广　东	2107.7	2184.4	1969.8	1870.6	4542.1	4697.2	4287.5	4006.4
广　西	1332.7	1324.4	1376.0	1360.0	2104.9	2152.2		
海　南	1653.5	1964.8	1664.8	1778.0	2842.2	3148.8		
重　庆	740.1	1269.4	750.6	1153.3	3118.3	3658.8	2595.9	2453.9
四　川	2026.0	2109.9	2062.0	2194.1	3630.0	4098.9	3166.0	3416.3
贵　州	1148.1	1249.0	1199.7	1349.3	2553.9	2760.6	2588.4	2691.8
云　南	1489.2	1546.2	1259.3	1294.8	2694.9	2999.0	3132.0	3488.1
西　藏	3000.0	3104.7	4477.6	2285.7	4285.7	4363.6		
陕　西	798.7	859.2	855.7	944.7	2278.7	2487.9	1952.4	2255.7
甘　肃	1525.7	1648.1	1638.3	1453.4	3032.0	2919.8	3032.0	2919.8
青　海	1978.7	2261.4			4200.4	4019.8	4200.4	4019.8
宁　夏	699.1	966.2	874.5	1445.3	2450.7	2134.4	2450.7	2134.4
新　疆	2506.6	2462.9	2771.3	2725.0	5777.6	5544.8	5777.6	5544.8

7—26 各地区油料作物单位面积产量

单位:公斤/公顷

地区	油料合计		#花生		#油菜籽	
	2001年	2002年	2001年	2002年	2001年	2002年
全国总计	**1958.1**	**1962.0**	**2888.2**	**3011.3**	**1597.2**	**1477.2**
北京	3026.7	2958.9	3106.5	2993.3		
天津	1900.0	1796.2	2897.1	2905.7		
河北	2434.8	2356.0	2917.6	2927.0	1156.6	1163.0
山西	583.4	1081.6	1747.8	2015.4	812.4	934.0
内蒙古	1326.3	1581.8	802.2	1180.1	653.1	1255.4
辽宁	1964.8	1845.5	2283.7	2084.1	1798.2	1599.3
吉林	1467.5	2922.0	2034.1	4314.9		
黑龙江	1200.2	1412.9	1786.1	2014.9	1113.0	1197.0
上海	2008.1	1846.8	3550.0	3252.0	1974.4	1792.2
江苏	2508.0	2392.2	3652.9	3743.2	2141.0	1958.0
浙江	1898.8	1624.9	2555.5	2644.8	1869.2	1564.5
安徽	2111.2	1942.7	3458.2	3969.2	1867.0	1519.5
福建	2108.9	2121.6	2280.2	2269.9	1100.8	1151.9
江西	1162.5	1170.4	2228.2	2309.1	845.9	794.2
山东	3742.6	3457.8	3799.1	3505.1	2111.3	2228.4
河南	2511.0	2737.0	3086.7	3558.5	1823.6	1661.9
湖北	1907.1	1627.3	3046.1	3506.7	1742.3	1310.6
湖南	1505.0	1333.9	2061.9	2114.4	1405.7	1181.7
广东	2289.1	2349.5	2337.8	2387.1	911.5	1199.1
广西	1742.5	1793.7	2029.3	2060.0	961.8	1029.9
海南	1887.7	1878.3	1979.9	1976.9		
重庆	1331.3	1482.9	1580.8	1739.7	1304.8	1485.9
四川	1725.0	1921.5	1778.6	2098.5	1713.7	1871.8
贵州	1432.2	1436.1	1577.4	1700.6	1424.9	1418.4
云南	1384.9	1479.4	1329.4	1329.0	1608.1	1674.5
西藏	2588.9	2219.3	2466.7	3166.7	2592.1	2409.3
陕西	1289.3	1463.8	2297.0	2366.8	1379.0	1480.1
甘肃	1176.5	1349.0	1493.0	1465.3	1284.1	1485.1
青海	1363.0	1530.1			1382.2	1528.5
宁夏	733.4	983.9		3520.0	823.8	1016.2
新疆	1959.0	2063.1	3466.0	3257.2	1673.9	1842.7

7—27 各地区棉花和麻类作物单位面积产量

单位:公斤/公顷

地区	棉花		麻类合计		#黄红麻	
	2001年	2002年	2001年	2002年	2001年	2002年
全国总计	**1106.8**	**1175.0**	**2108.9**	**2852.9**	**2045.5**	**2868.1**
北京	1183.8	1128.1				
天津	1414.4	1392.0	2578.1	10666.7		
河北	1001.9	986.5	2739.0	2885.1	2922.5	3003.0
山西	929.7	1033.2	508.1	317.7		
内蒙古	3393.5	3684.3	1272.6	2907.2		
辽宁	1029.9	994.3	1113.6	1717.6		
吉林			2706.5	3549.1		
黑龙江			2316.3	3510.5		
上海	1292.0	1233.3				
江苏	1199.3	1163.6	3096.5	2797.1	3088.9	3278.1
浙江	1143.1	1194.9	2761.8	3080.3	3135.8	3533.3
安徽	983.5	1049.2	2011.0	2433.9	2094.5	2713.7
福建	778.6	717.2	1100.0	2312.4	2700.0	2637.1
江西	1141.7	1217.3	2261.5	1586.5	3114.3	3033.7
山东	1062.0	1086.0	3472.2	2765.7	3567.5	2900.5
河南	964.5	964.4	1185.5	2807.7	1092.1	2800.4
湖北	1077.5	1101.0	2116.5	2338.0	5370.2	4743.3
湖南	1271.4	1184.4	2029.8	2402.0	2586.1	3233.1
广东			2635.4	2616.3	2644.7	2752.7
广西	575.8	503.7	1958.3	2033.6	1967.2	1994.3
海南			4717.1	5400.0	4660.0	5400.0
重庆	493.2	488.3	1302.5	1769.5	1350.0	1125.0
四川	448.4	715.8	1589.0	1496.5	1905.4	2103.7
贵州	355.5	373.6	835.0	914.3	1592.3	1193.3
云南	461.8	397.4	1617.2	2838.2	1675.0	893.3
西藏						
陕西	989.0	1004.2	956.0	1579.4	1300.0	
甘肃	1739.5	1721.6	1066.9	3293.1		
青海						
宁夏			1375.0	1666.7		
新疆	1290.6	1564.7	4198.1	5139.8		

7—28 各地区糖料作物单位面积产量

单位:公斤/公顷

地 区	糖料合计		1.甘 蔗		2.甜 菜	
	2001年	2002年	2001年	2002年	2001年	2002年
全国总计	**52321**	**56630**	**60625**	**64663**	**26807**	**30232**
北 京						
天 津						
河 北	10636	12654			10636	12654
山 西	17312	27501			17312	27501
内蒙古	23053	27662			23053	27662
辽 宁	19824	28398			19824	28398
吉 林	19415	27815			19415	27815
黑龙江	18112	21999			18112	21999
上 海	63777	57601	63777	57601		
江 苏	52045	53687	54717	55755	13625	20597
浙 江	60970	61654	60970	61654		
安 徽	36143	39159	36352	39369		
福 建	61758	63876	61758	63882		
江 西	47726	50345	47726	50345		
山 东	9644	4390			9644	4390
河 南	57461	54830	57461	54830		
湖 北	41535	47921	41535	47921		
湖 南	55211	55416	55211	55416		
广 东	74173	76641	74173	76641		
广 西	63579	68487	63579	68487		
海 南	52780	57704	52780	57704		
四 川	40652	41870	40652	41870		
重 庆	50690	53496	50822	53737	10190	15095
贵 州	35999	39173	36053	39269	3733	2880
云 南	55013	58289	55059	58322	12970	13487
西 藏						
陕 西	12758	24446	11681	15070	38967	26978
甘 肃	39507	40130			39507	40130
青 海						
宁 夏						
新 疆	53206	54713			53206	54713

7—29 茶叶、水果产量

单位:万吨

年　份	茶叶产量	水果产量	#苹　果	#柑　桔	#梨	#葡　萄	#香　蕉
1952	8.2	244.3	11.8	20.7	39.4	4.8	11.0
1957	11.2	324.7	22.2	32.2	50.4	8.5	7.3
1962	7.4	271.2	22.5	20.6	44.3	8.4	3.5
1965	10.1	323.9	31.8	25.4	51.1	10.0	14.5
1970	13.6	374.5	79.8	24.2	65.4	8.5	16.6
1975	21.1	538.1	158.3	33.6	108.7	12.3	16.5
1978	26.8	657.0	227.5	38.3	151.7	10.4	8.5
1979	27.7	701.5	286.9	55.5	143.8	12.6	7.4
1980	30.4	679.3	236.3	71.3	146.6	11.0	6.1
1981	34.3	780.1	300.6	79.8	159.3	14.8	12.6
1982	39.7	771.3	243.0	93.9	175.5	18.6	20.1
1983	40.1	948.7	354.1	129.6	179.5	24.7	20.7
1984	41.4	984.5	294.1	149.9	210.0	29.4	30.0
1985	43.2	1163.9	361.4	180.8	213.7	36.1	63.1
1986	46.1	1347.7	333.7	254.8	234.8	44.2	125.1
1987	50.8	1667.9	426.4	322.4	248.9	64.1	202.9
1988	54.5	1666.1	434.4	256.0	272.1	79.2	183.0
1989	53.5	1831.9	449.9	456.1	256.5	87.4	140.4
1990	54.0	1874.4	431.9	485.5	235.3	85.9	145.6
1991	54.2	2176.1	454.0	633.3	249.8	91.6	198.1
1992	56.0	2440.1	655.6	516.0	284.6	112.5	245.1
1993	60.0	3011.2	907.0	656.1	321.7	135.5	270.1
1994	58.8	3499.8	1112.9	680.5	404.2	152.2	289.8
1995	58.8	4214.6	1400.8	822.5	494.2	174.2	312.5
1996	59.3	4652.8	1704.7	845.7	580.7	188.3	253.6
1997	61.3	5089.3	1721.9	1010.2	641.5	203.2	289.2
1998	66.5	5452.9	1948.1	859.0	727.5	235.8	351.8
1999	67.6	6237.6	2080.2	1078.7	774.2	270.8	419.4
2000	68.3	6225.1	2043.1	878.3	841.2	328.2	494.1
2001	70.2	6658.0	2001.5	1160.7	879.6	368.0	527.2
2002	74.5	6952.0	1924.1	1199.0	930.9	447.9	555.7

7—30 茶叶、水果主要品种面积和产量增减情况

指　　标	单　　位	1995 年	2000 年	2001 年	2002 年	2002 年为 2001 年%
一、茶叶生产情况						
(一)年末实有茶园面积	千公顷	1115.3	1089.0	1140.7	1134.2	99.4
(二)茶叶产量	吨	588553	683324	701699	745374	106.2
1.红毛茶	吨	52003	47294	42949	43547	101.4
2.绿毛茶	吨	413784	498057	513154	546124	106.4
3.乌龙毛茶	吨	55372	67608	70062	76660	109.4
4.紧压茶原料	吨	17476	22558	25004	25073	100.3
5.其它茶	吨	49918	47807	50530	53970	106.8
二、水果生产情况						
(一)年末果园面积	千公顷	8097.6	8931.6	9042.6	9097.9	100.6
其中:香蕉园	千公顷	190.2	249.2	245.0	247.9	101.2
苹果园	千公顷	2953.1	2254.1	2066.2	1938.3	93.8
柑桔园	千公顷	1214.1	1271.8	1323.7	1404.5	106.1
梨　园	千公顷	859.4	1014.6	1026.5	1042.3	101.5
葡萄园	千公顷	152.5	283.0	334.4	392.3	117.3
(二)水果产量	吨	42146267	62251470	66579966	69519803	104.9
其中:香蕉	吨	3125003	4941454	5272352	5557297	105.4
苹果	吨	14007662	20431230	20014986	19240985	96.1
柑桔	吨	8224984	8783129	11606915	11990065	103.3
梨	吨	4942445	8412413	8796097	9309432	105.8
葡萄	吨	1741707	3281698	3679680	4479453	121.7
菠萝	吨	539408	856517	869049	827306.5	95.2
红枣	吨	782069	1306036	1308633	1573698	120.3
柿子	吨	969353	1591906	1584665	1740591	109.8

7—31 各地区茶园面积和茶叶产量

指标	年末实有茶园面积（千公顷）		#本年采摘面积		茶叶产量（吨）		1.红毛茶	
	2001年	2002年	2001年	2002年	2001年	2002年	2001年	2002年
全国总计	1140.7	1134.2	887.7	894.6	701699	745374	42949	43547
北京								
天津								
河北								
山西								
内蒙古								
辽宁								
吉林								
黑龙江								
上海								
江苏	20.7	21.0	15.6	15.6	11851	11949	2262	1986
浙江	131.0	134.8	116.0	119.7	120596	138478	4486	5151
安徽	111.9	110.1	99.3	99.0	47045	48262	2170	2027
福建	130.6	133.4	110.5	113.0	133928	143293	1741	1773
江西	39.4	35.7	32.1	28.0	13792	13236	2192	2067
山东	10.1	11.4	4.8	5.6	2752	3579		
河南	21.0	22.7	17.8	18.9	8260	9836		
湖北	155.6	115.2	86.9	86.3	64370	67178	2330	2494
湖南	74.1	72.4	63.6	61.3	58435	61012	10887	11794
广东	43.1	40.5	34.6	32.6	41516	42370	1639	1795
广西	27.8	30.0	23.4	24.2	18896	19598	285	190
海南	3.0	3.0	2.1	3.0	1945	1359	755	207
重庆	23.2	24.1	17.9	17.9	14142	14093	2275	2718
四川	88.6	102.7	65.6	68.8	58425	62765	528	391
贵州	47.1	47.3	34.5	34.0	18504	17399	114	121
云南	173.7	184.9	141.3	143.2	80724	83594	11285	10833
西藏	0.1	0.2	0.1	0.1	1	6		
陕西	38.2	43.3	21.2	23.0	6273	7003		
甘肃	1.5	1.8	0.47	0.6	244	364		
青海								
宁夏								
新疆								

7—31 续表

地　区	2.绿毛茶		3.乌龙毛茶		4.紧压茶原料		5.其它茶	
	2001 年	2002 年	2001 年	2002 年	2001 年	2002 年	2001 年	2002 年
全国总计	**513154**	**546124**	**70062**	**76660**	**25004**	**25073**	**50530**	**53970**
北　京								
天　津								
河　北								
山　西								
内蒙古								
辽　宁								
吉　林								
黑龙江								
上　海								
江　苏	8983	9464					606	499
浙　江	110286	126639	456	524	106	122	5262	6042
安　徽	42198	45256	2		43		2632	979
福　建	75872	79658	54459	60116	90	125	1766	1621
江　西	10618	10394	106		42		834	775
山　东	2752	3579						
河　南	8260	9836						
湖　北	51335	53848			8024	8590	2681	2246
湖　南	28886	29935	149	302	9158	9630	9355	9351
广　东	19941	19354	14883	15712	46	7	5007	5502
广　西	16059	15388					2552	4020
海　南	1168	1114					22	38
重　庆	8774	8369			22		3071	3006
四　川	43350	45437	7	6	7212	6352	7328	10579
贵　州	11152	10288			70	58	7168	6932
云　南	67002	70193			191	189	2246	2379
西　藏	1	5						1
陕　西	6273	7003						
甘　肃	244	364						
青　海								
宁　夏								
新　疆								

7—32 各地区果园面积

单位：千公顷

地 区	年末实有果园面积		#香蕉园		#苹果园	
	2001年	2002年	2001年	2002年	2001年	2002年
全国总计	**9042.6**	**9097.9**	**245.0**	**247.9**	**2066.2**	**1938.3**
北 京	85.3	89.9			16.1	13.6
天 津	41.8	43.7			9.3	8.3
河 北	1054.8	1062.1			316.5	288.3
山 西	269.1	281.6			164.7	158.4
内蒙古	61.5	43.8			20.9	16.5
辽 宁	361.9	331.2			161.9	131.9
吉 林	161.6	105.9			22.2	26.1
黑龙江	40.7	48.7			25.2	28.8
上 海	12.8	18.2				0.0
江 苏	178.5	182.9			47.7	46.7
浙 江	261.2	275.6			0.2	0.2
安 徽	95.1	93.8			20.7	17.9
福 建	558.2	553.8	31.8	29.3	0.2	0.1
江 西	247.6	248.2				
山 东	745.7	753.0			397.7	369.0
河 南	343.3	352.8			180.2	168.3
湖 北	235.2	229.4			6.8	4.3
湖 南	353.1	364.0				
广 东	991.7	875.4	98.6	110.7		
广 西	814.0	819.7	58.8	54.6		
海 南	148.1	157.4	34.1	34.1		
重 庆	111.3	147.4	0.1	0.2	2.0	1.8
四 川	323.1	370.2	1.0	1.1	26.9	25.7
贵 州	90.3	98.3	2.7	2.0	7.7	7.4
云 南	219.9	212.1	17.8	16.0	42.3	37.3
西 藏	1.0	1.1			0.8	0.6
陕 西	680.1	703.8			374.3	369.0
甘 肃	281.9	294.8			165.9	163.5
青 海	5.1	5.1			3.9	3.9
宁 夏	43.5	42.1			20.9	20.4
新 疆	225.5	292.1			31.2	30.4

7－32 续表 单位：千公顷

地　　区	#柑桔园		#梨　园		#葡萄园	
	2001年	2002年	2001年	2002年	2001年	2002年
全国总计	**1323.7**	**1404.5**	**1026.5**	**1042.3**	**334.4**	**392.3**
北　京			10.3	12.1	4.1	4.8
天　津			4.5	4.2	6.0	5.7
河　北			211.5	211.7	46.3	51.5
山　西			29.8	30.3	9.4	14.1
内蒙古			23.6	15.1	5.0	3.6
辽　宁			87.6	85.5	29.7	35.6
吉　林			36.3	30.6	9.8	12.7
黑龙江			5.3	6.8	1.6	1.6
上　海	4.4	6.0	1.3	1.9	1.4	1.8
江　苏	3.5	3.3	39.7	43.7	8.2	9.6
浙　江	123.9	124.0	19.4	22.1	6.2	7.1
安　徽	2.6	2.3	34.7	36.7	5.1	8.0
福　建	164.2	163.8	21.9	22.2	3.1	3.9
江　西	154.5	166.4	19.2	21.3	1.8	1.8
山　东			63.0	64.1	49.7	54.6
河　南	4.7	4.0	32.8	35.5	18.2	20.4
湖　北	98.5	100.3	52.8	50.8	4.9	4.9
湖　南	253.5	261.8	20.2	20.9	5.3	8.3
广　东	94.3	105.9	8.0	7.5		
广　西	115.7	118.0	11.5	12.0	7.8	8.6
海　南	2.6	2.6				
重　庆	68.8	92.6	18.2	21.2	1.5	1.7
四　川	163.8	180.7	52.3	61.9	9.1	9.8
贵　州	33.4	34.9	25.3	28.4	3.2	3.2
云　南	21.6	23.2	40.9	38.7	6.3	4.9
西　藏			0.1	0.1		
陕　西	13.5	14.6	58.0	57.2	6.9	10.3
甘　肃	0.2	0.2	52.4	50.6	6.9	9.0
青　海			1.1	1.1		
宁　夏			2.3	2.4	6.6	7.0
新　疆			42.7	45.8	70.6	87.9

7—33 各地区水果产量

单位:吨

地区	水果产量		#香蕉		#苹果	
	2001年	2002年	2001年	2002年	2001年	2002年
全国总计	**66579966**	**69519803**	**5272352**	**5557297**	**20014986**	**19240985**
北京	617851	669097			153174	144392
天津	292950	298686			68424	67056
河北	6697927	7485270			1845447	1965571
山西	1965790	2213312			1551595	1724180
内蒙古	194739	176919			43081	40350
辽宁	2416697	2344015			1134657	1005142
吉林	346604	802758			97164	168372
黑龙江	213024	319708			109689	183067
上海	267362	277178			111	135
江苏	1952772	1946214			680191	614555
浙江	2506483	2512490			936	1100
安徽	1470565	1738834			259680	296552
福建	4011935	4249325	797385	764960	311	302
江西	577314	652276				
山东	9714071	8642046			6163790	5000017
河南	3991239	4270092			2524083	2603588
湖北	2336355	2231131			21800	12388
湖南	1850883	1831578				
广东	6861916	6989083	2287362	2717712		
广西	4062763	4557821	1129564	1073436		
海南	1436349	1390840	912568	853678		
重庆	826121	910111	1448	1269	6226	6225
四川	2729028	3066858	9658	11814	193972	206909
贵州	364269	396621	10292	8411	7854	9406
云南	984346	856255	124075	126017	103496	104816
西藏	6989	6453			5405	5072
陕西	4937300	5146996			3912713	3921630
甘肃	1217141	1370465			723901	776004
青海	17252	16301			9661	9078
宁夏	169474	169028			126642	124682
新疆	1542457	1982042			270983	250396

7—33 续表 1

单位:吨

地区	#柑桔		#梨		#葡萄	
	2001 年	2002 年	2001 年	2002 年	2001 年	2002 年
全国总计	**11606915**	**11990065**	**8796097**	**9309432**	**3679680**	**4479453**
北京			115197	125009	43361	50972
天津			27991	22863	114154	137909
河北			2445536	2662875	580139	758280
山西			139782	104019	70236	90686
内蒙古			103160	93676	16004	14408
辽宁			509942	412724	396991	522061
吉林			75508	200593	62618	79268
黑龙江			27965	44863	10513	14506
上海	137484	159403	15752	12752	23921	26140
江苏	54824	49115	462768	519451	114568	133564
浙江	1638080	1642751	188737	147842	132849	145171
安徽	9424	8056	672389	767482	76062	100306
福建	1809935	1931551	110029	125032	39291	48775
江西	433796	489940	42790	48795	3294	3560
山东			961234	829821	619141	640723
河南	21780	21795	395919	479640	280331	304982
湖北	1071729	938783	676761	677021	68301	59850
湖南	1588368	1489211	55348	63237	24218	28850
广东	1134889	1233869	37097	40318		
广西	1320678	1373383	64528	69819	63058	79197
海南	14865	18398				
重庆	598853	656915	89316	100777	10493	12137
四川	1497749	1661812	394805	469702	120980	133709
贵州	127929	135279	66606	82385	11306	14708
云南	102289	118029	157491	161000	25414	34539
西藏			646	387		
陕西	41655	58877	451236	460171	58206	61896
甘肃	2588	2898	266001	266254	32008	52442
青海			5525	5228	117	106
宁夏			9071	6707	20582	22639
新疆			226967	308989	661524	908069

7—33 续表 2

单位:吨

地　区	#菠　萝		#红　枣		#柿　子	
	2001 年	2002 年	2001 年	2002 年	2001 年	2002 年
全国总计	**869049**	**827306.5**	**1308633**	**1573698**	**1584665**	**1740591.2**
北　京			3076	2985	55561	62934
天　津			21698	17126	7672	1084
河　北			419954	488031	225584	257519
山　西			67313	138275	50969	55598
内蒙古						
辽　宁			11375	15033		
吉　林						
黑龙江						
上　海			430	260	3269	2186
江　苏			5387	6987	205979	169240
浙　江			6561	6341	32630	34388
安　徽			5393	7038	40963	67284
福　建	36823	38352	208	132	114572	125244
江　西			5310	5500	8481	9500
山　东			383384	403654	123030	109403
河　南			209757	225017	154064	171794
湖　北			13549	18362	55924	54151
湖　南			14847	16028	6684	8401
广　东	457590	462473			85397	98940
广　西	78508	70686	20885	22401	255580	298694
海　南	262884	227681				
重　庆			1031	19440	4795	5551
四　川		232	3317	4846	24823	28192
贵　州	2	1	1423	1602	12656	13339
云　南	33242	27882	2261	1475	27368	27299
西　藏						
陕　西			58364	93491	82507	130137
甘　肃			37646	60654	6157	9713
青　海						
宁　夏			6438	6888		
新　疆			9026	12132		

7—34 主要林产品产量

单位:万吨

年 份	橡 胶	生 漆	油桐籽	油茶籽	乌桕籽	板 栗	核 桃	松 脂
1952			43.5	24.9	11.8			
1957		0.2	51.8	49.4	12.5		10.3	
1962	0.5	0.1	18.3	20.1	8.1		4.0	
1965	1.7	0.2	13.0	33.2			4.8	
1970	4.6	0.1	22.4	35.0			5.1	
1975	6.9	0.2	37.0	42.5	7.7	4.4	6.5	30.3
1978	10.2	0.2	39.1	47.9	8.5	6.2	11.9	33.8
1979	10.8	0.3	32.5	61.7	8.1	4.7	9.0	40.4
1980	11.3	0.2	30.3	49.0	9.3	6.7	11.9	42.1
1981	12.8	0.3	36.0	65.4	9.5	5.1	10.7	56.2
1982	15.3	0.3	33.9	49.4	8.5	5.5	10.3	47.0
1983	17.2	0.3	36.8	43.5	8.5	6.5	11.9	30.4
1984	18.9	0.2	36.2	53.6	8.1	8.3	12.8	36.9
1985	18.8	0.2	37.9	61.9	7.1	8.3	12.2	34.4
1986	20.9	0.3	34.6	43.8	7.0	9.5	13.6	41.6
1987	23.8	0.3	34.2	51.8	6.8	11.5	14.7	52.3
1988	24.0	0.3	35.9	46.3	6.3	10.4	17.7	46.1
1989	24.3	0.3	33.5	66.7	5.6	10.3	16.0	48.7
1990	26.4	0.3	35.1	52.3	5.2	11.5	15.0	43.5
1991	29.6	0.3	32.8	62.1	4.5	13.6	15.2	44.0
1992	30.9	0.3	43.7	62.9	4.3	13.9	16.4	46.9
1993	32.6	0.3	42.1	48.8	4.1	16.2	19.2	58.1
1994	37.4	0.2	43.5	63.1	3.7	22.0	21.0	56.9
1995	42.4	0.3	40.5	62.3	3.9	24.7	23.1	54.8
1996	40.2	0.4	40.8	69.7	4.2	34.0	23.8	58.1
1997	45.2	0.4	45.4	85.7	4.1	37.7	25.0	70.1
1998	46.2	0.5	43.9	72.3	4.1	46.9	26.5	54.3
1999	49.0	0.5	44.8	79.3	3.5	53.5	27.4	57.1
2000	48.0	0.5	45.3	82.3	3.6	59.8	31.0	55.1
2001	47.7	0.5	40.7	82.5	2.9	59.9	25.2	56.4
2002	52.7	0.6	38.9	85.5	3.2	70.5	34.0	56.3

7—35 营林面积和主要林产品产量增减情况

指　　标	单　　位	1995 年	2000 年	2001 年	2002 年	2002 年为 2001 年%
一、营林情况						
(一)当年造林面积	千公顷	4967.2	5105.1	4946.9	7467.9	151.0
按造林方式分：						
1.当年人工造林面积	千公顷	4405.4	4345.0	3971.2	6607.1	166.4
2.当年飞机播种面积	千公顷	582.0	760.1	975.7	860.9	88.2
按用途分：						
1.用材林	千公顷	1823.3	1218.5	905.5	958.3	105.8
2.经济林	千公顷	1740.3	1350.3	1067.7	878.4	82.3
3.防护林	千公顷	1243.0	2430.8	2908.2	5545.6	190.7
4.薪炭林	千公顷	143.8	82.3	45.6	54.8	120.1
5.特种用材林	千公顷	16.5	23.2	19.8	31.0	156.3
(二)迹地更新面积	千公顷	729.7	919.8	515.3	403.2	78.3
(三)零星(四旁)植树	万　株	326377.6	300504.0	280448.3	269083.7	74.8
(四)育苗面积	千公顷	206.0	278.6	381.1	481.9	126.4
(五)幼林抚育作业面积	千公顷	15834.2	11825.3	15955.3	11564.2	72.5
(六)成林抚育面积	千公顷	6563.4	7528.9	6672.2	6915.1	103.6
二、主要林产品产量						
1.生　漆	吨	2976	5279	4925	6360	129.1
2.油桐籽	吨	404929	453461	406716	389024	95.7
3.油茶籽	吨	623128	823224	824731	854624	103.6
4.乌桕籽	吨	38834	35775	29296	31774	108.5
5.五倍籽	吨	10084	8678	8338	8512	102.1
6.棕　片	吨	52955	61082	59612	60392	101.3
7.松　脂	吨	548133	551057	563689	563388	99.9
8.竹笋片	吨	174588	339084	353783	392735	111.0
9.核　桃	吨	230867	309875	252347	340174	134.8
10.板　栗	吨	247026	598185	599077	704776	117.6
11.紫胶(原胶)	吨	3486	1419	1590	1650	103.8
三、村及村以下竹木采伐						
1.木　材	万立方米	4594	3705	3322	3494	105.2
2.竹　材	万　根	108389	123343	160700	169085	105.2

7—36 各地区造林面积

单位:千公顷

地区	当年造林面积		按造林方式分			
			人工造林面积		飞机播种造林面积	
	2001年	2002年	2001年	2002年	2001年	2002年
全国总计	**4946.9**	**7467.9**	**3971.2**	**6607.1**	**975.7**	**860.9**
北京	31.8	47.9	24.7	37.0	7.1	10.9
天津	4.8	8.5	4.8	5.8		2.7
河北	356.1	480.0	279.5	426.4	76.6	53.6
山西	356.4	680.7	280.1	618.6	76.3	62.1
内蒙古	731.9	907.4	474.4	697.1	257.4	210.3
辽宁	141.1	237.6	103.7	227.0	37.4	10.7
吉林	94.3	142.1	93.7	134.2	0.6	7.9
黑龙江	212.7	245.1	208.6	244.5	4.1	0.6
上海	8.1	15.2	8.1	15.2		
江苏	58.3	72.8	58.3	72.8		
浙江	21.4	21.2	21.4	21.2		
安徽	73.3	160.2	73.3	160.2		
福建	21.0	17.5	15.9	17.5	5.1	
江西	37.1	162.3	28.3	162.3	8.8	
山东	135.3	152.6	134.7	152.6	0.5	
河南	151.0	266.9	117.6	238.8	33.3	28.1
湖北	146.5	251.3	144.0	251.3	2.5	
湖南	75.6	100.9	75.6	100.9		
广东	32.3	57.6	32.3	57.6		
广西	82.2	174.7	79.8	174.7	2.4	
海南	35.8	21.4	35.8	21.4		
重庆	99.7	175.5	68.6	154.8	31.1	20.7
四川	516.6	694.6	339.8	570.4	176.8	124.2
贵州	240.7	374.3	203.2	342.1	37.5	32.2
云南	335.0	402.3	279.8	307.9	55.2	94.4
西藏	7.1	12.4	7.1	12.4		
陕西	436.6	682.0	318.7	544.3	117.8	137.7
甘肃	215.5	371.9	184.8	348.1	30.7	23.8
青海	55.8	133.4	55.8	105.7		27.6
宁夏	98.9	182.5	84.7	169.1	14.1	13.3
新疆	133.9	215.3	133.6	215.3	0.3	

7－36 续表 1　　单位：千公顷

地　区	按用途分					
	用材林		经济林		防护林	
	2001 年	2002 年	2001 年	2002 年	2001 年	2002 年
全国总计	**905.5**	**958.3**	**1067.7**	**878.4**	**2908.2**	**5545.6**
北　京	3.8	3.5	9.8	12.9	15.3	27.7
天　津	0.4	2.7	1.3	1.6	3.1	4.2
河　北	56.2	63.6	96.7	47.2	200.6	362.3
山　西	30.1	20.6	95.2	99.5	230.3	559.8
内蒙古	49.6	17.0	64.4	14.0	615.7	876.2
辽　宁	38.2	58.2	22.3	28.9	72.7	140.9
吉　林	37.8	18.6	9.3	15.7	46.2	107.5
黑龙江	113.1	76.9	12.0	16.5	74.5	147.3
上　海	0.4	0.6	3.8	6.6	1.9	4.2
江　苏	30.1	37.0	17.5	16.5	10.5	19.0
浙　江	3.1	0.9	10.7	6.4	7.4	13.6
安　徽	26.3	20.3	32.8	21.4	14.2	117.5
福　建	7.1	6.5	5.5	4.5	7.2	5.3
江　西	10.3	23.7	6.4	21.0	20.1	116.8
山　东	19.0	43.7	84.0	80.1	32.2	27.7
河　南	33.5	72.1	38.4	43.3	78.4	148.1
湖　北	45.3	101.9	42.9	55.9	55.5	82.5
湖　南	20.4	16.6	10.8	9.0	44.1	74.6
广　东	11.7	26.9	3.4	7.3	17.1	21.9
广　西	41.7	69.9	33.3	52.6	6.7	52.1
海　南	4.5	1.0	21.9	9.0	9.2	11.5
重　庆	9.9	13.7	10.7	13.9	78.8	144.2
四　川	58.8	64.7	41.1	66.8	414.8	556.9
贵　州	72.7	21.2	46.6	19.9	118.8	331.0
云　南	89.2	68.2	104.5	74.3	138.2	255.3
西　藏	3.0	2.5	1.2	2.2	2.9	7.7
陕　西	67.4	69.7	107.4	68.8	251.8	539.6
甘　肃	18.8	27.6	38.7	25.8	151.7	307.7
青　海	0.2		0.4	0.1	54.8	133.3
宁　夏	0.7	1.3	8.3	3.0	90.0	176.8
新　疆	2.1	7.5	86.1	34.1	43.8	172.4

7—36 续表 2　　单位:千公顷

地区	按用途分				迹地更新	
	薪炭林		特种用材			
	2001 年	2002 年	2001 年	2002 年	2001 年	2002 年
全国总计	**45.6**	**54.8**	**19.8**	**31.0**	**515.3**	**403.2**
北　京			2.8	3.7	0.2	0.4
天　津						0.3
河　北	2.3	6.9	0.3	0.1	14.5	6.7
山　西	0.3	0.5	0.5	0.3	0.5	0.1
内蒙古	1.6	0.2	0.6	0.1	19.7	19.3
辽　宁	7.5	9.4	0.4	0.2	17.0	9.7
吉　林	0.6	0.1	0.3	0.3	33.1	29.3
黑龙江	7.0	1.7	6.0	2.7	69.2	22.6
上　海			2.0	3.8		
江　苏	0.1	0.1	0.1	0.1	5.8	5.5
浙　江		0.2	0.1	0.2	26.6	10.1
安　徽				0.9		
福　建	1.1	1.2	0.1	0.1	56.5	50.3
江　西	0.2	0.5	0.1	0.3	17.1	10.5
山　东		1.1		0.1	10.0	9.8
河　南	0.6	2.5	0.1	0.9	3.8	3.2
湖　北	1.6	6.8	1.3	4.2	7.7	28.3
湖　南		0.2	0.3	0.4	30.6	13.6
广　东	0.2	0.3		1.1	90.1	68.9
广　西	0.5			0.2	72.4	60.1
海　南	0.1		0.1		6.0	5.8
重　庆	0.3	3.6		0.2	0.0	
四　川	1.8	4.4	0.1	1.9	1.4	4.3
贵　州	2.4	0.7	0.2	1.4	3.9	0.7
云　南	2.2	3.4	0.9	1.1	8.4	18.0
西　藏		0.1			4.9	6.3
陕　西	9.4	3.7	0.6	0.3	8.4	1.9
甘　肃	3.9	4.9	2.4	5.9	1.1	4.6
青　海	0.4				2.1	
宁　夏		1.5				0.5
新　疆	1.4	0.8	0.5	0.4	4.1	12.6

7－36 续表 3

单位：千公顷

地　区	零星四旁植树（万株）		育苗面积		幼林抚育面积		成林抚育面积	
	2001 年	2002 年	2001 年	2002 年	2001 年	2002 年	2001 年	2002 年
全国总计	**280448**	**269084**	**381.1**	**481.9**	**15955.3**	**11564.2**	**6672.2**	**6915.1**
北　京	713	728	19.6	23.9	45.1	55.1	25.5	76.3
天　津	3578	362	4.2	4.7	60.3	63.9	49.2	49.3
河　北	11499	13125	58.5	74.9	779.1	480.4	477.4	367.8
山　西	16175	18391	25.5	30.5	179.4	172.3	73.1	90.1
内 蒙 古	4408	3778	12.2	12.5	692.4	744.1	445.7	573.4
辽　宁	7691	7678	19.7	26.5	1024.5	458.8	41.5	32.3
吉　林	1306	1270	3.8	5.8	681.6	684.9	177.1	178.6
黑 龙 江	5720	3685	18.4	19.6	1522.2	1088.3	223.0	230.9
上　海	794	572	5.9	10.0	13.7	22.1	4.0	10.0
江　苏	14248	13497	27.9	39.2	137.0	161.6	120.4	150.2
浙　江	3270	2940	12.4	21.8	152.7	132.2	332.5	348.2
安　徽	18378	19918	7.8	13.5	663.7	772.0	345.4	585.3
福　建	3265	3120	0.3	0.4	224.6	212.1	201.3	185.3
江　西	6738	6254	1.8	4.0	293.5	301.9	237.9	146.7
山　东	14410	15069	38.2	53.0	2105.6	1140.8	746.3	721.7
河　南	26457	23821	21.8	33.0	989.7	1059.9	647.8	751.9
湖　北	24520	22904	21.7	11.7	288.8	306.6	370.5	344.0
湖　南	16202	14801	8.1	8.7	458.4	326.3	146.9	214.8
广　东	7658	5459	2.6	3.2	249.6	230.3	305.9	240.8
广　西	3367	3609	2.1	3.1	380.9	416.9	337.4	295.2
海　南	761	1298	0.5	0.5	19.5	33.9	13.1	23.6
重　庆	7701	9564	2.7	4.4	38.5	41.2	13.0	40.4
四　川	31859	31375	7.6	13.7	356.4	385.1	218.7	167.5
贵　州	3623	3326	2.2	4.1	321.3	232.0	87.6	90.8
云　南	13151	11226	2.6	2.6	115.9	95.9	67.7	56.4
西　藏	706.3	1459	0.3	0.2	2.5	2.2	8.2	9.3
陕　西	15993	15647	19.6	19.2	311.7	341.8	214.0	172.6
甘　肃	8246	7406	15.1	15.7	209.3	216.9	138.0	136.7
青　海	3598	1303	2.7	3.0	101.8	108.2	18.6	
宁　夏	1500	1521	7.4	7.2	221.1	308.6	57.5	92.2
新　疆	2913	3978	8.0	11.8	3314.6	968.0	527.3	532.8

7－37　各地区主要林产品产量

单位：吨

地　区	生　漆		油桐籽		油茶籽	
	2001年	2002年	2001年	2002年	2001年	2002年
全国总计	**4925**	**6360**	**406716**	**389024**	**824731**	**854624**
北　京						
天　津						
河　北						
山　西						
内蒙古						
辽　宁						
吉　林						
黑龙江						
上　海						
江　苏			15	11	30	7
浙　江	20	18	438	343	30249	32800
安　徽	202	179	3123	3345	18269	21667
福　建	76	99	17887	18396	63873	63512
江　西	33	796	15448	14252	171726	189586
山　东						
河　南	646	833	38306	43327	5906	6300
湖　北	285	241	16692	13497	15003	16110
湖　南	83	159	40616	40475	336216	360345
广　东			4229	3752	28241	29814
广　西	15	41	62394	57349	134629	108479
海　南						
重　庆	459	462	36452	17367	804	790
四　川	611	1091	37149	53152	4278	10228
贵　州	1047	1214	103697	96795	9956	9685
云　南	502	333	18335	17048	5153	4800
西　藏						
陕　西	815	821	11408	9278	398	501
甘　肃	131	73	527	637		
青　海						
宁　夏						
新　疆						

7—37 续表 1

单位:吨

地区	乌桕籽		五倍籽		棕片	
	2001 年	2002 年	2001 年	2002 年	2001 年	2002 年
全国总计	**29296**	**31774**	**8338**	**8512**	**59612**	**60392**
北京						
天津						
河北						
山西						
内蒙古						
辽宁						
吉林						
黑龙江						
上海						
江苏						
浙江	88	54			1328	1280
安徽	841	828	188	61	1123	1102
福建	676	162	67	43	11001	10756
江西	395	2952	23	42	3898	4408
山东						
河南	1492	1867	1167	1448		
湖北	13832	10595	1015	609	4223	4285
湖南	1389	1379	1193	914	8077	8536
广东	144	103			387	1169
广西	82	96	207	201	2508	2525
海南						
重庆	3617	4070	726	879	2948	2482
四川	2260	5338	1051	1433	6333	6310
贵州	4064	3910	1469	1554	4787	4876
云南	289	274	140	110	9450	9456
西藏						
陕西	127	146	989	934	3037	3183
甘肃			103	284	512	24
青海						
宁夏						
新疆						

7－37 续表 2

单位:吨

地　区	松　脂		竹笋片	
	2001 年	2002 年	2001 年	2002 年
全国总计	**563689**	**563388**	**353783**	**392735**
北　京				
天　津				
河　北				
山　西				
内蒙古				
辽　宁				
吉　林				
黑龙江				
上　海				231
江　苏			1065	1303
浙　江	3574	3695	126778	141533
安　徽	5661	4673	21049	16350
福　建	66734	61856	125808	133426
江　西	46387	48801	10492	10019
山　东				
河　南	1861	321	20	23
湖　北	3719	3695	1628	2154
湖　南	19971	20833	16516	16330
广　东	121640	117224	13467	18622
广　西	217295	225330	16800	17448
海　南	6185	5286	269	295
重　庆		8	1267	1550
四　川	3517	3668	9925	23722
贵　州	4118	4424	4115	5105
云　南	63023	63494	4070	4195
西　藏				
陕　西	4	80	511	429
甘　肃			3	
青　海				
宁　夏				
新　疆				

7—37 续表 3

单位：吨

地区	核桃		板栗		紫胶	
	2001 年	2002 年	2001 年	2002 年	2001 年	2002 年
全国总计	**252347**	**340174**	**599077**	**704776**	**1590**	**1650**
北京	10298	10283	14567	16140		
天津	360	336	227	124		
河北	28761	30613	50725	55049		
山西	40215	39382	125	305		
内蒙古	80					
辽宁	7783	8566	28767	32652		
吉林	1741	1444	255			
黑龙江						
上海						
江苏			14851	17382		
浙江			38654	44848		
安徽	540	184	42151	55207		114
福建	4	30	22620	29560	2	1
江西	41	252	12580	18160	371	5
山东	6253	7900	159827	172269		
河南	13387	15271	62035	76986		
湖北	2791	2186	55679	63263	5	
湖南	2842	3038	21168	25224	15	9
广东	150		5371	5813	328	373
广西	272	233	26828	31668		
海南						
重庆	1515	1958	3188	3465	15	
四川	32744	70534	6142	11960	56	28
贵州	7010	7448	7810	8690	5	27
云南	68568	74664	13631	14334	793	1013
西藏	1451	1710				
陕西	10596	34779	10853	21352		80
甘肃	3051	16233	1023	325		
青海	27	72				
宁夏	140	71				
新疆	11727	12987				

7—38 各地区村及村以下竹木采伐量

地 区	木材(万立方米)		竹材(万根)	
	2001 年	2002 年	2001 年	2002 年
全国总计	**3321.5**	**3494.1**	**160700**	**169085**
北 京	4.0	33.0		
天 津	3.1	32.0		
河 北	52.5	43.9		
山 西	3.8	5.1		
内蒙古	25.4	25.7		
辽 宁	60.2	87.1		
吉 林	40.1	37.3		
黑龙江	15.4	18.2		
上 海	0.8	0.3	77	148
江 苏	50.5	114.1	594	250
浙 江	318.0	323.8	9666	9416
安 徽	206.1	209.6	3555	3740
福 建	339.9	356.2	26772	29271
江 西	176.0	306.0	3084	2812
山 东	151.9	126.2		
河 南	328.0	318.0	199	234
湖 北	94.6	95.3	3663	24999
湖 南	397.2	307.5	11648	12960
广 东	274.1	282.1	6468	7390
广 西	342.7	330.8	16400	4424
海 南	11.3	16.0	9	438
重 庆	16.5	18.4	391	479
四 川	30.6	32.3	2773	20495
贵 州	57.7	56.0	856	870
云 南	262.1	255.7	73747	50488
西 藏	9.9	11.9	211	99
陕 西	15.3	13.4	587	573
甘 肃	1.9	5.4		
青 海	2.8	2.9		
宁 夏	0.8	0.2		
新 疆	28.4	29.8		

7—39 主要牲畜出栏量和畜产品产量增长情况

指标	单位	1999 年	2000 年	2001 年	2002 年	2002 年为2001 年%
一、牲畜出栏量						
(一)大牲畜出栏						
1. 牛	万头	3766.2	3964.8	4118.4	4401.1	106.9
2. 马	万头	136.1	146.1	154.5	148.9	96.4
3. 驴	万头	194.3	201.7	203.0	211.5	104.2
4. 骡	万头	59.2	65.3	67.2	65.6	97.6
5. 骆驼	万头	6.7	6.7	8.5	6.9	81.2
(二)猪	万头	50749.0	52673.3	54936.7	56684.0	103.2
(三)羊	万只	18820.4	20472.7	21722.5	23280.8	107.2
(四)家禽	亿只	74.3	81.0	80.9	83.3	103.0
(五)兔	万只	22103.0	25878.2	28992.5	30560.2	105.4
二、肉类总产量	万吨	5820.7	6125.4	6333.9	6586.5	104.0
# 猪牛羊肉产量	万吨	4647.4	4838.2	5026.0	5227.9	104.0
1. 猪肉产量	万吨	3890.7	4031.4	4184.5	4326.6	103.4
平均每头产肉量	公斤/头	76.7	76.5	76.2	76.3	100.2
2. 牛肉产量	万吨	505.4	532.8	548.8	584.6	106.5
平均每头产肉量	公斤/头	134.2	134.4	133.3	132.8	99.7
3. 羊肉产量	万吨	251.3	274.0	292.7	316.7	108.2
平均每头产肉量	公斤/只	13.5	13.4	13.5	13.6	100.9
4. 禽肉产量	万吨	1115.5	1207.5	1210.3	1249.8	103.3
5. 兔肉产量	万吨	31.0	37.0	40.6	42.3	104.2
三、其它畜产品产量						
1. 奶类产量	万吨	806.9	919.1	1122.9	1400.4	124.7
#牛奶产量	万吨	717.6	827.4	1025.5	1299.8	126.8
2. 山羊毛产量	吨	31849	33266	34241	35459	103.6
3. 绵羊毛产量	吨	283152	292502	298254	307588	103.1
#细羊毛	吨	114103	117386	114651	112193	97.9
半细羊毛	吨	73700	84921	88075	102419	116.3
4. 羊绒产量	吨	10180	11057	10968	11765	107.3
5. 蜂蜜产量	万吨	23.0	24.6	25.2	26.5	105.2
6. 禽蛋产量	万吨	2134.7	2243.3	2336.7	2462.7	105.4
7. 蚕茧产量	吨	484702	547613	654703	697614	106.6
#桑蚕茧	吨	447261	500640	602358	644889	107.1
柞蚕茧	吨	37234	46782	51931	52310	100.7

7－40　各地区主要牲畜出栏量

单位：万头、万只

地　　区	当年出栏肉猪	当年出栏肉牛	当年出栏肉羊	当年出栏家禽
全国总计	**56684.0**	**4401.1**	**23280.8**	**832894.1**
北　　京	483.2	26.8	263.9	16385.9
天　　津	362.4	27.9	124.7	8405.4
河　　北	3541.1	480.0	2030.7	57389.7
山　　西	592.0	50.2	484.1	3508.3
内 蒙 古	838.5	129.6	2156.0	7006.0
辽　　宁	1539.8	198.6	319.8	45592.0
吉　　林	1008.6	295.9	284.8	43547.7
黑 龙 江	1131.3	192.3	319.6	13856.4
上　　海	450.0	0.4	72.0	15900.0
江　　苏	2955.7	28.5	1504.3	60486.4
浙　　江	1719.2	9.0	181.1	18693.3
安　　徽	2453.9	252.3	852.2	44203.8
福　　建	1488.3	23.9	107.8	18094.0
江　　西	1957.0	67.1	74.4	28153.7
山　　东	3803.2	488.1	3358.6	126352.6
河　　南	4498.0	640.0	3437.2	52847.9
湖　　北	2752.0	102.8	279.1	31507.0
湖　　南	5653.1	146.8	526.0	35286.0
广　　东	3162.2	46.7	25.2	96613.9
广　　西	2656.5	129.1	181.5	22918.3
海　　南	273.2	28.6	90.2	6960.6
重　　庆	1749.0	43.6	207.1	11482.0
四　　川	6202.6	218.8	1094.0	37148.5
贵　　州	1285.0	67.0	200.6	4519.5
云　　南	2259.9	153.8	417.6	9652.3
西　　藏	14.4	89.5	530.4	
陕　　西	770.1	71.1	447.0	5505.0
甘　　肃	639.0	89.5	583.7	3017.7
青　　海	104.6	91.3	475.4	188.6
宁　　夏	138.2	23.3	288.7	1475.1
新　　疆	202.3	188.7	2363.0	6196.5

注：从2000年开始牲畜出栏使用抽样调查推算数。

7—41 各地区肉类总产量

单位:万吨

地区	肉类总产量	#猪牛羊肉	猪肉	牛肉	羊肉
全国总计	**6586.5**	**5227.9**	**4326.6**	**584.6**	**316.7**
北京	70.7	43.0	33.8	4.9	4.2
天津	44.8	33.5	26.1	4.6	2.8
河北	458.2	363.1	265.2	71.2	26.7
山西	64.9	59.0	45.3	6.7	6.9
内蒙古	145.8	128.2	74.9	19.5	33.8
辽宁	253.9	166.5	132.4	29.7	4.4
吉林	204.3	116.1	75.6	37.0	3.5
黑龙江	144.0	115.4	82.4	28.2	4.7
上海	51.6	26.0	25.1	0.1	0.9
江苏	349.4	239.9	217.4	5.3	17.2
浙江	147.8	119.4	115.1	1.2	3.1
安徽	317.0	248.5	201.2	35.3	11.9
福建	142.5	114.4	110.6	2.3	1.5
江西	195.5	157.0	149.9	6.0	1.1
山东	627.0	421.2	314.8	76.1	30.2
河南	570.0	493.5	366.5	89.2	37.8
湖北	278.2	237.7	218.8	14.6	4.3
湖南	472.5	420.8	396.9	15.9	8.1
广东	348.5	231.3	225.8	5.0	0.5
广西	248.5	205.0	190.8	11.6	2.6
海南	39.7	27.1	23.3	2.6	1.2
重庆	153.0	134.3	126.9	5.0	2.4
四川	568.0	499.3	458.9	23.6	16.8
贵州	138.6	128.7	115.2	9.0	4.5
云南	235.8	218.7	195.9	15.7	7.2
西藏	17.2	17.2	0.9	9.4	6.9
陕西	87.0	76.5	60.2	9.4	6.9
甘肃	70.1	64.8	46.0	9.5	9.3
青海	22.8	22.2	7.2	7.0	8.0
宁夏	18.9	16.2	8.8	2.9	4.5
新疆	100.2	83.4	14.9	25.9	42.6

注:从2000年开始肉类产量使用抽样调查推算数。

7—42 各地区其他畜产品产量

单位:万吨

地区	奶类		#牛奶		蜂蜜		禽蛋	
	2001年	2002年	2001年	2002年	2001年	2002年	2001年	2002年
全国总计	**1122.9**	**1400.4**	**1025.5**	**1299.8**	**25.2**	**26.5**	**2336.7**	**2462.7**
北京	42.9	55.1	42.9	55.1	0.3	0.3	15.6	15.2
天津	24.1	33.6	24.1	33.6			26.0	24.5
河北	119.3	148.9	107.4	136.9	0.9	0.8	369.6	389.4
山西	40.4	47.2	37.9	44.7	0.3	0.2	42.6	45.7
内蒙古	109.0	168.9	106.2	165.2	0.2	0.2	26.4	27.7
辽宁	26.6	30.8	24.2	28.1	0.8	0.8	148.4	159.8
吉林	16.4	18.9	16.0	18.0	0.5	0.5	83.0	84.0
黑龙江	192.4	239.8	189.0	235.8	0.7	0.8	80.3	84.6
上海	26.0	28.0	26.0	28.0	0.1	0.1	16.9	16.6
江苏	36.0	45.5	35.4	45.3	0.6	0.7	180.1	187.3
浙江	17.6	22.2	17.6	22.2	7.3	7.0	40.6	43.5
安徽	5.5	7.4	5.5	7.4	1.4	1.2	112.7	115.3
福建	11.4	14.2	11.1	13.8	0.6	0.6	40.1	40.8
江西	5.9	7.9	5.9	7.9	0.7	0.9	33.6	35.4
山东	90.4	116.8	61.8	90.3	1.0	1.0	379.0	399.4
河南	30.0	39.0	27.0	36.0	1.6	2.5	286.0	302.0
湖北	8.8	10.1	8.8	10.1	0.9	0.8	108.2	112.1
湖南	1.8	3.0	1.8	3.0	0.8	1.0	54.7	62.7
广东	10.4	11.1	10.2	10.8	1.2	1.3	33.1	32.8
广西	2.1	3.1	2.0	3.1	0.6	0.6	14.5	15.0
海南					0.1		3.1	3.1
重庆	6.8	8.1	6.8	8.1	0.4	0.5	29.8	31.6
四川	33.3	39.3	33.0	38.9	2.7	2.9	108.8	121.1
贵州	2.0	2.5	2.0	2.5	0.1	0.2	7.0	7.9
云南	17.1	19.0	15.6	17.5	0.6	0.6	11.8	13.2
西藏	23.1	24.3	18.1	19.0			0.2	0.3
陕西	69.5	83.1	43.5	54.0	0.3	0.3	42.5	46.4
甘肃	15.6	17.3	15.2	16.8	0.2	0.1	11.9	12.4
青海	22.8	23.5	21.7	22.0			1.3	1.4
宁夏	27.6	30.8	27.6	30.7	0.1	0.1	8.7	9.0
新疆	87.8	101.1	81.1	94.9	0.3	0.3	20.4	22.6

7—43 牲畜年末存栏头数增减情况

指　　标	单　　位	1999 年	2000 年	2001 年	2002	2002 年为 2001 年%
一、大牲畜头数	**万头**	**15024.8**	**15151.5**	**14995.9**	**15189.3**	**101.3**
其中:役畜	万头	7403.8	7449.8	7207.2	7056.3	97.9
1. 牛	万头	12698.3	12866.3	12824.2	13084.8	102.0
其中:黄牛	万头	9436.6	9656.5	9529.7	9644.5	101.2
乳牛	万头	442.8	488.9	566.2	687.3	121.4
水牛	万头	2258.7	2275.8	2268.4	2272.4	100.2
2. 马	万头	891.4	876.6	826.0	808.8	97.9
3. 驴	万头	934.8	922.7	881.5	849.9	96.4
4. 骡	万头	467.3	453.0	436.2	419.4	96.1
5. 骆驼	万头	33.0	32.6	27.9	26.4	94.6
二、猪	**万头**	**43144.2**	**44681.5**	**45743.0**	**46291.5**	**101.2**
三、羊	**万只**	**27925.8**	**29031.9**	**29826.4**	**31655.2**	**106.1**
1. 山羊	万只	14816.3	15715.9	16129.2	17275.9	107.1
2. 绵羊	万只	13109.5	13316.0	13697.2	14379.3	105.0
四、家禽	**亿只**	**45.5**	**46.4**	**48.9**	**47.4**	**96.9**
五、兔	**万只**	**15789.3**	**17781.7**	**19124.7**	**19422.1**	**101.6**

7—44 各地区牲畜年末存栏头数

单位:万头

地　区	大牲畜	1.牛	(1)黄牛	(2)水牛
全国总计	**15189.3**	**13084.8**	**9644.5**	**2272.4**
北　京	31.0	27.4	12.3	
天　津	44.1	37.3	27.5	
河　北	929.4	703.2	614.4	
山　西	298.0	217.5	208.6	
内蒙古	543.4	327.3	229.0	
辽　宁	421.5	264.8	245.3	
吉　林	560.4	460.0	451.0	
黑龙江	564.6	491.9	432.3	
上　海	6.2	6.2		0.2
江　苏	78.8	63.6	32.4	17.6
浙　江	39.6	39.6	22.1	10.9
安　徽	587.6	582.5	387.3	106.5
福　建	109.4	109.3	67.5	35.9
江　西	356.7	356.7	229.2	124.9
山　东	1128.8	1018.9	978.9	1.0
河　南	1410.4	1330.6	1270.6	44.9
湖　北	401.9	399.3	203.7	188.8
湖　南	537.9	534.0	319.3	196.5
广　东	413.1	413.0	183.3	218.7
广　西	808.0	766.5	329.8	427.0
海　南	149.5	149.5	58.2	91.2
重　庆	168.1	164.5	111.5	52.7
四　川	1161.5	1067.4	836.8	225.5
贵　州	771.0	692.6	458.0	233.1
云　南	930.2	750.4	513.7	295.1
西　藏	633.3	577.1	106.1	
陕　西	306.9	267.6	241.5	1.8
甘　肃	590.9	379.0	349.5	
青　海	462.2	410.7	396.7	
宁　夏	90.5	62.4	57.3	
新　疆	654.4	414.1	270.6	

7—44 续表 1

单位：万头

地　　区	2. 马	3. 驴	4. 骡
全国总计	**808.8**	**849.9**	**419.4**
北　　京	0.5	2.0	1.1
天　　津	0.7	4.5	1.7
河　　北	40.6	130.0	55.6
山　　西	5.2	36.6	38.7
内 蒙 古	79.7	77.7	51.0
辽　　宁	34.4	92.9	29.4
吉　　林	65.0	17.3	18.1
黑 龙 江	60.0	7.6	5.1
上　　海			
江　　苏	1.0	11.8	2.4
浙　　江			
安　　徽	1.5	2.8	0.8
福　　建	0.1		
江　　西			
山　　东	17.9	76.9	15.1
河　　南	21.6	38.3	19.9
湖　　北	1.7	0.7	0.3
湖　　南	3.2	0.5	0.2
广　　东	0.1		
广　　西	38.4	0.1	3.1
海　　南			
重　　庆	2.4	0.2	1.1
四　　川	78.1	7.8	8.1
贵　　州	76.2	0.2	2.1
云　　南	83.1	32.0	64.8
西　　藏	42.4	12.4	1.4
陕　　西	1.4	26.7	11.1
甘　　肃	26.1	120.7	63.3
青　　海	27.3	9.0	14.3
宁　　夏	0.7	18.9	8.4
新　　疆	99.7	122.2	2.6

7—44 续表 2

单位:万头、万只

地区	猪	羊	(1)山羊	(2)绵羊
全国总计	**46291.5**	**31655.2**	**17275.9**	**14379.3**
北京	277.8	175.2	59.8	115.5
天津	269.9	93.7	34.4	59.3
河北	2614.3	2101.1	897.4	1203.7
山西	472.7	1068.0	455.0	613.0
内蒙古	681.8	3951.7	1545.8	2405.9
辽宁	1281.8	446.0	204.9	241.1
吉林	474.5	372.3	58.0	314.3
黑龙江	1010.8	749.1	228.7	520.4
上海	216.1	47.0	40.4	6.6
江苏	2011.7	1147.0	1109.5	37.5
浙江	1139.2	258.6	136.8	121.8
安徽	1995.4	948.7	945.8	2.8
福建	1132.9	106.4	106.4	
江西	1369.9	73.9	73.9	
山东	2883.0	3039.5	2389.0	650.4
河南	3800.0	3378.0	3036.5	341.5
湖北	2107.6	301.9	300.6	1.4
湖南	3908.5	483.0	482.9	0.1
广东	2062.3	31.2	31.2	
广西	3029.3	232.4	232.4	
海南	309.1	94.8	94.8	
重庆	1690.6	213.0	212.8	0.2
四川	5376.2	1329.0	975.6	353.4
贵州	1869.1	360.7	339.6	21.1
云南	2486.9	784.1	689.3	94.9
西藏	23.7	1782.4	642.6	1139.8
陕西	735.2	760.1	594.4	165.7
甘肃	625.1	1209.1	307.2	901.8
青海	104.8	1732.9	295.6	1437.2
宁夏	126.2	476.0	128.1	347.9
新疆	205.1	3908.2	626.4	3281.8

7—45 水产品产量和养殖面积

年 份	水产品总产量（万吨）	内陆水产品（万吨）		海水产品（万吨）		水产品养殖面积（千公顷）	
			＃人工养殖		＃人工养殖	内陆养殖	海水养殖
1952	166.6	60.6	14.0	106.0	6.0		
1957	311.6	117.9	57.0	193.7	12.0	1054.7	60.0
1962	228.3	78.5	31.0	149.8	9.0	1600.0	50.0
1965	298.4	97.0	51.0	201.4	10.0	1979.3	83.3
1970	318.5	90.4	58.0	228.1	18.0	2721.3	83.3
1975	441.2	106.5	75.0	334.7	28.0	3244.0	112.0
1978	465.3	105.9	76.2	359.5	45.0	2722.8	100.6
1979	430.5	111.6	81.3	318.9	41.6	2737.8	116.5
1980	449.7	124.0	90.1	325.7	44.4	2864.1	133.6
1981	460.6	137.3	101.4	323.2	45.8	2880.3	138.5
1982	515.5	156.2	120.7	359.3	49.5	3050.6	162.5
1983	545.8	184.1	142.8	361.7	54.5	3082.6	186.7
1984	619.3	225.0	181.1	394.4	63.9	3259.5	242.6
1985	705.2	285.4	237.8	419.7	71.2	3687.5	277.0
1986	823.6	348.2	294.4	475.4	85.8	3787.9	325.2
1987	955.3	407.2	347.2	548.2	110.1	3859.3	369.3
1988	1060.9	455.2	389.8	605.7	142.4	3894.9	409.5
1989	1151.7	490.5	417.0	661.2	157.6	3812.3	423.1
1990	1237.0	523.7	445.4	713.3	162.4	3829.8	428.9
1991	1350.8	550.7	459.2	800.1	190.5	3827.5	449.3
1992	1557.1	623.5	533.4	933.7	242.4	3975.7	499.1
1993	1823.0	747.0	644.1	1076.0	308.7	4132.6	586.3
1994	2143.2	901.7	785.0	1241.5	345.7	4429.9	653.5
1995	2517.2	1078.0	940.8	1439.1	412.3	4669.4	715.9
1996	3288.1	1275.2	1099.0	2012.9	763.9	4832.3	822.1
1997	3601.8	1425.4	1236.7	2176.4	791.0	4962.9	937.9
1998	3906.5	1549.8	1321.4	2356.7	860.0	5064.2	1004.4
1999	4122.4	1650.5	1422.7	2471.9	974.3	5182.1	1095.0
2000	4278.5	1739.7	1513.4	2538.7	1061.3	5264.8	1243.2
2001	4381.3	1809.6	1595.0	2571.7	1131.1	5399.4	1286.9
2002	4564.5	1918.2	1693.0	2646.3	1212.8	5509.7	1344.7

7—46 水产品产量和养殖面积增减情况

指　　标	单　　位	1995 年	2000 年	2001 年	2002 年	2002 年为 2001 年%
一、水产品总产量	**吨**	**25171794**	**42784845**	**43813340**	**45645340**	**104.2**
按海水.内陆分						
1.海水产品产量	吨	14391297	25387389	25716967	26463371	102.9
2.内陆水产品产量	吨	10780497	17397456	18096373	19181969	106.0
按生产性质分						
1.捕捞产量	吨	11641237	17038176	16552043	16586999	100.2
2.养殖产量	吨	13530557	25746669	27261297	29058341	106.6
按品种分						
1.鱼类	吨	17767539	26060480.4	26437856	27324846	103.4
2.虾蟹类	吨	2121365	3853953.6	4033336	4329627	107.3
3.贝类	吨	4127896	10849816	11307342	11760722	104.0
4.藻类	吨	749140	1221988	1249497	1333413	106.7
5.其它类	吨	405854	798607	785309	896732	114.2
二、水产养殖面积	**千公顷**	**5385.3**	**6508.1**	**6686.3**	**6854.4**	**102.5**
1.海水养殖面积	千公顷	715.9	1243.2	1286.9	1344.7	104.5
(1)浅海养殖	千公顷	131.8	326.0	289.6	350.8	121.1
(2)港湾养殖	千公顷	159.5	230.8	245.3	256.1	104.4
(3)滩涂养殖	千公顷	424.6	686.5	752.0	737.8	98.1
2.内陆养殖面积	千公顷	4669.4	5264.8	5399.4	5509.7	102.0
(1)池塘养殖	千公顷	1857.9	2212.6	2288.3	2336.7	102.1
(2)湖泊养殖	千公顷	824.2	879.1	871.3	866.8	99.5
(3)河沟养殖	千公顷	347.4	379.8	395.7	434.9	109.9
(4)水库养殖	千公顷	1515.7	1620.0	1667.3	1636.8	98.2
(5)其他养殖	千公顷	124.2	173.3	176.8	234.5	132.7
3.稻田养殖	千公顷	1029.1	1266.9	1496.9	1666.8	111.4

7—47 海水产品和内陆水产品产量

单位:吨

指标	1995年	2000年	2001年	2002年	2002年为2001年%
海水产品产量	**14391297**	**25387389**	**25716967**	**26463371**	**102.9**
一、海洋捕捞产量	**10268373**	**14774524**	**14406144**	**14334934**	**99.5**
1.鱼类	7436501	9902931	9652673	9662439	100.1
2.虾蟹类	1732445	2626967	2568340	2543508	99.0
3.贝类	823691	1779621	1681275	1543684	91.8
4.藻类	10637	20429	26687	29706	111.3
5.其它类	265099	444576	477169	555597	116.4
二、海水养殖产量	**4122924**	**10612865**	**11310823**	**12128437**	**107.2**
1.鱼类	144937	426957	494725	560404	113.3
2.虾蟹类	115901	343940	457078	562326	123.0
3.贝类	3099099	8607050	9100140	9649547	106.0
4.藻类	738503	1201559	1222810	1303707	106.6
5.其它类	24484	33359	36070	52453	145.4
内陆水产品产量	**10780497**	**17397456**	**18096373**	**19181969**	**106.0**
一、内陆捕捞产量	**1372864**	**2263652**	**2145899**	**2252065**	**104.9**
1.鱼类	1080666	1703586	1571980	1614183	102.7
2.虾蟹类	137195	254844	242719	263923	108.7
3.贝类	125496	256281	297577	323551	108.7
4.其它类	29507	48941	33623	50408	149.9
二、内陆养殖产量	**9407633**	**15133804**	**15950474**	**16929904**	**106.1**
1.鱼类	9105435	14027006.4	14718478	15487820	105.2
2.虾蟹类	135824	628203	765199	959870	125.4
3.贝类	79610	206864	228350	243940	106.8
4.其它类	86764	271731	238447	238274	99.9

7—48 各地区水产品产量

（按来源分）

单位：吨

地　区	水产品总产量		1.捕捞产量		2.养殖产量	
	2001年	2002年	2001年	2002年	2001年	2002年
全国总计	**43813340**	**45645340**	**16552043**	**16586999**	**27261297**	**29058341**
北　京	74302	74168			74302	74168
天　津	264564	285564	50597	57630	213967	227934
河　北	848887	870571	388879	390221	460008	480350
山　西	27552	29226	215	218	27337	29008
内蒙古	76084	77707	30363	31868	45721	45839
辽　宁	3507602	3748309	1530318	1520203	1977284	2228106
吉　林	110238	105142	27860	23398	82378	81744
黑龙江	401892	417786	37010	52197	364882	365589
上　海	297658	326905	110594	122384	187064	204521
江　苏	3208522	3344167	916036	886146	2292486	2458021
浙　江	4728529	4806837	3370291	3323204	1358238	1483633
安　徽	1599418	1633857	332676	328103	1266742	1305754
福　建	5424862	5587142	2171745	2197343	3253117	3389799
江　西	1322576	1382016	228711	229781	1093865	1152235
山　东	6860957	6950136	2868788	2799318	3992169	4150818
河　南	314631	362179	15601	21482	299030	340697
湖　北	2421754	2720393	313828	389319	2107926	2331074
湖　南	1409648	1495595	156497	170346	1253151	1325249
广　东	6096725	6280635	2013011	1980269	4083714	4300366
广　西	2477685	2551456	992107	961801	1485578	1589655
海　南	955778	1092951	711782	811688	243996	281263
重　庆	196967	211568	12567	12317	184400	199251
四　川	571245	648436	44772	50154	526473	598282
贵　州	68861	74567	8710	8411	60151	66156
云　南	180181	192564	21822	23554	158359	169010
西　藏	1110	142	89	113	1021	29
陕　西	63294	64109	3035	2856	60259	61253
甘　肃	14693	14757	556	594	14137	14163
青　海	1989	1796	103	79	1886	1717
宁　夏	41283	48576	421	247	40862	48329
新　疆	60876	63906	10082	9578	50794	54328
水产总公司	182977	182177	182977	182177		

7—49 各地区水产品产量

（按类别分）

单位：吨

地区	水产品总产量	1.鱼类	2.虾蟹类	3.贝类	4.藻类	5.其他类
全国总计	**45645340**	**27324846**	**4329627**	**11760722**	**1333413**	**896732**
北京	74168	73676	492			
天津	285564	239452	21601	6180		18331
河北	870571	497316	111551	231041		30663
山西	29226	29177	4			45
内蒙古	77707	74751	1656			1300
辽宁	3748309	1309807	403119	1528430	348902	158051
吉林	105142	104692	370	80		
黑龙江	417786	416256	1121	48		361
上海	326905	187970	68877	67413		2645
江苏	3344167	2219547	579269	471088	10910	63353
浙江	4806837	2736144	963863	1022168	32309	52353
安徽	1633857	1294371	184724	103993		50769
福建	5587142	2292278	385424	2462011	386656	60773
江西	1382016	1285448	35626	43396		17546
山东	6950136	2724598	593612	3052455	475718	103753
河南	362179	347962	9704	1297		3216
湖北	2720393	2557459	95532	49875		17527
湖南	1495595	1428608	28744	23843		14400
广东	6280635	3871824	508169	1716776	33168	150698
广西	2551456	1443311	204458	861852	2117	39718
海南	1092951	800969	118420	112691	43633	17238
重庆	211568	206805	591	2225		1947
四川	648436	638540	2580	2172		5144
贵州	74567	71378	1771	262		1156
云南	192564	184305	6688	1341		230
西藏	142	133				9
陕西	64109	63559	129	85		336
甘肃	14757	14757				
青海	1796	1796				
宁夏	48576	48493	83			
新疆	63906	63340				566
水产总公司	182177	96124	1449			84604

7—50　各地区海水产品产量

（按来源分）

单位：吨

地　区	海水产品产量		1.海洋捕捞产量		2.海水养殖产量	
	2001年	2002年	2001年	2002年	2001年	2002年
全国总计	**25716967**	**26463371**	**14406144**	**14334934**	**11310823**	**12128437**
北　京						
天　津	43834	52778	37143	44820	6691	7958
河　北	514411	518440	318147	317249	196264	201191
山　西						
内蒙古						
辽　宁	3104923	3270787	1496053	1488365	1608870	1782422
吉　林						
黑龙江						
上　海	104904	118235	102269	115802	2635	2433
江　苏	941014	970773	639658	606572	301356	364201
浙　江	4069625	4093332	3293072	3241799	776553	851533
安　徽						
福　建	4818225	4947843	2092126	2118278	2726099	2829565
江　西						
山　东	5830883	5982623	2780226	2720554	3050657	3262069
河　南						
湖　北						
湖　南						
广　东	3670700	3743593	1880226	1847227	1790474	1896366
广　西	1639807	1664169	893069	862969	746738	801200
海　南	795664	918621	691178	789122	104486	129499
重　庆						
四　川						
贵　州						
云　南						
西　藏						
陕　西						
甘　肃						
青　海						
宁　夏						
新　疆						
水产总公司	182977	182177	182977	182177		

7—51 各地区海水产品产量

（按类别分）

单位：吨

地区	海水产品产量	1.鱼类	2.虾蟹类	3.贝类	4.藻类	5.其他类
全国总计	**26463371**	**10222843**	**3105834**	**11193231**	**1333413**	**608050**
北京						
天津	52778	18093	12819	3710		18156
河北	518440	181557	91831	221911		23141
山西						
内蒙古						
辽宁	3270787	876244	365854	1528377	348902	151410
吉林						
黑龙江						
上海	118235	32621	19044	66247		323
江苏	970773	391153	137628	373654	10910	57428
浙江	4093332	2189165	887019	980897	32309	3942
安徽						
福建	4947843	1754321	353351	2408425	386656	45090
江西						
山东	5982623	1809821	556088	3043735	475718	97261
河南						
湖北						
湖南						
广东	3743593	1623354	369707	1643346	33168	74018
广西	1664169	591269	194473	840871	2117	35439
海南	918621	659121	116571	82058	43633	17238
重庆						
四川						
贵州						
云南						
西藏						
陕西						
甘肃						
青海						
宁夏						
新疆						
水产总公司	182177	96124	1449			84604

7—52 各地区内陆水产品产量

（按来源分）

单位：吨

地区	内陆水产品产量		1.内陆捕捞产量		2.内陆养殖产量	
	2001年	2002年	2001年	2002年	2001年	2002年
全国总计	**18096373**	**19181969**	**2145899**	**2252065**	**15950474**	**16929904**
北京	74302	74168			74302	74168
天津	220730	232786	13454	12810	207276	219976
河北	334476	352131	70732	72972	263744	279159
山西	27552	29226	215	218	27337	29008
内蒙古	76084	77707	30363	31868	45721	45839
辽宁	402679	477522	34265	31838	368414	445684
吉林	110238	105142	27860	23398	82378	81744
黑龙江	401892	417786	37010	52197	364882	365589
上海	192754	208670	8325	6582	184429	202088
江苏	2267508	2373394	276378	279574	1991130	2093820
浙江	658904	713505	77219	81405	581685	632100
安徽	1599418	1633857	332676	328103	1266742	1305754
福建	606637	639299	79619	79065	527018	560234
江西	1322576	1382016	228711	229781	1093865	1152235
山东	1030074	967513	88562	78764	941512	888749
河南	314631	362179	15601	21482	299030	340697
湖北	2421754	2720393	313828	389319	2107926	2331074
湖南	1409648	1495595	156497	170346	1253151	1325249
广东	2426025	2537042	132785	133042	2293240	2404000
广西	837878	887287	99038	98832	738840	788455
海南	160114	174330	20604	22566	139510	151764
重庆	196967	211568	12567	12317	184400	199251
四川	571245	648436	44772	50154	526473	598282
贵州	68861	74567	8710	8411	60151	66156
云南	180181	192564	21822	23554	158359	169010
西藏	1110	142	89	113	1021	29
陕西	63294	64109	3035	2856	60259	61253
甘肃	14693	14757	556	594	14137	14163
青海	1989	1796	103	79	1886	1717
宁夏	41283	48576	421	247	40862	48329
新疆	60876	63906	10082	9578	50794	54328

7—53 各地区内陆水产品产量

（按类别分）

单位：吨

地区	内陆水产品产量	1.鱼类	2.虾蟹类	3.贝类	4.其他类
全国总计	**19181969**	**17102003**	**1223793**	**567491**	**288682**
北京	74168	73676	492		
天津	232786	221359	8782	2470	175
河北	352131	315759	19720	9130	7522
山西	29226	29177	4		45
内蒙古	77707	74751	1656		1300
辽宁	477522	433563	37265	53	6641
吉林	105142	104692	370	80	
黑龙江	417786	416256	1121	48	361
上海	208670	155349	49833	1166	2322
江苏	2373394	1828394	441641	97434	5925
浙江	713505	546979	76844	41271	48411
安徽	1633857	1294371	184724	103993	50769
福建	639299	537957	32073	53586	15683
江西	1382016	1285448	35626	43396	17546
山东	967513	914777	37524	8720	6492
河南	362179	347962	9704	1297	3216
湖北	2720393	2557459	95532	49875	17527
湖南	1495595	1428608	28744	23843	14400
广东	2537042	2248470	138462	73430	76680
广西	887287	852042	9985	20981	4279
海南	174330	141848	1849	30633	
重庆	211568	206805	591	2225	1947
四川	648436	638540	2580	2172	5144
贵州	74567	71378	1771	262	1156
云南	192564	184305	6688	1341	230
西藏	142	133			9
陕西	64109	63559	129	85	336
甘肃	14757	14757			
青海	1796	1796			
宁夏	48576	48493	83		
新疆	63906	63340			566

7—54 各地区水产养殖面积

单位:千公顷

地　　区	水产品养殖面积		1.内陆养殖面积		2.海水养殖面积	
	2001年	2002年	2001年	2002年	2001年	2002年
全国总计	**6686.3**	**6854.4**	**5399.4**	**5509.7**	**1286.9**	**1344.7**
北　　京	22.2	22.4	22.2	22.4		
天　　津	36.7	38.2	32.3	32.4	4.4	5.8
河　　北	155.3	158.2	80.6	82.9	74.8	75.3
山　　西	17.1	17.4	17.1	17.4		
内 蒙 古	109.0	96.3	109.0	96.3		
辽　　宁	383.6	437.1	137.4	158.5	246.2	278.6
吉　　林	188.1	182.2	188.1	182.2		
黑 龙 江	385.7	380.7	385.7	380.7		
上　　海	44.7	42.8	44.0	42.1	0.7	0.7
江　　苏	736.2	759.5	592.4	609.2	143.8	150.3
浙　　江	323.5	329.9	210.8	213.0	112.8	116.9
安　　徽	551.4	566.9	551.4	566.9		
福　　建	232.2	236.9	97.9	98.9	134.3	138.0
江　　西	344.9	348.8	344.9	348.8		
山　　东	552.9	535.0	262.9	242.2	290.0	292.8
河　　南	175.1	198.2	175.1	198.2		
湖　　北	604.4	633.5	604.4	633.5		
湖　　南	422.5	437.3	422.5	437.3		
广　　东	578.8	585.7	376.0	377.6	202.8	208.2
广　　西	244.0	261.4	182.7	199.7	61.3	61.7
海　　南	60.6	61.9	44.8	45.4	15.9	16.4
重　　庆	68.4	69.2	68.4	69.2		
四　　川	168.2	172.4	168.2	172.4		
贵　　州	30.6	31.5	30.6	31.5		
云　　南	83.3	83.8	83.3	83.8		
西　　藏						
陕　　西	28.8	26.3	28.8	26.3		
甘　　肃	19.5	21.5	19.5	21.5		
青　　海	43.7	43.3	43.7	43.3		
宁　　夏	11.8	13.3	11.8	13.3		
新　　疆	63.3	62.6	63.3	62.6		

7—54 续表

单位:千公顷

地区	海水养殖			内陆养殖					稻田养殖
	浅海养殖	港湾养殖	滩涂养殖	池塘养殖	湖泊养殖	河沟养殖	水库养殖	其他养殖	
全国总计	**350.8**	**256.1**	**737.8**	**2336.7**	**866.8**	**434.9**	**1636.8**	**234.5**	**1666.8**
北京				7.2			15.1	0.1	
天津			5.8	25.4	2.3	0.4	4.2		0.1
河北	18.3	1.7	55.3	33.6	9.4	1.4	37.5	1.0	
山西				3.4	0.9	0.3	12.7	0.2	0.1
内蒙古				8.7	48.8	0.6	36.8	1.4	0.8
辽宁	144.6	43.8	90.2	40.4		1.6	83.6	32.9	65.3
吉林				19.3	59.8		103.1		2.1
黑龙江				115.0	117.9	18.0	108.9	20.9	65.3
上海			0.7	27.3	4.6	9.0		1.2	7.7
江苏			150.3	317.5	100.3	114.2	26.3	50.9	240.5
浙江	14.9	38.5	63.5	64.1		52.0	90.5	6.4	119.5
安徽				219.7	177.8	71.5	74.3	23.6	60.1
福建	53.9	22.8	61.3	37.8	0.9	50.4	5.5	4.3	29.8
江西				116.7	82.9	12.6	135.2	1.4	161.1
山东	98.3	35.4	159.1	129.3	7.5	5.2	97.7	2.5	0.6
河南				94.7	2.8	3.6	96.2	0.9	0.1
湖北				309.9	155.8	19.4	100.3	48.1	11.1
湖南				236.1	55.9	20.5	106.5	18.3	214.4
广东	1.8	102.9	103.5	254.3		3.5	113.5	6.2	19.5
广西	18.1	7.8	35.9	75.3		8.2	112.8	3.5	34.4
海南	1.0	3.1	12.4	15.8		0.5	28.6	0.5	0.0
重庆				30.7		14.6	21.6	2.3	113.3
四川				89.1	5.8	16.6	58.8	2.2	290.0
贵州				5.0	0.4	1.6	21.6	2.9	133.1
云南				29.4	12.8	0.4	41.2		97.4
西藏									
陕西				8.1	6.1	0.1	11.7	0.4	0.2
甘肃				3.1			17.0	1.4	0.4
青海				0.9	4.2		38.2		
宁夏				6.9	5.2	0.1	1.0	0.1	
新疆				11.9	4.9	8.7	36.3	0.9	

8

农村市场与物价

8—1　全国消费品市场主要农副产品成交量

单位:万吨

	2001年		2002年	
	合　计	#乡　村	合　计	#乡　村
一、谷物类	**5897.3**	**3846.8**	**6312.3**	**3917.7**
#大米	2818.0	1719.3	3050.7	1724.7
小麦	776.4	615.2	853.3	643.3
玉米	1050.0	901.2	1002.0	802.1
二、食用植物油类	**1035.7**	**623.8**	**1140.1**	**694.8**
三、棉烟麻类	**121.2**	**84.8**	**113.8**	**86.5**
四、肉食禽蛋类	**4392.3**	**2377.9**	**4973.4**	**2704.5**
#猪肉	1949.5	1080.5	2108.6	1203.7
牛肉	335.3	171.3	400.9	200.3
羊肉	194.2	103.0	230.7	129.1
鲜蛋	854.5	479.8	1018.2	596.3
家禽	582.8	331.9	663.2	361.3
五、水产品类	**2047.9**	**924.7**	**2097.2**	**970.9**
六、蔬菜类	**14991.9**	**6841.9**	**16326.9**	**7908.2**
七、干鲜果类	**5578.6**	**2337.3**	**6044.9**	**2464.8**
八、大牲畜类(万头)	**977.7**	**850.0**	**966.6**	**850.7**
九、家畜幼禽类	**539.9**	**429.1**	**596.1**	**493.4**
#克郎猪	114.8	100.7	123.2	109.1
仔猪	281.0	222.4	292.2	248.3

8—2　全国消费品市场基本情况

	1995年	2000年	2001年	2002年	2002年为2001年%
消费品市场数(个)	82892	88811	86454	82498	95.4
城市	19892	26395	26699	26529	99.4
乡村	63000	62416	59755	55969	93.7
消费品市场成交额(亿元)	11590.1	24279.6	24949.4	25975.7	104.1
城市	6176.4	13800.4	14319.7	15140.1	105.7
乡村	5413.7	10479.2	10629.6	10835.6	101.9
在成交额中:					
#粮油类	602.5	1959.5	1868.5	2095.6	112.2
肉禽蛋类	2221.4	4201.9	4185.3	4468.0	106.8
水产品类	870.1	2072.4	2076.8	2205.4	106.2
蔬菜类	1202.8	2661.8	2695.1	2887.7	107.1
干鲜果类	781.9	1546.2	1584.4	1692.2	106.8
工业品类		9559.4	10001.4	9986.6	99.9

8—3　农村主要物价总指数

（上年＝100）

	农村商品零售价格指数	农村居民消费价格指数	农业生产资料价格指数	农产品生产价格总指数	农村工业品零售价格指数	工农业商品综合比价指数	
						以农产品收购价格指数为100	以农村工业品零售价格指数为100
1952				101.7	99.5	97.8	102.2
1957				105.0	101.2	96.4	103.8
1962				99.4	104.5	105.1	95.1
1965				99.2	96.3	97.1	103.0
1970				100.1	99.8	99.7	100.3
1975				102.1	100.0	97.9	102.1
1978				103.9	100.0	96.2	103.9
1979				122.1	100.1	82.0	122.0
1980				107.1	100.8	94.1	106.3
1981				105.9	101.0	95.4	104.9
1982				102.2	101.6	99.4	100.6
1983				104.4	101.0	96.7	103.4
1984				104.0	103.1	99.1	100.9
1985	107.0	107.6	104.8	108.6	103.2	95.0	105.2
1986	105.0	106.1	101.1	106.4	103.2	97.0	103.1
1987	106.3	106.2	107.0	112.0	104.8	93.6	106.9
1988	117.1	117.5	116.2	123.0	115.2	93.7	106.8
1989	118.8	119.3	118.9	115.0	118.7	103.2	96.9
1990	103.2	104.5	105.5	97.4	104.6	107.4	93.1
1991	102.0	102.3	102.9	98.0	103.0	105.1	95.1
1992	103.9	104.7	103.7	103.4	103.1	99.7	100.3
1993	112.6	113.7	114.1	113.4	111.8	98.6	101.4
1994	122.9	123.4	121.6	139.9	117.2	83.8	119.4
1995	116.4	117.5	127.4	119.9	114.7	95.7	104.5
1996	106.4	107.9	108.4	104.2	106.2	101.9	98.1
1997	100.7	102.5	99.5	95.5	101.1	105.9	94.5
1998	97.6	99.0	94.5	92.0	97.8	106.3	94.1
1999	97.1	98.5	95.8	87.8	97.3	110.8	90.2
2000	98.5	99.9	99.1	96.4	98.8	102.5	97.5
2001	99.6	100.8	99.1	103.1			
2002	99.1	99.6	100.5	99.7			

注：农产品生产价格总指数2000年以前为农副产品收购价格指数。

8—4 各地区农村商品零售价格分类指数

（以上年价格为100）

	总指数	一、食品类	1.粮　食	(1)细　粮	(2)粗　粮	2.油脂类
全国平均	**99.1**	**100.3**	**98.9**	**98.9**	**98.4**	**99.6**
北　京						
天　津						
河　北	99.6	99.8	98.2	98.1	98.8	95.9
山　西	99.1	100.4	99.8	99.2	102.4	100.5
内蒙古	99.2	99.4	101.0	100.3	103.4	98.3
辽　宁	97.6	97.1	96.2	96.9	92.6	102.3
吉　林	99.7	98.0	95.4	94.4	98.5	107.0
黑龙江	98.7	99.4	98.1	98.4	95.7	109.0
上　海						
江　苏	99.0	101.0	98.3	98.4	97.1	98.2
浙　江	99.3	101.3	97.3	97.3	96.1	98.9
安　徽	99.4	101.9	100.5	101.0	95.6	100.2
福　建	98.3	100.9	100.7	101.0	98.2	92.8
江　西	100.3	102.2	98.7	99.0	93.8	100.2
山　东	99.7	100.5	98.8	98.7	99.0	101.8
河　南	99.3	100.1	99.2	99.2	99.3	96.5
湖　北	99.5	101.2	99.3	99.6	95.9	101.8
湖　南	99.3	100.6	100.4	100.7	95.7	97.9
广　东	98.6	99.1	98.3	98.4	97.1	97.4
广　西	98.0	100.2	99.5	99.3	101.5	95.0
海　南	97.7	98.0	97.1	97.3	94.6	94.2
重　庆						
四　川	99.8	101.2	104.9	105.5	102.8	104.5
贵　州	98.9	100.3	95.4	95.2	99.8	101.4
云　南	98.9	99.0	95.7	95.3	98.5	99.5
西　藏	99.6	99.8	97.3	97.4	95.8	102.2
陕　西	99.1	100.2	99.2	99.5	96.2	103.1
甘　肃	99.3	100.2	97.7	97.2	102.7	101.4
青　海	99.2	100.2	97.6	97.5	98.4	99.7
宁　夏	98.7	99.9	98.4	98.4	97.2	101.8
新　疆	99.3	99.3	98.1	97.4	102.8	102.0

8—4 续表 1

	3.肉禽蛋	4.水产品	5.鲜　菜	6.干　菜	7.鲜　果	8.干　果
全国平均	**100.7**	**95.9**	**103.0**	**100.3**	**106.5**	**101.1**
北　京						
天　津						
河　北	100.3	93.0	99.5	100.0	110.6	101.6
山　西	99.4	94.5	100.5	99.4	107.6	111.5
内蒙古	102.2	93.7	91.1	99.2	104.6	104.2
辽　宁	98.3	97.1	91.7	96.3	99.6	102.3
吉　林	102.4	93.4	94.1	101.3	100.5	104.2
黑龙江	99.1	97.3	98.0	101.1	100.3	101.2
上　海						
江　苏	101.6	93.2	112.2	100.4	106.0	98.2
浙　江	100.4	96.2	111.0	101.9	111.0	99.9
安　徽	99.8	97.9	110.8	100.4	110.8	97.1
福　建	99.9	99.5	109.5	99.8	105.1	96.6
江　西	101.5	94.5	111.9	103.6	111.6	100.6
山　东	101.0	94.9	98.3	99.6	108.6	102.5
河　南	98.3	95.8	108.5	98.2	113.9	106.4
湖　北	99.7	95.8	109.0	98.4	112.0	99.7
湖　南	100.5	96.0	104.4	100.0	106.9	97.7
广　东	100.8	96.6	98.5	99.4	101.2	100.8
广　西	102.5	94.1	98.9	101.2	101.1	102.3
海　南	98.4	96.4	97.6	100.0	104.8	93.6
重　庆						
四　川	100.9	102.5	98.3	101.7	105.5	101.1
贵　州	102.9	100.1	101.4	101.4	101.1	98.4
云　南	101.6	97.3	97.9	99.8	96.3	103.6
西　藏	101.5	96.5	98.2	94.0	103.9	102.6
陕　西	100.2	94.2	99.9	100.2	106.9	107.7
甘　肃	101.2	93.7	97.3	100.0	108.9	103.7
青　海	101.4	97.1	97.0	99.1	103.9	113.8
宁　夏	102.7	91.5	96.6	99.6	108.4	101.8
新　疆	100.9	97.1	94.9	98.0	102.9	104.2

8—4 续表 2

	9.其他食品	(1)调味品	(2)食　糖	(3)糖　果	(4)糕　点	(5)奶制品
全国平均	**98.2**	**101.6**	**87.9**	**100.2**	**99.6**	**99.2**
北　京						
天　津						
河　北	99.7	98.3	99.2	99.3	99.7	100.6
山　西	99.9	97.6	85.3	101.7	98.2	107.1
内蒙古	98.3	100.1	90.4	99.5	99.2	101.2
辽　宁	97.7	99.9	86.3	99.9	95.4	98.3
吉　林	97.9	100.5	89.5	104.6	98.3	97.3
黑龙江	97.4	97.9	85.8	101.9	102.7	100.4
上　海						
江　苏	98.9	102.8	91.4	100.3	98.7	101.1
浙　江	97.1	101.0	83.1	100.7	99.0	99.2
安　徽	99.8	101.0	97.2	96.6	101.5	100.1
福　建	96.8	102.7	78.2	101.6	98.8	103.5
江　西	103.4	114.2	84.1	101.4	107.5	97.7
山　东	100.2	106.1	90.5	103.5	99.9	98.4
河　南	96.1	99.9	83.4	97.5	100.1	98.1
湖　北	96.5	98.0	86.7	98.9	99.0	94.7
湖　南	100.0	108.7	86.4	98.4	98.8	99.1
广　东	97.6	101.5	87.5	97.9	99.3	98.3
广　西	96.3	98.7	86.1	103.8	95.4	99.7
海　南	96.7	97.8	76.7	111.2	100.2	97.7
重　庆						
四　川	98.2	99.9	89.9	101.0	101.1	99.0
贵　州	98.0	102.3	89.8	99.5	97.4	96.2
云　南	98.5	100.8	91.7	101.6	99.1	97.6
西　藏	99.8	98.6	101.0	97.2	103.4	99.1
陕　西	95.9	98.7	84.4	95.7	99.1	98.9
甘　肃	101.7	104.3	95.8	110.6	100.9	97.0
青　海	98.8	101.1	94.9	99.8	98.9	96.9
宁　夏	98.6	104.7	83.8	99.2	97.7	98.8
新　疆	98.4	99.8	90.6	100.2	100.0	100.1

8—4 续表 3

	(6)罐　头	10.饮食业	(1)主　食	(2)炒　菜	(3)地方小吃	二、烟酒类
全国平均	**99.8**	**100.2**	**99.9**	**100.1**	**100.7**	**100.1**
北　京						
天　津						
河　北	100.8	99.8	99.3	99.9	100.7	99.8
山　西	102.4	98.2	99.1	97.1	99.9	99.5
内蒙古	99.6	101.2	98.8	102.4	100.1	100.3
辽　宁	100.5	99.8	99.3	99.9	101.0	98.3
吉　林	97.9	100.1	100.0	100.5	99.2	102.5
黑龙江	89.2	98.6	99.3	97.8	100.0	105.5
上　海						
江　苏	99.4	100.6	99.6	101.4	99.3	99.2
浙　江	97.8	99.7	100.0	99.5	100.0	100.5
安　徽	100.1	99.5	99.7	99.5	98.8	99.3
福　建	98.9	100.0	99.9	99.9	100.0	100.0
江　西	99.6	99.4	99.7	98.4	101.1	98.5
山　东	103.2	100.2	100.4	99.4	101.7	101.7
河　南	98.5	100.7	99.0	101.4	99.5	98.6
湖　北	104.0	103.8	102.5	104.6	103.1	100.0
湖　南	100.1	99.9	99.3	100.3	100.0	99.5
广　东	98.3	98.9	98.7	98.5	99.9	102.1
广　西	96.9	101.9	100.0	99.8	112.4	100.2
海　南	99.7	99.2	99.1	98.8	100.0	99.1
重　庆						
四　川	100.8	100.0	100.5	99.3	100.5	99.3
贵　州	98.8	99.9	99.3	100.4	100.0	101.3
云　南	97.7	100.9	101.0	100.1	103.2	100.2
西　藏	100.0	99.0	98.7	97.6	100.4	100.1
陕　西	98.3	99.7	99.8	99.7	99.8	103.7
甘　肃	103.2	100.3	100.7	99.2	101.2	99.8
青　海	99.7	103.9	101.6	106.5	101.7	98.6
宁　夏	100.1	97.9	97.9	97.2	100.8	101.3
新　疆	99.8	100.5	98.3	102.5	100.0	99.8

8—4 续表 4

	1.饮　料	2.烟　酒	三、服装鞋帽类	1.服　装	2.鞋	3.其他衣着
全国平均	**99.6**	**100.2**	**98.8**	**98.3**	**99.5**	**99.2**
北　京						
天　津						
河　北	99.4	99.9	99.1	98.5	100.1	99.4
山　西	97.0	100.1	102.1	103.0	100.8	100.7
内蒙古	100.0	100.4	99.4	98.9	99.9	99.8
辽　宁	98.6	98.2	98.7	97.6	99.7	100.4
吉　林	108.0	99.9	103.9	102.8	106.6	101.0
黑龙江	100.5	106.8	98.1	98.8	97.2	98.1
上　海						
江　苏	99.5	99.2	98.1	96.9	99.7	99.3
浙　江	99.1	101.0	98.0	97.1	98.9	99.5
安　徽	102.8	98.4	95.5	94.0	98.2	95.7
福　建	97.5	100.7	98.4	96.3	102.8	97.1
江　西	100.1	98.0	98.3	98.5	97.5	99.2
山　东	100.6	102.0	99.4	99.4	99.0	100.4
河　南	97.6	98.8	98.7	98.6	98.3	99.7
湖　北	100.5	99.8	99.4	99.5	98.8	99.5
湖　南	103.2	99.3	99.0	98.5	99.7	100.0
广　东	99.0	103.6	98.6	98.2	99.9	98.0
广　西	99.7	100.3	96.7	94.4	99.7	100.3
海　南	98.3	99.4	102.6	104.2	99.6	98.8
重　庆						
四　川	99.9	99.3	98.5	98.0	98.7	99.1
贵　州	97.7	101.9	96.9	98.3	92.9	99.4
云　南	99.0	100.5	102.2	103.0	101.7	100.7
西　藏	100.0	100.2	101.6	104.8	99.6	95.5
陕　西	99.4	104.7	100.0	99.6	101.0	99.1
甘　肃	98.4	100.0	99.4	99.5	99.7	98.6
青　海	98.2	98.8	97.0	97.8	94.2	99.5
宁　夏	99.2	101.7	97.5	95.8	102.0	99.1
新　疆	100.8	99.6	101.4	102.2	101.3	98.7

8—4 续表 5

	四、纺织品类	1.棉　布	2.棉花化纤混纺布	3.化纤布	4.呢　绒	5.绸　缎
全国平均	**99.0**	**99.0**	**99.6**	**99.6**	**98.7**	**99.3**
北　京						
天　津						
河　北	100.4	100.7	100.5	102.3	100.1	99.7
山　西	97.7	95.4	98.9	99.2	96.9	96.3
内蒙古	99.3	98.7	96.9	100.1	99.1	98.8
辽　宁	99.1	98.9	102.3	102.5	94.6	98.9
吉　林	101.1	107.9	104.9	102.5	100.4	99.3
黑龙江	97.8	97.5	98.8	99.0	94.1	99.6
上　海						
江　苏	99.7	101.9	100.2	99.8	99.3	100.6
浙　江	97.5	97.1	96.6	95.5	99.3	98.7
安　徽	98.6	97.1	98.0	98.6	99.1	100.6
福　建	97.1	94.0	96.6	98.1	96.3	98.6
江　西	100.8	97.4	101.9	109.8	97.4	100.0
山　东	99.6	99.3	100.0	100.4	98.5	99.5
河　南	97.9	99.8	98.2	97.9	99.2	99.3
湖　北	99.6	99.3	97.6	101.0	98.3	100.0
湖　南	100.9	102.3	104.0	99.6	100.7	93.8
广　东	98.6	98.2	98.1	98.9	98.9	100.0
广　西	99.3	97.2	99.8	97.7	100.0	99.7
海　南	98.8	99.6	100.0	100.0	100.0	99.1
重　庆						
四　川	99.7	99.4	99.7	100.0	99.7	99.6
贵　州	99.1	100.7	96.6	96.8	100.0	97.7
云　南	98.4	99.2	98.6	97.9	96.5	99.3
西　藏	98.9	97.8	100.5	100.1	102.4	98.8
陕　西	96.4	96.3	95.7	96.7	99.0	96.7
甘　肃	98.6	97.7	99.4	98.3	98.3	98.4
青　海	98.7	98.1	93.8	100.7	100.0	97.3
宁　夏	99.5	99.4	100.2	101.3	97.5	97.3
新　疆	98.6	98.2	99.7	99.9	98.0	98.4

8—4 续表 6

	6.其他纺织品	五、中西药品类	1.中药	2.西药	3.医疗用品	六、化妆品类
全国平均	**98.3**	**97.0**	**98.3**	**96.0**	**98.7**	**98.6**
北　京						
天　津						
河　北	98.7	95.1	99.7	91.9	98.1	98.6
山　西	97.9	95.0	95.2	94.1	99.9	99.1
内蒙古	100.6	97.4	99.2	96.1	98.9	99.2
辽　宁	96.8	94.7	97.2	92.6	95.8	95.2
吉　林	95.9	101.1	97.0	104.3	99.5	106.7
黑龙江	97.4	90.0	94.2	86.1	94.0	99.3
上　海						
江　苏	98.1	99.4	99.7	99.1	99.9	98.5
浙　江	98.2	98.9	99.3	98.5	98.6	99.3
安　徽	98.5	98.8	98.8	98.6	99.8	96.9
福　建	97.9	96.4	96.8	96.0	97.0	93.8
江　西	98.5	101.7	102.5	101.5	100.5	99.0
山　东	99.5	96.5	98.0	95.5	98.4	100.5
河　南	95.8	97.3	97.8	97.0	97.4	98.1
湖　北	99.2	94.5	98.7	91.9	97.2	95.6
湖　南	99.8	95.8	95.6	95.8	98.4	99.3
广　东	98.3	97.1	96.9	97.0	99.6	98.8
广　西	103.1	93.5	91.5	94.7	97.7	98.3
海　南	96.5	100.7	98.9	102.3	98.4	100.0
重　庆						
四　川	99.5	100.4	102.2	98.9	99.6	100.1
贵　州	100.4	95.6	100.3	92.3	104.5	95.9
云　南	98.4	95.5	97.0	94.5	98.0	100.2
西　藏	98.2	101.6	101.4	102.5	97.4	94.5
陕　西	95.0	96.7	97.8	95.7	98.3	98.4
甘　肃	99.2	99.9	103.6	97.0	102.9	100.2
青　海	100.0	98.9	97.8	99.9	99.0	99.6
宁　夏	96.9	96.7	98.0	95.6	99.7	98.5
新　疆	98.2	98.6	101.7	96.9	98.6	99.8

8—4 续表 7

	七、书报杂志类	八、文化体育用品	1. 文化用品	2. 体育用品	九、日用品类	1. 一般日用品
全国平均	**100.0**	**98.8**	**98.7**	**99.0**	**98.4**	**98.3**
北　京						
天　津						
河　北	102.0	99.8	99.3	100.8	99.0	99.4
山　西	92.9	97.8	98.0	96.8	98.8	98.1
内蒙古	101.4	98.7	98.2	99.8	99.0	98.5
辽　宁	95.5	97.5	97.1	99.5	98.2	98.5
吉　林	102.4	96.4	95.5	98.7	101.7	103.6
黑龙江	108.6	97.4	96.8	98.9	97.7	97.2
上　海						
江　苏	98.5	97.9	97.6	98.6	98.6	98.6
浙　江	101.0	98.7	98.4	99.8	98.5	98.7
安　徽	102.9	97.8	98.3	96.9	98.1	98.0
福　建	102.1	98.6	99.6	96.3	96.6	95.6
江　西	103.3	99.7	98.3	104.3	98.4	98.4
山　东	102.7	98.8	98.9	98.5	100.1	100.4
河　南	98.0	99.3	99.6	98.4	97.7	98.1
湖　北	100.2	98.0	97.4	99.8	97.6	96.9
湖　南	93.1	98.1	97.6	99.4	96.1	94.4
广　东	102.8	99.1	99.9	97.2	98.1	98.0
广　西	95.7	100.9	99.4	103.6	97.7	97.9
海　南	103.5	98.6	97.3	101.7	98.4	97.2
重　庆						
四　川	98.0	99.7	100.1	98.2	100.2	100.7
贵　州	98.1	97.5	100.1	91.0	98.0	98.4
云　南	101.2	99.7	99.4	100.9	98.5	98.6
西　藏	99.7	96.1	95.4	97.8	96.4	97.9
陕　西	96.7	98.5	98.2	99.5	98.4	98.2
甘　肃	96.9	99.4	99.7	98.6	98.9	99.0
青　海	99.7	99.1	99.4	98.2	98.4	98.1
宁　夏	105.4	95.7	95.4	96.9	96.1	97.9
新　疆	108.3	98.8	98.3	100.1	99.3	99.1

8—4 续表 8

	2.家具类	3.日用杂品	十、家用电器类	十一、首饰类	十二、燃料类	十三、建筑装璜材料类	十四、机电产品类
全国平均	**98.2**	**99.3**	**94.9**	**98.5**	**103.1**	**99.7**	**93.5**
北京							
天津							
河北	98.9	97.9	96.2	97.9	109.7	101.2	93.2
山西	99.3	99.8	93.0	100.6	110.0	100.7	92.2
内蒙古	99.5	99.6	96.4	97.2	104.4	99.9	93.8
辽宁	97.7	98.4	93.8	100.6	102.8	100.1	92.2
吉林	99.7	100.0	97.7	101.2	102.6	101.3	92.0
黑龙江	97.8	99.6	92.3	99.7	103.8	99.9	92.7
上海							
江苏	97.9	99.8	95.1	95.3	97.4	98.5	95.7
浙江	97.1	99.3	93.8	100.6	100.7	102.1	93.5
安徽	97.5	98.9	96.1	96.0	102.0	99.7	92.2
福建	96.6	99.4	87.1	101.6	99.6	95.7	93.8
江西	97.5	99.0	95.5	101.1	103.2	100.2	93.5
山东	99.8	99.8	96.2	98.4	107.2	99.4	93.5
河南	96.7	99.1	94.4	100.8	109.6	100.8	94.7
湖北	99.4	98.5	94.9	94.8	98.3	99.6	95.2
湖南	99.6	100.4	95.9	96.5	104.3	99.4	95.0
广东	97.5	99.6	95.9	97.5	100.7	98.7	93.2
广西	97.4	97.4	94.2	99.9	98.7	97.3	88.9
海南	98.7	100.3	94.8	105.2	95.6	95.7	87.8
重庆							
四川	99.6	99.6	96.1	96.5	100.1	98.9	97.9
贵州	96.7	100.5	98.2	96.4	106.0	98.9	92.7
云南	98.3	98.7	96.8	94.5	95.4	100.6	95.3
西藏	93.2	97.5	95.8	97.8	101.2	103.6	89.9
陕西	97.9	99.4	93.6	103.8	102.6	99.5	92.0
甘肃	98.3	99.6	93.4	92.6	101.1	99.7	95.3
青海	99.6	97.7	94.6	98.7	106.6	97.5	95.3
宁夏	93.0	97.3	90.6	101.1	106.9	98.0	86.8
新疆	99.1	100.7	95.2	98.8	101.3	100.9	92.4

8—5 各地区农村居民消费价格分类指数

(以上年价格为100)

	居民消费价格指数	一、食品	1.粮　食	2.淀粉及薯类	3.干豆类及豆制品	4.油脂
全国平均	**99.6**	**99.3**	**98.4**	**100.5**	**97.6**	**98.2**
北　京						
天　津						
河　北	99.5	98.6	98.4	100.0	98.3	96.2
山　西	99.3	98.7	98.7	106.1	97.4	99.8
内蒙古	101.9	99.8	100.0	100.4	96.4	98.4
辽　宁	98.7	97.6	96.7	91.4	98.3	103.7
吉　林	100.3	98.5	93.8	89.6	97.1	103.9
黑龙江	99.5	98.8	96.7	100.9	101.3	106.1
上　海						
江　苏	100.2	99.5	96.9	99.7	97.5	100.3
浙　江	99.3	100.5	97.5	100.4	97.6	99.1
安　徽	98.7	99.3	100.1	106.3	98.3	100.6
福　建	99.8	100.4	101.0	99.4	99.1	97.0
江　西	99.9	99.2	98.2	98.9	99.2	96.3
山　东	99.9	100.3	98.8	99.9	97.9	100.2
河　南	100.6	99.8	100.4	105.7	96.5	95.5
湖　北	100.8	100.6	99.7	104.2	99.7	97.6
湖　南	99.4	99.2	99.8	90.4	99.6	91.4
广　东	98.6	97.6	99.2	108.6	97.1	96.8
广　西	99.3	99.9	101.6	102.2	97.2	100.8
海　南	100.2	97.4	99.1	108.5	97.3	93.9
重　庆						
四　川	100.0	99.9	104.0	104.1	96.3	102.4
贵　州	99.3	98.9	97.2	90.0	94.9	99.5
云　南	100.5	100.8	97.7	98.0	97.2	101.7
西　藏	99.9	99.2	96.2	90.7	100.0	98.9
陕　西	100.4	99.9	99.6	103.4	97.8	97.5
甘　肃	100.9	99.1	97.5	106.8	96.8	97.1
青　海	102.9	100.1	97.9	104.9	96.1	95.8
宁　夏	99.5	100.2	97.7	108.7	101.1	100.4
新　疆	100.9	99.0	99.9	101.6	97.6	99.0

8—5 续表 1

	5. 肉禽及其制品	(1)食用畜肉及副产品	(2)禽	(3)加工畜肉	6. 蛋	7. 水产品
全国平均	**100.0**	**99.4**	**101.8**	**99.9**	**102.9**	**95.6**
北　京						
天　津						
河　北	97.5	95.5	99.1	99.8	101.4	95.7
山　西	99.2	96.9	[illegible]	104.4	99.2	93.7
内蒙古	99.5	100.4	[illegible]	98.3	101.8	96.3
辽　宁	99.2	98.9	102.4	99.1	102.8	97.6
吉　林	105.0	105.5	104.1	103.0	101.2	86.4
黑龙江	99.2	100.1	101.5	96.9	97.7	95.8
上　海						
江　苏	98.3	97.0	101.1	99.6	101.2	93.3
浙　江	99.7	98.6	101.6	102.3	103.9	95.7
安　徽	96.5	95.3	101.4	97.8	106.2	97.6
福　建	99.7	97.5	104.1	99.8	104.2	95.9
江　西	98.4	97.2	102.0	98.7	103.5	92.1
山　东	100.8	100.6	103.3	98.3	102.2	95.7
河　南	98.2	95.4	99.8	102.1	103.2	96.7
湖　北	101.5	98.2	106.1	102.4	104.5	98.6
湖　南	102.6	102.9	105.5	98.9	108.5	94.5
广　东	99.2	98.0	102.3	99.9	103.4	96.3
广　西	101.3	103.0	99.4	100.0	108.2	99.0
海　南	98.4	97.3	100.8	98.5	98.4	96.1
重　庆						
四　川	102.3	104.1	97.7	101.3	103.2	98.9
贵　州	101.6	104.2	101.7	98.7	106.7	97.7
云　南	105.8	109.3	100.4	99.3	101.2	103.1
西　藏	103.5	106.2	96.6	94.5	94.5	88.7
陕　西	99.9	99.6	98.5	100.7	99.6	95.2
甘　肃	100.3	99.5	100.2	101.2	101.1	95.1
青　海	104.8	106.7	103.5	98.7	96.9	97.1
宁　夏	100.6	100.4	101.5	101.1	101.2	92.4
新　疆	100.8	101.1	99.5	101.8	95.6	99.7

8—5 续表 2

	(1)鱼	(2)其它水产品	8. 菜	9. 调味品	10. 糖	11. 茶及饮料
全国平均	**95.6**	**96.0**	**99.0**	**101.5**	**95.0**	**98.7**
北　京						
天　津						
河　北	95.0	98.8	97.6	99.3	98.9	99.4
山　西	92.4	98.8	96.0	97.8	96.0	99.6
内蒙古	96.0	97.0	94.8	102.4	98.4	98.8
辽　宁	96.3	106.8	89.9	101.1	93.1	98.1
吉　林	86.9	97.2	95.5	102.2	99.0	103.8
黑龙江	93.7	104.2	95.1	102.4	97.7	100.0
上　海						
江　苏	92.0	104.3	111.8	104.4	97.7	99.8
浙　江	95.5	96.8	111.5	100.9	96.4	97.7
安　徽	97.9	94.7	105.2	98.2	96.4	106.6
福　建	96.9	95.6	114.6	104.8	94.4	99.6
江　西	90.7	99.9	105.3	109.7	95.8	99.2
山　东	95.3	96.6	100.9	106.3	98.1	98.9
河　南	95.2	102.7	103.7	99.2	92.6	98.4
湖　北	97.6	102.2	105.5	96.3	92.1	100.8
湖　南	94.8	92.9	97.2	106.5	93.7	96.1
广　东	98.5	89.2	88.8	100.4	94.1	99.0
广　西	97.9	103.2	95.0	100.5	92.1	98.8
海　南	93.7	104.5	95.3	92.5	86.4	97.6
重　庆						
四　川	98.8	99.8	84.0	99.6	90.8	99.5
贵　州	97.1	100.2	101.9	101.2	91.0	95.3
云　南	101.0	112.1	94.2	103.9	98.2	99.4
西　藏	87.3	91.9	100.0	101.8	98.5	97.3
陕　西	94.3	98.6	102.6	100.3	93.9	99.0
甘　肃	93.1	103.1	95.4	101.9	101.0	99.0
青　海	96.1	99.3	99.8	98.1	96.3	99.9
宁　夏	91.7	97.5	98.1	109.8	91.4	97.0
新　疆	101.8	95.0	86.5	99.6	99.1	100.7

8—5 续表 3

	(1)茶叶	(2)饮料	12.干鲜瓜果	13.糕点饼干	14.奶及奶制品	15.在外用膳食品
全国平均	**100.2**	**97.5**	**103.2**	**98.3**	**97.3**	**99.4**
北　京						
天　津						
河　北	101.0	98.3	104.5	98.6	99.6	98.9
山　西	100.6	98.9	101.9	95.6	98.9	98.4
内蒙古	99.4	98.4	103.9	98.5	102.7	101.5
辽　宁	98.6	97.9	94.4	96.1	99.7	98.2
吉　林	113.1	96.9	93.7	98.3	108.1	103.1
黑龙江	101.6	98.9	100.8	97.2	100.6	98.7
上　海						
江　苏	101.0	98.9	104.5	99.5	98.8	100.1
浙　江	96.4	98.4	107.2	99.2	97.8	99.4
安　徽	111.2	97.8	106.6	97.7	95.7	98.3
福　建	101.2	98.5	98.4	99.3	99.0	100.2
江　西	100.4	98.4	105.8	99.0	99.3	99.0
山　东	100.2	98.0	105.9	98.2	97.6	100.1
河　南	100.2	97.7	117.2	96.9	98.6	100.8
湖　北	107.9	96.0	108.4	97.6	101.3	101.2
湖　南	98.4	94.4	103.5	96.4	101.1	98.1
广　东	99.3	98.8	97.6	99.4	99.9	98.8
广　西	99.8	98.1	100.0	98.9	96.1	100.0
海　南	97.2	98.0	89.0	101.9	99.7	99.9
重　庆						
四　川	101.7	98.0	100.0	100.6	99.0	99.6
贵　州	92.0	97.5	97.5	99.4	98.2	99.6
云　南	100.4	98.0	101.0	100.0	98.2	99.2
西　藏	96.3	98.4	98.6	97.1	98.8	100.6
陕　西	99.8	98.4	108.3	98.2	98.8	99.5
甘　肃	102.7	96.6	109.3	98.9	98.7	99.0
青　海	97.6	101.4	106.6	95.8	98.9	101.8
宁　夏	97.1	97.0	106.6	99.3	99.4	97.2
新　疆	101.3	100.2	100.6	101.2	99.3	100.2

8—5续表4

	16.其它食品及加工服务费	二、烟酒及用品	1.烟草	2.酒	3.吸烟、饮酒用品	三、衣着
全国平均	**99.1**	**100.0**	**100.2**	**99.7**	**98.9**	**98.4**
北　京						
天　津						
河　北	98.1	100.3	100.4	100.2	99.6	98.6
山　西	96.5	99.5	99.7	99.1	97.1	99.1
内蒙古	99.5	101.1	100.3	102.1	98.2	98.5
辽　宁	98.6	99.5	99.4	99.8	96.8	97.5
吉　林	98.6	99.3	98.3	99.0	111.3	98.2
黑龙江	97.2	104.9	106.8	103.8	100.0	98.8
上　海						
江　苏	98.7	99.6	100.0	98.9	99.2	99.4
浙　江	99.3	99.7	99.1	100.8	99.3	97.3
安　徽	98.5	98.1	98.3	97.8	96.5	97.8
福　建	100.7	99.8	99.5	100.8	96.7	97.8
江　西	101.6	97.9	97.1	99.4	100.0	98.7
山　东	99.0	100.8	101.8	100.1	100.3	98.7
河　南	99.5	99.9	100.3	99.6	95.9	98.4
湖　北	98.4	100.0	100.6	99.2	97.1	101.4
湖　南	99.1	101.2	100.8	102.4	100.5	100.0
广　东	101.1	101.7	103.0	100.0	99.3	98.2
广　西	99.3	98.9	97.8	100.6	98.4	97.7
海　南	98.0	99.2	98.4	100.5	100.4	101.0
重　庆						
四　川	101.5	99.8	101.3	97.0	100.1	97.0
贵　州	96.7	100.6	98.4	105.4	107.7	101.5
云　南	96.2	101.1	102.1	98.5	100.7	98.8
西　藏	99.9	100.7	101.1	100.0	100.9	97.8
陕　西	101.0	103.3	105.1	98.5	99.1	97.5
甘　肃	99.3	100.8	101.9	99.0	95.7	101.4
青　海	98.5	102.1	101.9	102.4	96.6	95.9
宁　夏	98.9	101.7	102.0	101.4	100.0	97.0
新　疆	99.4	99.7	99.2	99.9	100.9	99.8

8—5续表5

	1.服装	(1)男式服装	(2)女式服装	(3)儿童服装	2.衣着材料	3.鞋袜帽
全国平均	**98.0**	**97.4**	**98.0**	**98.8**	**99.1**	**98.9**
北　京						
天　津						
河　北	98.1	96.5	99.7	97.5	99.5	99.4
山　西	99.1	101.4	98.3	96.8	96.8	99.5
内蒙古	98.8	99.7	98.4	98.3	99.9	97.3
辽　宁	97.1	97.5	93.4	101.8	97.4	98.3
吉　林	98.5	96.4	97.2	107.0	96.6	98.2
黑龙江	99.0	99.5	97.6	100.4	98.2	98.6
上　海						
江　苏	98.5	97.4	98.2	100.0	100.2	101.4
浙　江	96.7	97.0	96.5	96.6	99.1	98.1
安　徽	94.9	96.1	95.9	90.1	98.7	101.7
福　建	97.6	98.0	96.5	99.1	98.7	98.4
江　西	99.0	98.8	98.6	98.8	98.2	98.3
山　东	98.0	98.6	97.1	98.9	99.6	99.5
河　南	98.2	98.0	98.3	98.4	99.0	98.5
湖　北	101.6	101.2	101.0	102.8	98.1	101.5
湖　南	99.8	95.0	100.8	103.8	101.3	100.1
广　东	97.9	96.7	99.7	96.4	100.3	98.1
广　西	96.4	93.3	97.7	97.8	98.9	100.4
海　南	102.5	99.6	103.0	105.6	100.5	97.6
重　庆						
四　川	96.8	95.9	95.8	99.1	99.8	96.8
贵　州	105.8	107.8	109.1	99.8	101.6	96.2
云　南	98.6	96.9	100.3	97.4	99.8	99.0
西　藏	98.0	98.2	96.4	101.3	99.6	97.4
陕　西	96.7	95.3	96.3	98.7	97.7	99.4
甘　肃	101.8	99.8	100.4	105.5	99.4	100.9
青　海	95.2	94.0	93.0	99.4	99.1	95.8
宁　夏	96.5	95.1	96.4	101.0	98.3	98.1
新　疆	100.0	98.7	99.9	102.9	99.6	99.6

8—5 续表 6

	(1)鞋	(2)袜子	(3)帽子	4. 衣着加工服务费	四、家庭设备用品及服务	1.耐用消费品
全国平均	**98.7**	**99.6**	**98.0**	**98.9**	**97.8**	**96.6**
北　京						
天　津						
河　北	99.0	100.3	101.7	99.8	98.8	97.6
山　西	98.3	103.6	101.8	96.8	97.9	96.4
内蒙古	97.2	97.5	98.5	100.8	98.7	97.9
辽　宁	98.5	97.9	95.8	99.9	99.4	97.6
吉　林	98.9	93.4	96.3	100.6	99.7	101.2
黑龙江	98.9	97.5	100.0	99.9	98.4	94.1
上　海						
江　苏	101.6	100.8	101.4	98.1	98.6	98.0
浙　江	98.0	99.1	96.3	99.3	97.3	95.3
安　徽	102.0	98.8	99.7	100.7	97.1	98.1
福　建	99.1	96.0	93.3	98.7	96.5	94.5
江　西	98.3	99.4	93.7	102.1	97.9	97.0
山　东	99.2	101.2	98.5	99.7	98.6	98.0
河　南	98.1	99.6	99.5	100.9	96.8	95.9
湖　北	100.8	104.0	101.4	100.2	98.8	99.4
湖　南	100.3	99.8	96.1	99.5	95.3	92.0
广　东	98.9	94.7	97.2	99.5	98.6	97.3
广　西	97.8	109.1	103.7	99.1	97.6	96.9
海　南	98.3	94.4	104.0	115.6	100.4	95.3
重　庆						
四　川	95.9	99.4	99.1	99.9	99.3	98.3
贵　州	94.6	102.3	96.3	104.2	97.2	90.7
云　南	98.4	100.1	103.2	99.7	98.4	97.5
西　藏	97.6	97.4	96.4	95.3	99.7	99.2
陕　西	99.4	99.2	99.3	98.4	97.6	96.7
甘　肃	101.3	100.5	97.9	104.5	99.6	98.1
青　海	96.5	97.9	77.4	100.0	98.4	97.9
宁　夏	97.8	100.7	94.9	98.1	94.1	92.4
新　疆	100.1	99.7	93.3	102.7	98.0	97.3

8—5 续表 7

	(1)家　具	(2)家庭设备	2.室内装饰品	3.床上用品	4.家庭日用杂品	5.家庭服务及加工维修服务费
全国平均	**98.0**	**95.3**	**99.2**	**98.1**	**98.4**	**100.7**
北　京						
天　津						
河　北	98.9	95.7	102.0	100.1	98.8	100.4
山　西	95.2	97.4	95.1	99.3	98.8	100.3
内蒙古	98.1	97.8	100.1	98.3	98.1	105.7
辽　宁	99.1	96.3	100.5	100.2	99.7	102.5
吉　林	101.2	101.2	99.6	97.2	99.8	93.5
黑龙江	98.7	91.1	95.5	97.5	102.4	100.0
上　海						
江　苏	98.8	97.6	102.0	99.0	98.6	100.1
浙　江	97.3	94.2	97.6	98.4	98.8	101.8
安　徽	98.0	98.0	95.2	98.1	95.2	103.7
福　建	97.6	91.0	97.8	98.3	96.8	99.3
江　西	97.9	95.9	102.1	99.8	97.2	97.5
山　东	99.6	96.1	100.6	98.7	99.1	100.6
河　南	96.1	95.6	98.7	94.4	97.6	99.4
湖　北	100.5	97.8	96.3	98.7	97.3	104.0
湖　南	99.5	87.0	100.1	97.5	98.1	100.6
广　东	98.6	96.2	100.9	99.8	99.0	100.8
广　西	97.5	96.3	95.9	98.9	97.6	101.1
海　南	97.1	93.5	98.0	99.5	101.2	101.5
重　庆						
四　川	99.1	97.2	98.1	98.6	100.3	102.2
贵　州	86.6	95.2	99.9	98.0	102.0	100.0
云　南	96.7	98.8	99.5	98.3	99.5	98.7
西　藏	98.6	99.9	100.0	101.4	99.5	100.0
陕　西	97.4	96.1	97.4	97.0	98.2	100.5
甘　肃	99.2	96.3	100.4	99.2	100.4	104.5
青　海	99.5	96.2	98.2	98.4	98.4	101.4
宁　夏	92.5	92.2	93.8	96.0	95.8	101.0
新　疆	99.5	95.1	98.6	97.7	97.1	103.5

8—5 续表 8

	五、医疗保健和个人用品	1. 医疗保健	(1)医疗器具及用品	(2)中药材及中成药	(3)西　药	(4)保健器具及用品
全国平均	**100.1**	**100.5**	**97.3**	**97.4**	**95.5**	**98.6**
北　京						
天　津						
河　北	99.2	98.6	94.3	100.6	93.0	97.8
山　西	95.5	92.8	96.3	94.1	88.7	94.1
内蒙古	100.2	99.0	98.4	97.1	100.1	99.4
辽　宁	97.6	97.0	97.2	98.1	92.5	99.8
吉　林	104.5	107.0	100.1	100.5	96.5	103.6
黑龙江	94.8	93.6	94.0	96.0	83.7	94.3
上　海						
江　苏	99.6	99.4	99.5	100.8	96.3	98.0
浙　江	98.3	98.8	95.5	98.5	96.6	99.9
安　徽	98.3	97.1	95.7	97.5	93.2	99.2
福　建	99.1	98.8	97.3	97.4	96.1	97.4
江　西	100.3	101.3	103.3	104.5	100.5	99.6
山　东	99.5	99.3	99.0	96.6	95.9	99.6
河　南	106.5	110.0	96.1	98.6	96.1	99.3
湖　北	100.1	100.3	96.2	96.1	94.6	98.7
湖　南	101.0	102.1	95.7	95.4	94.5	90.3
广　东	99.6	98.9	97.2	94.8	97.0	98.3
广　西	97.9	97.3	98.8	87.6	93.2	98.0
海　南	106.7	114.3	99.6	95.3	99.9	102.2
重　庆						
四　川	101.0	101.1	99.5	98.9	98.9	98.5
贵　州	98.9	101.4	95.7	95.2	95.7	113.1
云　南	102.5	104.3	96.3	91.7	95.8	102.4
西　藏	100.1	101.0	100.1	102.9	100.8	92.9
陕　西	103.1	104.0	95.9	97.4	94.6	98.7
甘　肃	99.7	99.9	97.6	102.4	97.5	100.1
青　海	117.1	125.1	98.6	94.4	100.6	98.0
宁　夏	97.7	97.2	99.3	95.5	96.2	99.8
新　疆	105.4	108.7	100.8	105.0	97.2	99.9

8—5 续表 9

	(5)医疗保健服务费	2. 个人用品及服务	(1)化妆美容用品	(2)卫生用品	(3)个人饰品	(4)个人服务
全国平均	**107.6**	**99.4**	**98.3**	**97.9**	**99.2**	**100.6**
北　京						
天　津						
河　北	104.3	100.1	99.5	99.0	100.0	100.6
山　西	100.3	98.8	96.4	95.6	98.2	100.2
内蒙古	98.3	102.5	100.1	98.9	105.6	102.8
辽　宁	102.2	98.7	102.6	98.8	93.0	102.1
吉　林	126.7	98.1	99.6	99.2	101.3	94.8
黑龙江	102.6	98.1	99.6	94.9	98.3	99.2
上　海						
江　苏	101.5	100.1	100.5	97.9	100.0	100.7
浙　江	100.4	97.4	99.5	97.1	98.8	96.4
安　徽	99.2	100.0	98.2	96.0	95.5	103.1
福　建	101.9	99.7	99.2	96.9	98.9	102.3
江　西	100.1	99.0	98.3	98.2	98.5	100.7
山　东	105.5	99.7	98.7	99.5	99.6	100.1
河　南	126.7	100.4	99.2	98.4	100.0	102.5
湖　北	105.1	99.3	98.1	95.7	100.8	102.8
湖　南	117.1	99.1	97.5	99.5	100.6	98.3
广　东	105.5	100.7	97.9	98.7	99.5	105.2
广　西	106.9	98.7	98.0	98.1	100.4	97.8
海　南	120.1	102.1	94.8	100.5	94.4	109.5
重　庆						
四　川	105.6	100.7	100.1	97.7	103.3	100.4
贵　州	107.7	96.7	100.6	94.1	92.7	100.1
云　南	116.6	99.2	95.7	96.4	98.8	102.4
西　藏	101.9	97.9	92.5	97.8	102.6	101.4
陕　西	123.0	101.0	100.0	99.4	100.3	102.2
甘　肃	101.2	99.1	97.7	99.1	98.0	99.9
青　海	178.9	99.1	92.5	99.2	97.7	100.7
宁　夏	99.2	99.5	98.3	95.4	98.2	103.1
新　疆	127.6	99.2	98.8	99.2	97.1	102.0

8—5 续表 10

	六、交通和通信	1.交通	(1)交通工具	(2)车用燃料及零配件	(3)车辆使用及维修费	(4)市内公共交通费
全国平均	**98.2**	**98.8**	**95.5**	**98.2**	**98.7**	**100.3**
北京						
天津						
河北	98.2	97.5	96.1	96.9	99.7	100.6
山西	96.6	97.2	95.6	97.7	99.9	98.4
内蒙古	97.2	98.8	96.0	99.3	100.3	107.5
辽宁	99.8	100.8	98.9	97.6	100.4	101.0
吉林	98.0	98.5	95.4	102.2	101.5	100.0
黑龙江	98.5	98.6	97.7	97.5	100.0	99.1
上海						
江苏	99.8	101.3	98.2	98.7	97.8	98.9
浙江	95.2	93.7	89.2	98.3	100.3	99.9
安徽	98.8	101.4	96.6	99.0	99.4	100.0
福建	97.5	98.4	97.6	98.7	101.8	100.0
江西	100.4	101.7	93.9	98.5	99.4	99.7
山东	97.8	99.1	97.9	99.1	99.4	109.2
河南	99.0	99.5	97.3	98.7	99.1	98.1
湖北	99.9	100.7	98.6	100.4	104.5	101.6
湖南	96.2	96.5	91.5	97.8	100.0	99.3
广东	98.6	98.2	94.3	100.1	94.8	99.6
广西	97.4	97.5	93.3	96.5	100.0	105.4
海南	98.4	98.7	96.1	98.9	99.2	100.2
重庆						
四川	100.6	100.7	97.6	99.7	99.4	99.9
贵州	101.6	102.6	97.5	95.6	100.3	98.4
云南	97.9	97.9	97.1	96.7	97.6	91.7
西藏	103.9	101.8	98.1	103.0	103.3	100.0
陕西	97.8	99.2	96.6	98.8	99.3	101.7
甘肃	99.5	100.1	97.4	98.6	100.2	99.7
青海	98.7	98.8	98.1	99.4	99.9	97.1
宁夏	96.0	96.3	94.5	97.0	99.5	94.6
新疆	97.1	98.4	95.1	99.8	101.1	103.9

8—5 续表 11

	(5)城市间交通费	2.通　信	(1)通信工具	(2)通信服务	七、娱乐教育文化	1.文娱用耐用消费品及服务
全国平均	**103.7**	**97.3**	**88.3**	**99.8**	**101.2**	**92.4**
北　京						
天　津						
河　北	102.3	99.1	94.0	100.1	98.7	91.8
山　西	99.9	95.0	85.4	97.5	100.3	90.4
内蒙古	101.8	91.6	87.0	94.0	109.3	94.9
辽　宁	103.3	99.1	85.3	101.4	100.4	91.0
吉　林	100.1	97.1	93.0	97.6	99.5	92.7
黑龙江	99.2	98.5	91.4	100.0	100.0	89.1
上　海						
江　苏	110.6	97.5	90.9	99.4	105.3	92.7
浙　江	99.4	97.3	89.7	99.7	100.9	92.6
安　徽	104.6	95.3	83.0	100.7	99.1	89.4
福　建	97.5	96.6	85.9	99.1	102.3	88.8
江　西	107.0	96.8	91.1	98.0	101.0	92.8
山　东	100.2	95.8	84.6	99.7	99.6	93.6
河　南	103.3	97.9	91.5	99.6	101.6	94.8
湖　北	101.4	97.2	87.8	99.3	102.5	93.5
湖　南	101.3	95.6	88.4	99.1	101.5	90.1
广　东	108.5	99.0	88.3	101.3	98.6	94.4
广　西	100.9	97.0	92.2	98.6	100.9	89.8
海　南	102.1	96.1	89.7	97.5	105.9	94.9
重　庆						
四　川	102.4	100.6	95.6	102.2	101.2	95.0
贵　州	106.9	98.3	89.8	101.5	98.5	89.4
云　南	102.5	98.5	87.4	102.3	100.5	94.2
西　藏	102.4	106.6	98.0	108.2	100.7	99.2
陕　西	101.5	94.4	83.9	97.4	101.2	91.6
甘　肃	104.4	95.4	90.8	99.7	103.1	95.6
青　海	100.9	98.4	97.7	98.7	111.0	93.0
宁　夏	99.7	95.1	77.7	99.7	103.3	83.1
新　疆	100.5	94.7	81.6	97.2	100.0	93.5

8—5 续表 12

	2.教 育	(1)教材及参考书	(2)学杂托幼费	3.文化娱乐用品	(1)文化用品	(2)书报杂志
全国平均	**103.1**	**97.7**	**103.3**	**99.8**	**98.8**	**100.3**
北 京						
天 津						
河 北	100.0	98.1	100.1	100.3	100.1	100.5
山 西	101.4	89.8	102.1	100.3	97.1	100.7
内 蒙 古	111.9	101.3	112.2	99.5	99.1	100.1
辽 宁	102.4	98.7	102.7	100.7	100.1	101.4
吉 林	101.1	107.6	100.2	99.1	98.5	100.4
黑 龙 江	103.1	107.9	103.0	97.1	95.4	100.0
上 海						
江 苏	107.6	97.7	107.8	99.7	99.3	99.9
浙 江	102.5	100.1	102.6	101.1	99.0	101.6
安 徽	100.2	103.2	100.2	98.7	98.3	100.6
福 建	105.2	111.6	104.7	99.6	98.3	100.2
江 西	101.7	97.3	101.8	101.5	100.0	101.7
山 东	100.5	98.3	100.5	99.7	99.3	100.1
河 南	103.5	99.3	103.6	99.3	98.7	100.1
湖 北	103.7	103.7	103.7	100.7	99.8	101.6
湖 南	104.5	90.0	105.9	98.9	97.9	100.0
广 东	100.1	102.1	99.8	100.9	99.0	101.9
广 西	103.5	94.9	104.0	99.8	100.2	100.2
海 南	109.0	98.1	109.2	100.5	100.1	102.5
重 庆						
四 川	102.7	91.3	103.2	98.9	98.5	97.7
贵 州	99.9	102.7	99.7	99.3	98.7	99.6
云 南	102.5	98.6	102.7	101.7	97.6	100.8
西 藏	100.9	100.1	101.1	102.6	99.6	105.8
陕 西	102.2	92.2	102.9	100.4	99.3	100.7
甘 肃	104.4	95.8	104.5	99.2	98.5	100.3
青 海	117.7	99.7	117.9	99.8	99.5	101.2
宁 夏	110.9	103.8	111.5	100.7	97.8	105.2
新 疆	100.6	102.7	100.6	102.1	101.3	103.3

8—5续表13

	(3)文娱费	4.旅游及外出	八、居　住	1.建房及装修材料	2.租　房	3.自有住房	4.水电燃料
全国平均	**101.7**	**97.6**	**100.1**	**98.3**	**102.3**	**100.4**	**103.9**
北　京							
天　津							
河　北	100.6	100.2	102.4	100.1	99.6	99.4	108.7
山　西	107.4	96.7	104.2	101.2	100.6	97.4	109.6
内蒙古	100.3	93.4	102.6	99.9	104.4	99.2	107.8
辽　宁	104.0	100.5	99.7	98.4	119.2	97.5	102.2
吉　林	100.0	103.4	105.0	98.9	100.0	126.7	104.8
黑龙江	100.7	99.9	102.1	102.0	100.0	95.2	103.0
上　海							
江　苏	101.6	101.6	98.3	97.8	99.1	99.9	99.6
浙　江	103.4	96.3	99.5	97.2	100.4	100.2	105.6
安　徽	99.2	98.1	98.7	97.7	102.7	100.0	100.2
福　建	100.7	97.2	99.8	96.8	100.2	100.1	104.3
江　西	104.9	100.4	100.3	98.6	100.0	99.9	106.6
山　东	100.7	99.9	101.3	98.1	101.1	99.2	109.3
河　南	102.4	99.5	100.1	98.5	107.2	98.2	103.4
湖　北	102.2	98.2	100.7	97.8	100.7	100.1	105.7
湖　南	99.1	91.7	98.5	96.2	100.2	98.9	103.4
广　东	102.0	95.0	99.4	99.0	105.6	98.0	99.2
广　西	98.4	93.8	98.8	96.9	110.5	100.0	101.7
海　南	99.3	89.0	98.3	97.3	100.0	99.3	100.3
重　庆							
四　川	101.2	98.7	100.2	99.3	102.9	103.4	101.8
贵　州	99.6	101.0	98.9	97.3	114.2	98.7	100.1
云　南	113.8	92.6	99.6	97.7	100.2	108.6	102.9
西　藏	101.4	100.5	100.2	100.0	100.3	100.0	100.2
陕　西	101.5	97.1	100.7	99.4	102.3	99.5	103.9
甘　肃	100.0	104.3	102.6	101.5	100.7	100.0	104.6
青　海	100.1	107.3	100.1	98.3	100.0	98.9	103.5
宁　夏	103.5	102.7	100.1	95.8	100.2	101.5	105.2
新　疆	102.3	99.2	105.5	100.9	101.9	103.6	114.9

8—6 各地区农业生产资料价格分类指数

（以上年价格为100）

	农业生产资料价格指数	1.小农具	2.饲　料	3.幼禽家畜	4.大牲畜	5.半机械化农具
全国平均	**100.5**	**99.7**	**101.5**	**97.3**	**103.5**	**98.3**
北　京						
天　津						
河　北	100.4	103.0	99.6	103.4	100.1	98.2
山　西	100.9	100.8	102.8	98.0	104.3	98.0
内蒙古	102.6	100.9	105.5	121.5	106.0	99.9
辽　宁	101.7	98.3	101.2	104.2	112.5	99.2
吉　林	100.4	99.2	99.8	104.4	104.4	99.1
黑龙江	99.7	102.1	103.2	111.0	102.4	97.5
上　海						
江　苏	99.3	98.4	99.1	93.8		98.7
浙　江	99.5	99.2	100.0	93.8	111.0	99.3
安　徽	99.9	99.5	99.7	98.8	101.9	95.8
福　建	99.9	98.5	98.7	92.5	111.1	100.0
江　西	99.8	98.1	101.8	94.3	110.5	97.3
山　东	100.3	99.7	100.2	97.7	101.2	99.0
河　南	100.9	99.6	101.6	102.6	102.7	97.3
湖　北	101.0	100.4	100.6	102.8	103.1	97.6
湖　南	98.9	98.5	105.7	82.9	105.6	98.3
广　东	98.4	97.4	100.0	92.8	109.3	99.0
广　西	98.2	98.2	100.0	90.1	91.5	99.0
海　南	101.7	108.1	97.8	102.4	101.1	99.3
重　庆						
四　川	104.1	100.5	108.1	109.6	102.5	98.4
贵　州	100.6	101.7	100.1	98.7	105.2	99.3
云　南	100.4	99.8	106.8	98.3	102.0	98.2
西　藏						
陕　西	100.8	100.0	103.9	94.5	107.9	95.6
甘　肃	100.4	94.6	102.4	105.3	112.4	99.1
青　海	98.0	96.6	99.3	97.4	100.0	100.1
宁　夏	103.5	98.8	107.8	100.8	116.4	95.7
新　疆	99.6	100.8	104.2	108.4	116.4	98.7

8—6 续表 1

	6.机械化农具	7.化学肥料	8.农药及农药械	(1)化学农药	(2)农药械	9.农机用油	10.其　他
全国平均	**96.9**	**102.4**	**98.0**	**97.9**	**98.7**	**98.9**	**102.9**
北　京							
天　津							
河　北	98.3	101.6	97.8	97.5	99.5	98.4	108.0
山　西	97.8	104.4	99.1	99.3	98.4	98.4	101.8
内蒙古	99.0	104.0	98.9	98.7	100.1	99.4	99.3
辽　宁	99.0	102.8	97.5	97.2	100.4	98.6	104.2
吉　林	96.3	101.4	99.5	99.1	102.4	101.9	99.4
黑龙江	95.5	97.4	97.9	97.2	100.4	99.4	99.5
上　海							
江　苏	95.9	101.9	97.7	97.6	98.6	100.3	98.7
浙　江	98.4	101.4	99.6	99.7	98.2	99.9	97.3
安　徽	95.0	103.9	98.1	97.8	100.6	99.1	97.4
福　建	95.3	102.3	98.9	98.9	99.2	98.7	104.7
江　西	97.3	101.8	96.7	96.9	95.7	102.0	100.5
山　东	96.6	103.8	98.4	98.3	98.9	96.7	104.8
河　南	97.5	103.7	99.2	99.4	97.9	96.8	100.7
湖　北	96.5	102.2	98.5	99.1	94.0	97.9	101.8
湖　南	94.5	102.3	95.5	95.4	97.3	99.8	111.9
广　东	98.9	96.9	98.1	98.1	97.6	102.9	100.9
广　西	95.4	101.9	91.0	90.5	96.3	100.1	102.7
海　南	99.3	103.2	100.1	100.0	101.0	100.9	99.4
重　庆							
四　川	98.7	102.6	98.7	98.5	101.1	96.5	120.9
贵　州	93.8	100.7	102.3	102.1	102.8	101.0	105.4
云　南	98.0	102.0	95.7	96.9	90.4	94.8	100.0
西　藏							
陕　西	95.3	105.1	100.3	100.6	98.4	96.0	105.7
甘　肃	96.9	99.9	97.4	96.8	100.6	99.4	97.8
青　海	96.3	99.1	91.1	90.3	94.6	98.8	101.4
宁　夏	91.8	107.1	100.1	101.3	92.7	98.1	95.3
新　疆	95.2	100.9	97.4	97.5	97.0	94.7	98.5

8—7 各地区农产品生产价格指数

	总指数	一、农业产品	二、林业产品	三、畜牧业产品	四、渔业产品
全　　国	**99.6**	**100.0**	**98.3**	**100.2**	**95.9**
北　　京	104.1	104.0	97.2	102.2	93.6
天　　津	104.2	108.5	108.8	97.9	94.2
河　　北	97.7	99.0	94.6	94.7	106.0
山　　西	94.7	87.8	87.5	108.8	104.4
内 蒙 古	99.3	98.4	162.2	99.9	116.0
辽　　宁	99.4	98.9	112.1	99.3	114.7
吉　　林	98.6	92.7	97.3	102.1	120.6
黑 龙 江	102.4	96.3	96.2	106.7	102.1
上　　海	98.3	95.1	102.7	100.5	103.9
江　　苏	97.3	98.2	104.0	95.0	100.5
浙　　江	101.2	101.6	103.5	100.1	101.3
安　　徽	99.8	99.8	99.4	101.2	86.1
福　　建	99.1	100.9	98.3	96.1	99.0
江　　西	100.0	101.4	99.1	98.5	99.6
山　　东	102.2	96.2	98.8	102.1	102.7
河　　南	99.7	98.4	88.9	102.3	99.6
湖　　北	100.9	102.2	105.2	101.3	96.2
湖　　南	99.9	98.6	98.8	99.9	94.2
广　　东	98.5	94.5	119.5	93.4	105.6
广　　西	92.3	90.3	100.0	91.6	100.2
重　　庆	101.1	99.6		102.3	101.0
四　　川	101.8	102.5	108.0	101.3	87.3
贵　　州	103.9	107.4	111.6	101.0	89.4
云　　南	108.1	104.1	158.7	115.1	113.6
陕　　西	101.1	101.3	91.3	101.2	98.9
甘　　肃	97.8	98.0	97.5	102.2	91.7
青　　海	101.2	99.9		102.3	
宁　　夏	90.9	90.6	100.0	94.9	80.2
新　　疆	100.9	100.1	107.1	102.7	93.8

8—8 各地区主要农产品生产价格指数

	一、农业产品	谷 物	#小 麦	#稻 谷	#玉 米	豆 类
全 国	**100.0**	**95.8**	**98.1**	**97.2**	**91.5**	**98.1**
北 京	104.0	97.0	102.0	96.8	90.4	106.3
天 津	108.5	95.3	87.7		93.0	106.4
河 北	99.0	96.7	99.2	94.1	95.1	97.1
山 西	87.8	80.6	96.7		60.0	97.7
内蒙古	98.4	98.6	99.3		98.5	93.7
辽 宁	98.9	92.0		91.9	91.3	98.0
吉 林	92.7	88.9		88.8	89.2	99.2
黑龙江	96.3	90.9	98.1	93.5	92.0	105.0
上 海	95.1	88.3	81.1	92.6	128.8	98.0
江 苏	98.2	95.1	93.2	99.3	90.3	102.0
浙 江	101.6	81.3				38.2
安 徽	99.8	98.7	100.9	99.0	88.1	103.2
福 建	100.9	105.0		102.0	289.5	122.0
江 西	101.4	98.8		98.7		95.5
山 东	96.2	99.8	102.2	93.7	94.4	106.4
河 南	98.4	93.0	90.7	103.9	97.5	109.1
湖 北	102.2	102.4	108.4	99.7	102.0	115.1
湖 南	98.6	100.0		100.2	91.9	91.2
广 东	94.5	99.9		100.5	82.4	105.9
广 西	90.3	97.6		98.7	97.1	90.8
重 庆	99.6	98.9	101.2	97.9	102.2	102.5
四 川	102.5	99.3	98.7	102.8	89.4	100.6
贵 州	107.4	103.3	102.7	102.6	104.1	98.5
云 南	104.1	107.5	118.9	106.1	109.0	82.0
陕 西	101.3	97.8	99.8	92.9	94.8	98.6
甘 肃	98.0	96.9	96.8		91.8	93.4
青 海	99.9	91.0	91.5			94.1
宁 夏	90.6	91.0	94.9	94.8	89.1	
新 疆	100.1	90.3	89.9	95.9	89.4	187.0

8—8 续表 1

	#大豆	薯类	油料	#花生	#油菜籽	棉花	糖料
全国	**98.9**	**93.7**	**104.8**	**102.7**	**103.1**	**103.4**	**86.0**
北京	101.9	57.3	105.3	105.3		44.0	
天津	106.3		104.7	104.3		117.1	
河北	96.8	115.6	104.1	103.7	100.7	102.0	
山西	98.6	70.5	113.1	97.4		58.8	
内蒙古	93.1	120.3	125.8	121.9	97.0		105.1
辽宁	98.0	98.5	92.9	92.9			
吉林	103.2	91.1	113.6				71.4
黑龙江	103.5	81.1	123.9				99.9
上海	98.0		101.9		92.8		
江苏	101.9	91.4	104.3	110.5	103.3	123.5	
浙江	51.2	104.3	70.9	64.4	88.8		162.7
安徽	104.6	84.5	105.5	107.6	104.5	106.2	
福建	112.2	120.0	97.3	100.3			104.5
江西	95.5	96.0	103.6	99.9	55.2	104.4	95.6
山东	106.4	104.1	100.3	100.3	107.8	114.6	
河南	109.1	72.7	102.7	105.1	102.6	124.4	169.4
湖北	110.2	112.0	99.2	97.9	104.0	103.5	161.7
湖南	91.0	95.7	102.9	104.1	109.2	93.4	66.2
广东	124.2	142.1	114.2	114.2	123.9		84.4
广西	90.7	93.8	119.1	118.0	105.3		85.2
重庆	101.5	111.0	103.0	100.7	107.5		
四川	98.2	84.0	101.0	100.8	101.1	76.0	119.9
贵州	98.8	97.8	103.9	101.6	104.3		86.5
云南	83.0	98.1	110.3	89.2	114.2		105.4
陕西	98.6	87.3	102.9	117.4	103.9	98.9	91.1
甘肃	92.5	100.5	102.9	107.7	98.0	92.0	105.1
青海		105.2	102.9		102.9		
宁夏		130.3	105.5				
新疆	187.0	65.7	95.6	133.6	91.0	108.8	95.5

8—8 续表 2

	麻 类	烟 叶	蔬 菜	水 果	茶 叶
全 国	**93.8**	**132.8**	**95.1**	**109.9**	**163.7**
北 京			98.8	156.3	
天 津			110.9	119.8	
河 北	134.4		75.3	106.4	
山 西		132.8	89.8	102.2	
内蒙古		43.5	87.9	190.4	
辽 宁		142.6	100.0	123.7	
吉 林		121.1	99.7	93.8	
黑龙江			76.2	119.1	
上 海			99.6	80.4	
江 苏			98.3	95.3	104.3
浙 江			94.0	88.5	62.1
安 徽	133.2			99.3	105.1
福 建		76.0	102.1	87.1	102.3
江 西		102.3	109.8	180.8	144.0
山 东		136.3	85.0	110.1	
河 南	100.5	111.4	91.7	105.2	220.1
湖 北	86.6	101.7	110.7	102.7	95.9
湖 南	91.4	200.3	97.5	100.6	133.9
广 东		96.8	85.5	90.0	92.6
广 西	101.3	125.6	97.2	101.5	120.6
重 庆	104.2	101.6	97.3	102.7	
四 川	98.9	112.0	104.5	105.0	105.3
贵 州		114.4	109.3	124.4	186.5
云 南		97.6	96.4	85.2	81.3
陕 西		118.7	106.7	101.0	99.6
甘 肃		99.1	98.3	97.0	
青 海			112.5		
宁 夏			88.9	86.2	
新 疆	111.2		105.4	63.5	

8—8续表3

	二、林业产品	三、畜牧业产品	#猪	#家禽	#蛋类	#奶类
全　　国	**98.3**	**100.2**	**98.0**	**106.1**	**102.8**	**99.7**
北　　京	97.2	102.2	100.3	103.3	105.5	96.2
天　　津	108.8	97.9	86.7	114.6	103.2	98.6
河　　北	94.6	94.7	93.0	94.3	101.5	93.8
山　　西	87.5	108.8	93.0	60.4	101.5	150.0
内 蒙 古	162.2	99.9	98.1	89.5	97.5	108.6
辽　　宁	112.1	99.3	105.7	69.9	102.0	
吉　　林	97.3	102.1	98.3	99.1	105.0	91.7
黑 龙 江	96.2	106.7	115.0	107.9	99.3	100.6
上　　海	102.7	100.5	97.1	100.5	109.0	103.1
江　　苏	104.0	95.0	95.7	93.8	103.8	
浙　　江	103.5	100.1	94.0	91.8	144.4	95.6
安　　徽	99.4	101.2	97.9	101.8	112.9	101.9
福　　建	98.3	96.1	94.9	92.4	91.7	
江　　西	99.1	98.5	97.4	103.7	103.5	
山　　东	98.8	102.1	93.1	119.8	104.9	103.1
河　　南	88.9	102.3	93.9	108.7	104.6	
湖　　北	105.2	101.3	98.6	116.7	103.9	
湖　　南	98.8	99.9	98.7	115.8	95.5	84.2
广　　东	119.5	93.4	88.9	104.5	98.5	101.2
广　　西	100.0	91.6	91.2	113.6	109.3	
重　　庆	—	102.3	103.6	102.0	101.0	72.2
四　　川	108.0	101.3	99.0	103.4	111.3	148.5
贵　　州	111.6	101.0	100.9	88.8	103.6	81.4
云　　南	158.7	115.1	114.0	107.7	100.6	95.5
陕　　西	91.3	101.2	103.2	93.6	98.0	107.2
甘　　肃	97.5	102.2	102.6	114.5	97.5	100.1
青　　海	—	102.3	94.9			100.8
宁　　夏	100.0	94.9	90.2	88.0	102.1	102.0
新　　疆	107.1	102.7	101.3	85.6	90.9	115.8

8—8续表4

	四、渔业产品	海水水产品	#海水鱼类	内陆水域水产品	#淡水鱼类
全　国	**95.9**	**98.1**	**104.9**	**93.1**	**93.1**
北　京	93.6			93.6	92.2
天　津	94.2	70.6	106.7	98.0	97.2
河　北	106.0	126.9		93.9	89.5
山　西	104.4			104.4	107.9
内蒙古	116.0			116.0	116.0
辽　宁	114.7	116.8	119.2	101.7	101.7
吉　林	120.6			120.6	138.5
黑龙江	102.1			102.1	102.1
上　海	103.9	176.0	142.5	90.2	85.1
江　苏	100.5	95.6	95.6	101.8	97.4
浙　江	101.3			96.8	77.0
安　徽	86.1			86.1	82.9
福　建	99.0	98.1	56.5	101.8	118.2
江　西	99.6			99.6	98.9
山　东	102.7	104.8	102.3	83.1	83.9
河　南	99.6			99.6	99.6
湖　北	96.2			96.2	96.2
湖　南	94.2			94.2	94.1
广　东	105.6	110.7	99.2	104.6	98.9
广　西	100.2	107.6	87.2	99.0	98.8
重　庆	101.0			101.0	101.1
四　川	87.3			87.3	87.3
贵　州	89.4			89.4	89.5
云　南	113.6			113.6	113.6
陕　西	98.9			98.9	98.9
甘　肃	91.7			95.2	90.2
青　海					
宁　夏	80.2			80.2	80.2
新　疆	93.8			93.8	93.8

9

农产品进出口

9—1 海关出口主要农产品数量

单位:万吨

	活猪（万头）	大米	棉花（原棉）	蔬菜	水果	水产品
1980	316	109	1.0	34	24.2	11.2
1981	318	59		47	19.9	11.6
1982	324	47		51	20.8	10.3
1983	321	58	6.0	54	19.6	10.5
1984	308	116	19.0	52	17.4	12.4
1985	296	101	35.0	51	21.4	12.0
1986	310	95	56.0	64	22.4	16.7
1987	302	102	75.0	64	24.4	21.8
1988	303	70	47.0	77	29.8	28.7
1989	297	32	27.0	82	25.2	29.4
1990	300	33	17.0	98	22.6	35.8
1991	285	69	20.0	104	16.0	37.8
1992	290	95	14.0	138	14.6	44.0
1993	272	143	15.0	137	32.0	48.0
1994	270	152	11.0	154	39.2	57.0
1995	253	5	2.0	158	39.8	61.0
1996	240	26	0.4	167	56.0	64.0
1997	227	94	0.1	167	68.0	72.0
1998	219	375	4.5	201	66.0	79.0
1999	196	271	23.6	225	73.0	109.0
2000	203	295	29.2	245	82.0	120.0
2001	196	186	5.2	298	81.0	154.0
2002	188	199	15.0	360	113.0	163.0

注:水果 1996 年及以后为干、鲜水果及坚果数据

9—2 海关进口主要农产品数量

单位:万吨

	小麦	玉米	大豆	棉花（原棉）	食用植物油
1980	1057	163.8	56.5	88.5	9.2
1981	1300	67.6	56.8	80.1	4.4
1982	1380	156.9	36.2	47.3	5.6
1983	1111	211.0	…	23.0	3.5
1984	987	5.5	…	4.0	1.4
1985	541	9.1	0.1	…	3.5
1986	611	58.8	29.1	…	19.8
1987	1320	154.2	27.3	0.6	51.1
1988	1455	10.9	15.2	3.5	21.4
1989	1488	6.8	0.1	51.9	105.6
1990	1253	36.9	0.1	41.7	112.3
1991	1237	0.1	0.1	37.1	61.2
1992	1058	…	12.1	28.0	42.0
1993	642	…	9.9	1.0	24.0
1994	730	0.1	5.2	50.0	163.0
1995	1159	518.1	29.4	74.0	213.0
1996	825	44.1	111.4	65.0	263.1
1997	186	…	280.1	75.0	274.6
1998	149	25.1	319.7	20.0	205.5
1999	45	7.0	431.7	5.0	208.0
2000	88	…	1041.6	4.7	179.0
2001	69	…	1394.0	6.0	165.0
2002	63	1.0	1132.0	18.0	319.0

9—3 海关出口农副产品及加工品数量

	单　位	1995 年	2000	2001	2002 年	2002 年为 2001 年%
活猪	万头	253	203	196	188	95.7
活家禽	万只	5263	4890	4195	4280	102.0
鲜、冻牛肉	万吨	2	2	2	1	50.0
鲜、冻猪肉	万吨	15	5	10	16	160.0
冻鸡	吨	248573	356512	350885	282423	80.5
鲜、冻兔肉	吨	20187	22563	32998	9081	27.5
鲜蛋	百万个	358	757	614	1001	163.0
水产品	万吨	61	120	154	163	106.0
谷物及谷物粉	万吨	64	1378	876	1482	169.3
其中:大米	万吨	5	295	186	199	106.4
小麦	万吨	1159	88	69	63	91.3
玉米	万吨	11	1047	600	1167	194.6
棉花(原棉)	吨	21619	292475	52366	149538	285.6
蔬菜	万吨	158	245	317	360	113.3
鲜、干水果及坚果	万吨	49	82	81	113	138.6
其中:橘、橙	吨	131798	191353	149781	196635	131.3
鲜苹果	吨	108946	297651	303558	438738	144.5
食糖	万吨	48	41.4	19.6	32.6	166.5
天然蜂蜜	吨	86991	102888	106666	76450	71.7
茶叶	吨	166572	227662	249654	252272	101.1
辣椒干	吨	35706	54075	67954	70870	104.3
猪肉罐头	吨	63822	38175	45049	49060	108.9
蘑菇罐头	吨	189975	204334	195765	210285	107.4
烤烟	吨	56570	93821	133978	135138	100.9
生丝	吨	12710	12532	11265	14701	130.5
山羊绒	吨	1829	3123	2383	4196	176.1
兔毛	吨	4395	4990	4069	4722	116.1
猪鬃	吨	10511	12398	10741	11313	105.3
肠衣	吨	44971	52316	51368	55013	107.1
填充用羽毛羽绒	吨	23345	36882	36132	41792	115.6
药材	吨	136549	175612	160960	143537	89.1
食用油籽	万吨	121	76	85	93	109.3
其中:大豆	万吨	38	21	25	28	111.1
花生和花生仁	万吨	39	40	49	52	105.5
食用植物油	万吨	51	11.2	13.4	9.7	72.4
松香及树脂酸	吨	219729	281420	302279	356334	117.9

9—4 海关出口农副产品及加工品金额

单位:万美元

	1995 年	2000	2001 年	2002 年	2002 年为 2001 年%
活猪	27771	23045	21969	21337	97.1
活家禽	12534	10411	7771	8207	105.6
鲜、冻牛肉	3391	2353	3251	1902	58.5
鲜、冻猪肉	24535	6862	13578	20946	154.3
冻鸡	55656	51302	52530	36015	68.6
鲜冻兔肉	4765	4581	5408	1135	21.0
鲜蛋	1667	1712	1796	2224	123.9
水产品	208728	226755	258861	287202	110.9
谷物及谷物粉		169417	109812	171745	156.4
其中:大米	1624	56105	33295	38501	115.6
玉米		105170	62599	116710	186.4
棉花(原棉)	4680	30579	8002	16959	211.9
蔬菜	157130	157691	191432	188771	98.6
鲜、干水果及坚果	18175	34836	35311	46386	131.4
#橘、橙	5570	4537	3574	5116	143.1
鲜苹果	4530	9656	10067	14942	148.5
食糖	18710	8359	5596	7971	142.5
天然蜂蜜	8748	8412	9583	7794	81.3
茶叶	27475	34717	34204	33189	97.0
辣椒干	5872	3446	4239	4860	114.7
猪肉罐头	11853	5845	6574	7059	107.4
烤烟	7732	13206	16661	18185	109.1
生丝	30055	27159	24269	24296	100.1
山羊绒	13987	252266	18463	23248	125.9
兔毛	7109	6177	4706	4672	99.3
猪鬃	6541	8396	6906	6387	92.5
肠衣		31508	28086	28957	103.1
填充用羽毛羽绒	28142	30710	24646	25684	104.1
药材	43610	20795	19718	21538	109.2
食用油籽	39460	39428	41183	42469	103.1
其中:大豆		6414	7713	7668	99.4
花生和花生仁	25687	23175	26294	26371	100.3
食用植物油	20935	6702	6976	5821	83.5
松香及树脂酸	13491	13877	14175	15953	112.5

注:鲜、干水果及坚果 1990、1995 年为水果数据。

9—5 海关进口农副产品及加工品数量

	单　位	1990 年	1995 年	1999 年	2000 年	2001 年	2002 年
冻鱼	吨			454798	889284	976309	990032
香蕉	吨			431737	593476	413965	347807
谷物及谷物粉	万吨			339	315	344	285
其中:小麦	万吨	1253	1159	45	88	69	60
大麦	万吨	65	127	227	197	237	191
大米	万吨			17	24	29	24
大豆	万吨	0.1	29	432	1042	1394	1132
食用植物油	万吨	112	213	208	179	165	319
其他植物油	万吨	119	160	15	23	36	25
食糖	万吨	113	295	42	64	120	118
羊毛(包括羊毛条)	万吨	3	28	20	30	31	24
棉花(原棉)	万吨	42	74	5	5	6	18
肥料	万吨	1626	1991	1335	1189	1092	1682
#氮磷钾复合肥料	万吨					226	282

9—6 海关进口农副产品及加工品金额

单位:千美元

	1990 年	1995 年	1999 年	2000 年	2001 年	2002 年
冻鱼			408485	684374	853310	1004766
香蕉			140506	169263	98248	75361
谷物及谷物粉	2352970	3581530	524137	593753	634258	493501
其中:小麦	2156530	2026390	85654	147368	121355	102673
大麦	109090	240540	293636	313300	381937	290998
大米			78153	112714	106771	80310
大豆	320	75490	890304	2270236	2809522	2482976
食用植物油	528290	1454820	1074342	627137	477578	1309654
其他植物油	419040	976730	107050	127728	113673	101526
食糖	378800	897580	85175	115325	313300	238454
羊毛(包括羊毛条)	146060	944140	637724	1037311	1049173	1037772
棉花(原棉)	710790	1377820	66923	74109	75861	186436
肥料	2603130	3741500	2248189	1730061	1556356	2353639
#氮磷钾复合肥料					364646	452844

9—7 各地区出口农产品数量

单位：吨

	大米	小麦	玉米	大豆	棉花(原棉)	食用植物油	食糖
全国合计	**1990141**	**976679**	**11674786**	**305365**	**149538**	**97589**	**325825**
北京	198361	46087	32	1092	7855	687	1
天津	38	34693	1	5303	1143	295	18
河北	2219	229484	460695	5573	38	48	
山西		80	158405	377			
内蒙古	8862	10242	1398376	13397		10	8208
辽宁	125929	29749	987700	44138	112	1331	97
吉林	90945	12486	7926011	43933		407	122
黑龙江	241370	405076	742526	171868		355	5
上海	24273			38		133	17
江苏	593126	6979		2749		193	
浙江	8009	10		148	11	52	756
安徽	345770		28	1690	773	48	
福建	4470	2116	2	28		4	2592
江西	185816						222
山东	5	15524	627	2401	13	14774	1
河南		20092		2471	2	175	
湖北	80410		200	3		1613	228
湖南	867			175		1	12
广东	4989	161751	31	3143		75042	312674
广西	7577	647		4421		1092	630
海南	103						
重庆						11	
四川	10441						
贵州							
云南	1830	1488	150	210		161	1
西藏							
陕西				2004			
甘肃				62			10
青海							
宁夏				142			
新疆	54732	176			139590	1157	230

9—8 各地区进口农产品数量

单位：吨

	大米	小麦	玉米	大豆	棉花（原棉）	食用植物油	食糖
全国合计	**238017**	**631635**	**8065**	**11315348**	**180000**	**3211937**	**1183100**
北京	18688	130017	13		8919	406280	221061
天津	1871	3417	279	231714	3895	483505	10604
河北		28440	1	1064363	2629	77556	45864
山西			10		449	11153	3500
内蒙古					49	3618	23037
辽宁	1419	525	158	497534	3194	32131	37478
吉林		32	16			11445	481
黑龙江			1			39674	307
上海	1303	793	295	705341	7067	161619	4284
江苏		63	1096	2281133	9308	505152	30791
浙江	8150		9	772511	2850	191634	6812
安徽			1		1243	22144	791
福建	10340	65730	5	357197	200	101223	70777
江西	2021					12804	192
山东	430	30497		1764514	100692	272916	30389
河南		77443		493480	793	76712	
湖北	1994				1853	46707	
湖南						19353	1805
广东	190190	291109	6175	2273986	27047	494912	647233
广西	151			873564	800	83351	45657
海南	688					29623	
重庆						11101	
四川	623					66535	
贵州						1926	
云南	150		7	10		8036	2001
西藏		3569				3377	38
陕西					400	14431	
甘肃						1777	
青海						6093	
宁夏						3338	
新疆						11809	

10

农产品成本与收益

10—1 平均每一农业从业人员生产的主要农产品

单位:公斤

	粮　食	棉　花	油　料	鲜　蛋	水产品
1952	947	7.5	24.2		9.6
1955	1001	8.3	26.3		12.7
1960	862	6.4	11.7		18.3
1965	842	9.1	15.7		12.9
1970	874	8.3	13.7		11.6
1975	970	8.1	15.4		15.0
1978	1059	7.5	18.1		16.2
1979	1163	7.7	22.5		15.1
1980	1106	9.3	26.5		15.5
1981	1095	10.0	34.4		15.5
1982	1161	11.8	38.7	8.9	16.9
1983	1251	15.0	34.1	10.4	17.6
1984	1311	20.1	38.3	13.4	19.9
1985	1221	13.4	50.8	16.9	22.7
1986	1255	11.3	47.2	17.8	26.4
1987	1281	13.5	48.6	18.8	30.4
1988	1232	13.0	41.3	21.8	33.2
1989	1245	11.6	39.6	22.0	35.2
1990	1325	13.4	47.9	23.6	36.7
1991	1260	16.4	47.4	26.7	38.8
1992	1269	12.9	47.0	29.2	44.6
1993	1357	11.1	53.6	35.1	54.2
1994	1350	13.2	60.3	44.9	65.0
1995	1435	14.7	69.2	51.5	77.4
1996	1562	13.0	68.4	60.8	87.1
1997	1528	14.2	66.7	65.7	111.3
1998	1574	13.8	71.1	62.0	120.1
1999	1551	11.7	79.4	65.1	125.8
2000	1407	13.4	89.9	68.3	130.2
2001	1387	16.3	87.8	72.0	134.3
2002	1419	15.3	89.9		

10—2 各地区平均每一农业从业人员生产的主要农产品

单位:公斤

	粮食	棉花	油料	糖料	猪牛羊肉	水产品
全国总计	**1418.5**	**15.3**	**89.9**	**319.4**	**162.3**	**141.7**
北京	1247.2	5.3	70.4		651.4	112.4
天津	1708.9	77.3	42.2		415.1	354.1
河北	1468.7	24.2	91.2	8.9	218.9	52.5
山西	1406.2	11.3	58.3	28.0	89.7	4.4
内蒙古	2667.9	0.5	206.7	370.0	243.2	14.7
辽宁	2309.2	0.5	86.3	60.8	254.5	573.1
吉林	4328.0	0.1	90.1	148.9	226.9	20.5
黑龙江	3952.2		71.0	588.0	155.1	56.1
上海	1584.9	1.1	119.7	105.7	316.2	397.1
江苏	2071.7	25.9	154.7	24.7	170.9	238.3
浙江	984.3	2.3	49.1	118.5	124.7	502.1
安徽	1415.4	17.3	144.5	16.1	127.2	83.6
福建	1006.2	0.0	34.1	155.5	150.8	736.6
江西	1580.4	6.8	84.1	133.5	160.2	141.0
山东	1370.5	30.1	141.7	0.1	175.3	289.3
河南	1226.5	22.3	122.6	8.1	143.8	10.6
湖北	1799.8	28.4	215.7	80.8	209.0	239.2
湖南	1226.6	7.5	58.5	88.5	206.4	73.3
广东	947.6		48.9	842.9	148.2	402.4
广西	955.5	0.1	36.0	2952.0	131.7	164.0
海南	1043.1		55.5	2073.1	149.7	604.5
重庆	1246.0	0.0	40.3	13.9	154.6	24.4
四川	1231.8	0.9	79.2	67.4	196.3	25.5
贵州	759.8	0.0	53.2	54.4	94.5	5.5
云南	841.7	0.0	16.3	1024.2	129.2	11.4
西藏	1106.5		50.9		193.8	0.2
陕西	1015.3	4.3	41.5	3.1	77.2	6.5
甘肃	1090.9	9.7	58.4	40.2	90.4	2.1
青海	656.7		168.3		159.7	1.3
宁夏	1997.7		72.0		107.0	32.1
新疆	2582.9	456.6	137.1	1443.0	257.7	19.8

10—3 全国种植业产品成本与收益

（按统一工价汇总）

指标		单位	三种粮食平均			
			1995 年	2000 年	2001 年	2002 年
每亩	主产品产量	公斤	342.40	342.20	356.00	358.30
	产值合计	元	545.67	352.96	390.04	375.26
	主产品产值	元	514.36	331.00	366.65	352.87
	副产品产值	元	31.31	21.96	23.39	22.39
	其它收入	元		0.45	0.04	0.04
	生产成本	元	274.11	282.08	280.52	286.40
	物质费用	元	158.04	160.08	155.72	159.90
	用工作价	元	116.07	122.00	124.80	126.50
	用工数量	个	15.90	12.20	12.00	11.50
	劳动日工价	元	7.30	10.00	10.40	11.00
	期间费用	元	8.02	12.82	12.40	8.99
	税金	元	27.37	39.04	37.02	25.63
	含税成本	元	309.50	333.94	329.94	321.02
	净产值	元	387.63	192.88	234.32	215.36
	减税纯收益	元	236.17	19.47	60.14	54.28
	成本纯收益率	%	76.31	5.83	18.23	16.91
每50公斤主产品	平均出售价格	元	75.11	48.36	51.50	49.24
	物质费用	元	21.75	21.93	20.56	20.98
	生产成本	元	37.73	38.65	37.04	37.58
	含税成本	元	42.60	45.75	43.56	42.12
	净产值	元	53.36	26.43	30.94	28.26
	减税纯收益	元	32.51	2.68	7.95	7.13
每一劳动日	主产品产量	公斤	21.50	28.00	29.70	31.20
	净产值	元	24.38	15.81	19.53	18.73
每亩主产品出售数量		公斤	177.00	168.10	179.10	173.70
每亩主产品出售产值		元	266.86	161.59	183.39	169.86
每亩成本外支出		元		12.79	10.43	10.09

注：三种粮食指稻谷、小麦、玉米。

10—3 续表 1

指标		单位	稻谷 1995 年	稻谷 2000 年	稻谷 2001 年	稻谷 2002 年
每亩	主产品产量	公斤	408.20	415.10	427.20	420.40
	产值合计	元	702.50	451.72	481.85	453.37
	主产品产值	元	670.32	429.56	458.64	432.10
	副产品产值	元	32.18	22.16	23.21	21.27
	其它收入	元		0.83	0.13	0.10
	生产成本	元	326.62	319.15	316.72	319.04
	物质费用	元	187.92	173.15	170.08	172.74
	用工作价	元	138.70	146.00	146.64	146.30
	用工数量	个	19.00	14.60	14.10	13.30
	劳动日工价	元	7.30	10.00	10.40	11.00
	期间费用	元	9.57	11.63	12.20	7.96
	税金	元	37.23	42.71	43.11	29.86
	含税成本	元	373.42	373.49	372.03	356.86
	净产值	元	514.58	278.57	311.77	280.63
	减税纯收益	元	329.08	79.06	109.95	96.61
	成本纯收益率	%	88.13	21.17	29.55	27.07
每 50 公斤主产品	平均出售价格	元	82.11	51.74	53.68	51.39
	物质费用	元	21.96	19.83	18.95	19.58
	生产成本	元	38.18	36.56	35.28	36.16
	含税成本	元	43.65	42.78	41.45	40.45
	净产值	元	60.15	31.91	34.73	31.81
	减税纯收益	元	38.46	9.06	12.25	10.95
每一劳动日	主产品产量	公斤	21.50	28.40	30.30	31.60
	净产值	元	27.08	19.08	22.11	21.10
每亩主产品出售数量		公斤	181.70	189.60	200.90	189.90
每亩主产品出售产值		元	308.94	199.46	219.53	196.00
每亩成本外支出		元		11.86	10.17	9.57

10—3 续表 2

指标		单位	小麦			
			1995 年	2000 年	2001 年	2002 年
每亩	主产品产量	公斤	257.30	261.10	261.40	261.90
	产值合计	元	412.24	283.48	296.14	290.04
	主产品产值	元	388.21	263.34	274.52	268.47
	副产品产值	元	24.03	20.14	21.62	21.57
	其它收入	元		0.36		
	生产成本	元	238.79	264.97	258.93	264.96
	物质费用	元	146.08	168.97	160.13	162.66
	用工作价	元	92.71	96.00	98.80	102.30
	用工数量	个	12.70	9.60	9.50	9.30
	劳动日工价	元	7.30	10.00	10.40	11.00
	期间费用	元	7.57	13.38	12.92	11.32
	税金	元	23.84	37.96	34.72	23.98
	含税成本	元	270.20	316.31	306.57	300.26
	净产值	元	266.16	114.51	136.01	127.38
	减税纯收益	元	142.04	−32.47	−10.43	−10.22
	成本纯收益率	%	52.57	−10.27	−3.40	−3.40
每 50 公斤主产品	平均出售价格	元	75.44	50.43	52.51	51.25
	物质费用	元	26.73	30.06	28.39	28.74
	生产成本	元	43.70	47.14	45.91	46.82
	含税成本	元	49.45	56.27	54.36	53.06
	净产值	元	48.71	20.37	24.12	22.51
	减税纯收益	元	25.99	−5.77	−1.85	−1.81
每一劳动日	主产品产量	公斤	20.30	27.20	27.50	28.20
	净产值	元	20.96	11.93	14.32	13.70
每亩主产品出售数量		公斤	135.30	125.50	131.90	127.30
每亩主产品出售产值		元	209.14	125.52	138.91	132.83
每亩成本外支出		元		12.59	10.31	9.99

10—3 续表 3

指标		单位	玉米			
			1995 年	2000 年	2001 年	2002 年
每亩	主产品产量	公斤	361.60	350.50	379.40	392.60
	产值合计	元	522.28	323.68	392.13	382.38
	主产品产值	元	484.56	300.10	366.79	358.05
	副产品产值	元	37.72	23.58	25.34	24.33
	其它收入	元		0.15		0.01
	生产成本	元	256.92	262.13	265.89	272.96
	物质费用	元	140.12	138.13	136.93	144.26
	用工作价	元	116.80	124.00	128.96	128.70
	用工数量	个	16.00	12.40	12.40	11.70
	劳动日工价	元	7.30	10.00	10.40	11.00
	期间费用	元	6.92	13.44	12.08	7.71
	税金	元	21.04	36.45	33.19	23.04
	含税成本	元	284.88	312.02	311.16	303.71
	净产值	元	382.16	185.55	255.20	238.12
	减税纯收益	元	237.40	11.81	80.97	78.68
	成本纯收益率	%	83.33	3.79	26.02	25.91
每50公斤主产品	平均出售价格	元	67.00	42.81	48.34	45.60
	物质费用	元	17.98	18.27	16.88	17.20
	生产成本	元	32.96	34.67	32.78	32.55
	含税成本	元	36.55	41.27	38.36	36.22
	净产值	元	49.02	24.54	31.46	28.40
	减税纯收益	元	30.45	1.56	9.98	9.38
每一劳动日	主产品产量	公斤	22.60	28.30	30.60	33.60
	净产值	元	23.89	14.96	20.58	20.35
每亩主产品出售数量		公斤	214.00	189.10	204.40	203.80
每亩主产品出售产值		元	282.50	159.78	191.74	180.74
每亩成本外支出		元		13.90	10.82	10.70

10—3 续表 4

指 标		单位	大 豆			
			1995 年	2000 年	2001 年	2002 年
每亩	主产品产量	公斤	116.10	121.20	118.60	133.60
	产值合计	元	316.41	261.59	244.09	309.08
	主产品产值	元	299.44	249.11	229.51	295.12
	副产品产值	元	16.97	12.48	14.58	13.96
	其它收入	元				
	生产成本	元	148.41	152.23	153.65	154.46
	物质费用	元	70.30	78.23	76.69	75.26
	用工作价	元	78.11	74.00	76.96	79.20
	用工数量	个	10.70	7.40	7.40	7.20
	劳动日工价	元	7.30	10.00	10.40	11.00
	期间费用	元	6.18	11.76	11.00	6.68
	税金	元	24.35	34.51	31.78	25.98
	含税成本	元	178.94	198.50	196.43	187.12
	净产值	元	246.11	183.36	167.40	233.82
	减税纯收益	元	137.47	63.09	47.66	121.96
	成本纯收益率	%	76.82	31.78	24.26	65.18
每 50 公斤主产品	平均出售价格	元	128.96	102.77	96.76	110.45
	物质费用	元	28.65	30.73	30.40	26.89
	生产成本	元	60.49	59.81	60.91	55.20
	含税成本	元	72.93	77.98	77.87	66.87
	净产值	元	100.31	72.04	66.36	83.56
	减税纯收益	元	56.03	24.79	18.89	43.58
每一劳动日	主产品产量	公斤	10.90	16.40	16.00	18.60
	净产值	元	23.00	24.78	22.62	32.48
每亩主产品出售数量		公斤	82.10	77.40	85.40	99.20
每亩主产品出售产值		元	206.56	155.49	161.08	216.17
每亩成本外支出		元		13.29	11.03	10.34

注:三种粮食指稻谷、小麦、玉米。

10—3 续表 5

指　标		单位	二种油料平均			
			1995 年	2000 年	2001 年	2002 年
每亩	主产品产量	公斤	137.80	149.80	154.50	154.60
	产值合计	元	432.57	353.74	341.93	375.02
	主产品产值	元	414.03	336.53	325.62	357.16
	副产品产值	元	18.54	17.21	16.31	17.86
	其它收入	元		0.06		
	生产成本	元	298.08	270.44	273.13	257.96
	物质费用	元	162.30	128.44	125.45	119.36
	用工作价	元	135.78	142.00	147.68	138.60
	用工数量	个	18.60	14.20	14.20	12.60
	劳动日工价	元	7.30	10.00	10.40	11.00
	期间费用	元	5.55	13.31	12.51	6.65
	税金	元	10.01	38.48	36.15	24.38
	含税成本	元	313.64	322.23	321.79	288.99
	净产值	元	270.27	225.30	216.48	255.66
	减税纯收益	元	118.93	31.57	20.14	86.03
	成本纯收益率	%	37.92	9.80	6.26	29.77
每 50 公斤主产品	平均出售价格	元	150.23	112.33	105.38	115.51
	物质费用	元	56.37	40.79	38.66	36.76
	生产成本	元	103.52	85.88	84.18	79.45
	含税成本	元	108.93	102.32	99.17	89.01
	净产值	元	93.86	71.54	66.72	78.75
	减税纯收益	元	41.30	10.03	6.21	26.50
每一劳动日	主产品产量	公斤	7.40	10.50	10.90	12.30
	净产值	元	14.53	15.87	15.25	20.29
每亩主产品出售数量		公斤	93.70	103.90	107.60	103.80
每亩主产品出售产值		元	269.20	222.51	220.57	236.78
每亩成本外支出		元	20.87	13.43	10.85	8.48

10－3 续表 6

指标		单位	花生			
			1995 年	2000 年	2001 年	2002 年
每亩	主产品产量	公斤	169.50	178.00	188.90	195.80
	产值合计	元	563.71	480.95	454.63	528.03
	主产品产值	元	540.83	458.92	434.41	505.20
	副产品产值	元	22.88	22.03	20.22	22.83
	其它收入	元		0.02		
	生产成本	元	303.80	315.85	325.77	300.13
	物质费用	元	154.88	162.85	162.49	149.43
	用工作价	元	148.92	153.00	163.28	150.70
	用工数量	个	20.40	15.30	15.70	13.70
	劳动日工价	元	7.30	10.00	10.40	11.00
	期间费用	元	5.31	13.51	13.82	7.85
	税金	元	22.01	39.89	39.14	27.52
	含税成本	元	331.12	369.25	378.73	335.50
	净产值	元	408.83	318.10	292.14	378.60
	减税纯收益	元	232.59	111.72	75.90	192.53
	成本纯收益率	%	70.24	30.26	20.04	57.39
每 50 公斤主产品	平均出售价格	元	159.54	128.91	114.98	129.01
	物质费用	元	43.83	43.65	41.10	36.51
	生产成本	元	85.98	84.66	82.39	73.33
	含税成本	元	93.71	98.97	95.78	81.97
	净产值	元	115.71	85.26	73.88	92.50
	减税纯收益	元	65.83	29.95	19.20	47.04
每一劳动日	主产品产量	公斤	8.30	11.60	12.00	14.30
	净产值	元	20.04	20.79	18.61	27.64
每亩主产品出售数量		公斤	111.10	113.30	126.40	127.10
每亩主产品出售产值		元	333.98	280.36	282.85	328.72
每亩成本外支出		元		13.60	12.60	9.15

10—3 续表 7

指 标		单位	油 菜 籽			
			1995 年	2000 年	2001 年	2002 年
每亩	主产品产量	公斤	106.10	121.50	120.00	113.30
	产值合计	元	301.42	226.51	229.22	222.00
	主产品产值	元	287.22	214.13	216.83	209.11
	副产品产值	元	14.20	12.38	12.39	12.89
	其它收入	元		0.09		
	生产成本	元	211.17	223.92	219.33	215.69
	物质费用	元	88.53	93.92	88.29	89.19
	用工作价	元	122.64	130.00	131.04	126.50
	用工数量	个	16.80	13.00	12.60	11.50
	劳动日工价	元	7.30	10.00	10.40	11.00
	期间费用	元	5.78	13.10	11.17	5.44
	税金	元	18.87	37.06	33.16	21.24
	含税成本	元	235.82	274.08	263.66	242.37
	净产值	元	212.89	132.59	140.93	132.81
	减税纯收益	元	65.60	−47.48	−34.44	−20.37
	成本纯收益率	%	27.82	−17.32	−13.06	−8.40
每50公斤主产品	平均出售价格	元	135.35	88.12	90.35	92.28
	物质费用	元	39.75	36.54	34.80	37.07
	生产成本	元	94.82	87.11	86.45	89.66
	含税成本	元	105.89	106.63	103.92	100.75
	净产值	元	95.60	51.58	55.55	55.21
	减税纯收益	元	29.46	−18.47	−13.57	−8.47
每一劳动日	主产品产量	公斤	6.30	9.30	9.50	9.90
	净产值	元	12.67	10.20	11.18	11.55
每亩主产品出售数量		公斤	76.20	94.40	88.70	80.40
每亩主产品出售产值		元	204.42	164.65	158.28	144.83
每亩成本外支出		元		13.24	9.09	7.81

10—3 续表 8

指标		单位	棉花			
			1995 年	2000 年	2001 年	2002 年
每亩	主产品产量	公斤	61.50	71.30	77.90	81.90
	产值合计	元	1035.80	839.23	689.59	889.26
	主产品产值	元	904.62	737.99	589.78	783.66
	副产品产值	元	131.18	101.24	99.81	105.60
	其它收入	元		0.27	0.50	0.02
	生产成本	元	545.79	517.50	534.88	543.54
	物质费用	元	241.38	226.50	222.88	222.34
	用工作价	元	304.41	291.00	312.00	321.20
	用工数量	个	41.70	29.10	30.00	29.20
	劳动日工价	元	7.30	10.00	10.40	11.00
	期间费用	元	15.04	19.80	20.82	17.96
	税金	元	39.22	55.06	52.13	40.22
	含税成本	元	600.05	592.36	607.83	601.72
	净产值	元	794.42	612.73	466.71	666.92
	减税纯收益	元	435.75	247.14	82.26	287.56
	成本纯收益率	%	72.62	41.72	13.53	47.79
每50公斤主产品	平均出售价格	元	735.46	517.52	378.55	478.42
	物质费用	元	171.39	139.67	122.35	119.62
	生产成本	元	387.53	319.12	293.62	292.42
	含税成本	元	426.06	365.29	333.67	323.72
	净产值	元	564.07	377.85	256.20	358.80
	减税纯收益	元	309.40	152.42	45.20	154.71
每一劳动日	主产品产量	公斤	1.50	2.50	2.60	2.80
	净产值	元	19.05	21.06	15.56	22.84
每亩主产品出售数量		公斤	56.00	66.10	72.10	71.10
每亩主产品出售产值		元	828.57	684.20	545.65	702.92
每亩成本外支出		元		18.50	18.13	17.01

10—3 续表 9

指标		单位	烤烟 1995 年	烤烟 2000 年	烤烟 2001 年	烤烟 2002 年
每亩	主产品产量	公斤	126.90	128.40	121.20	128.70
	产值合计	元	929.44	861.76	915.00	1053.75
	主产品产值	元	919.27	851.08	904.03	1042.73
	副产品产值	元	10.17	10.68	10.97	11.02
	其它收入	元		11.31	10.42	22.97
	生产成本	元	609.50	711.58	730.20	762.95
	物质费用	元	267.86	310.58	320.44	351.55
	用工作价	元	341.64	401.00	409.76	411.40
	用工数量	个	46.80	40.10	39.40	37.40
	劳动日工价	元	7.30	10.00	10.40	11.00
	期间费用	元	7.88	32.35	29.57	28.43
	税金	元	25.06	35.10	38.75	29.32
	含税成本	元	642.44	779.03	798.52	820.70
	净产值	元	661.58	551.18	594.56	702.20
	减税纯收益	元	287.00	94.04	126.90	256.02
	成本纯收益率	%	44.67	12.07	15.89	31.20
每50公斤主产品	平均出售价格	元	362.20	331.42	372.95	405.10
	物质费用	元	104.38	119.44	130.61	135.15
	生产成本	元	237.52	273.66	297.63	293.31
	含税成本	元	250.36	299.60	325.47	315.51
	净产值	元	257.82	211.98	242.34	269.95
	减税纯收益	元	111.84	36.22	51.78	98.51
每一劳动日	主产品产量	公斤	2.70	3.20	3.10	3.40
	净产值	元	14.14	13.75	15.09	18.78
每亩主产品出售数量		公斤	124.20	127.10	114.10	126.40
每亩主产品出售产值		元	905.40	841.63	838.47	1027.99
每亩成本外支出		元		14.29	11.23	8.80

10－3 续表 10

指标		单位	甘蔗			
			1995 年	2000 年	2001 年	2002 年
每亩	主产品产量	公斤	4844.70	4725.90	4991.90	4533.90
	产值合计	元	1284.75	914.41	971.62	785.15
	主产品产值	元	1225.96	864.31	946.44	756.83
	副产品产值	元	58.79	50.10	25.18	28.32
	其它收入	元		1.69	0.29	0.09
	生产成本	元	659.77	634.74	638.65	641.61
	物质费用	元	388.21	355.74	370.33	345.71
	用工作价	元	271.56	279.00	268.32	295.90
	用工数量	个	37.20	27.90	25.80	26.90
	劳动日工价	元	7.30	10.00	10.40	11.00
	期间费用	元	48.50	59.78	47.93	70.48
	税金	元	38.78	52.45	62.51	21.11
	含税成本	元	747.05	746.97	749.09	733.20
	净产值	元	896.54	558.67	601.29	439.44
	减税纯收益	元	537.70	169.13	222.82	52.04
	成本纯收益率	%	71.98	22.64	29.75	7.10
每50公斤主产品	平均出售价格	元	12.65	9.14	9.48	8.35
	物质费用	元	3.82	3.56	3.61	3.68
	生产成本	元	6.50	6.34	6.23	6.82
	含税成本	元	7.36	7.47	7.31	7.80
	净产值	元	8.83	5.58	5.87	4.67
	减税纯收益	元	5.29	1.69	2.17	0.55
每一劳动日	主产品产量	公斤	130.20	169.40	193.50	168.50
	净产值	元	24.10	20.02	23.31	16.34
每亩主产品出售数量		公斤	3966.10	4574.10	4876.20	4122.30
每亩主产品出售产值		元	1190.67	829.33	918.94	678.36
每亩成本外支出		元		18.65	22.21	7.75

10—3 续表 11

指标		单位	甜菜 1995 年	甜菜 2000 年	甜菜 2001 年	甜菜 2002 年
每亩	主产品产量	公斤	2086.50	2305.00	2208.30	2532.10
	产值合计	元	709.95	529.70	510.83	532.71
	主产品产值	元	658.39	505.62	484.37	510.75
	副产品产值	元	51.56	24.08	26.46	21.96
	其它收入	元		0.53	0.28	
	生产成本	元	314.79	345.66	340.96	361.38
	物质费用	元	180.47	205.66	193.28	201.88
	用工作价	元	134.32	140.00	147.68	159.50
	用工数量	个	18.40	14.00	14.20	14.50
	劳动日工价	元	7.30	10.00	10.40	11.00
	期间费用	元	25.39	40.41	39.33	38.52
	税金	元	15.28	34.45	34.35	25.64
	含税成本	元	355.46	420.52	414.64	425.54
	净产值	元	529.48	324.04	317.55	330.83
	减税纯收益	元	354.49	109.71	96.47	107.17
	成本纯收益率	%	99.73	26.09	23.27	25.18
每50公斤主产品	平均出售价格	元	15.78	10.97	10.97	10.09
	物质费用	元	4.01	4.26	4.15	3.82
	生产成本	元	7.00	7.16	7.32	6.84
	含税成本	元	7.90	8.71	8.90	8.06
	净产值	元	11.77	6.71	6.82	6.27
	减税纯收益	元	7.88	2.27	2.08	2.03
每一劳动日	主产品产量	公斤	113.40	164.60	155.50	174.60
	净产值	元	28.78	23.15	22.36	22.82
每亩主产品出售数量		公斤	2003.40	2300.50	2184.20	2529.30
每亩主产品出售产值		元	618.31	504.62	470.85	510.25
每亩成本外支出		元		13.24	12.23	13.10

10—3 续表 12

指标		单位	桑蚕茧 1995 年	2000 年	2001 年	2002 年
每亩	主产品产量	公斤	100.40	93.80	111.50	106.30
	产值合计	元	1306.65	1594.28	1705.04	1268.11
	主产品产值	元	1250.79	1552.06	1651.26	1168.00
	副产品产值	元	55.86	42.22	53.78	100.11
	其它收入	元		6.57	0.03	0.69
	生产成本	元	1028.92	938.98	1045.83	1090.71
	物质费用	元	401.12	341.98	368.79	355.91
	用工作价	元	627.80	597.00	677.04	734.80
	用工数量	个	86.00	59.70	65.10	66.80
	劳动日工价	元	7.30	10.00	10.40	11.00
	期间费用	元	16.04	33.67	33.68	20.53
	税金	元	55.51	85.26	76.07	44.65
	含税成本	元	1100.47	1057.91	1155.58	1155.89
	净产值	元	905.53	1252.30	1336.25	912.20
	减税纯收益	元	206.18	542.94	549.49	112.91
	成本纯收益率	%	18.74	51.32	47.55	9.77
每50公斤主产品	平均出售价格	元	622.90	827.32	740.48	549.39
	物质费用	元	191.22	177.46	160.16	154.19
	生产成本	元	490.50	487.27	454.19	472.53
	含税成本	元	524.61	548.98	501.86	500.77
	净产值	元	431.68	649.86	580.32	395.20
	减税纯收益	元	98.29	281.84	238.63	48.94
每一劳动日	主产品产量	公斤	1.20	1.60	1.70	1.60
	净产值	元	10.53	20.98	20.53	13.66
每亩主产品出售数量		公斤	100.10	93.70	110.10	105.90
每亩主产品出售产值		元	1249.73	1549.93	1629.32	1148.79
每亩成本外支出		元		22.12	15.62	17.51

10—3 续表 13

指　　标		单位	苹　　果			
			1995 年	2000 年	2001 年	2002 年
每亩	主产品产量	公斤	1347.60	1650.70	1421.90	1328.50
	产值合计	元	2544.76	1436.97	1416.12	1292.05
	主产品产值	元	2501.75	1431.60	1409.05	1280.59
	副产品产值	元	43.01	5.37	7.07	11.46
	其它收入	元				
	生产成本	元	939.51	891.22	843.53	726.97
	物质费用	元	463.55	452.22	447.29	345.27
	用工作价	元	475.96	439.00	396.24	381.70
	用工数量	个	65.20	43.90	38.10	34.70
	劳动日工价	元	7.30	10.00	10.40	11.00
	期间费用	元	43.94	86.43	70.77	30.39
	税金	元	144.45	123.65	116.04	58.26
	含税成本	元	1127.90	1101.30	1030.34	815.62
	净产值	元	2081.21	984.75	968.83	946.78
	减税纯收益	元	1416.86	335.67	385.78	476.43
	成本纯收益率	%	125.62	30.48	37.44	58.41
每 50 公斤主产品	平均出售价格	元	92.82	43.36	49.55	48.20
	物质费用	元	16.91	13.65	15.65	12.88
	生产成本	元	34.27	26.89	29.52	27.12
	含税成本	元	41.14	33.23	36.05	30.43
	净产值	元	75.91	29.71	33.90	35.32
	减税纯收益	元	51.68	10.13	13.50	17.77
每一劳动日	主产品产量	公斤	20.70	37.60	37.30	38.30
	净产值	元	31.92	22.43	25.43	27.28
每亩主产品出售数量		公斤	1347.60	1552.30	1296.20	1215.70
每亩主产品出售产值		元	2501.75	1327.68	1275.48	1135.62
每亩成本外支出		元		9.42	10.53	11.50

10—4　全国饲养业产品成本与收益

（按统一工价汇总）

指　　标		单位	生　猪　平　均			
			1995	2000年	2001年	2002年
每头	主产品产量	公斤	103.50	102.50	102.90	100.90
	产值合计	元	837.27	631.83	646.10	610.29
	主产品产值	元	813.55	611.58	627.98	592.51
	副产品产值	元	23.72	20.25	18.12	17.78
	其它收入	元		0.21	0.11	0.05
	生产成本	元	770.30	564.94	592.82	559.79
	物质费用	元	693.65	478.94	505.46	479.49
	用工作价	元	76.65	86.00	87.36	80.30
	用工数量	个	10.50	8.60	8.40	7.30
	劳动日工价	元	7.30	10.00	10.40	11.00
	期间费用	元	5.20	10.26	9.05	7.51
	税金	元	2.03	2.26	2.69	0.69
	含税成本	元	777.53	577.46	604.56	567.99
	净产值	元	143.62	152.89	140.64	130.80
	减税纯收益	元	59.74	54.58	41.65	42.35
	成本纯收益率	%	7.68	9.45	6.89	7.46
	耗粮数量	公斤	198.20	177.60	180.00	178.20
每50公斤主产品	平均出售价格	元	393.02	298.33	305.14	293.61
	物质费用	元	325.60	226.14	238.72	230.68
	生产成本	元	361.58	266.75	279.98	269.31
	含税成本	元	364.98	272.66	285.52	273.26
	净产值	元	67.42	72.19	66.42	62.93
	减税纯收益	元	28.04	25.77	19.67	20.37
	耗粮数量	公斤	95.70	86.60	87.50	88.30
每一劳动日	主产品产量	公斤	9.90	11.90	12.30	13.80
	净产值	元	13.68	17.78	16.74	17.92

10—4 续表 1

指 标		单位	规模养猪平均			
			1995 年	2000 年	2001 年	2002 年
每头	主产品产量	公斤	101.70	99.00	98.60	96.30
	产值合计	元	812.56	617.08	632.36	591.15
	主产品产值	元	793.70	601.84	617.85	578.19
	副产品产值	元	18.86	15.24	14.51	12.96
	其它收入	元		0.40	0.13	0.10
	生产成本	元	751.40	535.75	565.63	528.55
	物质费用	元	700.30	491.75	527.15	495.55
	用工作价	元	51.10	44.00	38.48	33.00
	用工数量	个	7.00	4.40	3.70	3.00
	劳动日工价	元	7.30	10.00	10.40	11.00
	期间费用	元	6.39	16.15	13.45	11.62
	税金	元	1.88	1.44	1.29	0.64
	含税成本	元	759.67	553.34	580.37	540.81
	净产值	元	112.26	125.33	105.21	95.60
	减税纯收益	元	52.89	64.14	52.12	50.44
	成本纯收益率	%	6.96	11.59	8.98	9.33
	耗粮数量	公斤	197.20	189.50	186.80	184.40
每50公斤主产品	平均出售价格	元	390.22	303.96	313.31	300.20
	物质费用	元	336.31	242.23	261.18	251.65
	生产成本	元	360.85	263.90	280.25	268.41
	含税成本	元	364.82	272.56	287.55	274.64
	净产值	元	53.91	61.73	52.13	48.55
	减税纯收益	元	25.40	31.60	25.83	25.61
	耗粮数量	公斤	97.00	95.70	94.70	95.70
每一劳动日	主产品产量	公斤	14.50	22.50	26.60	32.10
	净产值	元	16.04	28.48	28.44	31.87

10—4 续表 2

指 标		单位	农户散养生猪			
			1995 年	2000 年	2001 年	2002 年
每头	主产品产量	公斤	107.10	105.90	107.60	105.50
	产值合计	元	886.71	646.58	662.19	629.41
	主产品产值	元	853.24	621.32	639.64	606.82
	副产品产值	元	33.47	25.26	22.55	22.59
	其它收入	元		0.02	0.05	
	生产成本	元	808.90	594.04	619.10	590.96
	物质费用	元	680.42	466.04	483.90	463.36
	用工作价	元	128.48	128.00	135.20	127.60
	用工数量	个	17.60	12.80	13.00	11.60
	劳动日工价	元	7.30	10.00	10.40	11.00
	期间费用	元	2.81	4.34	4.15	3.37
	税金	元	2.33	3.08	4.00	0.74
	含税成本	元	814.04	601.46	627.25	595.07
	净产值	元	206.29	180.54	178.29	166.05
	减税纯收益	元	72.67	45.14	34.99	34.34
	成本纯收益率	%	8.93	7.51	5.58	5.77
	耗粮数量	公斤	200.20	165.70	173.50	171.90
每 50 公斤主产品	平均出售价格	元	398.34	293.35	297.23	287.59
	物质费用	元	305.67	211.44	217.20	211.72
	生产成本	元	363.39	269.51	277.89	270.02
	含税成本	元	365.69	272.88	281.55	271.90
	净产值	元	92.67	81.91	80.03	75.87
	减税纯收益	元	32.65	20.48	15.70	15.69
	耗粮数量	公斤	93.50	78.20	80.60	81.50
每一劳动日	主产品产量	公斤	6.10	8.30	8.30	9.10
	净产值	元	11.72	14.10	13.71	14.31

10—4 续表 3

指标		单位	蛋鸡平均			
			1995 年	2000 年	2001 年	2002 年
每百只	主产品产量	公斤	1387.80	1504.80	1543.00	1576.10
	产值合计	元	9370.59	7180.88	7683.65	7657.47
	主产品产值	元	8460.16	6145.38	6673.57	6753.33
	副产品产值	元	910.43	1035.50	1010.08	904.14
	其它收入	元		50.60	11.21	
	生产成本	元	9022.15	6977.97	7124.29	7049.22
	物质费用	元	8764.46	6750.97	6900.69	6846.82
	用工作价	元	257.69	227.00	223.60	202.40
	用工数量	个	35.30	22.70	21.50	18.40
	劳动日工价	元	7.30	10.00	10.40	11.00
	期间费用	元	186.97	390.66	275.30	258.55
	税金	元	0.20	0.11	0.19	
	含税成本	元	9209.32	7368.74	7399.78	7307.77
	净产值	元	606.13	429.91	782.96	810.65
	减税纯收益	元	161.27	—137.26	295.08	349.70
	成本纯收益率	%	1.75	—1.86	3.99	4.79
	耗粮数量	公斤	3035.50	2549.70	2524.60	2644.90
每50公斤主产品	平均出售价格	元	304.80	204.19	216.25	214.24
	物质费用	元	285.08	191.97	194.21	191.56
	生产成本	元	293.47	198.42	200.51	197.22
	含税成本	元	299.55	209.53	208.26	204.46
	净产值	元	19.72	12.22	22.04	22.68
	减税纯收益	元	5.25	—3.66	8.35	9.78
	耗粮数量	公斤	109.40	84.70	81.80	83.90
每一劳动日	主产品产量	公斤	39.30	66.30	71.80	85.70
	净产值	元	17.17	18.94	36.42	44.06

10—4 续表 4

指标		单位	肉鸡平均			
			1995 年	2000 年	2001 年	2002 年
每百只	主产品产量	公斤	220.20	202.30	215.50	198.00
	产值合计	元	1771.24	1351.25	1440.11	1395.07
	主产品产值	元	1752.88	1330.33	1421.68	1372.61
	副产品产值	元	18.36	20.92	18.43	22.46
	其它收入	元		0.51		
	生产成本	元	1701.76	1162.41	1270.61	1242.53
	物质费用	元	1644.09	1115.41	1221.73	1186.43
	用工作价	元	57.67	47.00	48.88	56.10
	用工数量	个	7.90	4.70	4.70	5.10
	劳动日工价	元	7.30	10.00	10.40	11.00
	期间费用	元	18.46	31.77	35.77	23.66
	税金	元	0.62	0.21	1.03	
	含税成本	元	1720.84	1194.39	1307.41	1266.19
	净产值	元	127.15	235.84	218.38	208.64
	减税纯收益	元	50.40	157.37	132.70	128.88
	成本纯收益率	%	2.93	13.18	10.15	10.18
	耗粮数量	公斤	399.90	328.20	351.70	333.10
每50公斤主产品	平均出售价格	元	398.02	328.80	329.86	346.62
	物质费用	元	369.45	271.41	279.84	294.78
	生产成本	元	382.41	282.85	291.04	308.72
	含税成本	元	386.69	290.63	299.46	314.60
	净产值	元	28.57	57.39	50.02	51.84
	减税纯收益	元	11.33	38.30	30.40	32.02
	耗粮数量	公斤	90.80	81.10	81.60	84.10
每一劳动日	主产品产量	公斤	27.90	43.00	45.90	38.80
	净产值	元	16.09	50.18	46.46	40.91

10—4 续表 5

指标		单位	淡水渔农户精养			
			1995 年	2000 年	2001 年	2002 年
每亩	主产品产量	公斤	803.80	742.30	708.50	775.90
	产值合计	元	5832.67	4428.20	4183.75	4076.76
	主产品产值	元	5831.88	4380.41	4012.21	3903.99
	副产品产值	元	0.79	47.79	171.54	172.77
	其它收入	元		2.49	5.28	
	生产成本	元	4196.26	3327.87	3333.81	3376.85
	物质费用	元	3756.26	2962.47	2980.49	3031.89
	用工作价	元	440.00	365.40	353.32	344.96
	用工数量	个	44.00	26.10	24.20	22.40
	劳动日工价	元	10.00	14.00	14.60	15.40
	期间费用	元	357.96	307.13	290.93	305.25
	税金	元	35.40	33.75	32.72	28.76
	含税成本	元	4589.62	3668.75	3657.46	3710.86
	净产值	元	2076.41	1465.73	1203.26	1044.87
	减税纯收益	元	1243.05	761.94	531.57	365.90
	成本纯收益率	%	27.08	20.77	14.53	9.86
	耗粮数量	公斤	720.00	602.40	681.60	731.40
每50公斤主产品	平均出售价格	元	362.77	295.06	283.15	251.58
	物质费用	元	233.63	197.40	201.72	187.10
	生产成本	元	260.99	221.74	225.63	208.39
	含税成本	元	285.46	244.46	247.53	229.00
	净产值	元	129.14	97.66	81.43	64.48
	减税纯收益	元	77.31	50.77	35.99	22.58
	耗粮数量	公斤	44.80	40.60	48.10	47.10
每一劳动日	主产品产量	公斤	18.30	28.40	29.30	34.60
	净产值	元	47.19	56.16	49.72	46.65

10—4 续表 6

指标		单位	奶牛平均 1995年	2000年	2001年	2002年
每头	主产品产量	公斤	4877.50	5525.30	5560.40	5628.70
	产值合计	元	8333.18	11129.22	11199.63	11971.51
	主产品产值	元	7955.32	10690.53	10768.20	11459.66
	副产品产值	元	377.86	438.69	431.43	511.85
	其它收入	元		25.13	11.82	6.44
	生产成本	元	7232.64	7981.96	8198.93	8518.95
	物质费用	元	6503.37	7266.96	7525.01	7744.55
	用工作价	元	729.27	715.00	673.92	774.40
	用工数量	个	99.90	71.50	64.80	70.40
	劳动日工价	元	7.30	10.00	10.40	11.00
	期间费用	元	357.52	844.25	1001.52	1024.37
	税金	元	3.87	2.50	9.49	1.51
	含税成本	元	7594.03	8828.71	9209.94	9544.83
	净产值	元	1829.81	3862.26	3674.62	4226.96
	减税纯收益	元	739.15	2325.64	2001.51	2433.12
	成本纯收益率	%	9.73	26.34	21.73	25.49
	耗粮数量	公斤	1894.20	2179.50	2181.40	2104.40
每50公斤主产品	平均出售价格	元	81.55	96.74	96.83	101.80
	物质费用	元	63.64	63.17	65.06	65.86
	生产成本	元	70.78	69.38	70.89	72.44
	含税成本	元	74.32	76.74	79.63	81.16
	净产值	元	17.91	33.57	31.77	35.94
	减税纯收益	元	7.23	20.23	17.31	20.70
	耗粮数量	公斤	19.40	19.70	19.60	18.70
每一劳动日	主产品产量	公斤	48.80	77.30	85.80	80.00
	净产值	元	18.32	54.02	56.71	60.04

11

农村居民收入与消费

11—1 农村居民纯收入

单位:元/人

	纯收入合计	一、工资性收入	二、家庭经营纯收入	三、财产性纯收入	四、转移性纯收入
1949	43.80				
1952	57.00				
1954	64.14	2.43	56.39		5.32
1956	72.92	45.47	17.02		10.43
1957	72.95	43.40	21.46		8.09
1962	99.09	52.25	38.15		8.69
1963	101.32	54.59	35.65		11.08
1964	102.28	55.09	35.72		11.47
1965	107.20	63.17	33.29		10.74
1976	113.05	78.35	26.23		8.47
1977	117.09	76.05	32.81		8.23
1978	133.57	88.26	35.79		9.52
1979	160.17	100.67	44.00		15.50
1980	191.33	106.38	62.55		22.40
1981	223.44	113.80	84.52		25.12
1982	270.11	142.85	102.80		24.46
1983	309.77	57.53	227.68		24.56
1984	355.33	66.46	261.69		27.18
1985	397.60	72.15	295.98		29.47
1986	423.76	81.58	313.28		28.90
1987	462.55	95.47	345.50		21.58
1988	544.94	117.77	403.17		24.00
1989	601.51	136.46	434.56		30.49
1990	686.31	138.80	518.55		28.96
1991	708.55	151.92	523.59		33.04
1992	783.99	184.38	561.57		38.04
1993	921.62	194.51	678.48	7.02	41.61
1994	1220.98	262.98	881.86	28.55	47.59
1995	1577.74	353.70	1125.79	40.98	57.27
1996	1926.07	450.84	1362.45	42.59	70.19
1997	2090.13	514.56	1472.72	23.60	79.25
1998	2161.98	573.58	1466.00	30.37	92.03
1999	2210.34	630.26	1448.36	31.55	100.17
2000	2253.42	702.30	1427.27	45.04	78.81
2001	2366.40	771.90	1459.63	46.97	87.90
2002	2475.63	840.22	1486.54	50.68	98.19

11－2　农村居民生活消费支出

单位:元/人

	生活消费支出	1.食品支出	2.衣着支出	3.居住支出	4.家庭设备用品及服务支出	5.医疗保健支出	6.交通和通讯支出	7.文教娱乐用品及服务支出	8.其他支出
1954	59.57	40.86	7.79	7.15					
1956	66.63	45.40	8.84	6.36					
1957	70.86	46.59	9.52	8.60					
1962	92.21	56.13	7.73	17.34					
1963	93.86	59.41	8.75	14.94					
1964	93.59	62.81	8.59	12.46					
1965	95.11	65.11	10.00	10.59					
1978	116.06	78.58	14.74	11.95					
1979	134.51	86.03	17.64	16.00					
1980	162.21	100.19	19.99	22.46	4.14	3.42	0.59	8.25	3.17
1981	190.81	114.09	23.83	31.61	4.16	4.22	0.58	10.12	2.20
1982	220.23	133.47	25.04	35.56	9.39	4.69	0.62	7.45	4.01
1983	248.29	147.59	27.99	42.03	14.03	4.40	3.55	5.72	2.98
1984	273.80	162.34	28.89	48.36	14.82	5.04	3.42	8.24	2.69
1985	317.42	183.43	30.77	57.87	16.19	7.67	5.58	12.36	3.55
1986	356.95	201.50	32.99	70.28	19.56	8.74	6.19	14.43	3.26
1987	398.29	222.05	34.19	79.77	21.52	10.65	8.21	18.48	3.42
1988	476.66	257.37	41.11	96.34	29.96	13.38	8.89	25.69	3.92
1989	535.37	293.44	44.49	105.23	32.36	16.44	8.53	30.61	4.27
1990	584.63	343.76	45.44	101.37	30.90	19.02	8.42	31.38	4.34
1991	619.79	357.06	51.05	102.30	35.27	22.31	10.32	36.44	5.04
1992	659.01	379.26	52.51	104.89	36.67	24.15	12.23	43.77	5.53
1993	769.65	446.83	55.33	106.79	44.67	27.17	17.41	58.38	13.07
1994	1016.81	598.47	70.32	142.34	55.46	32.07	24.02	75.11	19.02
1995	1310.36	768.19	89.79	182.21	68.48	42.48	33.76	102.39	23.06
1996	1572.08	885.49	113.77	219.06	84.22	58.26	47.08	132.46	31.74
1997	1617.15	890.28	109.41	233.23	85.41	62.45	53.92	148.18	34.27
1998	1590.33	849.64	98.06	239.62	81.92	68.13	60.68	159.41	32.87
1999	1577.42	829.02	92.04	232.69	82.27	70.02	68.73	168.33	34.32
2000	1670.13	820.52	95.95	258.34	75.45	87.57	93.13	186.71	52.46
2001	1741.09	830.72	98.68	279.06	76.98	96.61	109.98	192.64	56.42
2002	1834.31	848.35	105.00	300.16	80.35	103.94	128.53	210.31	57.66

注:1979 年以前生活消费支出中的各细项均为其中项。

11—3 农村居民主要食品消费量

单位:公斤/人

	粮食合计			蔬 菜	食用油		
		细 粮	粗 粮			植物油	动物油
1954	221.73	95.07	126.66	70.66	1.26	1.11	0.15
1956	246.50	126.00	120.50	91.00	1.53	1.25	0.28
1957	227.00	110.06	116.94	102.25	1.58	1.25	0.33
1962	189.30	91.70	97.60	199.65	0.95	0.80	0.15
1963	207.95	94.35	113.60	134.85	1.15	0.85	0.30
1964	212.68	106.01	106.67	126.43	1.29	0.93	0.36
1965	226.50	113.00	113.50	130.00	1.49	1.10	0.39
1977	234.71	113.40	121.31	134.00	1.81	1.16	0.65
1978	247.83	122.50	125.33	141.50	1.97	1.30	0.67
1979	256.74	139.43	117.31	131.17	2.38	1.52	0.86
1980	257.16	162.92	94.24	127.21	2.48	1.40	1.08
1981	256.14	172.41	83.73	123.99	3.12	1.89	1.23
1982	259.97	191.84	68.13	132.04	3.43	2.07	1.36
1983	259.90	196.26	63.64	130.95	3.52	2.19	1.33
1984	266.52	209.05	57.47	140.03	3.97	2.47	1.50
1985	257.45	208.83	48.62	131.13	4.04	2.60	1.44
1986	259.30	212.23	47.07	133.65	4.19	2.63	1.56
1987	259.38	211.38	48.00	130.42	4.69	3.11	1.58
1988	259.51	210.70	48.81	130.08	4.76	3.28	1.48
1989	262.28	213.45	48.83	133.38	4.81	3.27	1.54
1990	262.08	215.02	47.06	134.00	5.17	3.54	1.63
1991	255.58	213.82	41.76	126.97	5.65	3.85	1.80
1992	250.50	210.63	39.87	129.12	5.85	4.07	1.78
1993	251.81	221.02	30.79	107.43	5.66	4.06	1.60
1994	257.57	211.98	45.59	107.86	5.66	4.11	1.55
1995	256.07	210.74	45.33	104.62	5.80	4.25	1.55
1996	256.19	206.51	49.68	106.26	6.07	4.48	1.59
1997	250.67	208.89	41.78	107.21	6.16	4.73	1.43
1998	248.90	208.97	39.93	108.96	6.13	4.59	1.54
1999	247.45	206.18	41.27	108.89	6.17	4.58	1.59
2000	250.23	207.10	43.13	106.74	7.06	5.45	1.61
2001	238.62	199.70	38.92	109.30	7.03	5.51	1.52
2002	236.50	199.42	37.08	110.55	7.53	5.77	1.76

11－3 续表 单位:公斤/人

	猪牛羊肉	猪　肉	牛羊肉	家　禽	禽蛋及制品	鱼　虾	食　糖	酒
1954	4.59	3.70	0.89		0.81	1.36	0.40	0.83
1956	4.22	3.10	1.12		0.68	1.23	0.45	0.49
1957	4.53	3.45	1.08		0.80	1.10	0.47	0.52
1962	2.70	1.80	0.90		0.54	1.35	0.55	0.55
1963	4.20	3.00	1.20		0.82	1.35	0.40	0.50
1964	4.44	3.50	0.94		0.85	1.28	0.65	0.63
1965	4.81	3.84	0.97		0.85	1.28	0.65	0.63
1977	5.29	4.76	0.53	0.20	0.71	0.78	0.69	1.18
1978	5.75	5.17	0.58	0.25	0.79	0.84	0.73	1.22
1979	6.50	6.07	0.43	0.31	0.89	0.69	0.80	1.41
1980	7.74	7.26	0.48	0.66	1.21	1.10	1.06	1.89
1981	8.70	8.17	0.53	0.70	1.25	1.28	1.09	2.32
1982	9.05	8.36	0.69	0.78	1.42	1.32	1.18	2.73
1983	9.96	9.29	0.67	0.82	1.57	1.58	1.26	3.19
1984	10.62	9.93	0.69	0.94	1.84	1.74	1.30	3.48
1985	10.97	10.32	0.65	1.03	2.05	1.64	1.46	4.37
1986	11.79	11.14	0.65	1.14	2.08	1.87	1.59	4.96
1987	11.65	10.98	0.67	1.15	2.25	1.96	1.70	5.48
1988	10.71	10.05	0.66	1.25	2.28	1.91	1.41	5.93
1989	11.00	10.28	0.72	1.28	2.41	2.10	1.54	5.95
1990	11.34	10.54	0.80	1.25	2.41	2.13	1.50	6.14
1991	12.15	11.19	0.96	1.34	2.73	2.21	1.40	6.38
1992	11.83	10.88	0.95	1.49	2.85	2.25	1.54	6.56
1993	11.68	10.86	0.82	1.62	2.88	2.47	1.43	6.53
1994	11.00	10.23	0.77	1.63	3.03	2.68	1.34	6.03
1995	11.29	10.58	0.71	1.83	3.22	3.06	1.28	6.53
1996	12.90	11.85	1.05	1.93	3.35	3.37	1.37	7.11
1997	12.72	11.46	1.26	2.36	4.08	3.38	1.35	7.13
1998	13.20	11.89	1.31	2.33	4.11	3.31	1.40	6.98
1999	13.87	12.70	1.17	2.48	4.28	3.45	1.46	6.98
2000	14.41	13.28	1.19	2.81	4.77	3.54	1.28	7.02
2001	14.50	13.35	1.15	2.87	4.72	3.76	1.43	7.10
2002	14.87	13.70	1.17	2.91	4.66	4.01	1.64	7.49

11—4 农村居民家庭基本情况

	单位	1995 年	2000 年	2001 年	2002 年	2002 年为下列各年%	
						1995 年	2001 年
调查户数	户	67340	68116	68190	68190	101.3	100.0
调查户常住人口	人	301878	286162	283223	281674	93.3	99.5
平均每户常住人口	人	4.48	4.20	4.15	4.13	92.2	99.5
平均每户劳动力	人	2.88	2.76	2.73	2.76	95.8	101.1
平均每人经营耕地面积	亩	2.17	1.98	1.99	2.00	92.2	100.5
＃自留地面积	亩	0.16	0.09	0.08	0.08	50.0	100.0
平均每人经营山地面积	亩	0.44	0.28	0.28	0.28	63.6	100.0
平均每户生产性固定资产原值	元	2774.27	4673.06	4883.80	5221.33	188.2	106.9
平均每人全年收入							
总收入	元	2337.87	3146.21	3306.92	3448.60	104.7	74.0
＃工资性收入	元	353.70	702.30	771.90	840.22	237.6	108.9
家庭经营收入	元	1877.42	2251.28	2325.23	2380.51	126.8	102.4
纯收入	元	1577.74	2253.42	2366.40	2475.63	156.9	104.6
＃工资性收入	元	353.70	702.30	771.90	840.22	237.6	108.9
家庭经营收入	元	1125.79	1427.27	1459.63	1486.54	132.0	101.8
现金收入	元	1595.56	2381.60	2534.70	2712.95	170.0	107.0
＃工资性收入	元	352.88	700.41	769.77	839.17	237.8	109.0
家庭经营收入	元	1116.73	1498.81	1565.51	1653.65	148.1	105.6
平均每人全年支出							
总支出	元	2138.33	2652.42	2779.96	2923.60	136.7	105.2
＃家庭经营费用支出	元	621.71	654.27	695.97	731.01	117.6	105.0
费税支出	元	88.65	95.52	91.24	78.70	88.8	86.3
生活消费支出	元	1310.36	1670.13	1741.09	1834.31	140.0	105.4
财产性和转移性支出	元	55.28	168.60	173.53	194.08	351.1	111.8
现金支出	元	1545.81	2140.37	2284.62	2437.72	157.7	106.7
＃家庭经营费用现金支出	元	454.74	544.49	584.80	617.41	135.8	105.6
费税支出		76.96	89.81	86.35	75.58	98.2	87.5
生活消费现金支出	元	859.43	1284.74	1364.08	1467.62	170.8	107.6
财产性和转移性支出	元	92.36	157.42	171.26	191.63	207.5	111.9

11—5 农村居民总收入和纯收入

单位:元/人

	1995 年	2000 年	2001 年	2002 年	2002 年为下列各年%	
					1995 年	2001 年
一、总收入	**2337.87**	**3146.21**	**3306.92**	**3448.62**	**147.5**	**104.3**
(一)工资性收入	353.70	702.30	771.90	840.22	237.6	108.9
(二)家庭经营收入	1877.42	2251.28	2325.23	2380.51	126.8	102.4
(三)财产性收入	40.98	45.04	46.97	50.68	123.7	107.9
(四)转移性收入	65.77	147.59	162.82	177.21	269.4	108.8
二、纯收入	**1577.74**	**2253.42**	**2366.40**	**2475.63**	**156.9**	**104.6**
按纯收入来源分						
(一)工资性收入	353.70	702.30	771.90	840.22	237.6	108.9
(二)家庭经营纯收入	1125.79	1427.27	1459.63	1486.54	132.0	101.8
(1)农业收入	799.44	833.93	863.62	866.67	108.4	100.4
# 种植业收入	775.12	783.64	809.56	808.07	104.3	99.8
(2)林业收入	13.52	22.44	22.10	25.53	188.8	115.5
(3)牧业收入	127.81	207.35	211.96	210.62	164.8	99.4
(4)渔业收入	15.69	26.95	28.87	32.17	205.0	111.4
(5)工业收入	13.63	52.67	54.57	63.29	464.3	116.0
(6)建筑业收入	34.53	46.73	45.43	45.28	131.1	99.7
(7)交通、运输和邮电业收入	27.76	63.63	63.17	69.38	249.9	109.8
(8)批发零售贸易、餐饮业收入	34.26	78.54	78.84	85.56	249.7	108.5
(9)社会服务业收入	17.18	28.09	30.12	31.36	182.5	104.1
(10)文教卫生业收入		6.86	7.56	7.99		
(11)其他家庭经营收入	41.97	60.08	53.38	48.68	116.0	91.2
(三)财产性和转移性收入	98.25	123.85	134.87	148.87	151.5	110.4
按纯收入性质分						
(一)生产性纯收入	1479.49	2129.58	2231.58	2326.79	157.3	104.3
1.第一产业收入	996.51	1125.34	1165.17	1167.79	117.2	100.2
2.第二产业收入	287.24	488.89	532.61	586.87	204.3	110.2
3.第三产业收入	195.74	515.35	533.80	572.10	292.3	107.2
(二)非生产性纯收入	98.25	123.84	134.82	148.87	151.5	110.4

11－6　各地区农村居民纯收入情况

单位:元/人

	1995 年	2000 年	2001 年	2002 年	2002 年为下列各年%	
					1995 年	2001 年
全国合计	**1577.74**	**2253.42**	**2366.40**	**2475.63**	**156.9**	**104.6**
北　京	3223.65	4604.55	5025.50	5398.48	167.5	107.4
天　津	2406.38	3622.40	3947.72	4278.71	177.8	108.4
河　北	1668.73	2478.86	2603.60	2685.16	160.9	103.1
山　西	1208.30	1905.60	1956.05	2149.82	177.9	109.9
内蒙古	1208.38	2038.20	1973.37	2086.02	172.6	105.7
辽　宁	1756.50	2355.59	2557.93	2751.34	156.6	107.6
吉　林	1609.60	2022.50	2182.22	2300.99	143.0	105.4
黑龙江	1766.27	2148.22	2280.28	2405.24	136.2	105.5
上　海	4245.61	5596.38	5870.87	6223.55	146.6	106.0
江　苏	2456.86	3595.09	3784.71	3979.79	162.0	105.2
浙　江	2966.19	4253.67	4582.34	4940.36	166.6	107.8
安　徽	1302.82	1934.57	2020.04	2117.56	162.5	104.8
福　建	2048.59	3230.48	3380.72	3538.83	172.7	104.7
江　西	1537.36	2135.30	2231.60	2306.45	150.0	103.4
山　东	1715.09	2659.20	2804.51	2947.65	171.9	105.1
河　南	1231.97	1985.82	2097.86	2215.74	179.9	105.6
湖　北	1511.22	2268.59	2352.16	2444.06	161.7	103.9
湖　南	1425.16	2197.16	2299.46	2397.92	168.3	104.3
广　东	2699.24	3654.48	3769.79	3911.90	144.9	103.8
广　西	1446.14	1864.51	1944.33	2012.60	139.2	103.5
海　南	1519.71	2182.26	2226.47	2423.20	159.5	108.8
重　庆		1892.45	1971.18	2097.58		106.4
四　川	1158.29	1903.60	1986.99	2107.64	182.0	106.1
贵　州	1086.62	1374.16	1411.73	1489.91	137.1	105.5
云　南	1010.97	1478.60	1533.74	1608.64	159.1	104.9
西　藏	1200.31	1330.81	1404.01	1462.27	121.8	104.1
陕　西	962.89	1443.86	1490.80	1596.25	165.8	107.1
甘　肃	880.34	1428.67	1508.61	1590.30	180.6	105.4
青　海	1029.77	1490.49	1557.32	1668.94	162.1	107.2
宁　夏	998.75	1724.30	1823.05	1917.36	192.0	105.2
新　疆	1136.45	1618.08	1710.44	1863.26	164.0	108.9

11—7 各地区农村居民纯收入

（按收入来源分）

单位:元/人

	纯收入	一、工资性收入	二、家庭经营纯收入	三、财产性收入	四、转移性收入
全国合计	**2475.63**	**840.22**	**1486.54**	**50.68**	**98.19**
北　京	5398.48	3429.68	1371.27	341.27	256.25
天　津	4278.71	2060.23	2000.18	72.65	145.65
河　北	2685.16	1043.67	1506.11	77.51	57.87
山　西	2149.82	866.47	1210.33	15.23	57.79
内蒙古	2086.02	320.03	1694.40	20.57	51.02
辽　宁	2751.34	1020.62	1618.68	42.64	69.39
吉　林	2300.99	388.99	1867.95	0.39	43.66
黑龙江	2405.24	376.55	1861.11	95.56	72.03
上　海	6223.55	4920.43	764.52	206.96	331.64
江　苏	3979.79	1993.74	1781.40	61.17	143.48
浙　江	4940.36	2437.42	2075.34	192.09	235.51
安　徽	2117.56	707.68	1304.80	31.16	73.91
福　建	3538.83	1246.01	1926.18	79.42	287.22
江　西	2306.45	927.35	1302.62	20.65	55.83
山　东	2947.65	1056.70	1728.52	46.09	116.34
河　南	2215.74	567.07	1548.79	32.45	67.43
湖　北	2444.06	662.19	1694.40	14.09	73.38
湖　南	2397.92	914.31	1376.71	29.02	77.88
广　东	3911.90	1714.11	1869.56	139.71	188.52
广　西	2012.60	686.57	1236.26	9.11	80.65
海　南	2423.20	304.81	1952.16	30.63	135.61
重　庆	2097.58	783.12	1164.79	17.17	132.50
四　川	2107.64	711.38	1296.53	27.02	72.71
贵　州	1489.91	386.86	988.92	29.55	84.58
云　南	1608.64	286.17	1193.26	60.43	68.79
西　藏	1462.27	205.61	1062.52	60.97	133.17
陕　西	1596.25	550.51	915.31	39.57	90.85
甘　肃	1590.30	447.41	1056.87	17.27	68.76
青　海	1668.94	401.51	1161.88	39.04	66.52
宁　夏	1917.36	526.68	1265.29	57.33	68.05
新　疆	1863.26	142.10	1664.01	31.73	25.42

11—8 农村居民生活消费支出及构成

	1995年	2000年	2001年	2002年	2002年为下列各年%	
					1995年	2001年
生活消费支出(元/人)	**1310.36**	**1670.13**	**1741.09**	**1834.31**	**140.0**	**105.4**
一、食品支出	768.19	820.52	830.72	848.35	110.4	102.1
＃主食	316.72	248.45	246.62	238.93	75.4	96.9
副食	316.40	365.53	365.30	372.05	117.6	101.8
二、衣着支出	89.79	95.95	98.68	105.00	116.9	106.4
三、居住支出	182.21	258.34	279.06	300.16	164.7	107.6
四、家庭设备、用品及服务支出	68.48	75.45	76.98	80.35	117.3	104.4
五、医疗保健支出	42.48	87.57	96.61	103.94	244.7	107.6
六、交通和通讯支出	33.76	93.13	109.98	128.53	380.7	116.9
七、文教娱乐用品及服务支出	102.39	186.71	192.64	210.31	205.4	109.2
八、其他商品及服务支出	23.06	52.46	56.42	57.66	250.0	102.2
生活消费支出构成(%)	**100.00**	**100.00**	**100.00**	**100.00**		
一、食品支出	58.62	49.13	47.71	46.25		
＃主食	24.17	14.88	14.16	13.03		
副食	24.15	21.89	20.98	20.28		
二、衣着支出	6.85	5.75	5.67	5.72		
三、居住支出	13.91	15.47	16.03	16.36		
四、家庭设备、用品及服务支出	5.23	4.52	4.42	4.38		
五、医疗保健支出	3.24	5.24	5.55	5.67		
六、交通和通讯支出	2.58	5.58	6.32	7.01		
七、文教娱乐用品及服务支出	7.81	11.18	11.06	11.47		
八、其他商品及服务支出	1.76	3.14	3.24	3.14		

11—9 农村居民生活消费现金支出及构成

	1995年	2000年	2001年	2002年	2002年为下列各年%	
					1995年	2001年
生活消费现金支出(元/人)	**859.43**	**1284.74**	**1364.08**	**1467.62**	**170.8**	**107.6**
一、食品支出	353.22	464.26	484.47	510.96	144.7	105.5
#主食	45.80	47.05	48.18	48.38	105.6	100.4
副食	184.43	220.53	227.12	234.18	127.0	103.1
二、衣着支出	88.66	95.18	97.95	104.54	117.9	106.7
三、居住支出	147.86	231.06	249.84	271.50	183.6	108.7
#住房	108.53	164.30	177.51	197.31	181.8	111.2
燃料	15.53	30.24	32.7	33.36	214.8	102.0
四、家庭设备、用品及服务支出	68.08	74.37	76.17	80.17	117.8	105.3
五、医疗保健支出	42.47	87.57	96.61	103.94	244.7	107.6
六、交通和通讯支出	33.73	93.13	109.97	128.53	381.1	116.9
七、文教娱乐用品及服务支出	102.35	186.71	192.64	210.31	205.5	109.2
八、其他商品及服务支出	23.06	52.46	56.42	57.66	250.0	102.2
生活消费现支出构成(%)	**100.00**	**100.00**	**100.00**	**100.00**		
一、食品支出	41.10	36.14	35.52	34.82		
#主食	3.94	3.66	3.53	3.30		
副食	20.03	17.17	16.65	15.96		
二、衣着支出	10.32	7.41	7.18	7.12		
三、居住支出	17.21	17.98	18.32	18.50		
#住房	12.39	12.79	13.01	13.44		
燃料	1.94	2.35	2.40	2.27		
四、家庭设备、用品及服务支出	7.92	5.79	5.58	5.46		
五、医疗保健支出	4.94	6.82	7.08	7.08		
六、交通和通讯支出	3.92	7.25	8.06	8.76		
七、文教娱乐用品及服务支出	11.91	14.53	14.12	14.33		
八、其他商品及服务支出	2.68	4.08	4.14	3.93		

11—10 各地区农村居民生活消费支出

单位:元/人

	生活消费支出	1. 食品支出	#主 食	#副 食	2. 衣着支出	3. 居住支出
全国合计	**1834.31**	**848.35**	**238.93**	**372.05**	**105.00**	**300.16**
北 京	3731.68	1273.26	193.13	523.97	269.62	558.10
天 津	2163.55	823.01	177.52	381.43	181.67	391.84
河 北	1476.42	574.59	216.58	205.89	109.18	318.99
山 西	1354.64	594.20	258.32	185.34	137.93	171.22
内蒙古	1647.04	714.96	262.41	266.94	115.48	245.54
辽 宁	1781.26	801.51	240.26	371.59	145.85	247.20
吉 林	1680.20	740.77	239.65	335.32	114.35	267.64
黑龙江	1674.20	696.51	250.24	271.57	114.06	349.29
上 海	5301.82	1870.86	230.84	847.36	226.22	1383.98
江 苏	2620.29	1045.17	258.92	437.85	137.63	552.73
浙 江	3692.89	1507.85	246.50	674.24	206.98	576.95
安 徽	1475.80	700.45	216.63	293.29	75.60	272.19
福 建	2583.16	1184.59	252.53	543.59	132.36	370.11
江 西	1784.88	895.82	245.92	363.97	97.24	262.81
山 东	1997.83	838.26	231.01	335.05	130.34	335.65
河 南	1451.51	697.02	227.09	309.07	93.72	262.99
湖 北	1745.63	872.49	245.62	406.31	80.63	235.61
湖 南	2068.74	1086.11	245.08	456.23	97.85	271.28
广 东	2825.01	1345.00	302.89	736.67	107.94	441.24
广 西	1686.11	875.08	221.16	382.58	63.83	288.42
海 南	1602.85	947.78	323.85	476.07	51.83	189.29
重 庆	1497.72	835.52	209.92	435.73	63.56	183.11
四 川	1591.99	857.61	222.49	434.13	79.36	214.47
贵 州	1137.57	661.35	215.82	335.49	55.16	149.69
云 南	1381.54	772.61	254.98	375.10	57.54	223.30
西 藏	1000.29	637.69	212.31	239.19	104.67	92.64
陕 西	1490.76	564.19	203.05	165.39	86.95	330.08
甘 肃	1153.29	531.37	230.26	176.07	67.52	162.86
青 海	1386.08	664.69	230.83	299.49	113.94	164.36
宁 夏	1418.12	633.16	227.11	268.91	97.52	203.75
新 疆	1411.73	691.32	266.41	281.06	127.52	220.25

11—10 续表　　　　单位:元/人

	4.家庭设备用品及服务支出	5.医疗保健支出	6.交通和通讯支出	7.文教娱乐用品及服务支出	8.其他支出
全国合计	**80.35**	**103.94**	**128.53**	**210.31**	**57.66**
北京	224.92	337.94	289.03	624.97	153.84
天津	73.64	188.66	159.77	269.16	75.79
河北	68.58	99.14	110.42	156.91	38.60
山西	64.64	64.44	103.23	176.64	42.34
内蒙古	64.82	116.82	117.51	229.63	42.29
辽宁	69.44	115.80	144.35	208.36	48.75
吉林	64.29	132.13	132.24	182.08	46.69
黑龙江	57.45	120.22	125.06	172.68	38.92
上海	280.60	280.20	461.54	661.48	136.95
江苏	129.43	142.50	203.94	327.11	81.78
浙江	170.43	266.52	359.39	439.58	165.19
安徽	65.27	72.99	90.65	159.16	39.48
福建	139.77	118.71	251.91	272.58	113.14
江西	61.89	80.86	125.83	215.58	44.85
山东	96.30	127.59	155.77	256.28	57.63
河南	64.19	73.80	77.32	133.51	48.96
湖北	71.54	90.51	98.92	232.84	63.10
湖南	84.79	102.81	118.57	248.60	58.73
广东	134.10	116.90	251.14	302.44	126.24
广西	64.98	66.19	114.26	173.17	40.18
海南	60.45	62.27	70.72	156.62	63.90
重庆	66.22	75.92	80.76	162.58	30.04
四川	63.20	78.30	84.62	174.70	39.74
贵州	49.04	32.36	48.69	108.56	32.71
云南	51.41	69.02	45.57	114.00	48.08
西藏	65.62	33.02	21.21	28.46	16.98
陕西	59.16	103.09	85.18	227.73	34.39
甘肃	44.48	82.68	70.61	164.62	29.15
青海	69.72	118.01	112.16	107.88	35.32
宁夏	69.80	123.32	111.00	148.20	31.38
新疆	48.10	99.81	73.06	105.85	45.81

11—11 各地区农村居民生活消费支出构成

单位：%

	生活消费支出	1.食品支出	2.衣着支出	3.居住支出	4.家庭设备用品及服务支出	5.医疗保健支出	6.交通和通讯支出	7.文教娱乐用品及服务支出	8.其他支出
全国合计	**100.00**	**46.25**	**5.72**	**16.36**	**4.38**	**5.67**	**7.01**	**11.47**	**3.14**
北京	100.00	34.12	7.23	14.96	6.03	9.06	7.75	16.75	4.12
天津	100.00	38.04	8.40	18.11	3.40	8.72	7.38	12.44	3.50
河北	100.00	38.92	7.40	21.61	4.65	6.72	7.48	10.63	2.61
山西	100.00	43.86	10.18	12.64	4.77	4.76	7.62	13.04	3.13
内蒙古	100.00	43.41	7.01	14.91	3.94	7.09	7.13	13.94	2.57
辽宁	100.00	45.00	8.19	13.88	3.90	6.50	8.10	11.70	2.74
吉林	100.00	44.09	6.81	15.93	3.83	7.86	7.87	10.84	2.78
黑龙江	100.00	41.60	6.81	20.86	3.43	7.18	7.47	10.31	2.32
上海	100.00	35.29	4.27	26.10	5.29	5.28	8.71	12.48	2.58
江苏	100.00	39.89	5.25	21.09	4.94	5.44	7.78	12.48	3.12
浙江	100.00	40.83	5.60	15.62	4.61	7.22	9.73	11.90	4.47
安徽	100.00	47.46	5.12	18.44	4.42	4.95	6.14	10.78	2.68
福建	100.00	45.86	5.12	14.33	5.41	4.60	9.75	10.55	4.38
江西	100.00	50.19	5.45	14.72	3.47	4.53	7.05	12.08	2.51
山东	100.00	41.96	6.52	16.80	4.82	6.39	7.80	12.83	2.88
河南	100.00	48.02	6.46	18.12	4.42	5.08	5.33	9.20	3.37
湖北	100.00	49.98	4.62	13.50	4.10	5.18	5.67	13.34	3.61
湖南	100.00	52.50	4.73	13.11	4.10	4.97	5.73	12.02	2.84
广东	100.00	47.61	3.82	15.62	4.75	4.14	8.89	10.71	4.47
广西	100.00	51.90	3.79	17.11	3.85	3.93	6.78	10.27	2.38
海南	100.00	59.13	3.23	11.81	3.77	3.88	4.41	9.77	3.99
重庆	100.00	55.79	4.24	12.23	4.42	5.07	5.39	10.85	2.01
四川	100.00	53.87	4.99	13.47	3.97	4.92	5.32	10.97	2.50
贵州	100.00	58.14	4.85	13.16	4.31	2.84	4.28	9.54	2.88
云南	100.00	55.92	4.16	16.16	3.72	5.00	3.30	8.25	3.48
西藏	100.00	63.75	10.46	9.26	6.56	3.30	2.12	2.85	1.70
陕西	100.00	37.85	5.83	22.14	3.97	6.92	5.71	15.28	2.31
甘肃	100.00	46.07	5.85	14.12	3.86	7.17	6.12	14.27	2.53
青海	100.00	47.95	8.22	11.86	5.03	8.51	8.09	7.78	2.55
宁夏	100.00	44.65	6.88	14.37	4.92	8.70	7.83	10.45	2.21
新疆	100.00	48.97	9.03	15.60	3.41	7.07	5.18	7.50	3.25

11—12 各地区农村居民生活消费现金支出

单位:元/人

	生活消费现金支出	1.食品支出	#主食	#副食	2.衣着支出	3.居住支出
全国合计	**1467.62**	**510.96**	**48.38**	**234.18**	**104.54**	**271.50**
北京	3678.17	1219.78	156.22	512.10	269.61	558.08
天津	2043.53	715.48	82.26	370.65	181.67	379.35
河北	1267.03	365.44	40.35	174.36	108.94	318.99
山西	1125.40	366.82	79.96	140.56	137.89	169.78
内蒙古	1258.36	383.35	92.60	110.58	115.16	188.78
辽宁	1451.43	490.78	89.83	221.46	145.63	229.41
吉林	1364.21	503.30	113.72	224.25	114.35	189.13
黑龙江	1370.87	489.49	121.80	195.26	114.06	253.03
上海	4971.87	1540.98	29.90	727.17	226.22	1383.90
江苏	2229.16	687.13	31.93	308.81	137.51	519.76
浙江	3399.38	1225.73	53.67	594.29	206.56	566.22
安徽	1123.45	393.89	20.35	185.51	75.42	226.59
福建	2315.25	937.95	72.02	485.11	132.33	351.03
江西	1340.94	502.65	19.62	206.99	96.99	212.29
山东	1723.37	571.10	34.00	271.85	128.45	330.52
河南	1030.22	326.17	22.30	147.01	92.67	213.73
湖北	1242.30	409.29	34.76	160.84	79.07	197.19
湖南	1616.45	641.58	28.29	239.64	97.79	263.58
广东	2403.47	975.48	94.46	589.72	106.73	391.19
广西	1270.72	511.30	23.00	226.69	63.72	237.02
海南	1140.14	529.08	25.60	360.90	51.83	145.27
重庆	1007.88	367.73	19.21	165.97	63.56	161.07
四川	1114.90	407.40	26.68	189.14	79.29	187.77
贵州	705.78	239.57	38.74	98.93	55.09	139.76
云南	909.42	321.07	47.15	141.52	57.54	202.75
西藏	644.90	297.09	126.01	87.28	104.67	77.85
陕西	1259.67	356.62	47.24	120.91	86.79	306.75
甘肃	854.49	242.88	26.61	95.07	67.52	152.55
青海	1001.17	284.96	60.11	118.07	113.47	159.82
宁夏	1079.43	304.48	25.91	149.80	97.52	193.74
新疆	1033.87	332.46	59.65	173.46	125.20	203.57

11－12 续表

单位:元/人

	4.家庭设备用品及服务支出	5.医疗保健支出	6.交通和通讯支出	7.文教娱乐用品及服务支出	8.其他支出
全国合计	**80.17**	**103.94**	**128.53**	**210.31**	**57.66**
北京	224.92	337.94	289.03	624.97	153.84
天津	73.64	188.66	159.77	269.16	75.79
河北	68.58	99.14	110.42	156.91	38.60
山西	64.27	64.44	103.23	176.64	42.34
内蒙古	64.82	116.82	117.51	229.63	42.29
辽宁	68.35	115.80	144.35	208.36	48.75
吉林	64.29	132.13	132.24	182.08	46.69
黑龙江	57.40	120.22	125.06	172.68	38.92
上海	280.60	280.20	461.54	661.48	136.95
江苏	129.43	142.50	203.94	327.11	81.78
浙江	170.17	266.52	359.39	439.58	165.19
安徽	65.27	72.99	90.65	159.16	39.48
福建	137.60	118.71	251.91	272.58	113.14
江西	61.89	80.86	125.83	215.58	44.85
山东	96.03	127.59	155.77	256.28	57.63
河南	64.06	73.80	77.32	133.51	48.96
湖北	71.39	90.51	98.92	232.84	63.10
湖南	84.79	102.81	118.57	248.60	58.73
广东	133.34	116.90	251.14	302.44	126.24
广西	64.88	66.19	114.26	173.17	40.18
海南	60.45	62.27	70.72	156.62	63.90
重庆	66.22	75.92	80.76	162.58	30.04
四川	63.08	78.30	84.62	174.70	39.74
贵州	49.03	32.36	48.69	108.56	32.71
云南	51.39	69.02	45.57	114.00	48.08
西藏	65.62	33.02	21.21	28.46	16.98
陕西	59.12	103.09	85.18	227.73	34.39
甘肃	44.48	82.68	70.61	164.62	29.15
青海	69.55	118.01	112.16	107.88	35.32
宁夏	69.80	123.32	111.00	148.20	31.38
新疆	48.10	99.81	73.06	105.85	45.81

11—13 农村居民家庭年末拥有主要耐用消费品

（平均每百户）

	单 位	1995 年	2000 年	2001 年	2002 年	2002 年为下列各年%	
						1995 年	2001 年
洗衣机	台	16.90	28.58	29.94	31.80	188.2	106.2
电风扇	台	88.96	122.62	129.42	134.26	150.9	103.7
电冰箱	台	5.15	12.31	13.59	14.83	288.0	109.1
抽油烟机	台	0.61	2.75	3.15	3.58	586.9	113.7
吸尘器	台	0.33	0.40	0.47	0.51	154.5	108.5
自行车	辆	147.02	120.48	120.83	121.32	82.5	100.4
摩托车	辆	4.91	21.94	24.71	28.07	571.7	113.6
彩色电视机	台	16.92	48.74	54.41	60.45	357.3	111.1
黑白电视机	台	63.81	52.97	50.74	48.14	75.4	94.9
录像机	台	1.12	3.30	3.33	3.32	296.4	99.7
收录机	台	28.25	21.58	20.74	20.41	72.2	98.4
照相机	台	1.42	3.12	3.23	3.34	235.2	103.4

11—14 农村居民家庭新建房屋和居住情况

	单 位	1995 年	2000 年	2001 年	2002 年	2002 年为下列各年%	
						1995 年	2001 年
一、年内新建房屋情况							
年内新建房屋面积	平方米/人	0.78	0.87	0.84	0.86	110.3	102.4
#砖木结构	平方米/人	0.37	0.36	0.34	0.30	81.1	88.2
钢筋混凝土结构	平方米/人	0.33	0.47	0.45	0.51	154.5	113.3
新建房屋造价	元/平方米	200.30	260.23	263.45	295.61	147.6	112.2
二、年末居住情况							
住房面积	平方米/人	21.01	24.82	25.73	26.53	126.3	103.1
#砖木结构	平方米/人	11.91	13.61	13.82	13.88	116.5	100.4
钢筋混凝土结构	平方米/人	3.10	6.15	6.94	7.69	248.1	110.8
住房价值	元/平方米	101.64	187.41	196.12	202.78	199.5	103.4

11—15 各地区农村居民家庭年末拥有主要耐用消费品

（平均每百户）

	自行车(辆)		摩托车(辆)		洗衣机(台)	
	2001 年	2002 年	2001 年	2002 年	2001 年	2002 年
全国合计	**120.83**	**121.32**	**24.71**	**28.07**	**29.94**	**31.80**
北　京	216.80	208.13	36.00	41.33	90.67	92.40
天　津	200.00	204.17	40.17	43.67	83.50	83.33
河　北	188.98	192.57	39.26	43.62	63.14	65.57
山　西	126.71	128.76	27.00	30.76	52.90	54.71
内蒙古	79.08	80.24	28.45	32.48	27.23	28.83
辽　宁	128.62	127.99	25.77	29.68	55.98	56.08
吉　林	97.88	98.75	23.25	27.31	56.19	56.88
黑龙江	91.34	89.38	18.08	19.38	50.63	52.90
上　海	212.67	215.67	73.17	82.83	70.17	70.83
江　苏	179.82	181.47	30.91	34.15	48.38	50.32
浙　江	180.00	175.11	35.93	40.33	37.96	40.15
安　徽	132.42	137.13	10.45	12.65	16.26	17.52
福　建	91.32	91.26	54.18	57.58	36.15	38.57
江　西	120.00	121.55	20.41	22.98	3.27	4.53
山　东	180.29	182.62	42.83	47.36	17.07	19.74
河　南	155.05	156.62	15.83	18.79	27.02	30.60
湖　北	110.36	111.33	18.39	20.88	17.09	20.42
湖　南	81.49	81.38	12.41	14.19	16.92	17.78
广　东	158.63	152.97	59.02	64.49	26.56	28.24
广　西	121.47	121.26	21.13	27.14	4.37	3.46
海　南	55.28	52.50	55.42	64.03	3.47	6.11
重　庆	18.17	17.50	5.17	6.33	9.56	11.28
四　川	49.65	49.43	11.53	14.03	17.38	20.15
贵　州	7.19	6.61	7.23	8.66	12.72	15.00
云　南	47.92	46.75	5.50	6.63	19.54	19.58
西　藏	59.79	60.42	0.83	1.67	2.71	0.83
陕　西	131.17	134.14	16.58	19.37	35.95	38.56
甘　肃	125.89	129.00	15.06	18.33	28.72	30.89
青　海	58.00	58.67	15.17	22.50	17.50	19.50
宁　夏	166.67	166.33	29.17	36.50	40.00	42.33
新　疆	122.26	121.48	20.32	23.29	22.13	23.94

11—15 续表 1

	黑白电视机(台)		彩色电视机(台)		收录机(台)	
	2001 年	2002 年	2001 年	2002 年	2001 年	2002 年
全国合计	**50.74**	**48.14**	**54.41**	**60.45**	**20.74**	**20.41**
北　京	14.93	14.53	108.93	110.00	28.53	28.67
天　津	20.17	16.83	98.50	106.83	20.67	19.33
河　北	47.02	44.64	71.52	77.38	18.71	18.64
山　西	39.48	38.52	66.57	70.29	24.24	24.52
内蒙古	47.77	44.03	51.41	56.65	34.56	34.22
辽　宁	34.97	31.64	75.93	81.22	21.06	19.95
吉　林	41.31	37.31	67.13	73.63	25.13	24.94
黑龙江	43.71	37.99	64.73	71.25	19.64	18.08
上　海	56.33	53.33	105.33	119.50	34.17	34.00
江　苏	61.53	59.35	59.97	65.74	19.18	19.32
浙　江	49.37	45.59	93.41	103.48	27.33	26.93
安　徽	66.87	64.77	47.32	52.19	19.90	21.06
福　建	39.56	37.80	76.54	79.18	10.71	8.46
江　西	72.41	70.73	35.92	41.55	13.63	14.37
山　东	54.57	49.24	56.26	64.33	18.93	20.14
河　南	60.21	58.81	43.40	48.86	14.43	13.90
湖　北	67.67	65.88	37.58	44.33	11.45	10.52
湖　南	65.54	63.41	34.81	41.00	12.89	12.62
广　东	25.27	21.84	79.45	84.57	23.75	20.31
广　西	59.44	59.13	34.98	39.91	13.20	13.16
海　南	10.83	13.47	53.33	57.22	23.61	20.42
重　庆	62.67	56.61	40.44	47.89	9.39	7.61
四　川	63.43	60.60	40.35	46.60	13.83	13.58
贵　州	37.41	34.33	25.89	33.88	12.59	11.38
云　南	31.54	28.54	43.63	49.04	22.75	21.00
西　藏	3.75	4.17	14.58	18.96	69.38	72.08
陕　西	47.07	45.68	52.30	58.60	22.61	22.30
甘　肃	39.44	36.94	54.33	60.83	41.56	41.33
青　海	41.33	38.67	39.17	45.67	48.50	52.67
宁　夏	34.50	30.67	71.17	78.17	38.00	39.00
新　疆	57.03	57.42	36.26	38.90	53.10	56.06

11—15 续表 2

	照相机(架)		电风扇(台)		电冰箱(台)	
	2001 年	2002 年	2001 年	2002 年	2001 年	2002 年
全国合计	**3.23**	**3.34**	**129.42**	**134.26**	**13.59**	**14.83**
北　京	26.40	26.67	150.53	154.40	89.73	93.07
天　津	9.00	8.83	140.33	150.33	50.17	56.83
河　北	3.79	4.14	155.05	159.43	23.83	25.17
山　西	2.76	2.95	48.81	50.14	10.52	11.48
内蒙古	3.25	3.01	9.27	10.63	7.09	8.79
辽　宁	4.71	4.97	49.79	51.32	15.87	16.67
吉　林	2.56	2.81	17.88	18.50	6.31	6.81
黑龙江	2.68	2.95	14.82	15.71	9.24	9.87
上　海	12.83	13.33	337.83	342.00	75.67	78.83
江　苏	4.32	4.47	219.24	225.29	22.44	24.24
浙　江	7.48	8.07	281.63	289.67	46.63	48.59
安　徽	2.23	2.19	175.81	184.90	10.48	11.55
福　建	3.63	3.52	175.88	180.60	21.26	23.30
江　西	1.96	1.88	146.90	151.59	4.73	4.78
山　东	5.02	5.38	155.55	162.81	17.69	20.02
河　南	1.52	1.55	146.57	156.38	7.24	8.69
湖　北	1.33	1.30	160.73	166.15	7.55	8.09
湖　南	1.59	1.51	176.68	180.22	7.68	8.05
广　东	4.34	4.18	286.72	297.15	16.17	18.32
广　西	0.82	1.00	187.10	192.77	2.94	3.46
海　南	1.67	1.53	105.97	104.03	5.69	5.83
重　庆	0.78	1.33	125.44	131.94	6.22	8.39
四　川	1.25	1.38	130.78	137.10	5.38	6.58
贵　州	0.85	1.12	26.21	28.57	2.95	3.84
云　南	3.25	3.08	9.38	8.96	3.38	3.63
西　藏	1.46	1.04			1.46	1.04
陕　西	1.80	2.03	74.32	78.74	5.45	5.50
甘　肃	3.22	3.11	18.72	20.39	3.83	4.78
青　海	2.67	1.83	2.33	2.00	3.00	3.50
宁　夏	3.17	3.50	25.83	26.83	7.17	9.50
新　疆	3.10	2.84	15.94	17.61	11.29	13.10

11—15 续表 3

	录放像机(台)		抽油烟机(台)		吸尘器(台)	
	2001 年	2002 年	2001 年	2002 年	2001 年	2002 年
全国合计	**3.33**	**3.32**	**3.15**	**3.58**	**0.47**	**0.51**
北　京	13.60	13.07	22.80	26.40	4.27	5.20
天　津	9.83	8.67	6.50	11.17	3.50	3.83
河　北	2.76	2.79	2.26	2.52	0.38	0.40
山　西	2.29	2.48	1.90	2.10	0.10	0.10
内蒙古	1.07	0.92	0.34	0.39	0.05	
辽　宁	5.19	5.29	3.02	2.28	0.69	0.58
吉　林	1.94	2.25	0.50	0.56		
黑龙江	2.81	2.14	1.88	2.32	0.09	0.04
上　海	9.50	12.33	38.50	42.33	8.50	12.00
江　苏	5.97	6.26	5.82	7.06	1.85	1.88
浙　江	9.56	10.30	23.19	25.63	3.04	2.67
安　徽	2.48	2.29	0.55	0.65		
福　建	5.60	4.67	4.84	5.77	0.27	0.33
江　西	2.86	3.43	0.82	0.61		
山　东	3.69	3.29	2.81	3.64	0.24	0.33
河　南	1.24	1.10	0.48	0.57	0.05	0.02
湖　北	1.91	1.52	0.91	1.03		0.03
湖　南	2.30	2.41	0.54	0.81		0.08
广　东	5.94	5.27	8.01	8.44	0.31	0.51
广　西	1.26	1.08	0.30	0.30		
海　南	4.86	7.78	0.42	0.42		
重　庆	1.94	2.17	0.50	0.39	0.17	0.11
四　川	2.25	2.53	0.35	0.55	0.03	
贵　州	1.34	1.16		0.04		0.04
云　南	3.46	2.63	1.25	1.29	0.25	0.25
西　藏	3.13	1.88				
陕　西	1.44	1.13	0.68	0.54	0.09	0.05
甘　肃	1.83	2.11	0.78	1.06		0.06
青　海	0.67	1.00	0.17	0.17		
宁　夏	1.00	0.67	0.33	1.17	0.17	0.17
新　疆	4.45	5.68	1.16	1.55	0.13	

11—16　各地区农村居民年内新建房屋情况

	年内新建房屋造价(元/平方米)		新建房屋面积(平方米/人)					
			2001年	2002年	砖木结构		钢筋混凝土结构	
	2001年	2002年			2001年	2002年	2001年	2002年
全国合计	**263.45**	**295.61**	**0.84**	**0.86**	**0.34**	**0.30**	**0.45**	**0.51**
北　京	517.33	1622.44	0.99	0.89	0.76	0.37	0.17	0.52
天　津	438.57	481.65	0.75	0.42	0.64	0.38	0.13	0.10
河　北	325.18	342.37	1.00	0.77	0.61	0.44	0.37	0.34
山　西	307.37	315.36	0.48	0.25	0.12	0.16	0.35	0.09
内蒙古	193.99	266.62	0.51	0.52	0.47	0.48	0.03	0.02
辽　宁	374.47	335.39	0.41	0.51	0.21	0.36	0.18	0.17
吉　林	367.17	352.26	0.48	0.53	0.45	0.51	0.02	0.02
黑龙江	333.21	340.43	0.45	0.52	0.35	0.44	0.06	0.04
上　海	1256.58	1171.18	0.60	1.27	0.10	0.13	0.39	1.13
江　苏	403.78	436.15	0.73	1.16	0.46	0.32	0.26	0.84
浙　江	433.26	493.20	0.93	1.11	0.18	0.12	0.74	0.98
安　徽	243.67	255.31	0.96	0.99	0.29	0.25	0.66	0.73
福　建	304.25	258.84	1.16	1.09	0.17	0.22	0.96	0.81
江　西	181.93	193.07	1.23	0.95	0.21	0.11	0.98	0.84
山　东	253.29	267.19	1.27	1.00	0.84	0.62	0.40	0.37
河　南	224.30	231.19	1.25	1.09	0.48	0.52	0.76	0.55
湖　北	196.72	205.32	0.73	1.14	0.18	0.21	0.50	0.89
湖　南	196.77	204.01	1.35	1.16	0.58	0.39	0.76	0.75
广　东	303.85	334.25	0.96	0.74	0.03	0.05	0.93	0.69
广　西	184.65	203.87	0.76	0.95	0.06	0.06	0.72	0.88
海　南	397.05	329.89	0.45	0.62	0.15	0.30	0.30	0.33
重　庆	219.17	222.50	0.72	0.58	0.44	0.21	0.28	0.30
四　川	235.57	229.75	0.53	0.74	0.16	0.16	0.34	0.55
贵　州	161.03	190.18	0.65	0.72	0.33	0.30	0.29	0.39
云　南	244.10	317.18	0.44	0.62	0.07	0.06	0.25	0.33
西　藏	134.29	183.17	0.56	0.68		0.00		
陕　西	241.10	237.60	1.00	1.57	0.34	0.49	0.57	0.95
甘　肃	220.47	267.01	0.65	0.46	0.30	0.22	0.12	0.11
青　海	171.32	138.85	0.72	0.67	0.27	0.20	0.07	0.13
宁　夏	190.02	218.55	0.92	0.59	0.72	0.41	0.02	
新　疆	152.75	202.12	0.68	0.67	0.33	0.35	0.04	0.10

11—17 各地区农村居民居住情况

	年末住房价值(元/平方米)		年末住房面积(平方米/人)					
					砖木结构		钢筋混凝土结构	
	2001年	2002年	2001年	2002年	2001年	2002年	2001年	2002年
全国合计	**196.12**	**202.78**	**25.73**	**26.53**	**13.82**	**13.88**	**6.94**	**7.69**
北　京	519.08	589.19	31.26	31.64	26.67	26.15	4.36	5.08
天　津	392.49	445.73	23.19	22.64	21.58	21.26	1.52	1.29
河　北	236.56	240.12	24.08	24.90	19.24	20.10	3.35	3.44
山　西	203.95	208.33	22.27	22.70	15.16	15.61	3.84	3.97
内蒙古	145.35	150.43	17.00	17.72	8.69	9.64	0.09	0.06
辽　宁	267.68	273.26	22.61	23.02	20.34	20.64	1.79	2.03
吉　林	253.94	256.63	17.10	17.57	12.86	12.90	0.18	0.19
黑龙江	238.56	245.69	18.87	19.28	11.49	12.06	0.49	0.48
上　海	351.07	383.52	54.70	57.08	24.20	15.77	30.14	41.27
江　苏	277.68	282.38	34.21	35.10	22.52	22.31	11.25	12.44
浙　江	280.53	298.90	47.82	49.53	22.11	20.97	23.44	26.03
安　徽	174.31	181.60	23.17	24.25	13.08	13.41	8.63	9.46
福　建	282.94	280.22	33.82	35.68	10.92	10.64	15.02	15.92
江　西	140.11	142.77	28.25	29.20	12.12	12.03	12.33	13.44
山　东	194.22	214.20	24.60	25.59	18.84	19.03	3.46	4.25
河　南	161.22	165.90	24.44	25.10	16.74	16.86	6.51	7.17
湖　北	125.54	129.25	31.19	31.55	15.93	15.67	11.79	12.74
湖　南	164.64	161.32	32.87	34.05	21.22	21.06	9.55	10.90
广　东	277.38	291.41	23.39	24.07	7.28	6.92	14.35	15.20
广　西	139.94	144.20	24.12	24.91	8.37	8.26	10.44	11.32
海　南	213.85	211.67	19.61	19.17	15.82	14.74	3.27	3.61
重　庆	131.64	135.74	31.00	31.02	16.22	16.62	5.71	6.09
四　川	125.82	132.67	27.92	28.59	12.72	13.02	5.48	6.45
贵　州	108.13	110.57	20.43	21.14	11.26	11.72	3.15	3.53
云　南	140.01	138.18	22.42	23.72	3.96	4.40	3.17	3.44
西　藏	74.16	74.61	20.57	20.53	0.02	0.01	0.00	0.00
陕　西	174.80	177.76	23.76	25.13	10.28	10.88	6.99	8.05
甘　肃	143.84	135.61	15.89	16.76	4.53	4.51	0.56	0.49
青　海	96.67	100.17	15.93	16.34	1.77	1.62	0.24	0.42
宁　夏	131.07	139.61	18.84	19.23	8.47	8.46	0.54	0.59
新　疆	130.38	131.73	18.04	18.56	3.89	4.24	0.63	0.79

11—18 农村居民主要实物消费量

	单 位	1995 年	2000 年	2001 年	2002 年	2002 年为下列各年%	
						1995 年	2001 年
粮食(原粮)	公斤/人	256.07	250.23	238.62	236.50	92.4	99.1
#细 粮	公斤/人	210.74	207.10	199.70	199.42	94.6	99.9
食用油	公斤/人	5.80	7.06	7.03	7.53	129.8	107.1
蔬 菜	公斤/人	104.62	106.74	109.30	110.55	105.7	101.1
猪 肉	公斤/人	10.58	13.28	13.35	13.70	129.5	102.6
牛 肉	公斤/人	0.36	0.52	0.55	0.52	144.4	94.5
羊 肉	公斤/人	0.35	0.61	0.60	0.65	185.7	108.3
家 禽	公斤/人	1.83	2.81	2.87	2.91	159.0	101.4
蛋及蛋制品	公斤/人	3.22	4.77	4.72	4.66	144.7	98.7
鱼 虾	公斤/人	3.06	3.54	3.76	4.01	131.0	106.6
食 糖	公斤/人	1.28	1.28	1.43	1.64	128.1	114.7
卷 烟	盒/人	24.60	23.86	23.28	22.75	92.5	97.7
酒	公斤/人	6.53	7.02	7.10	7.50	114.9	105.6
奶及奶制品	公斤/人	0.64	1.06	1.20	1.19	185.9	99.2
棉 布	米/人	0.44	0.21	0.19	0.17	38.6	89.5
化纤布	米/人	1.70	0.29	0.24	0.21	12.4	87.5

11—19 各地区农村居民主要实物消费量

单位:公斤/人

	粮食(原粮)		食用植物油		蔬　菜		猪　肉	
	2001年	2002年	2001年	2002年	2001年	2002年	2001年	2002年
全国合计	**238.62**	**236.50**	**5.51**	**5.77**	**109.30**	**110.55**	**13.35**	**13.70**
北　京	134.55	143.83	13.62	11.66	108.87	104.16	11.86	11.10
天　津	213.57	160.09	9.27	10.78	117.61	90.78	8.90	8.94
河　北	207.09	211.05	6.23	6.35	63.37	58.78	6.74	6.85
山　西	241.93	228.82	5.90	6.27	74.29	80.54	4.15	4.85
内蒙古	224.74	223.54	2.81	2.92	79.56	75.08	14.18	15.00
辽　宁	235.78	216.68	5.67	6.04	193.29	199.40	13.85	14.61
吉　林	219.50	216.46	5.15	5.97	119.54	116.56	8.68	10.70
黑龙江	232.84	232.81	6.36	7.38	102.96	103.59	6.68	7.26
上　海	231.20	230.85	7.83	8.37	92.43	87.12	17.11	15.88
江　苏	263.42	265.31	8.87	9.04	109.77	108.16	10.60	11.54
浙　江	233.08	222.58	4.34	4.50	86.54	87.32	15.33	15.34
安　徽	259.47	243.59	6.27	6.25	84.00	82.01	10.43	9.01
福　建	241.95	228.08	2.71	3.44	119.09	112.88	17.68	17.91
江　西	281.62	273.80	8.34	8.05	137.05	140.73	12.81	12.61
山　东	238.88	236.22	6.70	6.71	96.44	108.00	7.56	7.58
河　南	226.18	239.69	4.84	5.46	149.11	154.50	10.03	10.86
湖　北	270.78	274.56	7.70	8.21	152.30	150.61	17.22	18.12
湖　南	274.43	265.28	3.32	3.42	161.47	170.22	18.54	18.99
广　东	238.08	236.02	5.44	5.83	119.89	120.62	21.57	21.17
广　西	227.41	219.60	3.93	4.16	116.72	117.61	13.58	14.14
海　南	244.46	335.52	5.73	3.28	67.70	67.54	11.72	13.58
重　庆	216.47	227.78	2.81	2.66	158.51	157.28	25.04	25.67
四　川	23.79	235.67	3.70	4.29	141.98	146.98	24.32	25.00
贵　州	212.66	207.92	2.95	2.86	131.18	126.01	24.80	27.23
云　南	233.13	225.41	1.67	1.75	99.08	102.49	24.20	23.59
西　藏	292.40	276.15	4.44	7.31	26.23	24.01	1.94	2.42
陕　西	214.66	201.63	5.86	5.82	56.68	53.65	6.41	6.36
甘　肃	247.50	249.98	5.31	5.93	38.42	40.75	9.06	8.49
青　海	258.63	229.04	9.79	8.48	40.50	42.56	8.83	9.40
宁　夏	234.69	233.96	7.20	7.27	82.64	74.59	7.16	8.01
新　疆	243.72	249.56	8.63	10.19	77.75	88.47	1.42	1.29

11—19 续表 1

单位:公斤/人

	牛、羊肉		家禽		蛋类及其制品		鱼虾	
	2001 年	2002 年	2001 年	2002 年	2001 年	2002 年	2001 年	2002 年
全国合计	**1.15**	**1.17**	**2.87**	**2.91**	**4.72**	**4.66**	**3.76**	**4.01**
北京	2.88	3.93	1.81	3.57	10.10	9.74	4.18	3.98
天津	1.94	1.70	0.93	0.73	12.01	9.98	7.10	6.99
河北	0.56	0.55	0.43	0.40	5.23	5.63	1.85	2.08
山西	0.36	0.36	0.21	0.24	5.32	6.11	0.38	0.47
内蒙古	2.86	3.60	1.10	1.20	3.48	3.48	1.16	1.45
辽宁	0.57	0.48	1.74	1.67	8.59	8.84	3.98	4.15
吉林	0.64	1.35	1.79	2.05	7.83	7.67	4.03	3.54
黑龙江	0.47	0.44	2.06	2.50	6.16	6.45	3.03	3.47
上海	1.01	0.91	7.88	8.25	9.76	10.70	14.53	13.99
江苏	0.81	0.76	4.18	4.16	6.25	6.18	7.15	8.06
浙江	0.92	0.79	5.87	5.47	5.03	4.89	12.18	12.39
安徽	0.43	0.36	3.74	3.86	5.23	4.74	3.84	4.45
福建	0.44	0.35	6.37	5.34	4.23	3.54	11.03	10.89
江西	0.29	0.25	2.48	2.47	3.17	2.90	3.76	4.01
山东	0.48	0.46	2.61	2.64	11.39	11.47	3.67	3.34
河南	1.62	1.26	1.69	1.77	8.96	9.30	0.92	0.98
湖北	0.32	0.35	2.01	2.07	3.95	3.47	6.34	7.06
湖南	0.44	0.38	3.77	3.85	3.64	3.39	4.76	5.62
广东	0.37	0.38	9.27	8.97	2.94	2.70	10.59	10.88
广西	0.22	0.18	6.62	7.02	1.21	1.12	3.04	3.29
海南	1.40	1.53	8.03	8.32	1.40	0.60	12.42	16.19
重庆	0.08	0.15	2.10	2.33	4.63	4.60	1.64	1.72
四川	0.45	0.34	2.68	2.81	3.53	3.64	1.44	1.45
贵州	0.45	0.76	1.16	1.14	1.27	1.22	0.23	0.25
云南	0.64	0.52	2.30	2.35	1.72	1.73	1.15	1.13
西藏	8.72	9.63	0.03	0.03	0.47	0.61		0.00
陕西	0.34	0.28	0.29	0.34	2.13	2.06	0.18	0.23
甘肃	0.86	0.82	0.76	0.96	2.74	2.26	0.19	0.21
青海	11.75	10.90	0.46	0.45	0.76	0.68	0.17	0.20
宁夏	3.11	3.00	2.26	2.74	2.49	2.69	0.61	0.73
新疆	9.34	9.75	1.51	1.36	1.17	1.10	0.32	0.34

11—19 续表 2

	食糖		卷烟(盒)		酒	
	2001 年	2002 年	2001 年	2002 年	2001 年	2002 年
全国合计	**1.43**	**1.64**	**23.28**	**22.75**	**7.10**	**7.50**
北　　京	1.32	2.63	37.51	37.02	16.50	29.90
天　　津	1.26	2.04	25.88	26.90	11.33	8.71
河　　北	0.89	0.98	18.63	18.46	6.62	6.93
山　　西	1.12	1.83	29.72	30.01	2.37	2.66
内 蒙 古	1.14	1.44	25.50	24.48	10.15	10.07
辽　　宁	0.98	0.83	18.97	17.49	10.46	10.91
吉　　林	0.71	1.19	22.06	21.36	13.05	13.29
黑 龙 江	0.87	0.95	19.73	18.51	15.50	15.95
上　　海	2.53	3.36	42.30	41.15	10.52	10.37
江　　苏	1.57	1.44	22.99	22.94	7.35	7.42
浙　　江	2.36	2.36	34.53	33.02	14.17	14.13
安　　徽	1.89	2.14	24.24	24.42	10.55	11.07
福　　建	3.57	3.45	28.96	28.77	14.75	15.44
江　　西	1.28	1.30	24.30	23.40	5.61	5.91
山　　东	1.15	1.16	30.13	26.65	11.95	11.46
河　　南	1.94	2.14	21.41	21.02	4.51	4.70
湖　　北	1.15	2.09	27.99	28.01	7.34	11.36
湖　　南	1.27	1.40	24.30	23.34	4.61	4.43
广　　东	2.25	2.39	21.29	22.53	2.92	3.32
广　　西	1.28	1.31	10.66	10.33	5.14	5.64
海　　南	1.23	1.71	10.45	14.16	2.78	3.83
重　　庆	2.54	4.44	32.96	30.61	8.65	7.92
四　　川	1.68	1.54	24.62	24.15	6.02	6.24
贵　　州	0.92	0.94	24.93	24.52	6.03	5.54
云　　南	1.33	1.43	24.53	25.03	5.42	5.20
西　　藏	2.63	1.41	11.89	12.61	0.83	1.35
陕　　西	0.92	1.01	26.96	25.35	2.76	2.39
甘　　肃	0.66	0.82	19.33	19.27	2.65	2.78
青　　海	1.16	1.25	15.64	16.10	2.31	2.45
宁　　夏	1.50	1.74	15.51	15.42	1.65	1.83
新　　疆	0.28	0.36	2.89	2.55	1.21	1.24

11—19 续表 3

	棉布(米/人)		化纤布(米/人)		棉布服装(件/人)		化纤布服装(件/人)	
	2001 年	2002 年	2001 年	2002 年	2001 年	2002 年	2001 年	2002 年
全国合计	**0.19**	**0.17**	**0.24**	**0.21**	**0.13**	**0.14**	**1.09**	**1.21**
北　　京	0.35	0.35	0.32	0.27	0.52	0.61	0.78	0.98
天　　津	0.36	0.38	0.14	0.29	0.25	0.21	1.52	1.36
河　　北	0.29	0.30	0.42	0.44	0.08	0.08	1.29	1.49
山　　西	0.33	0.31	0.36	0.34	0.06	0.05	1.48	1.59
内 蒙 古	0.26	0.20	0.39	0.36	0.06	0.07	1.00	1.22
辽　　宁	0.29	0.26	0.21	0.19	0.12	0.14	1.30	1.41
吉　　林	0.21	0.22	0.19	0.12	0.07	0.08	0.99	1.14
黑 龙 江	0.19	0.22	0.21	0.16	0.10	0.08	0.93	1.03
上　　海	0.62	0.13	0.45	0.12	0.38	0.41	0.87	0.79
江　　苏	0.15	0.06	0.24	0.25	0.31	0.33	1.11	1.32
浙　　江	0.06	0.06	0.17	0.14	0.27	0.29	1.10	1.24
安　　徽	0.14	0.10	0.22	0.16	0.17	0.24	0.89	0.96
福　　建	0.09	0.08	0.09	0.06	0.22	0.23	0.84	0.90
江　　西	0.04	0.06	0.18	0.13	0.11	0.15	1.23	1.32
山　　东	0.55	0.53	0.73	0.58	0.18	0.14	0.83	0.91
河　　南	0.11	0.14	0.20	0.21	0.08	0.08	1.28	1.43
湖　　北	0.05	0.03	0.06	0.07	0.12	0.13	1.10	1.57
湖　　南	0.02	0.03	0.10	0.08	0.07	0.11	1.48	1.56
广　　东	0.01	0.01	0.02	0.02	0.11	0.18	0.73	0.87
广　　西	0.05	0.04	0.08	0.08	0.05	0.07	1.26	1.36
海　　南	0.01	0.01	0.02	0.06	0.02	0.05	0.55	0.38
重　　庆	0.15	0.13	0.04	0.04	0.14	0.14	1.01	1.04
四　　川	0.15	0.09	0.07	0.07	0.06	0.06	1.11	1.16
贵　　州	0.13	0.12	0.13	0.11	0.07	0.06	0.81	0.87
云　　南	0.08	0.09	0.07	0.06	0.08	0.08	0.92	0.95
西　　藏	0.69	0.70	0.11	0.07	0.84	0.87	0.34	0.35
陕　　西	0.24	0.27	0.38	0.30	0.08	0.07	1.54	1.66
甘　　肃	0.22	0.18	0.40	0.31	0.09	0.08	0.83	0.89
青　　海	0.52	0.52	0.48	0.61	0.06	0.08	1.30	1.49
宁　　夏	0.15	0.20	0.34	0.28	0.03	0.03	1.34	1.40
新　　疆	0.47	0.52	0.78	0.73	0.14	0.24	1.12	1.25

11—20 各地区农村居民家庭纯收入构成

（按人均纯收入分组）

	纯收入构成(%)				
	全年纯收入	一、工资性收入	二、家庭经营纯收入	三、财产性纯收入	四、转移性纯收入
全国总计	**100.00**	**33.94**	**60.05**	**2.05**	**3.97**
3000元以上地区	**100.00**	**47.30**	**45.52**	**2.63**	**4.54**
上　海	100.00	79.06	12.28	3.33	5.33
北　京	100.00	63.53	25.40	6.32	4.75
浙　江	100.00	49.34	42.01	3.89	4.77
天　津	100.00	48.15	46.75	1.70	3.40
江　苏	100.00	50.10	44.76	1.54	3.61
广　东	100.00	43.82	47.79	3.57	4.82
福　建	100.00	35.21	54.43	2.24	8.12
2000—3000元地区	**100.00**	**31.89**	**63.48**	**1.44**	**3.20**
山　东	100.00	35.85	58.64	1.56	3.95
辽　宁	100.00	37.10	58.83	1.55	2.52
河　北	100.00	38.87	56.09	2.89	2.16
湖　北	100.00	27.09	69.33	0.58	3.00
海　南	100.00	12.58	80.56	1.26	5.60
黑龙江	100.00	15.66	77.38	3.97	2.99
湖　南	100.00	38.13	57.41	1.21	3.25
江　西	100.00	40.21	56.48	0.90	2.42
吉　林	100.00	16.91	81.18	0.02	1.90
河　南	100.00	25.59	69.90	1.46	3.04
山　西	100.00	40.30	56.30	0.71	2.69
安　徽	100.00	33.42	61.62	1.47	3.49
四　川	100.00	33.75	61.52	1.28	3.45
重　庆	100.00	37.33	55.53	0.82	6.32
内蒙古	100.00	15.34	81.23	0.99	2.45
广　西	100.00	34.11	61.43	0.45	4.01
1500—2000元地区	**100.00**	**22.42**	**71.28**	**2.40**	**3.91**
宁　夏	100.00	27.47	65.99	2.99	3.55
新　疆	100.00	7.63	89.31	1.70	1.36
青　海	100.00	24.06	69.62	2.34	3.99
云　南	100.00	17.79	74.18	3.76	4.28
陕　西	100.00	34.49	57.34	2.48	5.69
甘　肃	100.00	28.13	66.46	1.09	4.32
1500元以下地区	**100.00**	**23.32**	**67.77**	**2.47**	**6.44**
贵　州	100.00	25.97	66.37	1.98	5.68
西　藏	100.00	14.06	72.66	4.17	9.11

11—21 三个经济地带农村居民家庭基本情况

	单　位	全国合计	东部地区	中部地区	西部地区
一、常住人口	人/户	4.13	4.02	4.05	4.40
整、半劳动力	人/户	2.76	2.74	2.76	2.77
平均每个劳动力负担人口	人	1.50	1.47	1.47	1.59
整、半劳动力占常住人口比重	%	66.83	47.76	50.37	46.59
二、年末生产性固定资产原值	元/户	5221.33	5534.56	5047.76	5008.22
三、年内新建房屋面积	平方米/人	0.86	0.91	0.88	0.76
#砖木结构	平方米/人	0.30	0.30	0.34	0.24
钢筋混凝土结构	平方米/人	0.51	0.60	0.52	0.38
#楼房	平方米/人	0.48	0.53	0.52	0.36
四、年末住房面积	平方米/人	26.53	29.65	25.83	23.01
#砖木结构	平方米/人	13.88	16.63	15.01	8.78
钢筋混凝土结构	平方米/人	7.69	10.64	7.57	3.91
五、总收入	元/人	3448.62	4472.39	3258.58	2598.04
纯收入	元/人	2475.63	3404.19	2274.78	1765.60
现金收入	元/人	2712.95	3873.62	2412.01	1822.69
六、总支出	元/人	2923.60	3543.73	2779.97	2284.85
#家庭经营费用支出	元/人	731.01	804.87	715.27	653.09
购置生产性固定资产支出	元/人	85.50	73.20	97.78	86.01
税费支出	元/人	78.70	71.90	104.18	54.89
生活消费支出	元/人	1834.31	2344.01	1659.66	1381.78
现金支出	元/人	2437.72	3150.02	2263.31	1715.49
七、主要食品消费量					
粮食	公斤/人	236.50	230.31	247.97	229.93
蔬菜	公斤/人	110.55	104.55	126.06	98.53
食用油	公斤/人	7.53	7.84	7.80	6.78
肉禽及其制品	公斤/人	18.60	19.44	16.09	20.71

12

农村文化、教育、卫生及其他事业

12—1　农村普通中学和小学的学生与教师数

	单　位	1995 年	1999 年	2000 年	2001 年	2002 年
一、高　　中						
学校数	所	3112	2664	2629	2312	2312
班　数	万个	2.3	2.6	2.9	2.8	3.2
毕业生数	万人	33.1	35.8	39.2	37.4	39.8
招生数	万人	44.7	55.1	64.4	66.4	77.6
学生数	万人	113.2	141.9	157.8	158.0	186.6
专任教师	万人	9.4	9.9	10.4	9.5	10.5
二、初　　中						
学校数	所	45626	40421	39313	38726	37423
班　数	万个	50.9	58.2	60.1	55.2	53.8
毕业生数	万人	684.6	891.3	903.8	832.6	877.7
招生数	万人	1017.3	1235.4	1265.9	1118.1	1080.9
学生数	万人	2659.8	3269.8	3428.5	3121.3	3108.8
专任教师	万人	149.9	166.3	168.2	155.2	154.2
三、小　　学						
学校数	万所	55.9	46.9	44.0	41.6	38.4
班　数	万个	309.4	289.9	274.6	276.4	260.0
毕业生数	万人	1328.7	1522.9	1567.6	1622.4	1576.7
招生数	万人	1791.1	1353.0	1253.7	1311.8	1294.7
学生数	万人	9306.2	9074.1	8503.7	8604.8	8141.7
教职工数	万人	419.9	406.8	398.3	408.5	399.5
其中:专任教师	万人	382.7	374.7	367.8	379.3	371.8

注:高中包括完全中学在内.

12—2 农民成人教育基本情况

	单　位	1995 年	1999 年	2000 年	2001 年	2002 年
(一)农民高等学校						
学校数	所	4	3	3	3	3
毕业生数	人	203	500	400	300	300
招生数	人	484	400	400	300	500
学生数	人	966	1000	800	800	1000
专任教师	人	146	100	100	200	200
(二)农民中等专业学校						
学校数	所	453	440	381	342	221
毕业生数	人	55670	82800	69926	52400	29764
招生数	人	87020	73400	58742	52800	43025
学生数	人	191769	219300	164793	126600	92056
专任教师	人	10055	13500	11673	9100	5420
(三)农民技术培训学校						
学校数	万所	38.5	52.3	48.6	49.6	37.9
毕业生数	万人	7035.4	9547.7	9047.1	8732.3	7681.8
招生数	万人	5437.3	8277.4	7744.7	7557.5	6508.4
在校学生	万人	4948.7	6750.2	6209.6	6417.1	5752.6
专任教师	万人	13.6	13.9	14.6	13.4	10.9
(四)农民中学						
学校数	所	3821	3622	2622	2731	2304
毕业生数	万人	38.4	28.6	19.5	21.2	23.1
招生数	万人	34.1	24.5	18.6	23.4	25.2
学生数	万人	40.7	32.6	25.2	26.6	36.5
专任教师	万人	0.9	0.9	0.8	0.7	0.7
(五)农民小学						
学校数	万所	16.7	17.9	16.0	13.4	10.5
毕业生数	万人	754.0	542.6	493.5	433.4	481.2
招生数	万人	669.4	500.3	442.6	405.3	425.6
学生数	万人	763.7	517.1	473.5	406.8	459.7
专任教师	万人	5.6	5.6	4.5	4.0	3.5

12—3 农村乡(镇)卫生院、床位和卫生人员

	单　位	1995 年	1999 年	2000 年	2001 年	2002 年
一、乡(镇)卫生院	**个**	**51797**	**49694**	**49229**	**48090**	**44992**
中心卫生院	个	10098	9538	9631	9694	10022
乡卫生院	个	41699	40156	39598	38396	34970
二、床位	**张**	**733064**	**734032**	**734807**	**740060**	**671295**
中心卫生院	张	289581	283347	285638	290583	268624
乡卫生院	张	443483	450685	449169	449477	402671
三、卫生机构人员	**人**	**1051752**	**1160226**	**1169826**	**1168932**	**1065276**
中心卫生院	人	373601	413783	422753	429502	
乡卫生院	人	678151	746443	747073	739430	
在卫生机构人员中:						
卫生技术人员	人	918870	1017308	1026244	1027941	914089

12—4 村卫生室及人员数

单位:人

	1985	1990	1995	2000	2001
行政村数(万个)	**71.7**	**75.0**	**73.7**	**72.7**	**71.0**
设置卫生室的村数	62.6	64.7	65.5	65.3	63.7
占行政村%	87.4	86.2	88.9	89.8	89.7
村卫生室数(万个)	**77.8**	**80.4**	**80.4**	**70.9**	**69.9**
村办	30.6	26.6	29.7	30.1	28.9
联营	8.9	8.7	9.1	9.0	9.3
乡卫生院设点	3.0	3.0	3.6	4.7	4.5
私人办	32.4	38.2	35.5	25.5	25.5
其他	3.0	3.9	2.3	1.6	1.7
乡村医生和卫生员数(万人)	**129.3**	**123.2**	**133.1**	**131.9**	**129.1**
其中:乡村医生	64.3	77.7	95.6	102.0	102.2
平均每村乡村医生和卫生员(人)	**1.80**	**1.64**	**1.81**	**1.81**	**1.82**
每千农业人口乡村医生和卫生员(人)	**1.55**	**1.38**	**1.48**	**1.44**	**1.41**
农村接生员(万人)	**51.4**	**47.1**	**35.9**	**25.6**	**22.7**

12—5 各地区乡(镇)卫生院、床位数和卫生人员数

(2002 年)

地　　区	卫生院(个)	床位(张)	卫生人员数(人)
全国总计	**44992**	**671295**	**1065276**
北　　京	184	4157	5807
天　　津	208	2296	5120
河　　北	3245	39105	48364
山　　西	1656	22187	29391
内 蒙 古	1369	13350	21429
辽　　宁	1003	19837	25591
吉　　林	824	11528	24714
黑 龙 江	999	12756	23160
上　　海	128	11199	10225
江　　苏	1567	54919	90253
浙　　江	2481	21198	40389
安　　徽	2191	36831	50775
福　　建	937	16672	23093
江　　西	1560	18949	33842
山　　东	1801	49625	82340
河　　南	2025	49192	77122
湖　　北	1158	32305	69041
湖　　南	2538	37055	69420
广　　东	1479	35929	71702
广　　西	1299	19522	33000
海　　南	307	4033	6995
重　　庆	1329	15748	27023
四　　川	6261	56212	78852
贵　　州	1448	14038	20397
云　　南	1496	23671	26202
西　　藏	672	1427	1849
陕　　西	1838	17988	28013
甘　　肃	1476	13321	16020
青　　海	405	2091	3161
宁　　夏	278	1747	3652
新　　疆	830	12407	18334

12—6 各地区农村村卫生室和人员情况

（2002 年）

地 区	村卫生室（个）	设置卫生室的村占总村数%	乡村医生和卫生员（人）	每千农业人口乡村医生和卫生员数（人）
全国总计	**698966**	**89.70**	**1290595**	**1.41**
北 京	3615	79.50	5340	1.55
天 津	3643	93.00	6414	1.68
河 北	61860	94.80	96743	1.81
山 西	28443	88.90	52104	2.24
内 蒙 古	12891	94.10	23864	1.60
辽 宁	18798	97.30	30000	1.35
吉 林	10619	95.30	21194	1.43
黑 龙 江	13985	96.30	28489	1.42
上 海	2599	97.70	5448	1.66
江 苏	26319	96.10	74559	1.58
浙 江	20898	63.90	28826	0.83
安 徽	29849	94.00	66500	1.31
福 建	17358	95.40	29867	1.14
江 西	22839	95.50	41251	1.28
山 东	62944	89.80	133756	2.06
河 南	62961	97.00	121457	1.56
湖 北	26252	88.40	54025	1.26
湖 南	47121	92.60	64415	1.24
广 东	29080	91.50	44140	0.85
广 西	23235	98.00	48169	1.23
海 南	2842	81.20	4388	0.77
重 庆	17702	86.30	31038	1.29
四 川	49766	83.30	86380	1.27
贵 州	22069	83.40	37976	1.20
云 南	14984	99.00	39673	1.15
西 藏	1388	61.60	4052	1.86
陕 西	28530	88.20	52543	1.91
甘 肃	21870	93.60	35265	1.72
青 海	4051	95.80	5796	1.68
宁 夏	2523	94.70	4728	1.18
新 疆	7932	84.80	12195	1.04

12—7 农村文化机构

	单 位	1995 年	1999 年	2000 年	2001 年	2002 年
一、乡镇文化站	个	41633	39719	39348	37201	36054
二、农村集镇文化中心	个	12484	23066	22171	20117	21706
三、农村群众业余演出团(队)	个	35429	31627	36151	32903	34103
四、文化专业户	万户	22.8	19.3	18.0	16.0	15.7
五、民间职业剧团	个	7191	2695	2940	2547	1810

12—8 农村集体办老年收养性福利机构情况

	单 位	1995 年	1999 年	2000 年	2001 年	2002 年
一、老年收养性福利机构个数	**个**	**23201**	**37344**	**25576**	**26650**	**25697**
工作人员数	人	60651	125768	74142	82987	83229
二、年末收养人数	**人**	**316713**	**648201**	**428108**	**489236**	**493548**
#老人	人	296034	625456	412465	470971	475966
三、集体供给折扣金额	**万元**	**28177**	**91775**	**59644**	**66794**	**57081**

12—9 农村社会救济费和自然灾害救济费

	单 位	1995 年	1999 年	2000 年	2001 年	2002 年
一、农村社会救济费	**万元**	**30425**	**79082**	**87321**	**109063**	**141819**
二、自然灾害救济费	**万元**	**234755**	**355627**	**352024**	**410207**	**399927**
1.生活救济费	万元	170602	269072	274826	343232	339374
2.灾民抢救转移安置费	万元	18504	33489	30560	55771	46587
3.扶持灾民生产经费	万元	22973	45418	36903		
4.救灾储备	万元	22676	7648	9735	11203	13966
三、占民政事业费支出总额比重						
农村社会救济费	%	2.9	4.0	4.0	3.8	3.6
自然灾害救济费	%	22.7	18.2	15.0	14.4	10.2

12—10 各地区农村文化机构

地　区	乡镇文化站(个)	集镇文化中心(个)	农村文化专业户(户)
全国总计	**36054**	**21706**	**156914**
北　京	187	61	62
天　津	202	71	244
河　北	1948	919	24327
山　西	1137	606	19236
内蒙古	1178	498	8229
辽　宁	1117	633	7343
吉　林	653	561	1928
黑龙江	812	1077	2891
上　海	146	175	48
江　苏	1313	1225	6845
浙　江	1437	639	1567
安　徽	1686	604	1808
福　建	968	788	3844
江　西	1645	768	9400
山　东	1711	2874	14056
河　南	2092	1441	8340
湖　北	1012	735	4390
湖　南	2368	1202	10866
广　东	1599	936	2765
广　西	1341	612	9788
海　南	214	160	322
重　庆	1061	402	2676
四　川	3392	1465	4954
贵　州	1018	252	211
云　南	1542	542	653
西　藏	168	77	
陕　西	1521	1276	2466
甘　肃	1319	561	4934
青　海	185	20	19
宁　夏	271	110	1213
新　疆	811	416	1489

12—11 各地区农村老年人供养情况

地 区	老年收养性福利机构(个)	收养人数	老 人	女 性
全国总计	**25697**	**493548**	**475966**	**154152**
北 京	158	6525	6074	2561
天 津	101	1658	1648	435
河 北	1391	22894	22625	3889
山 西	603	3792	3719	486
内 蒙 古	663	10898	10446	753
辽 宁	992	28475	26601	5985
吉 林	522	16745	15390	3918
黑 龙 江	704	22183	20629	4370
上 海	189	8847	8426	4277
江 苏	816	23079	22682	6336
浙 江	1070	25655	25387	10607
安 徽	1358	25045	23021	8517
福 建	634	6563	6468	1844
江 西	1762	34240	32806	13766
山 东	2582	71148	70575	25869
河 南	1789	31218	30734	9164
湖 北	1381	37767	35651	13087
湖 南	1132	14128	13928	4921
广 东	1022	18094	17878	8745
广 西	360	3718	3641	1101
海 南	187	1789	1762	786
重 庆	1043	23841	22661	6473
四 川	2402	31621	30370	9474
贵 州	441	3529	3398	576
云 南	555	5811	5673	2329
西 藏	93	618	601	291
陕 西	354	2659	2542	478
甘 肃	667	3547	3458	884
青 海	155	1753	1721	538
宁 夏	166	1574	1510	281
新 疆	405	4134	3941	1411

12—12 各地区农村社会救济费和自然灾害救济费

单位:万元

地区	农村社会救济费		自然灾害救济费
		最低生活保障救济费	
全国总计	**141818.9**	**71009.0**	**399926.6**
北京	2807.4	1597.9	1196.7
天津	688.8	504.5	803.8
河北	2738.4	1348.7	14878.9
山西	1682.0	701.5	14895.9
内蒙古	1774.9	206.9	12789.1
辽宁	5858.8	2858.1	9561.8
吉林	1362.5	717.2	12167.4
黑龙江	2654.7	1505.6	13852.3
上海	5403.9	3363.4	145.0
江苏	16891.9	6264.0	8918.1
浙江	20918.0	13590.1	10297.7
安徽	6581.8	1267.6	16374.1
福建	5129.5	3073.8	12901.5
江西	3314.6	833.0	14043.1
山东	6682.8	4727.9	17765.2
河南	2223.2	1215.7	16409.9
湖北	1591.0	523.5	24224.4
湖南	2817.5	526.6	22178.5
广东	26711.1	19352.6	12156.4
广西	2831.1	514.9	14981.0
海南	834.5	143.6	4010.3
重庆	1887.8		12386.7
四川	4889.7	1471.4	19571.4
贵州	1951.9	931.3	17588.3
云南	3110.3	440.9	24086.9
西藏	1150.9	10.0	5898.1
陕西	2240.3	1315.4	16813.0
甘肃	847.8	436.5	11038.9
青海	598.8	158.0	7691.4
宁夏	1481.2	1254.6	6259.6
新疆	2162.2	153.9	19261.8

13

国营农场

13—1 农垦系统国营农场基本情况

指标	单位	2001 年	2002 年	2002 年比 2001 年增加	
				绝对数	%
一、农场数	**个**	**1961.0**	**1945.0**	**−16.0**	**−0.8**
职工人数	万人	366.0	355.7	−10.3	−2.8
二、耕地面积	**千公顷**	**4814.6**	**4740.7**	**−73.9**	**−1.5**
其中:当年新开荒	千公顷				
三、农用机械总动力	**亿瓦**	**120.1**	**124.4**	**4.3**	**3.5**
大中型农用拖拉机	万台	6.7	7.2	0.5	7.0
小型及手扶拖拉机	万台	21.6	23.2	1.7	7.7
农用排灌动力机械	万台	15.7	16.9	1.1	7.2
联合收割机	万台	1.5	1.6	0.1	8.6
农用载重汽车	辆	1.3		−1.3	−100.0
农用化肥施用量(折纯量)	万吨	133.7	134.2	0.5	0.4
农场用电量	亿千瓦小时	57.6	59.8	2.1	3.7
四、农业总产值					
按 1990 年不变价计算	亿元	425.4	477.9	52.5	12.4
按当年价格计算	亿元	652.8	726.4	73.6	11.3
粮食总产量	万吨	1480.2	1498.9	18.7	1.3
棉花总产量	万吨	85.0	99.0	14.0	16.5
油料总产量	万吨	52.8	67.3	14.5	27.5
肉类总产量	万吨	91.2	96.8	5.6	6.1

13—2 各地区农垦系统国营农场基本情况

地　区	农场数(个)		职工人数(万人)		耕地面积(千公顷)	
	2001年	2002年	2001年	2002年	2001年	2002年
全国总计	**1961.0**	**1945.0**	**366.0**	**355.7**	**4814.6**	**4740.7**
北　京	13	13	2.2	1.9	1.8	1.8
天　津	15	15	0.9	0.8	4.3	4.0
河　北	30	31	8.3	8.7	86.8	81.9
山　西	28	27	0.7	0.7	7.0	6.7
内蒙古	101	103	14.3	14.7	541.6	533.4
辽　宁	118	120	25.6	25.1	122.1	117.7
吉　林	108	110	6.2	6.0	65.4	66.1
黑龙江	108	107	46.8	45.8	2068.4	2054.0
上　海	15	15	5.2	4.8	24.0	24.3
江　苏	24	24	11.2	9.9	65.0	64.7
浙　江	65	62	2.5	1.3	5.7	5.2
安　徽	25	26	5.2	5.0	33.8	33.4
福　建	120	121	4.1	4.0	10.7	10.7
江　西	131	128	22.1	22.0	39.9	38.5
山　东	17	18	0.6	0.7	10.3	10.2
河　南	96	96	4.2	4.1	23.5	26.5
湖　北	50	50	39.5	38.7	135.0	134.0
湖　南	83	80	16.5	19.2	62.3	60.2
广　东	54	54	10.5	9.7	35.9	36.9
广　西	43	49	5.3	5.0	25.5	30.0
海　南	92	92	24.4	22.9	37.2	36.9
重　庆	30	27	0.5	0.5	0.5	0.5
四　川	70	66	0.8	0.7	1.3	0.8
贵　州	44	41	1.1	0.7	2.1	2.0
云　南	47	47	10.1	9.3	11.5	12.4
陕　西	17	13	1.6	1.6	10.3	10.1
甘　肃	17	17	3.5	3.3	45.0	43.3
青　海	24	22	1.3	0.9	43.4	22.9
宁　夏	17	17	3.6	3.4	38.1	37.3
新　疆	359	354	87.2	84.4	1256.3	1234.6

13－2 续表 1

地区	农业机械总动力(万千瓦)		大中型拖拉机(台)		农用载重汽车(辆)	
	2001 年	2002 年	2001 年	2002 年	2001 年	2002 年
全国总计	**1159.4**	**1244.5**	**67302**	**72006**	**12524**	**45654**
北京	1.2	1.5	51	76	81	14
天津	1.5	1.4	50	50	15	4
河北	47.0	48.6	1003	1004	229	5960
山西	2.5	2.2	76	79	43	73
内蒙古	87.7	92.1	3718	3532	1149	3736
辽宁	49.1	54.5	1165	1271	480	6762
吉林	32.0	33.5	1096	1131	381	1326
黑龙江	332.1	368.7	22842	22742	1144	4686
上海	8.7	7.5	795	760	31	16
江苏	36.4	33.4	2201	6340	138	33
浙江	5.1	3.2	115	91	111	56
安徽	24.1	29.7	1471	1405	186	1204
福建	7.1	7.5	98	150	99	480
江西	13.2	13.4	224	246	251	
山东	3.9	4.4	232	234	20	185
河南	17.1	17.7	649	644	118	411
湖北	82.6	86.2	3522	3152	978	4272
湖南	41.0	62.5	1398	1929	546	1434
广东	13.3	12.7	459	475	412	26
广西	16.1	12.5	880	736	482	245
海南	30.0	31.3	695	600	1507	14
重庆	0.2				2	
四川	1.6	1.0	4		20	8
贵州	1.8	1.7	35	18	37	173
云南	29.3	26.7	616	675	799	741
陕西	3.2	3.3	122	116	77	306
甘肃	11.8	13.3	486	490	89	1735
青海	5.9	6.7	309	309	125	588
宁夏	13.1	14.0	881	1125	123	1184
新疆	240.8	253.3	22109	22626	2851	9982

13—2 续表 2

地　　区	化肥施用量(万吨)		现价农业总产值(万元)	
	2001 年	2002 年	2001 年	2002 年
全国总计	**133.7**	**134.2**	**6527528**	**7263777**
北　　京	0.0	0.1	44207	49577
天　　津	0.1	0.1	22446	25430
河　　北	1.6	1.7	180640	203317
山　　西	0.3	0.3	7057	8057
内 蒙 古	5.3	5.0	231046	278765
辽　　宁	6.2	6.6	485260	499360
吉　　林	2.8	2.5	71531	77130
黑 龙 江	26.0	26.1	1557136	1565175
上　　海	0.7	0.7	85603	84139
江　　苏	4.6	0.1	183884	183481
浙　　江	1.1	1.4	62061	61935
安　　徽	1.7	1.9	65833	74473
福　　建	3.5	3.5	97008	106128
江　　西	2.8	3.1	116882	112153
山　　东	0.4	0.5	19647	23840
河　　南	1.2	1.6	47128	49966
湖　　北	15.4	15.4	498710	534146
湖　　南	6.6	7.9	251465	259970
广　　东	4.9	5.9	194149	232470
广　　西	3.0	3.3	72752	82302
海　　南	5.5	6.1	424390	493230
重　　庆			1829	1895
四　　川			7349	9056
贵　　州	0.1	0.2	11395	10354
云　　南	1.6	1.5	122484	151796
陕　　西	0.3	0.3	17101	16965
甘　　肃	1.3	1.3	37649	41032
青　　海	0.4	0.4	11398	12017
宁　　夏	1.9	2.0	52676	57010
新　　疆	34.3	34.9	1546812	1958608

13—3 农垦系统国营农场种植业生产情况

指　　标	单　位	2000 年	2001 年	2002 年	2002 年比 2001 年增加	
					绝对数	%
农作物总播种面积	千公顷	4755.8	4750.4	4792.6	42.2	0.9
一、粮食播种面积	**千公顷**	**3163.9**	**3096.0**	**3073.7**	**−22.3**	**−0.7**
每公顷产量	公斤	4631.0	4780.9	4876.4	95.5	2.0
总产量	万吨	1465.2	1480.2	1498.9	18.7	1.3
1.谷物	万吨	1252.1	1251.5	1274.3	22.8	1.8
其中:稻谷	万吨	818.6	797.6	748.8	−48.8	−6.1
小麦	万吨	255.0	214.6	203.4	−11.2	−5.2
玉米	万吨	147.4	196.1	241.9	45.8	23.4
2.豆类	万吨	200.6	216.9	211.0	−5.9	−2.7
其中:大豆	万吨	184.8	199.0	194.2	−4.8	−2.4
3.薯类	万吨	12.6	11.8	13.6	1.9	15.8
二、棉花播种面积	**千公顷**	**527.3**	**605.4**	**571.6**	**−33.8**	**−5.6**
每公顷产量	公斤	1577.0	1403.1	1731.1	328.0	23.4
总产量	吨	831595.0	849485.0	989580.0	140095.0	16.5
三、油料播种面积	**千公顷**	**461.2**	**354.6**	**405.4**	**50.7**	**14.3**
每公顷产量	公斤	1545.0	1488.8	1660.3	171.5	11.5
总产量	吨	712461.0	527985.0	673033.0	145048.0	27.5
四、糖料播种面积	**千公顷**	**103.6**	**138.4**	**148.9**	**10.5**	**7.6**
每公顷产量	公斤	56927.0	59607.6	61331.2	1723.6	2.9
总产量	吨	5894802.0	8249100.0	9133447.0	884347.0	10.7
五、麻类播种面积	**千公顷**	**9.4**	**37.6**	**44.1**	**6.5**	**17.2**
每公顷产量	公斤	3175.3	3194.9	4096.5	901.5	28.2
总产量	吨	29689.0	120097.0	180449.0	60352.0	50.3

13—4 各地区农垦系统国营农场农作物主要产品产量

地　区	粮　食（万吨）	棉　花（万吨）	油　料（万吨）	糖　料（万吨）	麻　类（万吨）
全国总计	**1498.9**	**989580**	**673033**	**9133447**	**180449**
北　京					300
天　津	0.9	745	155		
河　北	29.8	12292	1479	803	
山　西	1.3	173	1389	912	7383
内蒙古	72.7	651	234509	98339	88
辽　宁	75.7	14	6418	11153	
吉　林	36.1		3456	8843	165110
黑龙江	810.9		76175	973844	
上　海	15.2	1314	152		
江　苏	68.2	15008	10394	75	
浙　江	1.5	249	180		
安　徽	23.3	7574	8982		
福　建	7.7		4162	43372	63
江　西	27.7	3086	14673	8447	
山　东	3.9	4953	558		258
河　南	15.3	2886	14613		199
湖　北	51.4	51627	74167	179955	4481
湖　南	22.8	13077	15638	939496	2
广　东	4.2		6440	2399086	
广　西	0.8		1073	1649280	1
海　南	13.6		8089	601077	
重　庆			12		
四　川	0.1		55		
贵　州	0.6		701	282	
云　南	1.8		207	500334	
陕　西	2.5	3748	1846		
甘　肃	10.9	3549	2743	13385	8
青　海	1.9		16906		
宁　夏	22.7		4669		2556
新　疆	175.3	868634	163192	1704764	

13—5 农垦系统国营农场茶、桑、果、林业生产情况

指 标	单 位	2000年	2001年	2002年	2002年比2001年增加	
					绝对数	%
一、年末实有茶园面积	**千公顷**	**34.1**	**32.7**	**31.2**	**−1.5**	**−4.5**
茶叶总产量	万吨	3.9	3.9	4.7	0.8	20.6
二、年末实有桑园面积	**千公顷**	**3.9**	**1.8**	**2.3**	**0.5**	**30.5**
三、年末实有果园面积	**千公顷**	**193.6**	**210.9**	**230.0**	**19.1**	**9.0**
水果总产量	万吨	118.6	127.6	147.8	20.1	15.8
其中:苹果	万吨	24.1	21.1	19.1	−2.0	−9.7
梨	万吨	27.1	26.3	30.7	4.3	16.5
柑桔	万吨	11.8	19.2	17.7	−1.4	−7.4
四、年末实有橡胶园面积	**千公顷**	**382.3**	**383.6**	**385.3**	**1.7**	**0.4**
当年橡胶平均开割面积	千公顷					
每公顷产干胶	公斤	1172.0	905.4	981.8	76.4	8.4
全年干胶总产量	万吨	34.7	34.7	37.8	3.1	8.9
五、当年造林面积	**千公顷**	**75.8**	**86.2**	**147.9**	**61.7**	**71.6**
用材林	千公顷	21.4	19.1	25.5	6.4	33.6
经济林	千公顷	6.1	7.0	9.4	2.4	34.2
防护林	千公顷	47.3	58.9	109.4	50.5	85.7
薪炭林	千公顷	0.3	0.6	0.9	0.3	44.3
特种用材林	千公顷	0.7	0.6	2.7	2.2	386.6

13－6 各地区农垦系统国营农场茶、果、干胶林业生产情况

（2001 年）

地区	茶叶（万吨）	水果（万吨）	苹果（万吨）	梨（万吨）	干胶（万吨）	造林面积（公顷）
全国总计	**46907**	**1477599**	**190813**	**306747**	**378323**	**147916**
北京		2083	1413	2		
天津		1193	825	100		86
河北		19282	5425	1291		16177
山西		2365	2243	30		59
内蒙古		8228	2242	3811		12614
辽宁		57355	34637	5756		8012
吉林		16563	2178	13434		4394
黑龙江		5518		10		29409
上海	2	1203		50		397
江苏	15	5649	760	145		990
浙江	3370	10048		2298		3
安徽	10982	16402		16220		646
福建	3415	91042		854		310
江西	1929	17901		1243		1984
山东		1933	1712			341
河南	7	18632	9088	5924		502
湖北	663	129982	886	82113		3005
湖南	2124	56767		2961		1853
广东	2191	209114			23452	1585
广西	2893	73204		12	1159	677
海南	1322	207077			223420	620
重庆	7	6785		100		3
四川	685	3874	875	594		
贵州	2666	5002	67	153		64
云南	6522	46566		57	130292	125
陕西		6257	2144	1561		10
甘肃		27391	8819	10378		834
青海		98	50	42		8730
宁夏		22535	12196	505		650
新疆	8114	407550	105253	157103		53836

13—7 农垦系统国营农场畜牧业、渔业生产情况

指　　标	单　位	2000 年	2001 年	2002 年	2002 年比 2001 年增加	
					绝对数	%
一、大牲畜年末头数	**万头**	**214.6**	**217.4**	**232.6**	**15.2**	**7.0**
其中:役畜	万头	55.0	54.8	52.7	−2.1	−3.9
牛	万头	173.1	178.8	195.7	16.9	9.5
其中:良种及改良奶牛	万头	51.0	56.2	64.0	7.7	13.8
马	万匹	25.8	23.3	22.5	−0.8	−3.6
驴	万头	9.8	9.5	9.1	−0.4	−4.6
骡	万头	1.8	1.8	1.6	−0.2	−9.4
骆驼	万头	4.1	3.9	3.7	−0.3	−6.6
二、猪年末头数	**万头**	**478.1**	**500.0**	**569.8**	**69.8**	**14.0**
三、羊年末只数	**万只**	**1104.7**	**1119.9**	**1240.0**	**120.1**	**10.7**
山羊	万只	216.3	229.7	294.5	64.8	28.2
绵羊	万只	888.4	890.2	945.5	55.3	6.2
四、家禽年末只数	**万只**	**4918.2**	**4939.5**	**7430.4**	**2490.9**	**50.4**
五、兔年末只数	**万只**	**74.3**	**85.4**	**96.2**	**10.9**	**12.7**
六、畜产品产量		**643.5**	**695.0**	**737.4**	**42.4**	**6.1**
肉猪出栏头数	万头	643.5	91.2	96.8	5.6	6.1
猪牛羊肉产量	万吨	68.3	72.4	78.5	6.1	8.5
其中:猪肉产量	万吨	51.1	54.4	58.6	4.2	7.7
牛奶产量	万吨	116.5	134.4	159.2	24.9	18.5
禽蛋产量	万吨	20.4	19.5	19.9	0.4	2.3
鹿茸产量	吨	41.5	45.3	54.1	8.8	19.5
羊毛产量	吨	20866	21031	21428	397.0	1.9
七、水产品产量	**万吨**	**49.1**	**55.3**	**63.1**	**7.9**	**14.3**

13—8 各地区农垦系统国营农场畜牧业、渔业生产情况

地　区	大牲畜年末头数（万头）	牛年末头数（万头）	其中:奶牛	猪年末头数（万头）	羊年末只数（万只）	家禽年末只数（万只）
全国总计	**232.6**	**195.7**	**64.0**	**569.8**	**1240.0**	**7430.4**
北　京	3.0	3.0	3.0	2.4		39.1
天　津	1.9	1.9	1.9			37.3
河　北	4.9	4.6	4.1	10.0	6.9	162.0
山　西	0.8	0.8	0.7	0.4	3.5	4.7
内蒙古	20.2	16.6	9.4	14.7	164.9	150.3
辽　宁	8.3	5.5	2.1	36.4	11.0	2224.0
吉　林	4.5	2.8	0.3	11.6	10.6	293.4
黑龙江	44.5	43.8	17.9	74.5	86.7	1029.7
上　海	2.2	2.2	2.2	8.6		30.7
江　苏	0.5	0.5	0.3	4.0	2.2	190.7
浙　江	0.5	0.5	0.4	20.7		10.5
安　徽	0.9	0.9	0.6	1.9	1.2	107.4
福　建	1.6	1.6	0.2	18.9	1.3	201.2
江　西	2.6	2.6	0.2	23.4	1.2	146.8
山　东	0.2	0.2	0.2	0.5	1.9	13.8
河　南	0.4	0.4		12.0	1.7	50.7
湖　北	9.4	9.4	1.1	49.8	4.3	651.0
湖　南	2.8	2.8	0.1	107.8	3.6	261.0
广　东	3.3	3.3	0.6	21.1	0.1	360.2
广　西	0.6	0.6		19.6		58.3
海　南	11.9	11.9		42.4	22.6	525.8
重　庆	0.1	0.1			0.1	0.1
四　川	14.0	13.3	0.8	0.3	3.3	0.7
贵　州	0.7	0.6	0.5	1.0	0.3	1.4
云　南	1.0	1.0	0.4	7.2	0.3	51.6
陕　西	0.7	0.6	0.6	0.5	0.8	3.1
甘　肃	0.7	0.6	0.1	0.7	12.3	12.4
青　海	1.6	1.2	0.2	0.5	11.1	2.3
宁　夏	1.2	1.2	0.9	3.0	16.8	9.4
新　疆	87.7	61.2	15.2	76.0	871.5	801.0

13—8 续表

地　　区	肉猪出栏头数（万头）	肉类总产量（吨）	奶产量（吨）	水产品产量（吨）
全国总计	**737.4**	**968318**	**1592067**	**631407**
北　　京	4.6	10621	140016	
天　　津		549	74281	5579
河　　北	18.0	25026	125446	53917
山　　西	0.3	413	19865	4
内 蒙 古	15.2	39192	130148	1412
辽　　宁	38.1	65617	68052	113823
吉　　林	17.7	19402	3691	779
黑 龙 江	90.7	119736	469814	14665
上　　海	15.2	10510	115223	15761
江　　苏	11.1	33699	9196	22916
浙　　江	28.6	22150	17375	5234
安　　徽	3.6	9286	20217	3012
福　　建	27.0	24401	6518	21629
江　　西	27.6	24865	6970	16157
山　　东	0.3	778	5832	5347
河　　南	17.3	13906	512	2658
湖　　北	81.6	80584	48154	201900
湖　　南	129.0	102081	3424	57952
广　　东	35.9	41496	14706	24232
广　　西	27.3	25233	1069	6910
海　　南	40.1	58273	27	29623
重　　庆	0.1	111	1012	1518
四　　川	0.2	2452	15274	831
贵　　州	0.5	543	22804	237
云　　南	6.2	6211	9685	2883
陕　　西	0.4	593	22042	873
甘　　肃	0.9	1740	839	0
青　　海	0.4	1543	5985	10
宁　　夏	3.4	4241	26714	2229
新　　疆	96.3	223066	207176	19316

14

区域农村经济

14—1—1 黄淮海地区农村经济情况

指　　标	单　位	1990 年	2000 年	2001 年	2002 年	2002 年为 2001 年%
县个数	个	318	318	318	318	100.0
年末总人口	万人	19536.0	21176.8	21257.0	21337.7	100.4
其中:乡村人口	万人	17867.0	18687.3	18726.1	18763.2	100.2
乡村从业人员数	万人	8391.0	10052.3	10084.1	10123.7	100.4
农业机械总动力	万千瓦	7710.5	18902.9	19947.0	20959.6	105.1
有效灌溉面积	千公顷	11514.1	13869.8	13918.7	13902.5	99.9
化肥使用量(折纯量)	万吨	6031.9	1123.9	1149.1	1182.3	102.9
农村用电量	亿千瓦时	155.0	408.9	434.4	481.3	110.8
农作物总播种面积	千公顷	29973.5	31670.9	31537.8	31303.4	99.3
粮食作物播种面积	千公顷	23263.4	22064.2	21205.2	20826.3	98.2
粮食总产量	万吨	9121.2	11037.0	11071.2	10502.4	94.9
棉花播种面积	千公顷	3131.1	1669.7	2125.3	1995.0	93.9
棉花产量	万吨	236.6	179.3	241.7	226.7	93.8
油料播种面积	千公顷	1879.9	3015.6	2986.9	2948.8	98.7
油料产量	万吨	414.9	924.7	923.7	918.1	99.4
第一产业增加值	亿元		3357.5	3517.7	3650.5	103.8

注:黄淮海地区包括北京市、天津市、河北省、江苏省、安徽省、山东省、河南省等 7 个省市的 318 个县(市)。

14—1—2 长江中下游地区农村经济情况

指　　标	单　位	1990 年	2000 年	2001 年	2002 年	2002 年为 2001 年%
县个数	个	445	445	445	445	100.0
年末总人口	万人	24039.0	25789.4	25772.7	25790.0	100.1
其中:乡村人口	万人	21431.0	21757.9	21838.6	21808.4	99.9
乡村从业人员数	万人	10479.0	11367.5	11428.3	11440.0	100.1
农业机械总动力	万千瓦	5559.1	9072.6	9320.5	9787.1	105.0
有效灌溉面积	千公顷	12015.9	11938.4	12001.3	11964.3	99.7
化肥使用量(折纯量)	万吨	6405.8	945.9	970.4	974.0	100.4
农村用电量	亿千瓦时	204.9	574.6	629.7	729.0	115.8
农作物总播种面积	千公顷	33588.4	33694.9	32928.7	32369.5	98.3
粮食作物播种面积	千公顷	23497.4	20560.4	19295.1	18746.0	97.2
粮食总产量	万吨	11384.9	11375.4	10754.4	10518.2	97.8
棉花播种面积	千公顷	1143.9	894.9	1003.7	847.1	84.4
棉花产量	万吨	109.2	97.4	121.4	107.3	88.4
油料播种面积	千公顷	3207.1	4698.9	4597.9	4636.5	100.8
油料产量	万吨	409.5	843.0	847.8	789.6	93.1
第一产业增加值	亿元		3952.4	4065.5	4193.5	103.1

注:长江中下游地区包括上海市、江苏省、浙江省、安徽省、福建省、江西省、河南省、湖北省、湖南省、广东省、广西自治区等11个省区市的445个县(市)。

14—1—3 黄土高原地区农村经济情况

指　　标	单 位	1990 年	2000 年	2001 年	2002 年	2002 年为 2001 年%
县个数	个	212	212	212	212	100.0
年末总人口	万人	6199.0	6872.4	6883.7	6906.6	100.3
其中:乡村人口	万人	5572.0	5971.3	5989.7	6008.3	100.3
乡村从业人员数	万人	2406.0	2882.6	2889.7	2950.3	102.1
农业机械总动力	万千瓦	1827.2	3248.9	3394.2	3592.8	105.9
有效灌溉面积	千公顷	2265.1	2377.6	2399.5	2426.1	101.1
化肥使用量(折纯量)	万吨	1357.2	229.8	231.6	241.6	104.3
农村用电量	亿千瓦时	56.1	112.4	119.9	123.2	102.7
农作物总播种面积	千公顷	9910.8	9804.5	9275.7	9491.3	102.3
粮食作物播种面积	千公顷	8244.2	7958.6	7378.3	7422.8	100.6
粮食总产量	万吨	2242.2	2170.6	2072.2	2257.0	108.9
棉花播种面积	千公顷	215.5	74.7	122.3	104.4	85.3
棉花产量	万吨	16.4	7.2	11.8	10.6	90.1
油料播种面积	千公顷	695.9	773.8	725.6	781.6	107.7
油料产量	万吨	73.8	92.7	83.8	101.4	121.1
第一产业增加值	亿元		511.4	518.6	577.3	111.3

注:黄土高原地区包括河北省、山西省、河南省、陕西省、甘肃省、宁夏自治区等 6 个省区市的 212 个县(市)。

14—1—4 民族地区农村经济情况

指　　标	单　位	1990 年	2000 年	2001 年	2002 年	2002 年为 2001 年%
县个数	个	633	633	633	633	100.0
年末总人口	万人	13520.0	15110.9	15186.6	15280.1	100.6
其中:乡村人口	万人	11514.0	12255.5	12327.8	12418.2	100.7
乡村从业人员数	万人	5319.0	6346.4	6404.5	6512.6	101.7
农业机械总动力	万千瓦	2961.0	5782.5	6051.3	6202.6	102.5
有效灌溉面积	千公顷	6250.4	8862.7	8026.7	7868.9	98.0
化肥使用量(折纯量)	万吨	2252.6	472.2	467.0	492.2	105.4
农村用电量	亿千瓦时	57.0	117.4	111.9	118.6	106.0
农作物总播种面积	千公顷	20661.7	25516.4	24209.6	24311.5	100.4
粮食作物播种面积	千公顷	15827.3	16819.3	16177.6	15794.1	97.6
粮食总产量	万吨	4888.9	6153.0	6056.8	6210.1	102.5
棉花播种面积	千公顷	275.3	981.6	687.0	512.0	74.5
棉花产量	万吨	27.9	151.2	97.4	83.2	85.5
油料播种面积	千公顷	1547.9	2399.6	1964.5	2056.7	104.7
油料产量	万吨	181.8	340.5	301.6	308.9	102.4
第一产业增加值	亿元		2035.3	2096.8	2228.8	106.3

注:民族地区包括河北省、内蒙古自治区、辽宁省、吉林省、黑龙江省、浙江省、湖北省、湖南省、广东省、广西自治区、海南省、重庆市、四川省、贵州省、云南省、西藏自治区、甘肃省、青海省、宁夏回族自治区、新疆维吾尔自治区等 20 个省、区、市的 633 个县(市、旗)。

14—1—5 扶贫工作重点县农村经济情况

指　　标	单　位	1990 年	2000 年	2001 年	2002 年	2002 年为 2001 年%
县个数	个	581	581	581	581	100.0
年末总人口	万人	20005.0	21609.5	21747.9	22051.5	101.4
其中:乡村人口	万人	18306.0	19166.2	19252.2	19506.1	101.3
乡村从业人员数	万人	8270.0	9884.1	9922.2	10109.3	101.9
农业机械总动力	万千瓦	3413.6	7078.3	7655.1	8002.1	104.5
有效灌溉面积	千公顷	6481.2	7981.9	8016.4	7943.3	99.1
化肥使用量(折纯量)	万吨	3391.4	611.3	623.6	660.3	105.9
农村用电量	亿千瓦时	58.3	138.6	143.1	156.9	109.6
农作物总播种面积	千公顷	31575.1	33749.6	32662.1	33130.2	101.4
粮食作物播种面积	千公顷	24886.9	24505.3	23350.6	23380.3	100.1
粮食总产量	万吨	6947.7	8120.1	7798.8	8313.0	106.6
棉花播种面积	千公顷	599.3	561.8	612.1	504.6	82.4
棉花产量	万吨	45.8	59.1	64.9	56.8	87.6
油料播种面积	千公顷	2534.9	3482.0	3123.5	3317.5	106.2
油料产量	万吨	269.4	473.7	437.1	494.7	113.2
第一产业增加值	亿元		2082.2	2117.1	2292.3	108.3

注:扶贫工作重点县包括河北省、山西省、内蒙古自治区、吉林省、黑龙江省、安徽省、江西省、河南省、湖北省、湖南省、广西自治区、海南省、重庆市、四川省、贵州省、云南省、陕西省、甘肃省、青海省、宁夏回族自治区、新疆维吾尔自治区等 21 个省、区、市的 581 个县(市、旗)。

14—1—6 丘陵地区农村经济情况

指　　标	单　位	1990 年	2000 年	2001 年	2002 年	2002 年为 2001 年%
县个数	个	529	529	529	529	100.0
年末总人口	万人	26038.0	27952.9	27978.3	28046.1	100.2
其中:乡村人口	万人	22980.0	23545.8	23591.0	23541.5	99.8
乡村从业人员数	万人	10709.0	12002.6	12047.0	12114.5	100.6
农业机械总动力	万千瓦	6315.9	10994.6	11647.7	11994.5	103.0
有效灌溉面积	千公顷	10292.3	10865.3	10956.7	10985.7	100.3
化肥使用量(折纯量)	万吨	6424.1	994.1	1021.0	1049.5	102.8
农村用电量	亿千瓦时	158.7	403.6	441.6	496.9	112.5
农作物总播种面积	千公顷	38623.8	39668.4	38592.6	38562.2	99.9
粮食作物播种面积	千公顷	30409.1	28168.4	26929.4	26389.5	98.0
粮食总产量	万吨	12321.3	12634.5	11900.6	12427.8	104.4
棉花播种面积	千公顷	531.3	359.8	387.9	296.2	76.4
棉花产量	万吨	43.3	35.5	37.6	31.5	83.8
油料播种面积	千公顷	2967.7	4244.8	3977.9	4203.2	105.7
油料产量	万吨	434.2	759.2	739.5	787.4	106.5
第一产业增加值	亿元		4041.3	4151.7	4351.6	104.8

注:丘陵地区包括北京市、天津市、河北省、山西省、内蒙古自治区、辽宁省、吉林省、黑龙江省、江苏省、浙江省、安徽省、福建省、江西省、山东省、河南省、湖北省、湖南省、广东省、广西自治区、海南省、重庆市、四川省、贵州省、云南省、西藏自治区、陕西省、甘肃省、新疆维吾尔自治区等 28 个省、区、市的 529 个县(市、旗)。

14—1—7 山区县农村经济情况

指　　标	单　位	1990 年	2000 年	2001 年	2002 年	2002 年为2001 年%
县个数	个	894	894	894	894	100.0
年末总人口	万人	27137.0	29536.0	29682.1	30005.5	101.1
其中:乡村人口	万人	24246.0	25323.0	25424.3	25685.9	101.0
乡村从业人员数	万人	11298.0	13153.0	13231.3	13483.7	101.9
农业机械总动力	万千瓦	4872.5	9162.0	9471.1	10021.5	105.8
有效灌溉面积	千公顷	7958.2	8896.6	8929.0	8696.5	97.4
化肥使用量(折纯量)	万吨	4661.7	792.9	810.8	842.6	103.9
农村用电量	亿千瓦时	131.7	286.6	303.0	332.2	109.6
农作物总播种面积	千公顷	34956.0	38176.1	37392.7	37097.7	99.2
粮食作物播种面积	千公顷	27096.8	26918.4	25972.1	25266.9	97.3
粮食总产量	万吨	9152.5	10602.3	10207.5	9796.1	96.0
棉花播种面积	千公顷	143.7	80.8	87.4	70.2	80.3
棉花产量	万吨	10.1	7.0	7.3	6.5	90.0
油料播种面积	千公顷	2641.1	3444.1	3335.5	3335.5	100.0
油料产量	万吨	336.7	544.5	560.7	533.7	95.2
第一产业增加值	亿元		3624.1	3729.7	3903.5	104.7

注:山区地区包括北京市、河北省、山西省、内蒙古自治区、辽宁省、吉林省、黑龙江省、浙江省、安徽省、福建省、江西省、山东省、河南省、湖北省、湖南省、广东省、广西自治区、海南省、重庆市、四川省、贵州省、云南省、西藏自治区、陕西省、甘肃省、青海省、宁夏回族自治区、新疆维吾尔自治区等 28 个省、区、市的 894 个县(市、旗)。

14—1—8 平原地区农村经济情况

指标	单位	1990年	2000年	2001年	2002年	2002年为2001年%
县个数	个	644	644	644	644	100.0
年末总人口	万人	33134.0	36549.5	36668.3	36787.6	100.3
其中:乡村人口	万人	29197.0	30702.6	30766.5	30726.2	99.9
乡村从业人员数	万人	13756.0	15928.1	16013.3	16088.9	100.5
农业机械总动力	万千瓦	11502.4	24048.4	25061.3	26250.1	104.7
有效灌溉面积	千公顷	21013.9	25189.9	24485.8	24397.2	99.6
化肥使用量(折纯量)	万吨	10660.2	1807.2	1813.6	1848.6	101.9
农村用电量	亿千瓦时	329.5	908.7	978.1	1124.9	115.0
农作物总播种面积	千公顷	54648.3	57149.9	55478.2	55212.8	99.5
粮食作物播种面积	千公顷	41111.6	38205.3	36157.9	35681.2	98.7
粮食总产量	万吨	17465.5	19067.0	19104.0	19131.7	100.1
棉花播种面积	千公顷	4249.9	3294.5	3593.8	3164.5	88.1
棉花产量	万吨	350.8	405.0	441.1	398.7	90.4
油料播种面积	千公顷	3838.5	5970.4	5546.9	5581.8	100.6
油料产量	万吨	627.9	1340.5	1267.4	1264.5	99.8
第一产业增加值	亿元		5840.7	6114.6	6436.9	105.3

注:丘陵地区包括北京市、天津市、河北省、山西省、内蒙古自治区、辽宁省、吉林省、黑龙江省、上海市、江苏省、浙江省、安徽省、福建省、江西省、山东省、河南省、湖北省、湖南省、广东省、广西自治区、海南省、重庆市、四川省、贵州省、陕西省、甘肃省、宁夏回族自治区、新疆维吾尔自治区等28个省、区、市的644个县(市、旗)。

14—1—9 陆地边境县农村经济情况

指　　标	单　位	1990 年	2000 年	2001 年	2002 年	2002 年为 2001 年%
县个数	个	133	133	133	133	100.0
年末总人口	万人	1856.0	1979.9	2005.1	2007.3	100.1
其中:乡村人口	万人	1330.0	1327.1	1333.2	1352.5	101.4
乡村从业人员数	万人	591.0	672.6	679.3	694.0	102.2
农业机械总动力	万千瓦	715.1	988.2	949.2	978.3	103.1
有效灌溉面积	千公顷	1211.7	1702.2	1419.8	1380.6	97.2
化肥使用量(折纯量)	万吨	345.0	57.3	55.9	57.7	103.2
农村用电量	亿千瓦时	11.2	19.6	17.5	18.5	105.6
农作物总播种面积	千公顷	3984.7	4071.9	3750.0	3749.8	100.0
粮食作物播种面积	千公顷	3348.1	2737.8	2612.2	2532.4	96.9
粮食总产量	万吨	918.6	1017.2	959.9	899.8	93.7
棉花播种面积	千公顷	41.8	119.2	92.8	67.1	72.3
棉花产量	万吨	3.9	17.3	13.8	10.4	75.4
油料播种面积	千公顷	161.7	447.5	311.9	325.9	104.5
油料产量	万吨	20.0	69.2	39.2	48.9	124.9
第一产业增加值	亿元		299.9	306.9	311.2	101.4

注:陆地边境县包括内蒙古自治区、辽宁省、吉林省、黑龙江省、广西自治区、云南省、西藏自治区、甘肃省、新疆维吾尔自治区等 9 个省区 133 个县(市、旗)。

14—1—10 沿海开放县农村经济情况

指　　标	单　位	1990 年	2000 年	2001 年	2002 年	2002 年为 2001 年%
县个数	个	198	198	198	198	100.0
年末总人口	万人	13289.0	14321.1	14275.6	14305.9	100.2
其中:乡村人口	万人	11751.0	11993.8	11929.4	11766.1	98.6
乡村从业人员数	万人	5765.0	6057.8	6073.8	6102.6	100.5
农业机械总动力	万千瓦	4311.5	7051.5	7216.0	7417.8	102.8
有效灌溉面积	千公顷	6234.2	6159.9	6188.2	6131.8	99.1
化肥使用量(折纯量)	万吨	4014.3	594.3	593.2	597.5	100.7
农村用电量	亿千瓦时	204.7	671.5	763.2	920.7	120.6
农作物总播种面积	千公顷	15950.1	15114.5	14661.6	14334.8	97.8
粮食作物播种面积	千公顷	11911.5	9927.4	9136.4	8681.5	95.0
粮食总产量	万吨	5727.0	5330.3	5088.3	4714.7	92.7
棉花播种面积	千公顷	572.2	231.6	322.5	267.6	83.0
棉花产量	万吨	47.2	26.7	41.2	35.4	85.8
油料播种面积	千公顷	1294.9	1430.4	1466.5	1421.8	96.9
油料产量	万吨	278.7	378.4	393.4	370.1	94.1
第一产业增加值	亿元		2825.9	2917.7	3029.9	103.8

注:沿海开放县包括天津市、河北省、辽宁省、上海市、江苏省、浙江省、福建省、山东省、广东省、广西自治区、海南省等 11 个省、区、市的 198 个县(市)。

14—1—11 粮食生产大县农村经济情况

指　　标	单　位	1990 年	2000 年	2001 年	2002 年	2002 年为 2001 年%
县个数	个	454	454	454	454	100.0
年末总人口	万人	30347.0	32510.2	32608.5	32719.3	100.3
其中:乡村人口	万人	26753.0	27464.7	27539.6	27492.7	99.8
乡村从业人员数	万人	12645.0	14216.0	14263.4	14338.1	100.5
农业机械总动力	万千瓦	8786.0	16785.2	17478.0	18151.5	103.9
有效灌溉面积	千公顷	15492.3	17426.2	17408.1	17406.4	100.0
化肥使用量(折纯量)	万吨	9293.7	1431.8	1456.3	1494.0	102.6
农村用电量	亿千瓦时	266.6	699.6	760.5	860.1	113.1
农作物总播种面积	千公顷	48226.5	48903.9	47968.4	47807.0	99.7
粮食作物播种面积	千公顷	38111.7	34798.8	33493.4	32914.2	98.3
粮食总产量	万吨	17556.8	17505.6	17425.0	17953.4	103.0
棉花播种面积	千公顷	1005.8	596.8	740.5	632.9	85.5
棉花产量	万吨	76.5	60.9	81.5	71.4	87.6
油料播种面积	千公顷	3698.6	5339.0	5072.6	5256.7	103.6
油料产量	万吨	620.7	1067.8	1041.0	1086.4	104.4
第一产业增加值	亿元		5126.4	5356.3	5631.2	105.1

注:粮食生产大县包括除西藏自治区以外的 30 个省区、市的 454 个县(市、旗)。

14—2—1 西部大开发12省(区、市)农村基层组织和乡村从业人员

指　　标	单　位	1990年	1995年	2000年	2001年	2002年
一、农村基层组织						
乡镇个数	个	23472	18804	18089	17363	16892
乡个数	个	20678	13814	11966	11035	10208
镇个数	个	2794	4990	6123	6328	6684
村民委员会个数	个	216788	217093	215024	211332	205728
二、乡村户数和人口						
乡村户数	万户	6329.0	6711.2	7030.5	7083.0	7137.3
乡村人口数	万人	26707.2	27434.7	27992.3	28095.1	28199.7
三、乡村从业人员	万人	12928.2	14075.7	14772.4	14824.3	15004.5
(一)按性别分组						
1.男	万人	6738.7	7442.4	7821.6	7869.0	7956.0
2.女	万人	6189.5	6633.6	6950.8	6955.3	7048.4
(二)按行业分组						
1.农林牧渔业	万人	11372.8	11397.4	11079.7	10984.3	10933.6
2.工业	万人	414.4	538.1	550.4	562.2	600.3
3.建筑业	万人	287.5	468.4	622.4	652.1	710.9
4.交通运输、仓储及邮电通信业	万人	119.0	191.2	247.8	255.8	270.4
5.批发零售贸易、餐饮业	万人	146.6	244.3	374.8	399.8	434.9
6.其他非农行业	万人	587.9	1236.9	1897.3	1970.1	2054.4

注:西部大开发12省、区、市包括内蒙古自治区、广西壮族自治区、重庆市、四川省、贵州省、云南省、西藏自治区、陕西省、甘肃省、青海省、宁夏回族自治区、新疆维吾尔自治区.

14—2—2 西部大开发12省(区、市)农业机械化拥有量

指 标	单 位	1995年	1999年	2000年	2001年	2002年
农用机械总动力合计	万千瓦	7534.3	10106.9	10706.6	11283.0	11925.0
大中型拖拉机	万混合台	16.3	19.1	19.4	36.6	21.7
	万千瓦	630.3	700.7	720.1	1064.9	775.5
小型拖拉机	万台	192.8	233.4	234.5	237.1	240.1
	万千瓦	1913.2	2415.0	2443.1	2480.2	2565.6
大中型拖拉机配套农具	万部	22.6	29.0	30.2	31.6	33.7
小型拖拉机配套农具	万部	165.2	238.2	253.0	275.4	293.8
农用排灌柴油机	万台	48.3	77.3	84.5	88.8	96.6
	万千瓦	345.6	513.9	542.4	588.9	626.6
农用排灌电动机	万台	54.7	84.5	89.8	96.9	102.6
	万千瓦	632.8	733.4	759.1	788.2	813.4
农用水泵	万台	97.9	139.5	164.9	190.3	204.6
喷灌机械	万套	2.8		7.1	7.3	8.4
联合收割机	万台	1.2	2.2	2.5	2.7	2.9
	万千瓦	53.8	89.8	98.9	108.3	113.8
机动收割机	万台	0.1	0.4	0.6	0.2	
	万千瓦	1.7	2.1	2.6	1.2	
机动脱粒机	万台	56.9	101.5	115.7	124.5	141.6
农用载重汽车	万辆	19.2	22.8	22.5		
	万千瓦	1573.0	1889.8	1842.3		
农用运输车	万辆	13.9	30.3	39.1	103.6	116.2

14—2—3 西部大开发12省(区、市)农村电力和农田水利建设情况

指 标	单 位	1995年	1999年	2000年	2001年	2002年
一、乡村办水电站	个	15320	11045	10381	9410	7908
装机容量	万千瓦	161.7	177.1	179.5	182.7	186.9
发电量	亿千瓦	48.4	61.9	63.5	65.2	65.8
二、农村用电量	亿千瓦小时	237.6	308.0	331.4	342.3	365.9
三、农田水利建设情况						
有效灌溉面积	千公顷	13639.3	14824.5	15174.6	15443.4	15431.6
旱涝保收面积	千公顷	9371.5	10072.3	10255.9	10153.3	10305.6
机电排灌面积	千公顷	4503.6	5227.9	5348.2	5500.6	5538.3

14—2—4 西部大开发12省(区、市)农用化肥、农膜、柴油和农药使用量

指 标	单 位	1995年	1999年	2000年	2001年	2002年
一、化肥施用量						
(按折纯法计算)	万吨	825.4	983.4	1008.6	1037.1	1061.7
氮 肥	万吨	472.4	539.0	541.0	549.5	552.4
磷 肥	万吨	161.2	176.7	182.6	184.6	187.8
钾 肥	万吨	54.3	74.4	79.6	85.2	91.5
复合肥	万吨	137.8	187.1	205.4	217.1	223.0
二、农用塑料薄膜使用量	吨	219243	375940	396198	417726	433917
#地膜使用量	吨	167323	292663	304539	316354	318750
地膜覆盖面积	千公顷	2573.7	4824.4	4983.7	4722.2	4886.8
三、农用柴油使用量	万吨	253.2	265.9	288.2	287.9	283.7
四、农药使用量	万吨	15.4	20.1	20.5	20.4	20.7

14—2—5 西部大开发12省(区、市)自然灾害情况

指 标	单 位	1995年	1999年	2000年	2001年	2002年
一、受灾面积	千公顷	14531.0	17504.5	15773.0	18964.5	14737.7
旱灾	千公顷	8552.0	10869.0	11225.0	13282.0	6898.0
水灾	千公顷	3182.0	2871.5	2509.0	2692.5	4494.7
风雹灾	千公顷	1487.0	1321.0	1104.0	1567.0	2080.0
霜冻灾	千公顷	964.0	2437.0	935.0	1157.0	1185.0
二、成灾面积	千公顷	7680.0	9213.7	9358.0	10644.5	8589.6
旱灾	千公顷	4573.0	5864.0	7032.0	7293.0	4128.0
水灾	千公顷	1793.0	1534.1	1492.0	1556.0	2521.0
风雹灾	千公顷	755.0	734.0	536.0	939.0	1268.0
霜冻灾	千公顷	496.0	1077.0	298.0	698.0	620.0
三、成灾面积占受灾						
面积的比重	%	52.9	52.6	59.3	56.1	58.3

14—2—6　西部大开发12省(区、市)农作物播种面积及构成

(播种面积)

单位:千公顷

	1995年	1999年	2000年	2001年	2002年
农作物总播种面积	45890.4	49540.6	49345.9	48895.3	48878.7
一、粮食作物	**33920.3**	**35891.3**	**34528.8**	**33823.2**	**33293.8**
(一)谷　物	26225.8	27032.9	25756.1	24718.5	24443.7
#稻　谷	7467.6	7430.3	7452.3	7513.7	7441.2
小　麦	9019.6	8834.5	7999.1	7407.8	7169.6
玉　米	6678.5	8185.6	7542.1	7662.3	7765.7
谷　子	400.1	414.8	320.8	310.2	315.2
高　粱	292.6	288.0	257.3	207.2	257.6
(二)豆　类	3407.1	3771.8	3617.6	3995.2	3868.1
#大　豆	1593.2	1922.0	1960.1	1955.0	1768.8
杂　豆	1813.9	1849.7	1657.6	2040.2	2099.3
(三)薯　类	4287.6	5086.6	5155.0	5109.2	4981.9
#马铃薯	2181.3	2843.9	2920.0	2952.6	2951.3
二、油料作物	**3687.7**	**4059.9**	**4410.4**	**4029.3**	**4067.0**
#花　生	496.3	576.9	652.0	672.7	674.8
油菜籽	2132.3	2262.1	2520.9	2354.7	2354.0
芝　麻	38.6	47.5	61.7	50.3	49.3
胡麻籽	443.6	379.7	323.0	285.7	318.8
向日葵籽	404.1	609.6	609.2	497.2	531.2
三、棉　花	**981.1**	**1156.7**	**1154.3**	**1309.8**	**1065.7**
四、麻　类	**85.0**	**53.9**	**55.2**	**32.3**	**24.1**
#黄红麻	34.4	15.0	12.7	10.9	9.8
五、糖　料	**932.0**	**1056.0**	**945.4**	**1051.5**	**1186.2**
1.甘　蔗	673.5	887.5	818.8	896.2	1021.7
2.甜　菜	258.8	168.5	126.6	155.3	164.5
六、烟　叶	**942.8**	**790.7**	**814.4**	**750.7**	**766.3**
#烤　烟	856.6	703.6	719.6	660.6	688.6
七、药　材	**119.2**	**165.8**	**256.2**	**343.0**	**393.5**
八、蔬菜、瓜类	**2538.1**	**3440.4**	**3929.9**	**4167.7**	**4400.8**
九、其他农作物	**2684.5**	**2925.9**	**3252.5**	**3358.1**	**3616.03**

(以农作物总播种面积为100)

14—2—6续　　单位:%

	1995年	1999年	2000年	2001年	2002年
农作物总播种面积	100	100	100	100	100
一、粮食作物	**73.9**	**72.4**	**70.0**	**69.2**	**68.1**
(一)谷　物	57.1	54.6	52.2	50.6	50.0
#稻　谷	16.3	15.0	15.1	15.4	15.2
小　麦	19.7	17.8	16.2	15.2	14.7
玉　米	14.6	16.5	15.3	15.7	15.9
谷　子	0.9	0.8	0.7	0.6	0.6
高　粱	0.6	0.6	0.5	0.4	0.5
(二)豆　类	7.4	7.6	7.3	8.2	7.9
#大　豆	3.5	3.9	4.0	4.0	3.6
杂　豆	4.0	3.7	3.4	4.2	4.3
(三)薯　类	9.3	10.3	10.4	10.4	10.2
#马铃薯	4.8	5.7	5.9	6.0	6.0
二、油料作物	**8.0**	**8.2**	**8.9**	**8.2**	**8.3**
#花　生	1.1	1.2	1.3	1.4	1.4
油菜籽	4.6	4.6	5.1	4.8	4.8
芝　麻	0.1	0.1	0.1	0.1	0.1
胡麻籽	1.0	0.8	0.7	0.6	0.7
向日葵籽	0.9	1.2	1.2	1.0	1.1
三、棉　花	**2.1**	**2.3**	**2.3**	**2.7**	**2.2**
四、麻　类	**0.2**	**0.1**	**0.1**	**0.1**	
#黄红麻	0.1				
五、糖　料	**2.0**	**2.1**	**1.9**	**2.2**	**2.4**
1.甘　蔗	1.5	1.8	1.7	1.8	2.1
2.甜　菜	0.6	0.3	0.3	0.3	0.3
六、烟　叶	**2.1**	**1.6**	**1.7**	**1.5**	**1.6**
#烤　烟	1.9	1.4	1.5	1.4	1.4
七、药　材	**0.3**	**0.3**	**0.5**	**0.7**	**0.8**
八、蔬菜、瓜类	**5.5**	**6.9**	**8.0**	**8.5**	**9.0**
九、其他农作物	**5.8**	**5.9**	**6.6**	**6.9**	**7.4**

14—2—7 西部大开发12省(区、市)主要农作物产量

单位:万吨

	1995年	1999年	2000年	2001年	2002年
一、粮食作物	**11729.9**	**13375.9**	**12896.3**	**12273.2**	**12682.0**
(一)谷　物	10135.3	11479.5	10920.3	10299.8	10510.1
#稻　谷	4498.0	4783.2	4735.7	4462.7	4372.7
小　麦	2463.0	2516.0	2307.1	2132.4	2165.9
玉　米	2589.8	3661.3	3351.1	3298.3	3543.5
谷　子	38.1	51.6	34.3	36.9	47.9
高　粱	82.7	88.0	70.0	59.6	82.9
(二)豆　类	437.4	489.8	460.0	511.4	569.1
#大　豆	187.2	242.8	250.4	252.7	270.5
杂　豆	250.2	247.0	209.6	258.7	298.6
(三)薯　类	1157.3	1406.6	1516.0	1462.4	1602.8
#马铃薯	560.9	680.3	811.6	783.7	858.3
二、油料作物	**508.6**	**598.5**	**671.3**	**601.1**	**667.7**
#花　生	84.8	112.4	134.6	123.0	134.1
油菜籽	296.4	314.3	366.5	339.9	375.4
芝　麻	2.4	3.8	5.4	4.7	4.3
胡麻籽	28.1	33.8	27.7	23.9	33.6
向日葵籽	83.9	116.6	116.5	94.1	107.4
三、棉　花	**117.1**	**149.8**	**160.5**	**164.2**	**161.8**
四、麻　类	**12.9**	**9.4**	**10.5**	**12.6**	**12.4**
#黄红麻	5.7	2.8	2.3	2.0	2.0
五、糖　料	**4528.1**	**5551.8**	**5047.5**	**6001.3**	**7278.4**
1.甘　蔗	3818.4	4972.9	4600.9	5367.0	6584.4
2.甜　菜	709.7	578.8	446.6	634.3	694.0
六、烟　叶	**143.3**	**136.0**	**142.8**	**125.2**	**138.6**
#烤　烟	131.5	121.4	126.6	109.8	120.7
七、茶　叶	**16.5**	**18.6**	**19.1**	**19.7**	**20.5**
八、水　果	**1070.3**	**1602.6**	**1613.4**	**1705.2**	**1865.6**

14—2—8 西部大开发12省(区、市)主要农作物单位面积产量

单位:公斤/公顷

	1995年	1999年	2000年	2001年	2002年
一、粮食作物	**3458.1**	**3726.8**	**3734.9**	**3628.6**	**3809.1**
(一)谷 物	3864.6	4246.5	4239.9	4166.8	4299.7
#稻 谷	6023.4	6437.5	6354.7	5939.5	5876.3
小 麦	2730.7	2847.9	2884.2	2878.6	3021.0
玉 米	3877.8	4472.9	4443.2	4304.6	4562.9
谷 子	952.3	1244.7	1068.4	1190.0	1518.3
高 粱	2826.4	3056.0	2719.4	2874.9	3219.1
(二)豆 类	1283.8	1298.5	1271.7	1280.0	1471.3
#大 豆	1175.0	1263.3	1277.6	1292.6	1529.4
杂 豆	1379.3	1335.1	1264.6	1268.0	1422.3
(三)薯 类	2699.2	2765.4	2940.8	2862.1	3217.2
#马铃薯	2571.4	2392.1	2779.4	2654.4	2908.2
二、油料作物	**1379.1**	**1474.1**	**1522.0**	**1491.7**	**1641.6**
#花 生	1709.2	1949.2	2063.7	1828.6	1987.8
油菜籽	1389.9	1389.3	1454.0	1443.0	1594.5
芝 麻	615.4	806.0	886.3	932.6	881.9
胡麻籽	634.1	889.6	857.4	838.5	1052.5
向日葵籽	2076.9	1912.2	1912.8	1893.1	2021.4
三、棉 花	**1193.5**	**1294.9**	**1390.2**	**1253.6**	**1518.1**
四、麻 类	**1520.1**	**1752.8**	**1902.1**	**2032.1**	**5139.8**
#黄红麻	1654.3	1867.9	1840.0	1913.8	1995.1
五、糖 料	**48584.8**	**52574.1**	**53392.3**	**57074.0**	**61357.5**
1.甘 蔗	56695.1	56031.9	56192.8	59883.5	64442.7
2.甜 菜	27422.1	34358.3	35276.4	40856.1	42192.7
六、烟 叶	**1520.0**	**1719.9**	**1753.4**	**1667.7**	**1808.7**
#烤 烟	1535.1	1725.8	1759.4	1662.6	1752.5

14—2—9　西部大开发12省(区、市)林业生产情况

单位:千公顷、吨

指　　标	1995年	1999年	2000年	2001年	2002年
一、营林情况					
(一)当年造林面积	2183.7	2571.8	2849.0	2953.9	4326.3
按造林方式分:					
1.当年人工造林面积	1894.0	2146.7	2342.7	2230.5	3642.0
2.当面飞机播种面积	289.7	425.2	506.3	723.4	684.3
按用途分:					
1.用材林	785.9	609.2	540.3	414.2	363.1
2.经济林	710.1	720.5	711.5	542.7	375.3
3.防护林	623.8	1166.9	1549.2	1967.8	3553.1
4.薪炭林	60.1	70.2	40.6	24.0	23.4
5.特种用材林	4.1	5.4	7.4	5.2	11.5
(二)迹地更新面积	173.4	419.7	422.4	126.4	128.3
(三)零星(四旁)植树(万株)	124739	107561	101350	97065.3	94192.5
(四)育苗面积	49.8	62.6	79.8	82.6	97.3
(五)幼林抚育作业面积	3953.7	3227.8	3370.0	6066.3	3860.8
(六)成林抚育面积	2281.6	3021.7	2399.7	2133.5	2167.3
二、主要林产品产量					
1.生　漆	2332	4284	3786	3580	4035.0
2.油桐籽	294051	285231	298754	269962	251626.0
3.油茶籽	103202	126577	137637	155218	133772.0
4.乌桕籽	14959	9649	9698	10439	6652.0
5.五倍籽	7977	5530	4854	4685	5395.0
6.棕　片	30428	29772	29879	29575	23177.0
7.松　脂	286008	284327	278360	287957	94135.0
8.竹笋片	19771	33864	34752	36691	51054.0
9.核　桃	139110	151992	179831	137181	219150.0
10.板　栗	38062	62769	75498	69475	73209.0
11.紫　胶(原胶)	2031	1228	759	869	2136.0
三、村及村以下竹木采伐					
1.木材(万立方米)	1244.5	869.8	835.1	794.1	782.5
2.竹材(万根)	34864.0	56684.9	61035.0	94964.8	77428.6

14—2—10　西部大开发12省(区、市)畜牧业生产情况

	单　位	1999年	2000年	2001年	2002年
一、牲畜出栏量					
(一)大牲畜出栏					
1.牛	万头	1071.1	1171.0	1242.6	1295.3
2.马	万头	67.6	74.4	82.7	75.3
3.驴	万头	65.6	68.1	70.4	77.2
4.骡	万头	14.4	16.5	19.8	17.8
5.骆驼	万头	6.7	6.7	8.5	6.9
(二)猪	万头	15371.9	16111.1	16445.6	16859.9
(三)羊	万只	7228.5	7890.7	8342.2	8945.1
(四)家禽	万只	120781	136586	101219.1	109109.5
(五)兔	万只	6845.0	8226.0	9394.8	10863
二、肉类总产量	**万吨**	**1639.2**	**1737.5**	**1750.5**	**1806.0**
#猪牛羊肉产量	万吨	1434.7	1504.0	1556.1	1594.5
1.猪肉产量	万吨	1194.0	1239.4	1278.3	1300.5
2.牛肉产量	万吨	123.0	135.7	141.4	148.5
3.羊肉产量	万吨	117.7	128.8	136.4	145.5
禽肉产量	万吨	183.3	207.0	161.6	175.6
兔肉产量	万吨	9.2	11.1	12.8	15.3
三、其他畜产品产量	**万吨**				
1.奶类产量	万吨	320.1	356.7	416.7	521.1
#牛奶产量	万吨	281.0	315.7	372.7	472.9
2.山羊毛产量	吨	11718	12955	13185	14792
3.绵羊毛产量	吨	182044	183782	185091	189293
#细羊毛	吨	74101	74432	70631	71584
半细羊毛	吨	35706	38780	42395	44654
4.羊绒产量	吨	6984	7138	7383	8177
5.蜂蜜产量	万吨	5.0	5.1	5.4	6.0
6.禽蛋产量	万吨	244.4	264.9	283.2	308.5

14—2—11 西部大开发12省(区、市)牲畜年末存栏量

	单 位	1997年	1999年	2000年	2001年	2002年
一、大牲畜头数	**万头**	**6814.4**	**6967.4**	**7070.6**	**6989.6**	**7120.3**
1.牛	万头	5489.9	5655.8	5770.4	5725.3	5879.4
(1)黄牛	万头	3716.9	3680.9	3865.6	3797.1	3900.3
(2)水牛	万头	1161.2	1195.6	1223.6	1206.9	1235.2
2.马	万头	595.1	589.0	583.7	559.1	555.4
3.驴	万头	450.7	448.2	445.5	440.1	427.9
4.骡	万头	237.5	241.5	238.5	237.2	231.2
5.骆驼	万头	35.0	33.0	32.6	27.9	26.4
二、猪	**万头**	**14788.5**	**15746.9**	**16322.7**	**16793.1**	**16953.9**
三、羊	**万只**	**14797.0**	**15465.2**	**15699.6**	**15872.6**	**16739.7**
1.山羊	万只	5692.9	5803.2	6081.2	6207.3	6950.0
2.绵羊	万只	9104.1	9662.0	9618.4	9665.3	10149.7
四、家禽	**万只**	**50701.6**	**71992.0**	**63932.1**	**88089.3**	**69815.8**

14—2—12 西部大开发12省(区、市)渔业生产情况

	单 位	1995年	1999年	2000年	2001年	2002年
一、水产品总产量	**吨**	**1730062**	**3407380**	**3587609**	**3754268**	**3949584**
按海水、内陆分						
1.海水产量	吨	645706	1554260	1594505	1639807	1664169
2.内陆产量	吨	1084356	1853120	1993104	2114461	2285415
按生产性质分						
1.捕捞产量	吨	632198	1095889	1100582	1124627	1101572
2.养殖产量	吨	1097864	2311491	2487027	2629641	2848012
按品种分						
1.鱼类	吨	1459932	2404292	2509894	2648081	2811168
2.虾蟹类	吨	81959	173481	197308	200807	217956
3.贝类	吨	178552	779263	820903	848099	867937
4.藻类	吨	110	0	15	0	2117
5.其他类	吨	9509	50344	59489	57281	50406
二、水产养殖面积	**千公顷**	**723.9**	**820.1**	**823.3**	**870.3**	**881.7**
1.海水养殖面积	千公顷	41.0	58.6	61.4	61.3	61.7
(1)浅海养殖	千公顷	16.4	14.9	16.5	14.4	18.1
(2)港湾养殖	千公顷	4.0	3.9	3.4	4.1	7.8
(3)滩涂养殖	千公顷	20.6	39.8	41.5	42.8	35.9
2.内陆养殖面积	千公顷	682.9	761.5	761.9	809.0	820.0
(1)池塘养殖	千公顷	226.2	261.3	262.2	263.4	269.1
(2)湖泊养殖	千公顷	88.4	106.3	102.7	96.8	88.1
(3)河沟养殖	千公顷	21.9	28.6	35.9	52.0	50.7
(4)水库养殖	千公顷	340.2	357.3	354.1	383.9	397.0
(5)其他养殖	千公顷	6.2	8.1	7.0	12.9	15.1
3.稻田养殖	千公顷	561.7	583.8	577.8	656.2	669.8

注:1996年以后水产品产量采用新口径计算,即:海蛰按三矾后、海藻按干品计算。

14—2—13 西部大开发12省(区、市)按人口平均的主要农产品产量

单位:公斤/人

	1995年	1999年	2000年	2001年	2002年
一、粮食作物	**342.1**	**374.8**	**363.0**	**341.0**	**346.8**
(一)谷 物	295.6	321.7	307.3	286.2	287.4
#稻 谷	131.2	134.0	133.3	124.0	119.6
小 麦	71.8	70.5	64.9	59.3	59.2
玉 米	75.5	102.6	94.3	91.6	96.9
谷 子	1.1	1.4	1.0	1.0	1.3
高 粱	2.4	2.5	2.0	1.7	2.3
(二)豆 类	12.8	13.7	12.9	14.2	15.6
#大 豆	5.5	6.8	7.0	7.0	7.4
杂 豆	7.3	6.9	5.9	7.2	8.2
(三)薯 类	33.8	39.4	42.7	40.6	43.8
#马铃薯	16.4	19.1	22.8	21.8	23.5
二、油料作物	14.8	16.8	18.9	16.7	18.3
#花 生	2.5	3.2	3.8	3.4	3.7
油菜籽	8.6	8.8	10.3	9.4	10.3
芝 麻	0.1	0.1	0.2	0.1	0.1
胡麻籽	0.8	0.9	0.8	0.7	0.9
向日葵籽	2.4	3.3	3.3	2.6	2.9
三、棉 花	**3.4**	**4.2**	**4.5**	**4.6**	**4.4**
四、麻 类	**0.4**	**0.3**	**0.3**	**0.4**	**0.3**
#黄红麻	0.2	0.1	0.1	0.1	0.1
五、糖 料	**132.1**	**155.6**	**142.1**	**133.4**	**199.0**
1.甘 蔗	111.4	139.3	157.6	149.1	180.1
2.甜 菜	20.7	16.2	12.6	17.6	19.0
六、水 果	**31.2**	**44.9**	**45.4**	**47.4**	**51.0**
七、烟 叶	**4.2**	**3.8**	**4.0**	**3.5**	**3.8**
#烤 烟	3.8	3.4	3.6	3.1	3.3

14—2—14 西部大开发12省(区、市)按人口平均的畜产品、水产品产量

单位:公斤/人

	1998年	1999年	2000年	2001年	2002年
一、猪牛羊肉产量	**39.2**	**40.5**	**41.5**	**43.2**	**43.6**
猪　肉	32.8	33.8	34.6	35.5	35.6
牛　肉	3.3	3.4	3.6	3.9	4.1
羊　肉	3.1	3.3	3.4	3.8	4.0
二、奶类产量	**8.5**	**9.0**	**9.3**	**11.6**	**14.2**
#牛奶产量	7.4	7.9	8.1	10.4	12.9
三、禽蛋产量	**6.4**	**6.8**	**7.1**	**7.9**	**8.4**
四、水产品产量	**9.0**	**9.5**	**10.4**	**10.4**	**10.8**
鱼　类	6.3	6.7	7.3	7.4	7.7
虾蟹类	0.5	0.5	0.6	0.6	0.6

14—2—15 西部大开发12省(区、市)农林牧渔业总产值及构成

(按当年价计算)

	1995年	1999年	2000年	2001年	2002年
一、绝对数(亿元)					
农林牧渔业总产值合计	4690.55	5640.3	5753.0	5970.6	6341.4
1.农业	2890.77	3507.7	3478.8	3525.3	3677.1
2.林业	177.4	211.3	242.8	238.8	269.1
3.牧业	1516.48	1739.4	1848.9	2012.7	2190.7
4.渔业	105.9	172	182.5	193.8	204.5
二、构成(%)					
(以农林牧渔业合计为100)	100.00	100.00	100.00	100.00	100.00
1.农业	61.63	62.31	60.47	59.04	57.99
2.林业	3.78	3.75	4.22	4.00	4.24
3.牧业	32.33	30.89	32.14	33.71	34.55
4.渔业	2.26	3.05	3.17	3.25	3.22
三、占全国的比重(%)					
农业林牧渔业总产值合计	23.06	23.00	23.10	23.15	22.81
1.农业	24.32	24.87	25.10	24.63	24.37
2.林业	24.10	24.94	25.90	26.03	25.44
3.牧业	24.68	24.86	25.00	25.91	25.28
4.渔业	6.22	6.80	6.73	6.88	6.89

14—2—16　西部大开发12省(区、市)农林牧渔业中间消耗及构成

(按当年价格计算)

	1995年	1999年	2000年	2001年	2002年
一、绝对数(亿元)					
农林牧渔业合计	1728.38	2050.6	2081.3	2172.3	2316.4
1.农业	937.20	1135.9	1148.8	1172.0	1216.6
2.林业	44.19	57.1	64.6	63.7	79.5
3.牧业	716.43	807.2	813.7	879.1	959.4
4.渔业	30.56	50.4	54.3	57.5	60.8
二、构成(%)					
(以农林牧渔业合计为100)	100.00	100.00	100.00	100.00	100.00
1.农业	54.22	55.40	55.20	53.95	52.52
2.林业	2.56	2.78	3.10	2.93	3.43
3.牧业	41.45	39.37	39.10	40.47	41.42
4.渔业	1.77	2.45	2.60	2.65	2.62

14—2—17　西部大开发12省(区、市)农林牧渔业增加值及构成

(按当年价格计算)

	1995年	1999年	2000年	2001年	2002年
一、绝对数(亿元)					
农林牧渔业合计	2962.17	3589.7	3671.6	3798.2	4025.0
1、农业	1953.57	2371.8	2330.1	2353.3	2460.6
2、林业	133.21	163.8	178.2	175.1	189.5
3、牧业	800.05	932.4	1035.2	1133.6	1231.3
4、渔业	75.34	121.7	128.1	136.3	143.6
二、构成(%)					
(以农林牧渔业合计为100)	100.00	100.00	100.00	100.00	100.00
1 农业	65.95	66.07	63.46	61.96	61.13
2.林业	4.50	4.57	4.86	4.61	4.71
3.牧业	27.01	25.97	28.19	29.84	30.59
4.渔业	2.54	3.39	3.49	3.59	3.57

14—2—18 西部大开发12省(区、市)农村住户基本情况

	单 位	1990年	1995年	2000年	2001年	2002年
调查户常住人口	人/户	5.10	4.80	4.49	4.42	4.40
#整、半劳动力人数	人/户	3.02	2.99	2.83	2.81	2.82
劳动力负担人口	%	1.69	1.61	1.59	1.57	1.56
劳动力文化状况:						
不识字或识字很少	人/百劳动力	28.63	20.21	13.97	13.47	12.73
小学程度	人/百劳动力	39.67	39.43	37.57	36.67	36.28
初中程度	人/百劳动力	26.34	33.20	39.69	40.78	41.67
高中程度	人/百劳动力	5.00	6.47	7.08	7.27	7.43
中专程度	人/百劳动力	0.32	0.59	1.36	1.47	1.55
大专及大专以上	人/百劳动力	0.07	0.10	0.33	0.34	0.36
年内新建房屋面积	平方米/人	0.57	0.67	0.78	0.66	0.76
年内新建房屋造价	元/平方米	57.39	158.57	205.65	203.87	229.43
年末住房面积	平方米/人	15.37	18.29	21.62	22.25	23.01
#砖木结构面积	平方米/人	4.29	6.12	8.30	8.47	8.79
年末住房价值	元/平方米	25.32	57.13	128.03	133.99	137.01
经营耕地面积	亩/人	2.42	2.54	2.23	2.18	2.18
经营山地面积	亩/人	0.49	0.62	0.38	0.36	0.36
农产品出售量:粮 食	公斤/人	107.81	107.13	158.06	145.00	157.00
棉 花	公斤/人	2.17	4.63	8.11	7.62	6.69
油 料	公斤/人	16.44	11.94	18.12	16.99	18.14
糖 料	公斤/人	101.01	105.75	172.3	140.67	206.88
蔬 菜	公斤/人	57.68	61.38	97.80	94.41	102.52
水 果	公斤/人	11.13	21.22	38.26	45.07	42.75
猪 肉	公斤/人	15.21	24.17	27.07	27.85	28.07
牛羊肉	公斤/人	2.27	2.11	7.21	7.98	7.80
牛羊奶	公斤/人	2.19	3.12	5.00	6.07	7.86
家 禽	只/人	1.88		2.40	2.53	2.58
禽 蛋	公斤/人	1.40	1.64	3.33	3.61	3.69
水产品	公斤/人	0.47	3.13	1.62	1.51	1.65

14—2—19 西部大开发12省(区、市)农村居民收入及构成

	1990年	1995年	2000年	2001年	2002年
一、总收入(元/人)	810.91	1789.26	2496.42	2581.71	2718.14
1.工资性收入	70.50	149.37	390.93	429.67	483.87
2.家庭经营收入	708.99	1554.18	1976.01	2010.67	2076.21
3.财产性收入		29.56	31.23	30.05	30.80
4.转移性收入	31.42	56.15	98.25	111.32	127.25
二、纯收入(元/人)	552.70	1116.78	1661.03	1721.19	1820.87
1.工资性收入	70.50	149.37	390.93	429.67	483.87
2.家庭经营收入	457.50	889.55	1182.43	1195.34	1230.52
3.财产性收入		29.56	31.23	30.05	30.80
4.转移性收入	24.70	48.30	56.44	66.13	75.67
三、现金收入(元/人)	494.68	1147.50	1722.50	1796.46	1928.17
1.工资性收入	70.17	149.12	390.31	429.06	483.44
2.家庭经营收入	373.40	891.79	1210.64	1233.15	1293.51
3.财产性收入		35.00	26.18	26.20	28.57
4.转移性收入	51.11	71.59	95.37	108.05	122.66
一、总收入构成(%)	100.0	100.0	100.0	100.0	100.0
1.工资性收入	8.7	8.3	15.7	16.6	17.8
2.家庭经营收入	87.4	86.9	79.2	77.9	76.4
3.财产性收入		1.7	1.3	1.2	1.1
4.转移性收入	3.9	3.1	3.9	4.3	4.7
二、纯收入构成(%)	100.0	100.0	100.0	100.0	100.0
1.工资性收入	12.8	13.4	23.5	25.0	26.6
2.家庭经营收入	82.8	79.7	71.2	69.4	67.6
3.财产性收入		2.6	1.9	1.7	1.7
4.转移性收入	4.5	4.3	3.4	3.8	4.2
三、现金收入构成(%)	100.0	100.0	100.0	100.0	100.0
1.工资性收入	14.2	13.0	22.7	23.9	25.1
2.家庭经营收入	75.5	77.7	70.3	68.6	67.1
3.财产性收入		3.1	1.5	1.5	1.5
4.转移性收入	10.3	6.2	5.5	6.0	6.4

14—2—20 西部大开发12省(区、市)农村居民支出

	1990年	1995年	2000年	2001年	2002年
一、总支出(元/人)	742.33	1745.51	2211.35	2291.10	2412.10
1.家庭经营费用支出	210.39	564.32	643.59	670.60	707.20
2.购置生产性固定资产支出	20.58	62.60	63.64	77.83	93.43
3.税费支出	23.01	59.01	79.45	69.55	57.36
4.生活消费支出	475.17	1022.95	1325.85	1367.75	1438.90
5.财产性和转移性支出	13.18	36.63	98.82	105.37	115.22
二、现金支出(元/人)	461.86	1144.43	1621.29	1715.81	1833.06
1.家庭经营费用支出	126.65	385.96	483.47	512.09	532.83
2.购置生产性固定资产支出	20.66	62.60	63.64	77.83	93.43
3.税费支出	20.74	52.52	74.40	65.18	53.98
4.生活消费支出	263.12	586.90	907.03	957.44	1039.43
5.财产性和转移性支出	30.69	56.45	92.75	103.27	113.39
一、总支出构成(%)	100.0	100.0	100.0	100.0	100.0
1.家庭经营费用支出	28.3	32.3	29.1	29.3	29.3
2.购买生产性固定资产支出	2.8	3.6	2.9	3.4	3.9
3.税费支出	3.1	3.4	3.6	3.0	2.4
4.生活消费支出	64.0	58.6	60.0	59.7	59.7
5.财产性和转移性支出	1.8	2.1	4.4	4.6	4.8
二、现金支出构成(%)	100.0	100.0	100.0	100.0	100.0
1.家庭经营费用支出	27.4	33.7	29.8	29.8	29.8
2.购买生产性固定资产支出	4.5	5.5	3.9	3.9	3.9
3.税费支出	4.5	4.6	4.6	4.6	4.6
4.生活消费支出	57.0	51.3	55.9	55.9	55.9
5.财产性和转移性支出	6.6	4.9	5.7	5.7	5.7

14—2—21　西部大开发12省(区、市)农村居民生活消费支出

	1990年	1995年	2000年	2001年	2002年
生活消费支出(元/人)	**475.17**	**1022.95**	**1325.85**	**1367.75**	**1438.90**
1.食品支出	300.41	649.35	709.99	708.31	725.99
#主食	131.73	279.36	245.49	236.3	230.22
副食	124.16	263.47	310.69	309.67	320.85
2.衣着支出	37.64	67.75	73.93	76.19	80.76
3.居住支出	68.18	120.81	186.01	202.28	219.75
4.家庭设备、用品及服务支出	21.38	48.19	53.67	56.22	58.2
5.医疗保健支出	14.07	32.36	67.83	75.56	80.13
6.交通和通讯支出	6.53	20.47	53.47	65.58	80.16
7.文教娱乐用品及服务支出	23.73	70.25	144.76	146.23	156.37
8.其他商品及服务支出	3.24	13.78	36.19	37.38	37.54
生活消费支出构成(%)	**100.0**	**100.0**	**100.0**	**100.0**	**100.0**
1.食品支出	63.2	63.5	53.5	51.8	50.5
#主食	27.7	27.3	18.5	17.3	16.0
副食	26.1	25.8	23.4	22.6	22.3
2.衣着支出	7.9	6.6	5.6	5.6	5.6
3.居住支出	14.3	11.8	14.0	14.8	15.3
4.家庭设备、用品及服务支出	4.5	4.7	4.0	4.1	4.0
5.医疗保健支出	3.0	3.2	5.1	5.5	5.6
6.交通和通讯支出	1.4	2.0	4.0	4.8	5.6
7.文教娱乐用品及服务支出	5.0	6.9	10.9	10.7	10.9
8.其他商品及服务支出	0.7	1.3	2.7	2.7	2.6

14—2—22　西部大开发12省(区、市)农村居民生活消费现金支出

单位:元/人

	1995年	1999年	2000年	2001年	2002年
生活消费现金支出	**586.90**	**798.51**	**907.03**	**957.44**	**1039.43**
1.食品支出	239.67	297.46	314.19	327.86	352.06
#主食	43.16	41.64	44.88	43.84	43.61
副食	113.30	129.94	132.18	138.57	147.95
2.衣着支出	67.10	72.79	73.59	75.69	80.48
3.居住支出	95.24	132.73	163.37	172.99	194.53
#住房	67.69	88.49	115.9	122.63	141.45
燃料	12.21	16.41	21.48	22.91	23.81
4.家庭设备、用品及服务支出	48.03	56.40	53.62	56.15	58.15
5.医疗保健支出	32.36	54.47	67.83	75.56	80.13
6.交通和通讯支出	20.47	38.36	53.47	65.58	80.16
7.文教娱乐用品及服务支出	70.25	123.45	144.76	146.23	156.37
8.其他商品及服务支出	13.78	22.85	36.19	37.38	37.54

14—2—23　西部大开发12省(区、市)农村居民主要食品消费量

单位:公斤/人

	1995年	1999年	2000年	2001年	2002年
粮食	254.53	240.00	240.77	231.69	228.22
蔬菜	103.01	97.99	103.02	97.87	98.72
食用油	5.09	5.50	6.18	6.13	6.53
#植物油	3.25	3.69	4.36	4.37	4.71
水果	9.62	14.99	14.79	16.19	16.61
猪肉	12.40	15.33	15.79	15.67	16.13
牛羊肉	1.27	2.19	2.09	2.06	2.15
牛羊奶	1.55	2.27	2.30	2.38	2.01
家禽	1.25	1.78	1.98	2.09	2.21
禽蛋	1.58	1.88	2.24	2.29	2.25
水产品	0.69	1.04	1.07	1.12	1.19
卷烟	20.94	20.22	21.13	20.76	20.25
食糖	1.06	1.29	1.20	1.26	1.46
酒	4.18	4.53	4.72	4.98	4.94
相当于全国平均水平(%)					
粮食	99.4	98.3	96.2	97.1	96.5
蔬菜	98.5	93.4	96.5	89.5	89.3
食用油	87.8	90.8	87.5	87.2	86.7
#植物油	76.5	83.5	80.0	79.3	81.6
水果	73.9	82.4	80.8	79.6	88.5
猪肉	117.2	120.9	118.9	117.4	117.7
牛羊肉	178.9	181.7	171.3	179.1	183.8
牛羊奶	242.2	234.2	217.0	198.3	167.5
家禽	68.3	69.1	70.5	72.8	75.9
禽蛋	49.1	45.9	47.0	48.5	48.3
水产品	20.5	24.7	27.3	27.2	27.3
卷烟	85.1	86.3	88.6	89.2	89.0
食糖	82.8	84.4	93.8	88.1	89.0
酒	64.0	61.8	67.2	70.1	66.0

14—2—24　西部大开发12省(区、市)农村居民耐用消费品拥有量

(平均每百户)

	1995年	1999年	2000年	2001年	2002年
自行车(辆)	131.71	93.59	77.20	76.01	76.33
电风扇(台)	39.15	56.88	64.97	68.98	72.29
洗衣机(台)	9.50	14.65	18.49	19.49	21.07
电冰箱(台)	0.92	3.25	4.63	5.08	6.08
摩托车(辆)	2.18	8.60	12.33	14.26	17.26
黑白电视机(台)	54.98	57.51	50.86	48.64	46.12
彩色电视机(台)	10.55	26.96	36.60	42.02	47.98
收录机(台)	27.21	32.51	25.14	24.90	24.71
照相机(架)	0.64	1.41	1.76	1.97	2.02

14—2—25 西部大开发12省(区、市)扶贫工作重点县基本情况及占全部扶贫工作重点县的比重

指　　标	单　位	1995年	2000年	2001年	2002年
县个数	个	365	365	365	365
年末总人口	万人	11068	11579.9	11620.9	11879.2
行政区域土地面积	万平方公里		189.5	189.7	192.4
年末实有耕地面积	千公顷	12184.7	13304.0	12958.5	12697.1
农业机械总动力	万千瓦	1905.0	2932.2	3304.2	3394.6
农村用电量	亿千瓦时	55.0	65.0	66.2	74.4
第一产业增加值	亿元	759.4	1022.9	1048.5	1140.0
农业	亿元		636.5	644.7	694.7
林业	亿元		70.2	68.7	82.1
牧业	亿元		302.2	319.7	347.0
渔业	亿元		14.0	15.4	16.2
农作物总播种面积	千公顷	17313.2	18416.7	17857.2	18192.5
粮食作物播种面积	千公顷	13407.0	13757.2	13167.5	13208.6
粮食总产量	万吨	3386.5	4053.5	3913.2	4192.8
棉花播种面积	千公顷	217.1	203.9	207.6	127.3
棉花产量	万吨	21.7	24.1	24.4	16.5
油料播种面积	千公顷	1213.1	1412.9	1283.8	1346.0
油料产量	万吨	113.2	154.6	143.7	170.3
糖料播种面积	千公顷	199.8	256.6	265.6	294.2
糖料产量	万吨	814.9	1115.1	1231.2	1461.6
肉类总产量	万吨	343.3	529.0	553.9	597.8
奶类产量	万吨	44.0	63.7	83.5	95.8
水产品产量	万吨	11.8	23.1	27.0	29.7
普通中学专任教师数	万人		27.5	29.2	31.7
小学专任教师数	万人		58.9	59.2	62.5
普通中学在校学生数	万人		501.2	554.8	634.5
小学在校学生数	万人		1458.9	1436.9	1451.8
医院、卫生院数	所	11947	10496	10080	9349.0
医院、卫生院床位数	床	139136	152917	156120	161076.0
医院、卫生院技术人员数	人		200903	204321	200499.0
地方财政预算内收入	亿元	74.8	124.7	135.7	144.1
财政支出	亿元	181.3	385.7	525.9	624.7
年末金融机构各项贷款余额	亿元	930.7	1777.0	1851.9	2063.5

14—2—25 续表　　　　单位:%

指　　标	1995 年	2000 年	2001 年	2002 年
县个数	62.8	62.8	62.8	62.8
年末总人口	52.8	53.6	53.4	53.9
行政区域土地面积		78.2	78.2	78.5
年末实有耕地面积	54.9	56.8	56.4	57.4
农业机械总动力	42.9	41.4	43.2	42.4
农村用电量	49.8	46.9	46.3	47.4
第一产业增加值	45.6	49.1	49.5	49.7
农业		50.5	51.0	50.7
林业		46.6	47.1	48.7
牧业		50.7	50.5	51.4
渔业		18.4	20.8	20.5
农作物总播种面积	52.9	54.6	54.7	54.9
粮食作物播种面积	54.1	56.1	56.4	56.5
粮食总产量	45.1	49.9	50.2	50.4
棉花播种面积	27.8	36.3	33.9	25.2
棉花产量	34.9	40.7	37.6	29.0
油料播种面积	39.9	40.6	41.1	40.6
油料产量	31.4	32.6	32.9	34.4
糖料播种面积	64.4	80.7	79.1	80.9
糖料产量	77.4	88.4	89.4	89.4
肉类总产量	49.8	50.8	51.0	51.8
奶类产量	62.4	70.4	69.7	62.6
水产品产量	13.5	15.4	18.0	18.5
普通中学专任教师数		47.9	48.1	48.9
小学专任教师数		53.4	53.7	55.0
普通中学在校学生数		45.7	47.4	48.8
小学在校学生数		55.9	56.1	56.7
医院、卫生院数	65.3	64.5	63.6	63.0
医院、卫生院床位数	50.5	52.0	52.1	53.1
医院、卫生院技术人员数		49.2	50.3	49.8
地方财政预算内收入	49.3	50.0	51.5	53.1
财政支出	56.6	58.5	60.8	60.0
年末金融机构各项贷款余额	44.0	46.5	46.1	47.2

14—2—26 西部大开发12省(区、市)牧区、半牧区县基本情况及占全部牧区、半牧区县的比重

指　　标	单　位	1995 年	2000 年	2001 年	2002 年
县个数	个	228	228	228	228
年末总人口	万人	2703	2817.7	2820.1	2842.7
行政区域土地面积	万平方公里		365.3	363.2	389.6
年末实有耕地面积	千公顷	5677.4	7486.2	7119.3	6860.1
农业机械总动力	万千瓦	1086.0	1595.9	1791.3	1680.2
农村用电量	亿千瓦时	20.1	32.7	27.9	28.7
第一产业增加值	亿元	314.9	438.3	447.2	485.2
农业	亿元		238.1	237.1	256.0
林业	亿元		18.7	21.8	25.9
牧业	亿元		178.2	184.5	199.6
渔业	亿元		4.0	3.9	3.8
农作物总播种面积	千公顷	5510.8	6668.8	6282.7	6274.9
粮食作物播种面积	千公顷	4294.8	4678.0	4550.2	4428.2
粮食总产量	万吨	1137.0	1326.0	1285.0	1486.8
棉花播种面积	千公顷	100.2	183.1	162.9	127.0
棉花产量	万吨	13.3	28.5	26.1	22.1
油料播种面积	千公顷	581.9	901.9	630.6	620.3
油料产量	万吨	64.6	110.3	75.9	86.7
糖料播种面积	千公顷	87.9	68.9	63.9	78.3
糖料产量	万吨	237.4	281.8	247.6	317.1
肉类总产量	万吨	120.7	206.4	209.6	213.6
奶类产量	万吨	102.0	129.2	133.2	148.8
水产品产量	万吨	3.8	6.0	6.1	5.8
普通中学专任教师数	万人		8.6	9.0	9.1
小学专任教师数	万人		17.6	20.9	17.9
普通中学在校学生数	万人		122.5	129.3	140.0
小学在校学生数	万人		295.7	290.8	290.3
医院、卫生院数	所	5808	4616	4346	39612.0
医院、卫生院床位数	床	54060	61677	60509	59175.0
医院、卫生院技术人员数	人		81746	80677	76615.0
地方财政预算内收入	亿元	31.9	59.7	60.5	65.4
财政支出	亿元	80.1	164.5	231.4	270.8
年末金融机构各项贷款余额	亿元	497.2	849.7	825.1	942.0

14－2－26 续表　　单位：%

指　　标	1995 年	2000 年	2001 年	2002 年
县个数	86.4	86.4	86.4	86.4
年末总人口	65.4	66.6	66.0	66.2
行政区域土地面积		95.7	95.7	96.0
年末实有耕地面积	56.7	63.5	62.6	62.7
农业机械总动力	69.5	67.0	68.7	65.5
农村用电量	60.4	70.8	67.3	66.9
第一产业增加值	58.9	70.8	69.5	67.4
农业		70.5	68.2	65.6
林业		75.8	78.4	75.8
牧业		73.0	71.5	69.9
渔业		31.3	36.9	35.7
农作物总播种面积	56.0	61.7	60.9	60.6
粮食作物播种面积	54.2	59.6	59.6	59.3
粮食总产量	43.9	60.8	54.8	53.1
棉花播种面积	90.9	98.9	98.8	99.4
棉花产量	95.0	99.7	99.3	99.6
油料播种面积	66.7	65.6	63.6	58.3
油料产量	66.1	73.3	69.6	59.9
糖料播种面积	39.4	50.9	46.7	51.3
糖料产量	55.0	75.7	72.9	68.7
肉类总产量	61.5	67.8	66.0	63.6
奶类产量	56.6	66.4	62.8	57.9
水产品产量	21.2	23.9	26.6	26.5
普通中学专任教师数		62.3	63.4	62.8
小学专任教师数		67.5	71.8	69.1
普通中学在校学生数		59.6	59.9	60.5
小学在校学生数		69.2	70.4	71.9
医院、卫生院数	85.9	81.4	80.8	97.5
医院、卫生院床位数	65.9	68.5	68.1	68.8
医院、卫生院技术人员数		65.4	66.0	65.7
地方财政预算内收入	71.5	76.9	75.4	73.8
财政支出	73.4	76.5	78.2	78.3
年末金融机构各项贷款余额	56.9	56.9	54.4	56.5

14—2—27 西部大开发12省(区、市)民族县基本情况及占全部民族县的比重

指　　标	单　位	1995年	2000年	2001年	2002年
县个数	个	572	572	572	572
年末总人口	万人	12317	13073.1	13130.6	13215.9
行政区域土地面积	万平方公里		576.8	553.2	593.8
年末实有耕地面积	千公顷	14552.4	18064.4	17020.1	16443.5
农业机械总动力	万千瓦	3433.0	5152.0	5393.9	5561.4
农村用电量	亿千瓦时	64.9	99.2	92.0	97.4
第一产业增加值	亿元	1305.7	1764.9	1812.5	1926.0
农业	亿元		1136.0	1144.3	1202.8
林业	亿元		100.3	105.9	117.2
牧业	亿元		474.3	503.6	546.8
渔业	亿元		55.0	58.6	59.6
农作物总播种面积	千公顷	19412.2	22449.5	21183.0	21283.2
粮食作物播种面积	千公顷	13908.5	14640.5	14039.7	13723.3
粮食总产量	万吨	4634.2	5391.6	5176.5	5351.4
棉花播种面积	千公顷	483.0	978.0	683.9	509.9
棉花产量	万吨	61.4	151.0	97.1	83.1
油料播种面积	千公顷	1587.3	2112.0	1685.4	1756.2
油料产量	万吨	199.8	301.5	262.0	268.6
糖料播种面积	千公顷	708.3	769.2	832.0	963.3
糖料产量	万吨	3529.3	4198.9	4824.2	6076.9
肉类总产量	万吨	462.4	755.9	794.3	831.8
奶类产量	万吨	156.0	223.8	292.6	310.3
水产品产量	万吨	56.0	131.2	139.6	144.7
普通中学专任教师数	万人		35.8	37.3	38.6
小学专任教师数	万人		68.6	72.0	71.0
普通中学在校学生数	万人		647.3	677.8	723.7
小学在校学生数	万人		1495.6	1474.8	1430.7
医院、卫生院数	所	13360	11455	11199	45964.0
医院、卫生院床位数	床	205586	230724	232284	233859.0
医院、卫生院技术人员数	人		293611	293648	281511.0
地方财政预算内收入	亿元	135.4	243.4	263.7	278.0
财政支出	亿元	281.1	555.3	753.5	864.2
年末金融机构各项贷款余额	亿元	1804.9	3033.8	3138.0	3466.8

14—2—27 续表

单位:%

指　　标	1995 年	2000 年	2001 年	2002 年
县个数	90.2	90.2	90.2	90.2
年末总人口	85.8	86.5	86.5	86.5
行政区域土地面积		96.7	96.5	96.7
年末实有耕地面积	88.3	89.3	88.8	89.0
农业机械总动力	88.8	89.1	89.1	89.7
农村用电量	77.8	84.5	82.2	82.1
第一产业增加值	86.4	86.7	86.4	86.4
农业		88.0	87.9	88.0
林业		78.3	79.5	78.6
牧业		86.5	85.7	85.8
渔业		79.3	78.9	78.3
农作物总播种面积	86.9	88.0	87.5	87.5
粮食作物播种面积	86.3	87.0	86.8	86.9
粮食总产量	85.2	87.6	85.5	86.2
棉花播种面积	97.4	99.6	99.6	99.6
棉花产量	98.7	99.9	99.8	99.8
油料播种面积	86.2	88.0	85.8	85.4
油料产量	85.7	88.5	86.8	86.9
糖料播种面积	95.2	97.3	97.6	97.9
糖料产量	97.2	98.1	98.3	98.4
肉类总产量	84.1	85.8	85.7	85.5
奶类产量	94.0	95.0	95.1	92.6
水产品产量	79.1	83.9	84.0	83.3
普通中学专任教师数		83.5	84.2	83.9
小学专任教师数		85.2	86.3	86.2
普通中学在校学生数		85.0	85.2	85.3
小学在校学生数		87.2	87.5	87.8
医院、卫生院数	88.3	87.5	87.4	96.7
医院、卫生院床位数	82.7	83.4	83.4	84.1
医院、卫生院技术人员数		82.3	82.7	82.4
地方财政预算内收入	82.9	87.5	86.8	87.0
财政支出	84.9	85.9	87.0	86.3
年末金融机构各项贷款余额	81.4	82.0	82.0	82.1

14—2—28 西部大开发12省(区、市)陆地边境县基本情况及占全部陆地边境县的比重

指　　标	单　位	1995年	2000年	2001年	2002年
县个数	个	104	104	104	104
年末总人口	万人	1370	1418.3	1425.2	1433.2
行政区域土地面积	万平方公里		177.4	174.3	182.5
年末实有耕地面积	千公顷	2218.1	2885.4	2499.6	2773.0
农业机械总动力	万千瓦	474.0	702.4	656.7	703.4
农村用电量	亿千瓦时	6.3	12.2	9.9	10.4
第一产业增加值	亿元	149.5	212.3	210.5	220.8
农业	亿元		118.7	114.6	118.1
林业	亿元		20.6	20.6	24.3
牧业	亿元		68.6	71.1	74.6
渔业	亿元		4.4	4.2	4.2
农作物总播种面积	千公顷	2409.1	3006.0	2652.2	2657.9
粮食作物播种面积	千公顷	1734.2	1840.3	1684.8	1612.0
粮食总产量	万吨	530.9	661.9	568.6	596.7
棉花播种面积	千公顷	83.5	119.2	92.8	67.1
棉花产量	万吨	8.9	17.3	13.8	10.4
油料播种面积	千公顷	199.3	397.1	265.7	282.2
油料产量	万吨	23.6	63.0	33.2	44.4
糖料播种面积	千公顷	152.7	205.9	217.1	246.8
糖料产量	万吨	767.6	1085.2	1162.7	1408.3
肉类总产量	万吨	44.1	84.4	85.7	86.4
奶类产量	万吨	33.9	49.6	50.3	55.1
水产品产量	万吨	4.1	8.4	8.5	8.6
普通中学专任教师数	万人		4.4	4.6	4.7
小学专任教师数	万人		9.3	12.5	9.6
普通中学在校学生数	万人		69.4	72.9	78.5
小学在校学生数	万人		167.9	161.3	154.8
医院、卫生院数	所	2063	1602	1668	1487.0
医院、卫生院床位数	床	30255	34685	33801	33336.0
医院、卫生院技术人员数	人		41896	40580	38364.0
地方财政预算内收入	亿元	16.7	29.2	30.9	34.6
财政支出	亿元	43.8	87.9	113.7	129.1
年末金融机构各项贷款余额	亿元	227.0	391.8	387.8	422.9

14—2—28 续表

单位：%

指　　标	1995 年	2000 年	2001 年	2002 年
县个数	78.2	78.2	78.2	78.2
年末总人口	68.2	71.6	70.8	71.4
行政区域土地面积		90.8	90.6	91.0
年末实有耕地面积	54.1	72.3	69.1	71.5
农业机械总动力	57.7	71.1	69.2	71.9
农村用电量	43.3	62.1	56.8	56.4
第一产业增加值	62.1	70.8	68.6	71.0
农业		67.3	64.1	69.3
林业		73.0	74.6	74.4
牧业		85.3	83.4	82.7
渔业		29.1	27.7	23.0
农作物总播种面积	57.8	73.8	70.7	70.9
粮食作物播种面积	52.2	67.2	64.5	63.7
粮食总产量	50.6	65.1	59.2	66.3
棉花播种面积	100.0	100.0	100.0	100.0
棉花产量	100.0	100.0	100.0	100.0
油料播种面积	88.4	88.7	85.2	86.6
油料产量	81.7	91.1	84.6	90.7
糖料播种面积	82.5	97.8	98.3	98.4
糖料产量	93.1	99.0	99.3	99.5
肉类总产量	70.3	80.9	78.5	77.6
奶类产量	69.7	92.7	91.7	88.4
水产品产量	24.4	26.1	24.2	23.5
普通中学专任教师数		62.8	63.9	64.2
小学专任教师数		71.4	77.4	72.7
普通中学在校学生数		67.0	67.2	68.5
小学在校学生数		77.2	77.6	77.9
医院、卫生院数	76.6	74.9	76.1	73.4
医院、卫生院床位数	59.7	66.3	63.6	64.2
医院、卫生院技术人员数		62.4	62.4	61.5
地方财政预算内收入	55.6	65.2	64.5	67.4
财政支出	69.2	72.0	73.4	72.3
年末金融机构各项贷款余额	50.0	47.8	46.8	48.8

14—2—29 西部大开发12省(区、市)粮棉生产大县基本情况及占全部粮棉生产大县的比重

指　　标	单　位	1995年	2000年	2001年	2002年
县个数	个	105	105	105	105
年末总人口	万人	6965	7146.4	7182.7	7211.6
行政区域土地面积	万平方公里		53.5	53.6	54.2
年末实有耕地面积	千公顷	6403.0	7291.3	6888.7	6663.8
农业机械总动力	万千瓦	1647.0	2325.4	2360.2	2455.0
农村用电量	亿千瓦时	71.1	81.3	82.7	85.5
第一产业增加值	亿元	776.9	944.2	955.1	1017.2
农业	亿元		664.9	642.4	679.1
林业	亿元		23.4	24.4	29.4
牧业	亿元		226.9	257.7	276.3
渔业	亿元		29.0	30.6	32.4
农作物总播种面积	千公顷	9675.8	10867.3	10325.4	10309.8
粮食作物播种面积	千公顷	7247.1	7519.0	7219.0	7124.0
粮食总产量	万吨	3351.9	3555.9	3173.0	3437.7
棉花播种面积	千公顷	405.9	621.0	448.6	337.3
棉花产量	万吨	47.6	94.3	59.7	52.1
油料播种面积	千公顷	781.1	1077.1	949.9	990.0
油料产量	万吨	147.1	209.9	173.7	200.1
糖料播种面积	千公顷	176.0	123.8	142.1	157.6
糖料产量	万吨	782.1	639.6	801.5	960.8
肉类总产量	万吨	308.2	445.5	464.3	498.6
奶类产量	万吨	34.8	64.0	71.7	92.7
水产品产量	万吨	28.5	54.3	55.9	60.6
普通中学专任教师数	万人		20.4	21.8	22.9
小学专任教师数	万人		30.1	29.8	29.8
普通中学在校学生数	万人		400.4	422.7	455.6
小学在校学生数	万人		779.9	760.1	727.5
医院、卫生院数	所	5495	5399	5050	4347.0
医院、卫生院床位数	床	110660	108058	111391	111762.0
医院、卫生院技术人员数	人		148181	143814	141252.0
地方财政预算内收入	亿元	59.4	103.7	111.5	115.9
财政支出	亿元	94.9	179.7	235.6	293.8
年末金融机构各项贷款余额	亿元	989.4	1661.5	1759.7	1846.9

14—2—29 续表 单位：%

指　　标	1995 年	2000 年	2001 年	2002 年
县个数	17.9	17.9	17.9	17.9
年末总人口	16.7	16.6	16.7	16.7
行政区域土地面积		34.7	34.7	35.0
年末实有耕地面积	15.7	17.4	16.6	15.9
农业机械总动力	10.8	10.0	9.7	9.6
农村用电量	10.7	9.2	8.6	7.9
第一产业增加值	13.6	13.8	13.4	13.6
农业		15.2	14.3	14.6
林业		11.9	11.6	12.5
牧业		14.0	14.7	14.9
渔业		4.5	4.5	4.4
农作物总播种面积	15.0	16.5	15.9	16.0
粮食作物播种面积	15.3	16.8	16.9	16.9
粮食总产量	13.7	15.6	14.0	14.9
棉花播种面积	11.7	22.9	15.1	12.9
棉花产量	14.6	29.1	16.6	15.9
油料播种面积	12.8	14.4	13.3	13.4
油料产量	12.0	12.8	10.8	12.4
糖料播种面积	27.2	30.5	30.8	32.9
糖料产量	34.4	36.3	39.1	40.0
肉类总产量	16.1	15.5	15.0	15.2
奶类产量	16.4	23.7	21.4	21.5
水产品产量	3.4	3.9	3.8	3.9
普通中学专任教师数		15.1	15.3	15.5
小学专任教师数		15.1	15.2	15.4
普通中学在校学生数		15.2	15.3	15.6
小学在校学生数		17.0	17.4	17.3
医院、卫生院数	24.4	26.1	25.6	22.4
医院、卫生院床位数	17.9	16.0	16.4	16.3
医院、卫生院技术人员数		15.8	15.2	14.9
地方财政预算内收入	12.6	12.0	10.9	10.4
财政支出	14.4	13.8	14.4	14.4
年末金融机构各项贷款余额	12.8	11.9	11.8	11.2

14—2—30 西部大开发12省(区、市)黄土高原县基本情况及占全部黄土高原县的比重

指　　标	单　位	1995年	2000年	2001年	2002年
县个数	个	113	113	113	113
年末总人口	万人	3460	3620.6	3624.3	3635.6
行政区域土地面积	万平方公里		24.1	24.1	24.0
年末实有耕地面积	千公顷	5147.4	5353.9	5272.0	4762.6
农业机械总动力	万千瓦	977.0	1320.7	1398.1	1484.8
农村用电量	亿千瓦时	53.2	44.8	45.7	48.3
第一产业增加值	亿元	233.9	262.3	279.1	299.3
农业	亿元		189.1	198.6	208.7
林业	亿元		10.9	12.6	14.1
牧业	亿元		60.8	66.2	74.8
渔业	亿元		1.4	1.7	1.8
农作物总播种面积	千公顷	5806.0	5805.8	5559.2	5631.5
粮食作物播种面积	千公顷	4713.8	4691.3	4387.9	4366.4
粮食总产量	万吨	962.1	1130.0	1163.3	1245.0
棉花播种面积	千公顷	50.1	22.1	36.9	31.8
棉花产量	万吨	2.8	2.1	3.6	3.2
油料播种面积	千公顷	475.4	464.3	495.6	505.9
油料产量	万吨	42.4	50.2	55.8	64.2
糖料播种面积	千公顷	6.8	3.6	2.9	2.7
糖料产量	万吨	9.1	6.3	5.5	5.6
肉类总产量	万吨	72.5	82.2	87.8	97.9
奶类产量	万吨	25.9	49.0	53.4	65.6
水产品产量	万吨	2.2	3.5	3.7	3.9
普通中学专任教师数	万人		11.7	12.5	13.2
小学专任教师数	万人		19.6	19.8	20.3
普通中学在校学生数	万人		207.5	229.2	261.2
小学在校学生数	万人		495.6	481.4	471.3
医院、卫生院数	所	2685	2680	2870	2616.0
医院、卫生院床位数	床	45844	55513	58249	60260.0
医院、卫生院技术人员数	人		70369	76600	79133.0
地方财政预算内收入	亿元	26.5	44.8	49.1	49.2
财政支出	亿元	50.5	109.2	144.6	168.1
年末金融机构各项贷款余额	亿元	457.9	766.5	815.2	898.1

14—2—30 续表

单位：%

指　　标	1995 年	2000 年	2001 年	2002 年
县个数	53.3	53.3	53.3	53.3
年末总人口	52.7	52.7	52.7	52.6
行政区域土地面积		62.2	62.2	62.0
年末实有耕地面积	61.7	59.5	59.4	60.7
农业机械总动力	42.8	40.7	41.2	41.3
农村用电量	50.0	39.8	38.1	39.2
第一产业增加值	53.2	51.3	53.8	51.8
农业		52.5	55.8	52.1
林业		39.6	44.1	45.2
牧业		50.7	51.0	52.8
渔业		38.0	41.8	42.0
农作物总播种面积	60.4	59.2	59.9	59.3
粮食作物播种面积	59.7	58.9	59.5	58.8
粮食总产量	49.2	52.1	56.1	55.2
棉花播种面积	27.2	29.6	30.1	30.4
棉花产量	24.0	28.7	30.4	30.1
油料播种面积	66.8	60.0	68.3	64.7
油料产量	63.3	54.1	66.6	63.3
糖料播种面积	80.2	78.6	77.7	86.8
糖料产量	64.3	66.7	66.2	81.2
肉类总产量	49.4	46.8	47.6	48.8
奶类产量	74.4	77.8	75.6	72.8
水产品产量	41.6	42.4	40.5	40.9
普通中学专任教师数		47.6	48.7	48.9
小学专任教师数		52.8	53.4	53.6
普通中学在校学生数		50.0	50.5	52.3
小学在校学生数		57.3	57.7	56.7
医院、卫生院数	51.6	53.0	55.1	53.8
医院、卫生院床位数	39.8	43.9	45.5	46.0
医院、卫生院技术人员数		46.1	47.8	49.4
地方财政预算内收入	42.2	40.6	40.0	42.8
财政支出	46.6	50.6	51.0	49.8
年末金融机构各项贷款余额	43.1	43.7	43.7	43.5

14—2—31 西部大开发12省(区、市)平原县基本情况及占全部平原县的比重

指　　标	单　位	1995年	2000年	2001年	2002年
县个数	个	179	179	179	179
年末总人口	万人	5160	5485.6	5504.4	5530.7
行政区域土地面积	万平方公里		186.8	186.6	189.4
年末实有耕地面积	千公顷	6142.8	7658.2	6694.1	6483.4
农业机械总动力	万千瓦	1966.0	2817.3	2788.7	2848.3
农村用电量	亿千瓦时	86.7	97.9	91.3	96.0
第一产业增加值	亿元	625.5	811.5	833.6	881.6
农业	亿元		593.4	580.1	602.8
林业	亿元		20.6	24.5	28.1
牧业	亿元		178.8	208.6	230.8
渔业	亿元		18.6	20.5	19.9
农作物总播种面积	千公顷	7708.0	9076.6	8058.3	8134.1
粮食作物播种面积	千公顷	5432.3	5488.4	5055.6	5085.8
粮食总产量	万吨	2469.5	2723.6	2518.9	2576.5
棉花播种面积	千公顷	523.1	994.1	730.9	542.9
棉花产量	万吨	64.2	153.0	104.6	87.4
油料播种面积	千公顷	742.1	977.6	752.3	723.8
油料产量	万吨	145.3	193.3	151.0	150.5
糖料播种面积	千公顷	204.2	148.9	161.9	177.7
糖料产量	万吨	850.8	791.0	894.1	1057.3
肉类总产量	万吨	176.6	300.5	307.7	332.3
奶类产量	万吨	74.6	139.0	157.4	204.3
水产品产量	万吨	28.9	61.5	63.8	66.3
普通中学专任教师数	万人		18.8	19.7	20.7
小学专任教师数	万人		29.2	29.0	29.3
普通中学在校学生数	万人		323.6	345.1	371.0
小学在校学生数	万人		637.1	616.2	591.6
医院、卫生院数	所	4198	4998	4314	39555.0
医院、卫生院床位数	床	97469	116197	118425	125040.0
医院、卫生院技术人员数	人		157502	150687	155270.0
地方财政预算内收入	亿元	64.8	120.9	134.6	137.3
财政支出	亿元	110.4	209.8	279.3	326.8
年末金融机构各项贷款余额	亿元	1199.2	2062.0	2078.9	2255.3

14—2—31 续表　　　　单位:%

指　　标	1995 年	2000 年	2001 年	2002 年
县个数	27.8	27.8	27.8	27.8
年末总人口	14.7	15.0	15.0	15.0
行政区域土地面积		72.4	71.8	72.7
年末实有耕地面积	17.1	20.1	18.0	17.7
农业机械总动力	13.0	11.7	11.1	10.9
农村用电量	13.0	10.8	9.3	8.5
第一产业增加值	13.2	13.9	13.6	13.7
农业		15.6	14.7	14.8
林业		14.9	15.8	16.1
牧业		13.8	14.8	15.2
渔业		3.2	3.3	3.0
农作物总播种面积	14.1	15.9	14.5	14.7
粮食作物播种面积	13.7	14.4	14.0	14.3
粮食总产量	12.6	14.3	13.2	13.5
棉花播种面积	13.1	30.2	20.3	17.2
棉花产量	17.9	37.8	23.7	21.9
油料播种面积	15.5	16.4	13.6	13.0
油料产量	15.2	14.4	11.9	11.9
糖料播种面积	32.1	34.5	33.8	34.7
糖料产量	32.6	37.4	37.4	38.5
肉类总产量	12.2	13.3	12.8	13.0
奶类产量	32.6	41.1	38.0	37.7
水产品产量	3.7	4.9	4.8	4.7
普通中学专任教师数		16.1	16.1	16.0
小学专任教师数		16.6	16.6	16.8
普通中学在校学生数		14.2	14.5	14.6
小学在校学生数		15.7	15.8	15.7
医院、卫生院数	21.4	27.2	25.0	75.1
医院、卫生院床位数	18.0	19.4	19.5	20.3
医院、卫生院技术人员数		19.0	18.4	18.5
地方财政预算内收入	15.0	14.9	13.7	13.0
财政支出	17.7	17.1	17.9	17.2
年末金融机构各项贷款余额	16.4	14.8	14.1	13.7

14—2—32 西部大开发12省(区、市)丘陵县基本情况及占全部丘陵县的比重

指　　标	单　位	1995年	2000年	2001年	2002年
县个数	个	222	222	222	222
年末总人口	万人	9973	10285	10313.4	10354.2
行政区域土地面积	万平方公里		141.4	141.8	139.2
年末实有耕地面积	千公顷	9837.3	10804.8	10565.3	10181.6
农业机械总动力	万千瓦	2039.0	2973.0	3327.1	3313.6
农村用电量	亿千瓦时	57.9	78.8	82.2	88.6
第一产业增加值	亿元	1047.6	1306.5	1338.8	1429.3
农业	亿元		829.4	825.6	879.6
林业	亿元		53.9	58.1	64.4
牧业	亿元		374.5	404.7	432.2
渔业	亿元		48.6	50.4	53.1
农作物总播种面积	千公顷	14613.6	15713.4	15265.5	15224.5
粮食作物播种面积	千公顷	11152.4	11356.5	10862.6	10532.1
粮食总产量	万吨	4085.2	4471.6	4027.0	4449.9
棉花播种面积	千公顷	135.1	92.4	88.5	54.3
棉花产量	万吨	11.4	10.1	7.5	6.2
油料播种面积	千公顷	1143.6	1454.3	1304.4	1388.2
油料产量	万吨	143.0	209.4	181.8	225.5
糖料播种面积	千公顷	346.9	377.7	414.4	494.8
糖料产量	万吨	1708.1	2040.3	2479.7	3286.7
肉类总产量	万吨	473.1	695.0	732.0	776.3
奶类产量	万吨	40.4	57.8	66.2	85.9
水产品产量	万吨	46.8	92.0	97.2	104.6
普通中学专任教师数	万人		27.9	29.3	30.8
小学专任教师数	万人		43.8	46.6	43.6
普通中学在校学生数	万人		558.3	581.1	615.1
小学在校学生数	万人		1096.2	1068.3	1027.1
医院、卫生院数	所	8924.0	7877.0	7755.0	6578.0
医院、卫生院床位数	床	148681.0	152905.0	153984.0	148183.0
医院、卫生院技术人员数	人		199519.0	196197.0	183638.0
地方财政预算内收入	亿元	91.0	153.7	161.3	173.5
财政支出	亿元	144.6	290.4	383.0	478.8
年末金融机构各项贷款余额	亿元	1140.4	1901.4	2028.1	2192.9

14—2—32 续表

单位:%

指　　标	1995 年	2000 年	2001 年	2002 年
县个数	41.8	41.8	41.8	41.8
年末总人口	36.5	36.6	36.6	36.7
行政区域土地面积		68.8	68.8	68.4
年末实有耕地面积	37.6	40.5	40.0	38.8
农业机械总动力	25.9	26.9	28.5	27.6
农村用电量	19.1	19.5	18.6	17.8
第一产业增加值	31.3	32.1	32.1	32.7
农业		34.9	34.5	35.1
林业		36.2	38.8	38.5
牧业		36.4	36.5	37.5
渔业		9.6	9.6	9.6
农作物总播种面积	36.9	39.5	39.4	39.4
粮食作物播种面积	37.2	40.2	40.2	39.8
粮食总产量	31.0	35.3	33.7	35.7
棉花播种面积	21.7	25.7	22.8	18.3
棉花产量	21.8	28.4	19.9	19.6
油料播种面积	31.8	34.2	32.7	32.9
油料产量	23.7	27.5	24.5	28.5
糖料播种面积	55.7	74.4	76.0	78.5
糖料产量	68.9	82.4	85.0	85.8
肉类总产量	39.4	39.0	38.6	38.8
奶类产量	33.4	41.8	39.7	39.4
水产品产量	6.0	6.9	7.1	7.3
普通中学专任教师数		31.8	31.8	32.1
小学专任教师数		33.5	35.4	34.0
普通中学在校学生数		33.4	33.5	33.4
小学在校学生数		36.9	37.8	38.0
医院、卫生院数	46.6	46.9	47.3	43.3
医院、卫生院床位数	34.8	33.1	33.3	32.3
医院、卫生院技术人员数		32.8	31.7	30.5
地方财政预算内收入	28.9	27.9	26.0	26.6
财政支出	31.8	33.0	34.4	34.4
年末金融机构各项贷款余额	25.5	25.1	25.4	24.9

14—2—33 西部大开发12省(区、市)山区县基本情况及占全部山区县的比重

指　　标	单　位	1995年	2000年	2001年	2002年
县个数	个	501	501	501	501
年末总人口	万人	12372	13040.2	13097.7	13368.1
行政区域土地面积	万平方公里		332.9	309.2	350.1
年末实有耕地面积	千公顷	10964.1	11624.0	11550.7	11792.4
农业机械总动力	万千瓦	2263.0	3413.7	3548.8	3850.3
农村用电量	亿千瓦时	55.6	71.8	74.9	81.0
第一产业增加值	亿元	899.4	1263.6	1295.6	1375.9
农业	亿元		788.6	802.8	830.9
林业	亿元		89.5	87.0	98.7
牧业	亿元		366.1	383.9	423.2
渔业	亿元		20.0	21.9	23.5
农作物总播种面积	千公顷	17900.6	19070.0	18766.2	18848.4
粮食作物播种面积	千公顷	13417.6	13816.7	13484.7	13301.9
粮食总产量	万吨	3832.2	4578.7	4424.8	4400.5
棉花播种面积	千公顷	20.0	11.1	15.4	7.3
棉花产量	万吨	1.1	0.7	0.7	0.6
油料播种面积	千公顷	1340.0	1557.4	1503.3	1501.8
油料产量	万吨	145.3	195.0	211.1	203.5
糖料播种面积	千公顷	248.9	338.1	352.6	388.7
糖料产量	万吨	1374.8	1790.0	1893.7	2224.6
肉类总产量	万吨	434.6	649.6	690.5	739.2
奶类产量	万吨	68.9	82.8	140.1	100.3
水产品产量	万吨	16.5	32.9	38.9	40.4
普通中学专任教师数	万人		31.0	32.5	35.2
小学专任教师数	万人		65.1	65.7	69.4
普通中学在校学生数	万人		543.7	601.9	686.6
小学在校学生数	万人		1582.2	1574.1	1584.1
医院、卫生院数	所	15460	12507	11905	11380.0
医院、卫生院床位数	床	177437	196830	201819	211042.0
医院、卫生院技术人员数	人		239058	247315	243363.0
地方财政预算内收入	亿元	115.4	179.8	197.3	208.2
财政支出	亿元	245.4	489.5	655.6	762.0
年末金融机构各项贷款余额	亿元	1310.0	2467.5	2582.6	2867.6

14—2—33 续表

单位:%

指　　标	1995 年	2000 年	2001 年	2002 年
县个数	56.0	56.0	56.0	56.0
年末总人口	43.7	44.2	44.1	44.6
行政区域土地面积		76.3	74.8	36.2
年末实有耕地面积	51.6	51.6	51.6	53.5
农业机械总动力	35.9	37.3	37.5	38.4
农村用电量	24.3	25.1	24.7	24.4
第一产业增加值	32.2	34.9	34.7	35.2
农业		36.6	36.4	36.6
林业		26.2	26.2	27.8
牧业		40.8	40.3	41.2
渔业		8.6	9.1	9.3
农作物总播种面积	48.8	50.0	50.2	50.8
粮食作物播种面积	49.4	51.3	51.9	52.6
粮食总产量	38.9	43.2	43.3	44.9
棉花播种面积	12.0	13.7	17.7	10.4
棉花产量	9.5	10.6	9.9	8.6
油料播种面积	42.5	45.2	45.1	45.0
油料产量	32.2	35.8	37.6	38.1
糖料播种面积	69.9	83.2	86.2	85.2
糖料产量	75.2	84.6	87.9	86.8
肉类总产量	41.0	42.7	42.9	43.4
奶类产量	63.4	65.4	71.2	58.1
水产品产量	4.7	5.8	6.6	6.6
普通中学专任教师数		34.8	35.3	36.3
小学专任教师数		43.2	44.1	46.1
普通中学在校学生数		34.3	35.8	38.0
小学在校学生数		47.9	49.2	50.4
医院、卫生院数	56.3	54.1	53.0	52.3
医院、卫生院床位数	40.0	40.3	40.5	41.6
医院、卫生院技术人员数		37.6	37.9	37.8
地方财政预算内收入	34.8	34.7	33.6	34.6
财政支出	43.0	43.6	46.1	44.9
年末金融机构各项贷款余额	33.2	36.0	35.9	35.7

15

各地区主要农村经济指标排序

15—1 粮食总产量和人均占有量

地 区	粮食总产量(万吨)		平均每人占有产量(公斤/人)	
	指标值	位次	指标值	位次
全国总计	**45705.8**		**357.0**	
北 京	82.3	31	58.7	31
天 津	137.8	27	137.1	29
河 北	2435.8	8	362.6	13
山 西	925.5	21	281.9	21
内蒙古	1406.1	16	591.3	3
辽 宁	1510.4	12	359.7	15
吉 林	2214.8	9	821.8	1
黑龙江	2941.2	4	771.6	2
上 海	130.5	28	80.6	30
江 苏	2907.1	5	394.6	8
浙 江	942.3	20	203.5	26
安 徽	2765.0	6	436.6	7
福 建	763.2	24	221.0	25
江 西	1549.5	11	368.6	11
山 东	3292.7	2	363.4	12
河 南	4210.0	1	439.3	6
湖 北	2047.0	10	342.2	17
湖 南	2501.3	7	378.3	9
广 东	1478.9	14	189.1	27
广 西	1486.8	13	309.4	19
海 南	188.6	26	235.9	24
重 庆	1082.4	17	348.9	16
四 川	3132.4	3	361.8	14
贵 州	1034.2	18	270.9	23
云 南	1424.7	15	330.6	18
西 藏	98.3	29	371.0	10
陕 西	1005.6	19	274.3	22
甘 肃	782.7	23	302.9	20
青 海	91.3	30	173.6	28
宁 夏	301.9	25	532.2	4
新 疆	835.6	22	442.0	5

15—2 棉花总产量和人均占有量

地区	棉花总产量(吨)		平均每人占有产量(公斤/人)	
	指标值	位次	指标值	位次
全国总计	**4916218**		**3.84**	
北京	3497	16	0.25	16
天津	62374	12	6.20	4
河北	401882	4	5.98	5
山西	74679	9	2.27	11
内蒙古	2579	18	0.11	17
辽宁	2983	17	0.07	18
吉林	412	22	0.02	22
黑龙江				
上海	925	19	0.06	19
江苏	362821	5	4.92	8
浙江	22380	15	0.48	14
安徽	337000	6	5.32	7
福建	59	25	0.00	25
江西	66891	11	1.59	12
山东	722045	3	7.97	3
河南	764800	2	7.98	2
湖北	322593	7	5.39	6
湖南	153000	8	2.31	10
广东				
广西	826	20	0.02	20
海南				
重庆	293	24	0.01	23
四川	23594	14	0.27	15
贵州	650	21	0.02	21
云南	378	23	0.01	24
西藏				
陕西	42988	13	1.17	13
甘肃	69570	10	2.69	9
青海				
宁夏				
新疆	1477000	1	78.12	1

15—3 油料总产量和人均占有量

地　　区	油料总产量(吨)		平均每人占有产量(公斤/人)	
	指标值	位次	指标值	位次
全国总计	**28972049**		**22.6**	
北　京	46455	29	3.3	31
天　津	34020	31	3.4	30
河　北	1512599	7	22.5	10
山　西	384027	21	11.7	21
内蒙古	1089117	9	45.8	1
辽　宁	564529	13	13.4	19
吉　林	461177	17	17.1	15
黑龙江	528088	15	13.9	18
上　海	98525	28	6.1	29
江　苏	2170339	5	29.5	7
浙　江	469714	16	10.1	25
安　徽	2823207	3	44.6	2
福　建	258556	24	7.5	27
江　西	824182	10	19.6	11
山　东	3403712	2	37.6	6
河　南	4206839	1	43.9	4
湖　北	2452873	4	41.0	5
湖　南	1192528	8	18.0	14
广　东	763686	11	9.8	26
广　西	559897	14	11.7	22
海　南	100393	27	12.6	20
重　庆	350443	22	11.3	23
四　川	2015197	6	23.3	9
贵　州	724754	12	19.0	13
云　南	275428.2	23	6.4	28
西　藏	45252	30	17.1	16
陕　西	410788	20	11.2	24
甘　肃	419257.12	19	16.2	17
青　海	234000	25	44.5	3
宁　夏	108798	26	19.2	12
新　疆	443669	18	23.5	8

15—4 糖料总产量和人均占有产量

地区	糖料总产量(吨)		平均每人占有产量(公斤/人)	
	指标值	位次	指标值	位次
全国总计	**102926779**		**80.4**	
北京				
天津				
河北	147293	22	2.2	24
山西	184529	21	5.6	18
内蒙古	1950165	7	82.0	7
辽宁	397571	16	9.5	17
吉林	761846	14	28.3	10
黑龙江	4375576	5	114.8	6
上海	86977	24	5.4	19
江苏	346819	17	4.7	21
浙江	1134431	12	24.5	12
安徽	313663	18	5.0	20
福建	1179146	11	34.1	8
江西	1308464	10	31.1	9
山东	1844	26	0.0	26
河南	279086	20	2.9	23
湖北	919128	13	15.4	15
湖南	1803800	8	27.3	11
广东	13154749	3	168.2	5
广西	45933828	1	956.0	1
海南	3747881	6	468.7	2
重庆	120586	23	3.9	22
四川	1715074	9	19.8	13
贵州	739969	15	19.4	14
云南	17336643	2	402.2	3
西藏				
陕西	31047	25	0.8	25
甘肃	288532	19	11.2	16
青海				
宁夏				
新疆	4668132	4	246.9	4

15－5 肉类总产量和人均占有量

地　　区	肉类总产量(万吨)		平均每人占有量(公斤/人)	
	指标值	位次	指标值	位次
全国总计	**6586.5**		**51.4**	
北　　京	70.7	23	50.4	13
天　　津	44.8	27	44.6	20
河　　北	458.2	5	68.2	4
山　　西	64.9	25	19.8	31
内 蒙 古	145.8	17	61.3	7
辽　　宁	253.9	10	60.5	8
吉　　林	204.3	13	75.8	1
黑 龙 江	144.0	18	37.8	24
上　　海	51.6	26	31.8	28
江　　苏	349.4	6	47.4	17
浙　　江	147.8	16	31.9	27
安　　徽	317.0	8	50.1	14
福　　建	142.5	19	41.3	23
江　　西	195.5	14	46.5	19
山　　东	627.0	1	69.2	3
河　　南	570.0	2	59.5	9
湖　　北	278.2	9	46.5	18
湖　　南	472.5	4	71.5	2
广　　东	348.5	7	44.6	21
广　　西	248.5	11	51.7	12
海　　南	39.7	28	49.6	15
重　　庆	153.0	15	49.3	16
四　　川	568.0	3	65.6	5
贵　　州	138.6	20	36.3	25
云　　南	235.8	12	54.7	10
西　　藏	17.2	31	65.0	6
陕　　西	87.0	22	23.7	30
甘　　肃	70.1	24	27.1	29
青　　海	22.8	29	43.3	22
宁　　夏	18.9	30	33.3	26
新　　疆	100.2	21.0	53.0	11.0

15－6 水产品总产量和人均占有量

地 区	糖料总产量(吨)		平均每人占有产量(公斤/人)	
	指标值	位次	指标值	位次
全国总计	**45645340**		**35.6**	
北 京	74168	23	5.3	20
天 津	285564	18	28.4	11
河 北	870571	13	13.0	15
山 西	29226	28	0.9	28
内蒙古	77707	22	3.3	25
辽 宁	3748309	5	89.3	4
吉 林	105142	21	3.9	22
黑龙江	417786	15	11.0	16
上 海	326905	17	20.2	14
江 苏	3344167	6	45.4	9
浙 江	4806837	4	103.8	3
安 徽	1633857	9	25.8	12
福 建	5587142	3	161.8	1
江 西	1382016	11	32.9	10
山 东	6950136	1	76.7	6
河 南	362179	16	3.8	23
湖 北	2720393	8	45.5	8
湖 南	1495595	10	22.6	13
广 东	6280635	2	80.3	5
广 西	2551456	7	53.1	7
海 南	1092951	12	136.7	2
重 庆	211568	19	6.8	19
四 川	648436	14	7.5	18
贵 州	74567	24	2.0	26
云 南	192564	20	4.5	21
西 藏	142	31	0.1	31
陕 西	64109	25	1.7	27
甘 肃	14757	29	0.6	29
青 海	1796	30	0.3	30
宁 夏	48576	27	8.6	17
新 疆	63906	26	3.4	24

注:水产品总产量包括中国水产品总公司产量。

15—7 水果总产量和人均占有量

地　区	水果总产量(吨)		平均每人占有量(公斤/人)	
	指标值	位次	指标值	位次
全国总计	**69519803**		**54.3**	
北　京	669097	22	47.7	13
天　津	298686	26	29.7	19
河　北	7485270	2	111.4	4
山　西	2213312	12	67.4	9
内蒙古	176919	28	7.4	29
辽　宁	2344015	10	55.8	10
吉　林	802758	21	29.8	18
黑龙江	319708	25	8.4	28
上　海	277178	27	17.1	25
江　苏	1946214	14	26.4	23
浙　江	2512490	9	54.3	11
安　徽	1738834	16	27.5	22
福　建	4249325	7	123.1	3
江　西	652276	23	15.5	26
山　东	8642046	1	95.4	6
河　南	4270092	6	44.6	14
湖　北	2231131	11	37.3	15
湖　南	1831578	15	27.7	21
广　东	6989083	3	89.4	8
广　西	4557821	5	94.9	7
海　南	1390840	17	173.9	1
重　庆	910111	19	29.3	20
四　川	3066858	8	35.4	16
贵　州	396621	24	10.4	27
云　南	856255	20	19.9	24
西　藏	6453	31	2.4	31
陕　西	5146996	4	140.4	2
甘　肃	1370465	18	53.0	12
青　海	16301	30	3.1	30
宁　夏	169028	29	29.8	17
新　疆	1982042	13	104.8	5

15—8 奶类总产量和人均占有量

地 区	奶类总产量(万吨)		平均每人占有量(公斤/人)	
	指标值	位次	指标值	位次
全国总计	**1400.4**		**10.9**	
北 京	55.1	7	39.3	7
天 津	33.6	12	33.4	8
河 北	148.9	3	22.2	10
山 西	47.2	8	14.4	12
内蒙古	168.9	2	71.0	2
辽 宁	30.8	13	7.3	14
吉 林	18.9	20	7.0	15
黑龙江	239.8	1	62.9	3
上 海	28.0	15	17.3	11
江 苏	45.5	9	6.2	17
浙 江	22.2	18	4.8	18
安 徽	7.4	27	1.2	27
福 建	14.2	22	4.1	21
江 西	7.9	26	1.9	24
山 东	116.8	4	12.9	13
河 南	39.0	11	4.1	22
湖 北	10.1	24	1.7	25
湖 南	3.0	29	0.5	30
广 东	11.1	23	1.4	26
广 西	3.1	28	0.6	29
海 南	0.0	31	0.0	31
重 庆	8.1	25	2.6	23
四 川	39.3	10	4.5	19
贵 州	2.5	30	0.7	28
云 南	19.0	19	4.4	20
西 藏	24.3	16	91.7	1
陕 西	83.1	6	22.7	9
甘 肃	17.3	21	6.7	16
青 海	23.5	17	44.7	6
宁 夏	30.8	14	54.2	4
新 疆	101.1	5	53.5	5

15—9 各地区农村居民人均纯收入位次

	1995 年		2000 年		2001 年		2002 年	
	实际数	位次	实际数	位次	实际数	位次	实际数	位次
全国总计	**1577.74**		**2253.42**		**2366.40**		**2475.63**	
北　　京	3223.65	2	4604.55	2	5025.50	2	5398.48	2
天　　津	2406.38	6	3622.39	5	3947.72	4	4278.71	4
河　　北	168.73	11	2478.86	9	2603.60	9	2685.16	10
山　　西	1208.30	21	1905.61	20	1956.05	22	2149.82	18
内 蒙 古	1208.38	20	2038.21	16	1973.37	20	2086.02	22
辽　　宁	1756.50	9	2355.58	10	2557.93	10	2751.34	9
吉　　林	1609.60	12	2022.50	17	2182.22	16	2300.99	16
黑 龙 江	1766.27	8	2148.22	14	2280.28	13	2405.24	13
上　　海	4245.61	1	5596.37	1	5870.87	1	6223.55	1
江　　苏	2456.86	5	3595.09	6	3784.71	5	3979.79	5
浙　　江	2966.19	3	4253.67	3	4582.34	3	4940.36	3
安　　徽	1302.82	18	1934.57	19	2020.04	18	2117.56	19
福　　建	2048.59	7	3230.49	7	3380.72	7	3538.83	7
江　　西	1537.36	13	2135.30	15	2231.60	14	2306.45	15
山　　东	1715.09	10	2659.20	8	2804.51	8	2947.65	8
河　　南	1231.97	19	1985.82	18	2097.86	17	2215.74	17
湖　　北	1511.22	15	2268.59	11	2352.16	11	2444.06	11
湖　　南	1425.16	17	2197.16	12	2299.46	12	2397.92	14
广　　东	2699.24	4	3654.48	4	3769.79	6	3911.90	6
广　　西	1446.14	16	1864.51	23	1944.33	23	2012.60	23
海　　南	1519.71	14	2182.26	13	2226.47	15	2423.20	12
重　　庆			1892.44	22	1971.18	21	2097.58	21
四　　川	1158.29	23	1903.60	21	1986.99	19	2107.64	20
贵　　州	1086.62	25	1374.16	30	1411.73	30	1489.91	30
云　　南	1010.97	27	1478.60	27	1533.74	27	1608.64	27
西　　藏	1200.31	22	1330.81	31	1404.01	31	1462.27	31
陕　　西	962.89	29	1443.86	28	1490.80	29	1596.25	28
甘　　肃	880.34	30	1428.68	29	1508.61	28	1590.30	29
青　　海	1029.77	26	1490.49	26	1557.32	26	1668.94	26
宁　　夏	998.75	28	1724.30	24	1823.05	24	1917.36	24
新　　疆	1136.45	24	1618.08	25	1710.44	25	1863.26	25

16

国外主要农业指标

16－1 总人口与农业人口

国家或地区	总人口(万人)			农业人口(万人)			农业人口占总人口的比重(%)		
	1995	2000	2001	1995	2000	2001	1995	2000	2001
世界总计	**566187**	**605671**	**613414**	**251331**	**256700**	**257534**	**44.4**	**42.4**	**42.0**
亚　洲	**342329**	**367234**	**372071**	**190398**	**194281**	**194803**	**55.6**	**52.9**	**52.4**
孟加拉国	12361	13744	14037	7477	7647	7672	60.5	55.6	54.7
印　度	92710	100894	102510	51904	54143	54525	56.0	53.7	53.2
印度尼西亚	19762	21209	21484	9384	9354	9331	47.5	44.1	43.4
伊　朗	6463	7033	7137	1877	1854	1847	29.0	26.4	25.9
伊拉克	2005	2295	2358	256	232	227	12.8	10.1	9.6
以色列	535	604	617	18	16	16	3.3	2.7	2.6
日　本	12547	12710	12734	654	492	465	5.2	3.9	3.6
哈萨克斯坦	1661	1617	1610	367	319	311	22.1	19.8	19.3
韩　国	4495	4674	4707	538	410	388	12.0	8.8	8.2
马来西亚	2002	2222	2263	431	393	384	21.6	17.7	17.0
蒙　古	241	253	256	68	62	60	28.0	24.3	23.6
缅　甸	4435	4775	4836	3183	3353	3381	71.8	70.2	69.9
巴基斯坦	12365	14126	14497	6586	7187	7303	53.3	50.9	50.4
菲律宾	6834	7565	7713	2900	2977	2988	42.4	39.3	38.7
新加坡	348	402	411	0.8	0.6	0.6	0.2	0.1	0.1
斯里兰卡	1804	1892	1910	862	876	879	47.8	46.3	46.0
泰　国	5873	6281	6358	3110	3076	3063	52.9	49.0	48.2
土耳其	6149	6667	6763	2086	2050	2037	33.9	30.7	30.1
越　南	7284	7814	7918	5050	5261	5299	69.3	67.3	66.9
非　洲	**70349**	**79363**	**81260**	**40893**	**44125**	**44770**	**58.1**	**55.6**	**55.1**
埃　及	6199	6788	6908	2494	2487	2481	40.2	36.6	35.9
尼日利亚	9928	11386	11693	3775	3792	3788	38.0	33.3	32.4
南　非	4003	4331	4379	671	617	604	16.8	14.2	13.8
北美洲	**45741**	**48718**	**49287**	**5431**	**5240**	**5198**	**11.9**	**10.8**	**10.5**
加拿大	2935	3076	3102	89	79	77	3.0	2.6	2.5
墨西哥	9114	9887	10037	2445	2332	2306	26.8	23.6	23.0
美　国	26874	28323	28593	696	629	616	2.6	2.2	2.2
南美洲	**32059**	**34574**	**35072**	**6647**	**6287**	**6213**	**20.7**	**18.2**	**17.7**
阿根廷	3477	3703	3749	393	375	371	11.3	10.1	9.9
巴　西	15948	17041	17256	3115	2807	2746	19.5	16.5	15.9
委内瑞拉	2184	2417	2463	253	230	225	11.6	9.5	9.1
欧　洲	**72859**	**72730**	**72631**	**7386**	**6160**	**5936**	**10.1**	**8.5**	**8.2**
白俄罗斯	1033	1019	1015	166	134	128	16.1	13.2	12.6
保加利亚	841	795	787	88	60	56	10.5	7.6	7.1
捷克共和国	1033	1027	1026	99	84	82	9.6	8.2	7.9
法　国	5814	5924	5945	250	199	190	4.3	3.4	3.2
德　国	8166	8202	8201	259	206	197	3.2	2.5	2.4
匈牙利	1021	997	992	146	120	115	14.3	12.0	11.6
意大利	5730	5753	5750	388	306	291	6.8	5.3	5.1
荷　兰	1546	1586	1593	61	54	52	3.9	3.4	3.3
波　兰	3860	3861	3858	829	732	713	21.5	19.0	18.5
罗马尼亚	2268	2244	2239	400	311	296	17.6	13.9	13.2
俄罗斯	14814	14549	14466	1778	1526	1478	12.0	10.5	10.2
乌克兰	5153	4957	4911	964	789	757	18.7	15.9	15.4
英　国	5882	5963	5976	116	107	105	2.0	1.8	1.8
南斯拉夫	1055	1055	1054	258	211	202	24.5	19.9	19.1
大洋洲	**2850**	**3052**	**3092**	**576**	**607**	**613**	**20.2**	**19.9**	**19.8**
澳大利亚	1807	1914	1934	91	88	87	5.0	4.6	4.5
新西兰	360	378	381	34	33	33	9.4	8.8	8.7

资料来源：联合国粮农组织数据库。

16—2 农业生产指数

（1989,1990,1991 年三年平均为基数）

国家或地区	1996	1997	1998	1999	2000	2001	2002
世界总计	**114.0**	**116.9**	**118.8**	**122.5**	**124.6**	**125.7**	**126.6**
亚　洲	**132.8**	**137.7**	**141.7**	**146.8**	**151.2**	**153.6**	**155.7**
孟加拉国	109.4	111.5	114.6	126.9	134.8	137.2	138.2
印　度	119.4	121.6	123.8	129.4	129.4	130.6	128.2
印度尼西亚	122.6	117.9	117.4	117.6	121.2	120.3	119.5
伊　朗	138.4	136.3	155.4	146.3	149.6	145.4	154.7
伊拉克	101.0	93.2	96.3	81.4	71.2	76.9	77.7
以色列	112.4	111.5	115.1	110.4	112.4	111.8	112.0
日　本	95.0	95.3	91.1	92.3	92.0	90.2	90.9
哈萨克斯坦	61.3	60.8	49.2	67.8	63.8	75.0	74.2
朝　鲜	71.3	71.6	85.2	85.6	83.9	89.1	87.0
韩　国	120.0	125.3	124.3	131.0	131.2	130.8	135.1
马来西亚	120.6	121.2	119.5	125.0	126.3	131.4	131.6
蒙　古	91.2	88.2	90.9	103.8	103.2	81.9	93.7
缅　甸	135.8	136.4	138.8	156.7	167.0	173.5	175.5
巴基斯坦	135.3	137.6	141.5	147.5	150.9	148.2	148.9
菲律宾	120.3	123.0	114.0	124.0	128.7	133.9	134.7
新加坡	42.3	37.5	41.4	27.7	33.4	34.9	27.4
斯里兰卡	105.7	109.3	113.3	117.2	120.8	117.9	117.1
泰　国	115.0	117.6	114.4	117.0	123.2	126.6	127.2
土耳其	108.6	108.1	117.8	112.7	117.8	109.4	115.2
越　南	137.2	147.0	153.0	165.7	175.7	178.5	178.5
非　洲	**121.8**	**119.6**	**124.4**	**128.3**	**128.8**	**130.0**	**130.1**
埃　及	135.8	140.2	138.5	147.7	147.6	145.4	146.6
尼日利亚	138.6	142.2	148.3	153.8	154.8	152.8	161.5
南　非	102.1	103.2	98.0	104.3	109.3	103.8	106.9
北美洲	**114.2**	**117.7**	**118.9**	**121.6**	**123.4**	**121.9**	**120.0**
加拿大	117.5	116.4	124.8	133.3	132.2	121.6	113.7
墨西哥	118.1	122.3	122.7	128.5	128.8	135.4	136.2
美　国	114.5	118.7	119.2	120.9	123.1	121.6	119.9
南美洲	**121.1**	**125.1**	**127.7**	**135.7**	**137.7**	**141.9**	**147.0**
阿根廷	121.0	123.0	131.3	137.8	135.5	138.4	140.2
巴　西	122.0	126.7	128.9	139.4	142.6	149.5	158.9
委内瑞拉	110.7	117.6	115.0	119.4	127.1	120.1	120.1
欧　洲	**88.2**	**88.7**	**86.8**	**87.8**	**87.6**	**87.2**	**87.6**
白俄罗斯	65.0	61.8	65.6	58.5	58.5	60.7	61.6
保加利亚	62.6	68.4	67.4	68.0	61.1	61.3	63.4
捷克共和国	79.3	78.0	80.3	80.8	76.5	83.3	79.9
法　国	106.1	106.7	107.7	108.0	105.8	101.1	105.8
德　国	91.9	92.4	94.5	99.1	98.2	97.7	95.7
匈牙利	75.9	78.2	77.7	74.4	72.8	80.6	74.7
意大利	101.8	100.5	101.5	106.9	103.6	101.4	100.8
荷　兰	103.9	96.2	98.5	104.7	103.9	93.5	96.3
波　兰	87.9	85.0	90.8	86.6	86.2	87.0	87.8
罗马尼亚	97.4	106.5	89.6	94.1	78.8	93.4	84.1
俄罗斯	67.5	68.1	58.6	60.9	63.5	66.9	68.3
乌克兰	53.1	55.3	47.4	46.0	50.1	52.4	53.2
英　国	100.7	99.4	100.3	100.0	97.4	87.7	92.4
南斯拉夫	103.6	99.6	94.5	82.6	80.1	82.4	78.4
大洋洲	**115.9**	**118.3**	**122.8**	**127.8**	**127.3**	**128.4**	**117.9**
澳大利亚	116.9	118.2	124.3	133.5	129.8	130.1	113.6
新西兰	114.0	120.1	120.8	114.2	121.7	125.6	129.8

资料来源：联合国粮农组织数据库。

16—3 谷物收获面积、总产量与单产

国家或地区	收获面积(万公顷)			总产量(万吨)			每公顷产量(公斤)		
	1995	2001	2002	1995	2001	2002	1995	2001	2002
世界总计	**68711**	**67243**	**66354**	**189682**	**210080**	**203175**	**2761**	**3124**	**3062**
亚 洲	**32577**	**31575**	**31090**	**94432**	**99833**	**98698**	**2899**	**3162**	**3175**
孟加拉国	1068	1185	1173	2770	4024	4067	2593	3396	3468
印 度	9945	9966	9505	21001	24003	22284	2112	2408	2345
印度尼西亚	1509	1459	1479	5799	5926	5793	3843	4062	3917
伊 朗	901	774	836	1703	1495	1512	1890	1931	1809
伊 拉 克	317	271	271	254	154	165	801	569	611
以 色 列	10	9	9	31	27	29	3134	2937	3158
日 本	235	200	201	1412	1225	1226	6003	6113	6097
哈萨克斯坦	1639	1313	1373	948	1587	1617	578	1208	1178
朝 鲜	150	127	132	379	385	337	2520	3026	2560
韩 国	118	120	116	688	791	788	5850	6604	6775
马来西亚	70	69	70	217	234	236	3119	3378	3394
蒙 古	35	19	22	26	14	15	737	749	686
缅 甸	656	682	688	1848	2140	2214	2817	3137	3217
巴基斯坦	1226	1212	1185	2504	2705	2645	2042	2231	2233
菲 律 宾	649	655	647	1470	1748	1703	2264	2668	2630
斯里兰卡	93	80	76	285	273	283	3053	3424	3712
泰 国	1053	1134	1123	2640	3161	3116	2508	2786	2776
土 耳 其	1381	1390	1391	2813	2957	3054	2038	2127	2196
越 南	732	821	832	2614	3409	3357	3570	4152	4035
非 洲	**8843**	**9342**	**9291**	**9747**	**11614**	**11862**	**1102**	**1243**	**1277**
埃 及	273	261	271	1610	1931	1965	5904	7390	7252
尼日利亚	1860	1922	2012	2251	2011	2361	1211	1047	1173
南 非	529	444	452	749	1098	1193	1416	2473	2642
北 美 洲	**9164**	**8673**	**8369**	**35914**	**40525**	**36892**	**3919**	**4673**	**4408**
加 拿 大	1826	1770	1551	4934	4330	3487	2702	2446	2248
墨 西 哥	1067	1084	1090	2688	3106	2911	2520	2866	2672
美 国	5977	5525	5431	27760	32529	29921	4645	5887	5510
南 美 洲	**3505**	**3618**	**3478**	**9181**	**11275**	**10332**	**2620**	**3116**	**2971**
阿 根 廷	868	1115	991	2431	3597	3252	2800	3226	3280
巴 西	1975	1816	1806	4964	5648	5071	2513	3111	2808
委内瑞拉	82	75	75	243	228	228	2974	3035	3035
欧 洲	**13145**	**12218**	**12532**	**37598**	**43013**	**43385**	**2860**	**3521**	**3462**
白俄罗斯	257	256	262	531	493	538	2065	1926	2053
保加利亚	212	189	189	651	559	561	3080	2963	2965
捷克共和国	158	163	157	661	734	700	4184	4507	4471
法 国	829	894	930	5355	6033	6912	6458	6752	7429
德 国	653	705	695	3986	4971	4328	6108	7056	6228
匈 牙 利	278	309	277	1130	1507	1171	4067	4869	4222
意 大 利	422	412	428	1969	1999	2229	4669	4853	5203
荷 兰	19	22	23	150	158	168	7797	7204	7420
波 兰	857	882	915	2591	2696	2676	3022	3057	2923
俄 罗 斯	5059	3919	4166	6190	8320	8438	1224	2123	2025
英 国	318	301	324	2186	1898	2268	6872	6299	7006
南斯拉夫	244	212	209	925	903	830	3785	4266	3966
大 洋 洲	**1478**	**1818**	**1595**	**2811**	**3820**	**2006**	**1902**	**2102**	**1258**
澳大利亚	1463	1803	1577	2733	3728	1893	1869	2068	1201
新 西 兰	14	14	17	75	88	109	5195	6467	6380

资料来源:联合国粮农组织数据库。

16—4 小麦收获面积、总产量与单产

国家或地区	收获面积(万公顷)			总产量(万吨)			每公顷产量(公斤)		
	1995	2001	2002	1995	2001	2002	1995	2001	2002
世界总计	**21634**	**21297**	**21079**	**54262**	**58745**	**56811**	**2508**	**2758**	**2695**
亚　洲	**10044**	**9451**	**9600**	**23812**	**24514**	**24777**	**2371**	**2594**	**2581**
孟加拉国	64	77	74	124	167	161	1948	2164	2164
印　度	2570	2507	2620	6577	6876	7147	2559	2743	2728
伊　朗	657	555	620	1123	946	1000	1710	1703	1613
伊拉克	154	135	135	124	90	100	805	667	741
以色列	8	8	8	24	16	18	3037	2128	2400
日　本	15	20	21	44	70	74	2932	3555	3583
哈萨克斯坦	1129	1076	1140	649	1250	1270	575	1162	1114
朝　鲜	9	6	10	13	12	18	1389	2049	1895
韩　国	0.2	0.1	0.1	1.0	0.3	0.3	4439	3279	3279
蒙　古	35	19	22	26	14	15	737	749	684
缅　甸	11	11	11	9	10	10	833	981	981
巴基斯坦	817	818	798	1700	1902	1848	2081	2325	2314
泰　国	0.10	0.12	0.13	0.06	0.08	0.08	639	625	615
土耳其	940	935	940	1802	1901	2000	1917	2033	2128
非　洲	**812**	**887**	**858**	**1313**	**1804**	**1713**	**1617**	**2034**	**1998**
埃　及	106	98	103	572	625	618	5422	6358	6006
尼日利亚	2	4	5	4	5	11	2180	1417	2188
南　非	136	96	94	198	250	240	1451	2610	2551
北美洲	**3675**	**3096**	**2807**	**8794**	**7712**	**6275**	**2393**	**2491**	**2236**
加拿大	1112	1059	890	2504	2057	1549	2251	1943	1741
墨西哥	93	69	62	347	328	325	3732	4766	5224
美　国	2469	1968	1854	5940	5326	4399	2407	2706	2373
南美洲	**700**	**964**	**927**	**1374**	**2119**	**1908**	**1963**	**2199**	**2058**
阿根廷	493	683	605	954	1530	1320	1934	2242	2182
巴　西	99	173	211	153	326	320	1542	1887	1515
委内瑞拉	0.13	0.14	0.14	0.05	0.06	0.06	398	393	393
欧　洲	**5476**	**5641**	**5852**	**17288**	**20184**	**21088**	**3157**	**3578**	**3604**
白俄罗斯	18	46	45	44	105	120	2479	2273	2679
保加利亚	118	125	120	344	380	360	2909	3042	3000
捷克共和国	83	92	85	382	448	404	4602	4848	4763
法　国	475	477	524	3088	3157	3903	6508	6620	7444
德　国	258	290	302	1776	2284	2079	6888	7883	6890
匈牙利	111	121	111	461	520	390	4164	4311	3530
意大利	248	229	247	795	651	750	3201	2844	3036
荷　兰	13	12	14	117	99	111	8664	8028	8194
波　兰	241	263	255	867	928	930	3602	3534	3647
俄罗斯	2160	2092	2240	3012	4687	5000	1395	2240	2232
英　国	186	164	199	1431	1157	1581	7698	7077	7951
南斯拉夫	86	69	69	295	253	227	3417	3659	3280
大洋洲	**927**	**1258**	**1036**	**1681**	**2412**	**1051**	**1813**	**1917**	**1014**
澳大利亚	922	1253	1030	1657	2376	1013	1797	1897	984
新西兰	5	6	6	25	36	38	4904	6500	6696

资料来源：联合国粮农组织数据库。

16—5 稻谷收获面积、总产量与单产

国家或地区	收获面积(万公顷)			总产量(万吨)			每公顷产量(公斤)		
	1995	2001	2002	1995	2001	2002	1995	2001	2002
世界总计	**14942**	**15162**	**14603**	**54691**	**59527**	**57948**	**3660**	**3926**	**3968**
亚　洲	**13373**	**13608**	**13047**	**49945**	**54231**	**52625**	**3735**	**3985**	**4033**
孟加拉国	995	1099	1090	2640	3850	3900	2653	3504	3578
印　度	4280	4479	4000	11544	13658	12300	2697	3049	3075
印度尼西亚	1144	1133	1150	4974	5010	4865	4349	4421	4231
伊　朗	57	51	55	230	199	212	4068	3866	3846
伊拉克	18	10	10	32	9	9	1800	900	900
日　本	212	171	170	1344	1132	1126	6343	6635	6626
哈萨克斯坦	8	7	8	18	26	30	2193	3672	3982
朝　鲜	58	57	58	202	206	150	3464	3602	2609
韩　国	106	108	105	639	745	743	6052	6881	7075
马来西亚	67	67	67	213	228	229	3162	3388	3406
缅　甸	603	620	620	1796	2060	2120	2977	3323	3419
巴基斯坦	216	211	204	595	582	578	2752	2754	2831
菲律宾	376	407	403	1054	1295	1268	2804	3187	3144
斯里兰卡	89	77	73	281	269	279	3159	3522	3827
泰　国	911	999	992	2202	2695	2700	2416	2698	2722
土耳其	5	6	9	20	36	40	4000	6102	4706
越　南	677	748	754	2496	3197	3132	3690	4272	4154
非　洲	**690**	**768**	**776**	**1471**	**1634**	**1704**	**2131**	**2128**	**2197**
埃　及	59	56	61	479	523	570	8136	9283	9304
尼日利亚	180	221	225	292	275	337	1626	1247	1496
南　非	0.1	0.1	0.1	0.3	0.3	0.3	2308	2308	2308
北美洲	**182**	**196**	**194**	**981**	**1189**	**1199**	**5395**	**6075**	**6183**
墨西哥	8	5	7	37	23	29	4679	4258	4171
美　国	125	134	130	789	966	962	6301	7206	7410
南美洲	**629**	**515**	**511**	**1921**	**1979**	**1944**	**3052**	**3844**	**3804**
阿根廷	18	15	12	93	86	59	5031	5698	4875
巴　西	437	314	317	1123	1020	1049	2567	3245	3304
委内瑞拉	18	14	14	76	69	69	4266	4929	4929
欧　洲	**55**	**57**	**58**	**270**	**316**	**344**	**4946**	**5586**	**5911**
白俄罗斯	0.1	0.2	0.3	0.5	0.7	1.0	3612	2917	4000
法　国	3	2	2	12	10	11	4857	5421	5526
匈牙利	0.4	0.2	0.3	1.3	0.8	0.8	3161	3295	2500
意大利	24	22	22	132	127	140	5521	5849	6393
俄罗斯	14	14	15	46	50	65	3206	3490	4221
大洋州	**13**	**19**	**17**	**103**	**178**	**131**	**8201**	**9174**	**7812**
澳大利亚	12	19	16	102	176	129	8544	9455	8069

资料来源:联合国粮农组织数据库。

16－6　玉米收获面积、总产量与单产

国家或地区	收获面积(万公顷)			总产量(万吨)			每公顷产量(公斤)		
	1995	2001	2002	1995	2001	2002	1995	2001	2002
世界总计	**13643**	**13910**	**13890**	**51707**	**61423**	**60203**	**3790**	**4416**	**4334**
亚　洲	**4135**	**4308**	**4267**	**14893**	**15896**	**16734**	**3602**	**3690**	**3921**
孟加拉国	0.3	0.2	0.2	0.2	0.2	0.2	800	1000	1000
印　度	598	687	620	953	1351	1200	1595	1967	1936
印度尼西亚	365	326	329	825	917	928	2258	2815	2819
伊　朗	12	17	20	55	106	120	4542	6161	6000
伊拉克	6	5	5	9	5	6	1429	1000	1200
以色列	0.7	0.6	0.6	6	9	9	9170	15818	15818
日　本	0.01	0.01	0.01	0.03	0.02	0.02	2500	2466	2466
哈萨克斯坦	7	8	9	14	31	35	1937	3749	3942
朝　鲜	67	50	50	137	148	150	2039	2985	3000
韩　国	2	1	1	7	6	6	4245	4012	4286
马来西亚	2	2	2	4	7	7	1870	3046	3044
缅　甸	16	25	31	28	52	66	1703	2096	2136
巴基斯坦	94	94	94	150	166	166	1602	1768	1768
菲律宾	274	249	244	416	453	434	1521	1820	1779
斯里兰卡	4	3	3	3	3	3	970	1118	1118
泰　国	126	124	112	416	447	392	3289	3595	3500
土耳其	52	55	58	190	220	220	3689	4000	3826
越　南	56	73	78	118	212	225	2114	2920	2885
非　洲	**2563**	**2550**	**2597**	**3474**	**4193**	**4319**	**1355**	**1644**	**1663**
埃　及	74	87	87	454	684	684	6163	7837	7837
尼日利亚	547	404	424	693	462	538	1267	1143	1269
南　非	353	322	335	487	804	912	1380	2494	2724
北美洲	**3744**	**3891**	**3975**	**21682**	**27314**	**25902**	**5791**	**7021**	**6517**
加拿大	100	127	120	727	839	816	7253	6619	6804
墨西哥	802	781	800	1835	2013	1900	2288	2578	2375
美　国	2639	2785	2855	18797	24148	22870	7123	8672	8011
南美洲	**1918**	**1802**	**1714**	**5352**	**6388**	**5730**	**2791**	**3545**	**3343**
阿根廷	252	282	243	1140	1537	1470	4522	5452	6039
巴　西	1395	1235	1187	3627	4144	3548	2601	3354	2989
委内瑞拉	42	45	45	117	120	120	2810	2667	2667
欧　洲	**1276**	**1349**	**1325**	**6263**	**7578**	**7449**	**4907**	**5616**	**5623**
白俄罗斯	0.1	0.2	0.3	0.3	1.6	1.8	2455	7850	6000
保加利亚	48	32	32	182	87	90	3824	2728	2804
捷克共和国	3	6	7	11	41	42	4284	6598	6000
法　国	165	191	181	1274	1648	1600	7717	8608	8850
德　国	33	40	40	239	351	360	7366	8839	9117
匈牙利	103	126	100	468	786	600	4530	6246	6000
意大利	94	110	106	845	1051	1160	8970	9593	10943
荷　兰	0.9	2.0	2.2	6	15	16	7044	7500	7182
波　兰	5	22	20	24	136	180	4959	6068	9000
俄罗斯	63	46	58	174	83	90	2761	1800	1552
南斯拉夫	137	123	121	583	593	554	4248	4840	4598
大洋洲	**7**	**10**	**11**	**41**	**54**	**69**	**5851**	**5679**	**6168**
澳大利亚	5	8	9	24	36	52	4826	4733	5602
新西兰	1.7	1.7	1.5	16	18	16	9742	10412	10437

资料来源：联合国粮农组织数据库。

16—7 大豆收获面积、总产量与单产

国家或地区	收获面积(万公顷)			总产量(万吨)			每公顷产量(公斤)		
	1995	2001	2002	1995	2001	2002	1995	2001	2002
世界总计	**6250**	**7608**	**7917**	**12698**	**17651**	**17998**	**2032**	**2320**	**2273**
亚　洲	**1574**	**1700**	**1698**	**2181**	**2377**	**2481**	**1385**	**1398**	**1461**
印　度	504	600	555	510	588	540	1012	980	973
印度尼西亚	148	72	82	168	86	91	1137	1194	1114
伊　朗	6	9	9	8	10	11	1362	1166	1266
伊拉克	0.1	0.1	0.1	0.2	0.2	0.2	1400	1320	1320
日　本	7	14	15	12	29	28	1735	2020	1867
哈萨克斯坦	0.4	0.7	0.4	0.4	0.7	0.4	885	1075	1143
朝　鲜	31	31	32	39	35	36	1258	1129	1143
韩　国	11	8	8	16	12	11	1516	1501	1447
马来西亚	0.0003	0.0003	0.0003	0.0001	0.0001	0.0001	333	333	333
缅　甸	6	11	11	5	11	11	833	968	1007
巴基斯坦	1	1	1	1	1	1	1202	1250	1250
菲律宾	0.3	0.1	0.1	0.4	0.1	0.1	1116	1219	1219
斯里兰卡	0.2	0.1	0.1	0.2	0.1	0.1	1003	969	969
泰　国	28	21	21	45	29	30	1650	1417	1413
土耳其	3	2	3	8	5	8	2419	2941	3000
越　南	12	14	14	13	18	18	1036	1257	1257
非　洲	**93**	**104**	**106**	**65**	**110**	**100**	**703**	**1053**	**942**
埃　及	3	1	1	6	1	1	2434	2792	2792
尼日利亚	62	60	60	29	44	44	465	733	733
南　非	7	13	12	6	22	20	901	1675	1630
北美洲	**2589**	**3069**	**3012**	**6173**	**8047**	**7562**	**2384**	**2622**	**2511**
加拿大	82	107	97	229	164	226	2783	1530	2323
墨西哥	13	7	8	19	12	13	1412	1650	1671
美　国	2491	2953	2906	5917	7867	7320	2376	2664	2519
南美洲	**1891**	**2627**	**2994**	**4112**	**6899**	**7678**	**2174**	**2626**	**2565**
阿根廷	593	1032	1140	1213	2674	3020	2045	2591	2649
巴　西	1168	1393	1631	2568	3768	4190	2200	2705	2569
委内瑞拉	0.2	0.3	0.3	0.3	0.6	0.6	1668	2000	2000
欧　洲	**100**	**104**	**103**	**164**	**211**	**169**	**1643**	**2039**	**1637**
保加利亚	1.5	0.1	0.2	1.4	0.1	0.2	904	1000	1000
捷克共和国	0.0	0.3	0.3	0.1	0.4	0.5	1291	1589	1499
法　国	10	12	8	26	31	21	2570	2561	2724
德　国	0.05	0.05	0.05	0.10	0.10	0.10	2000	2000	2000
匈牙利	1	2	3	2	4	5	1850	2016	2039
意大利	20	23	20	73	90	48	3753	3812	2400
俄罗斯	49	37	39	29	35	36	596	941	923
南斯拉夫	5	9	10	11	21	21	2057	2370	2100
大洋洲	**2**	**3**	**3**	**3**	**6**	**7**	**1532**	**1812**	**2121**
澳大利亚	2	3	3	3	6	7	1532	1800	2121

资料来源:联合国粮农组织数据库。

16—8 薯类作物收获面积、总产量与单产

国家或地区	收获面积(万公顷)			总产量(万吨)			每公顷产量(公斤)		
	1995	2001	2002	1995	2001	2002	1995	2001	2002
世界总计	**4930**	**5272**	**5215**	**62911**	**68064**	**68589**	**12760**	**12912**	**13154**
亚　洲	**1703**	**1789**	**1809**	**26202**	**29289**	**29984**	**15385**	**16369**	**16571**
孟加拉国	18	29	29	190	357	356	10742	12395	12409
印　度	144	162	162	2439	3034	3034	16944	18773	18773
印度尼西亚	168	158	159	1898	1919	1898	11287	12181	11930
伊　朗	14	17	18	307	349	350	21547	19969	20000
伊拉克	3	2	2	40	20	20	15686	13333	13333
以色列	0.8	1.2	1.2	28	39	39	34101	31799	31373
日　本	19	17	17	505	452	453	26672	26519	26439
哈萨克斯坦	20	16	17	172	219	200	8464	13366	12121
朝　鲜	6	22	22	58	223	223	10357	10349	10349
韩　国	4	4	4	90	100	100	22485	26814	27027
马来西亚	5	5	5	53	46	46	9701	9138	9138
蒙　古	0.6	0.9	0.9	5	6	7	8384	6640	7183
缅　甸	3	5	5	24	47	47	8574	10072	10072
巴基斯坦	10	13	13	149	211	211	14493	16463	16463
菲律宾	43	41	41	293	257	257	6743	6355	6355
斯里兰卡	5	4	4	43	34	34	8903	8624	8591
泰　国	127	105	105	1646	1856	1762	12988	17700	16713
土耳其	20	21	21	475	520	520	23739	24635	24635
越　南	61	54	54	420	478	478	6858	8902	8902
非　洲	**1731**	**2086**	**1998**	**13979**	**17081**	**16945**	**8077**	**8189**	**8479**
埃　及	13	9	9	289	227	226	21719	24288	24322
尼日利亚	560	745	681	5667	6594	6861	10113	8850	10070
南　非	7	6	6	148	169	164	21408	26387	25626
北美洲	**128**	**121**	**123**	**2877**	**2946**	**3024**	**22472**	**24366**	**24675**
加拿大	14	16	17	383	403	410	26597	24607	24260
墨西哥	7	8	7	140	179	155	20335	23554	22952
美　国	59	53	55	2071	2053	2149	35148	38537	38946
南美洲	**372**	**352**	**357**	**4671**	**4670**	**4807**	**12559**	**13277**	**13457**
阿根廷	12	11	11	292	256	256	23481	23018	23018
巴　西	220	188	191	2895	2599	2669	13144	13837	13984
委内瑞拉	7	8	8	76	110	110	11178	12987	12987
欧　洲	**971**	**897**	**900**	**14862**	**13734**	**13486**	**15300**	**15308**	**14981**
白俄罗斯	73	73	75	950	777	800	13109	10714	10667
保加利亚	6	5	5	65	45	45	11662	8491	8571
捷克共和国	8	5	4	133	113	103	17100	20882	27000
法　国	17	16	17	584	626	670	33948	38299	39412
德　国	35	28	28	1089	1150	1098	31406	40776	38644
匈牙利	6	4	3	110	91	85	19284	25232	25000
意大利	9	8	8	210	203	202	23293	25088	24800
荷　兰	18	16	16	734	702	723	41006	43396	45016
波　兰	152	119	119	2489	1938	2040	16351	16227	17143
俄罗斯	333	321	323	3991	3500	3190	12003	10900	9879
英　国	17	17	17	641	653	665	37467	39349	40060
南斯拉夫	12	9	9	99	102	91	8574	10850	10000
大洋洲	**25**	**27**	**27**	**320**	**344**	**344**	**12797**	**12905**	**12887**
澳大利亚	4	4	4	113	126	126	29625	29658	29658
新西兰	1.2	1.1	1.1	50	52	52	43246	46071	46071

资料来源：联合国粮农组织数据库。

16—9 油菜籽收获面积、总产量与单产

国家或地区	收获面积(万公顷)			总产量(万吨)			每公顷产量(公斤)		
	1995	2001	2002	1995	2001	2002	1995	2001	2002
世界总计	**2380.9**	**2239.7**	**2285.5**	**3424.8**	**3424.1**	**3255.0**	**1439**	**1529**	**1424**
亚　洲	**1365.4**	**1217.1**	**1340.2**	**1602.6**	**1601.6**	**1563.2**	**1174**	**1316**	**1166**
孟加拉国	33.7	31.8	31.8	24.5	23.8	23.8	728	749	749
印　度	606.0	447.3	540.0	575.8	420.7	465.0	950	941	861
日　本	0.1	0.0	0.0	0.1	0.0	0.0	2123	721	721
哈萨克斯坦	4.6	1.0	0.9	1.0	0.5	0.7	221	500	824
韩　国	0.2	0.1	0.1	0.4	0.2	0.5	1960	1409	3171
巴基斯坦	30.1	27.2	27.2	22.9	23.1	23.1	763	847	847
土耳其	0.0	0.0	0.0	0.0	0.1	0.0	1286	2241	2000
非　洲	**3.3**	**4.4**	**4.4**	**11.1**	**11.8**	**11.8**	**3354**	**2655**	**2653**
北美洲	**544.9**	**436.5**	**373.1**	**668.7**	**584.9**	**405.4**	**1227**	**1340**	**1087**
加拿大	527.3	376.5	316.3	643.6	492.6	332.0	1221	1308	1050
墨西哥	0.1	1.0	1.0	0.1	1.4	1.4	1036	1400	1400
美　国	17.5	59.0	55.8	25.0	90.8	72.0	1432	1539	1289
南美洲	**3.3**	**5.5**	**3.0**	**5.6**	**11.8**	**5.4**	**1689**	**2158**	**1815**
阿根廷	1.6	0.9	0.5	2.1	1.7	0.9	1353	1889	1880
巴　西	0.7	2.4	2.4	0.8	4.2	4.1	1143	1750	1745
欧　洲	**426.1**	**459.5**	**464.6**	**1080.6**	**1196.4**	**1203.9**	**2536**	**2604**	**2591**
白俄罗斯	4.8	15.0	15.0	2.6	5.8	6.2	535	387	413
捷克共和国	25.3	34.3	31.3	66.2	97.3	82.0	2621	2838	2621
法　国	86.4	108.3	103.4	278.9	287.4	332.2	3228	2654	3213
德　国	97.4	113.8	129.7	310.3	416.0	384.7	3187	3656	2966
匈牙利	4.5	11.0	13.0	8.9	20.5	20.6	1965	1871	1582
意大利	4.6	3.0	3.0	9.6	3.4	3.3	2082	1122	1118
荷　兰	0.1	0.3	0.1	0.5	0.2	0.2	3347	706	3471
波　兰	60.6	44.3	40.0	137.7	106.4	100.0	2270	2400	2500
俄罗斯	27.6	15.0	15.0	12.3	11.6	11.0	447	771	733
英　国	43.9	45.1	40.5	123.5	115.9	130.0	2813	2570	3210
南斯拉夫	0.6	0.3	0.5	1.0	0.5	0.8	1790	1701	1800
大洋洲	**37.9**	**116.6**	**100.2**	**56.2**	**17.6**	**65.4**	**1482**	**151**	**653**
澳大利亚	37.7	116.4	100.0	55.7	17.2	65.0	1479	148	650
新西兰	0.3	0.2	0.2	0.5	0.4	0.4	1920	2000	2000

资料来源:联合国粮农组织数据库。

16—10 花生收获面积、总产量与单产

国家或地区	收获面积(万公顷)			总产量(万吨)			每公顷产量(公斤)		
	1995	2001	2002	1995	2001	2002	1995	2001	2002
世界总计	**2210.9**	**2523.2**	**2586.4**	**2877.6**	**3612.4**	**3450.0**	**1302**	**1432**	**1334**
亚　洲	**1326.8**	**1405.7**	**1517.3**	**2039.1**	**2443.5**	**2358.6**	**1537**	**1738**	**1555**
孟加拉国	3.6	3.5	3.5	4.0	3.0	3.0	1129	857	857
印　度	752.4	720.0	830.0	757.9	736.0	640.0	1007	1022	771
印度尼西亚	73.9	65.1	65.0	108.5	99.0	100.0	1468	1521	1539
伊　朗	0.02	0.02	0.02	0.05	0.05	0.05	2778	2778	2778
伊拉克	0.01	0.01	0.01	0.04	0.05	0.05	3480	3333	3333
以色列	0.4	0.4	0.4	2.4	3.0	3.0	6152	7488	7488
日　本	1.4	1.0	1.0	2.6	2.3	2.3	1891	2243	2243
哈萨克斯坦	0.08	0.03	0.03	0.16	0.04	0.04	2000	1333	1333
韩　国	0.9	0.5	0.5	1.7	1.3	1.3	1840	2729	2729
马来西亚	0.1	0.2	0.2	0.5	0.6	0.6	3700	3750	3750
缅　甸	49.7	58.6	58.6	50.1	73.1	73.1	1008	1247	1247
巴基斯坦	10.2	9.9	9.9	11.3	10.1	10.1	1103	1017	1017
菲律宾	4.8	2.7	2.7	3.6	2.6	2.6	761	979	979
斯里兰卡	1.0	1.0	1.0	0.6	0.6	0.6	597	667	667
泰　国	9.7	8.5	8.5	14.6	12.9	12.9	1512	1516	1516
土耳其	2.9	2.7	3.0	7.0	7.2	7.0	2414	2667	2333
越　南	26.0	24.1	24.5	33.5	35.3	37.0	1287	1460	1510
非　洲	**774.9**	**999.0**	**955.2**	**602.5**	**860.2**	**824.9**	**778**	**861**	**864**
埃　及	4.5	6.3	6.3	13.1	20.5	20.5	2931	3237	3237
尼日利亚	176.7	273.8	271.0	157.9	268.3	290.0	894	980	1070
南　非	10.7	13.5	9.4	11.7	22.2	13.4	1096	1644	1420
北美洲	**74.2**	**72.1**	**70.6**	**173.1**	**218.6**	**181.8**	**2334**	**3031**	**2576**
墨西哥	6.9	7.9	9.1	9.1	12.0	13.6	1318	1505	1495
美　国	61.4	57.1	55.1	157.0	194.0	159.2	2558	3395	2891
南美洲	**31.3**	**42.9**	**39.6**	**57.1**	**84.7**	**79.0**	**1825**	**1973**	**1995**
阿根廷	15.5	24.9	22.5	34.0	56.3	51.4	2190	2261	2286
巴　西	9.5	10.2	9.4	17.0	19.8	19.2	1796	1929	2052
委内瑞拉	0.1	0.1	0.1	0.1	0.1	0.1	1156	1000	1000
欧　洲	**1.3**	**1.1**	**1.2**	**1.6**	**1.0**	**1.3**	**1203**	**873**	**1051**
保加利亚	1.2	1.0	1.1	1.3	0.7	1.0	1041	700	909
意大利	0.002			0.007			3824		
南斯拉夫	0.02	0.02	0.02	0.03	0.03	0.03	1250	1250	1250
大洋洲	**2.4**	**2.4**	**2.4**	**4.1**	**4.4**	**4.4**	**1733**	**1810**	**1810**
澳大利亚	2.1	2.1	2.1	3.8	4.1	4.1	1867	1952	1952

资料来源:联合国粮农组织数据库。

16—11 籽棉收获面积、总产量与单产

国家或地区	收获面积(万公顷)			总产量(万吨)			每公顷产量(公斤)		
	1995	2001	2002	1995	2001	2002	1995	2001	2002
世界总计	**3560.0**	**3443.4**	**3228.2**	**5654.1**	**6050.9**	**5416.6**	**1588**	**1757**	**1678**
亚　洲	**2185.8**	**2119.0**	**1998.3**	**3634.8**	**3728.5**	**3436.0**	**1663**	**1760**	**1720**
孟加拉国	3.5	5.0	5.0	4.0	4.5	4.5	1169	900	900
印　度	903.5	880.0	880.0	656.0	610.0	510.0	726	693	580
印度尼西亚	2.1	2.2	2.2	2.5	2.9	3.0	1209	1318	1364
伊　朗	27.2	21.5	21.5	52.3	50.3	50.3	1923	2340	2340
伊拉克	2.5	1.6	1.6	4.3	2.1	2.0	1735	1313	1250
以色列	2.5	1.3	1.3	11.3	5.3	5.3	4610	4085	4085
哈萨克斯坦	10.7	18.5	18.5	22.3	42.0	25.0	2077	2274	1351
朝　鲜	1.8	2.0	2.1	3.0	3.5	3.6	1667	17	1714
缅　甸	17.8	24.0	24.0	8.6	15.3	15.3	486	636	636
巴基斯坦	299.7	311.6	311.6	540.6	541.5	510.0	1804	1738	1637
菲律宾	0.7	0.1	0.1	0.7	0.1	0.1	976	753	753
泰　国	5.5	3.4	3.4	8.1	4.9	4.9	1470	1433	1433
土耳其	74.1	68.9	70.0	222.4	234.8	236.0	2999	3410	3371
越　南	1.8	2.7	3.5	1.8	2.7	2.7	1023	1000	780
非　洲	**376.0**	**491.5**	**497.8**	**365.9**	**465.0**	**443.2**	**973**	**946**	**891**
埃　及	29.8	30.7	30.7	64.0	52.8	52.8	2144	1721	1721
尼日利亚	43.1	54.2	54.2	25.1	40.2	21.7	582	742	400
南　非	5.4	5.4	5.8	6.4	9.0	9.5	1179	1667	1638
北美洲	**677.8**	**569.6**	**525.6**	**1078.3**	**1147.8**	**1004.6**	**1591**	**2015**	**1911**
墨西哥	27.5	8.9	4.0	62.5	27.7	11.7	2277	3127	2937
美　国	647.8	559.6	520.5	1011.0	1118.6	991.3	1561	1999	1905
南美洲	**249.5**	**170.9**	**130.8**	**350.0**	**378.6**	**282.0**	**1403**	**2215**	**2156**
阿根廷	68.0	33.2	19.4	112.3	50.9	20.0	1651	1534	1033
巴　西	119.1	88.2	76.4	145.1	264.3	217.2	1218	2996	2843
委内瑞拉	3.9	1.9	1.9	3.3	1.0	1.0	851	526	526
欧　洲	**46.3**	**50.4**	**47.7**	**144.1**	**165.0**	**140.7**	**3114**	**3275**	**2952**
白俄罗斯	1.1	0.9	0.9	1.4	0.7	0.7	1214	722	722
大洋洲	**24.5**	**42.0**	**28.0**	**80.9**	**166.0**	**110.0**	**3296**	**3952**	**3929**
澳大利亚	24.5	42.0	28.0	80.9	166.0	110.0	3296	3952	3929

资料来源：联合国粮农组织数据库。

16—12 麻类收获面积、总产量与单产

国家或地区	收获面积(万公顷)			总产量(万吨)			每公顷产量(公斤)		
	1995	2001	2002	1995	2001	2002	1995	2001	2002
世界总计	**181.18**	**172.59**	**172.66**	**302.63**	**310.57**	**310.74**	**1670**	**1799**	**1800**
亚　洲	**173.29**	**165.12**	**165.10**	**292.19**	**300.85**	**300.71**	**1686**	**1822**	**1821**
孟加拉国	45.95	45.77	45.77	74.00	85.97	85.97	1610	1879	1879
印　度	98.63	105.00	105.00	161.68	187.50	187.50	1639	1786	1786
印度尼西亚	0.47	0.60	0.60	0.43	0.75	0.75	902	1250	1250
缅　甸	3.75	4.40	4.40	3.46	4.19	4.19	924	953	953
巴基斯坦	0.38	0.31	0.31	0.25	0.22	0.22	656	696	696
泰　国	7.58	1.92	1.92	11.40	3.36	3.36	1504	1748	1748
越　南	0.75	0.76	0.76	1.48	1.46	1.46	1973	1921	1921
非　洲	**2.24**	**2.26**	**2.25**	**2.02**	**2.05**	**2.06**	**903**	**909**	**916**
埃　及	0.08	0.10	0.10	0.20	0.22	0.22	2475	2316	2316
尼日利亚	0.10	0.10	0.10	0.09	0.09	0.09	900	900	900
南　非	0.11	0.11	0.11	0.12	0.11	0.11	1091	1000	1000
北美洲	**1.59**	**1.42**	**1.42**	**1.58**	**1.34**	**1.34**	**991**	**944**	**944**
南美洲	**1.96**	**1.59**	**1.69**	**2.34**	**1.73**	**2.03**	**1192**	**1085**	**1200**
巴　西	0.77	0.58	0.68	1.22	0.72	1.02	1578	1245	1510
欧　洲	**2.10**	**2.20**	**2.20**	**4.50**	**4.60**	**4.60**	**2143**	**2091**	**2091**
俄罗斯	2.10	2.20	2.20	4.50	4.60	4.60	2143	2091	2091

资料来源:联合国粮农组织数据库。

16—13 甜菜收获面积、总产量与单产

国家或地区	收获面积(万公顷)			总产量(万吨)			每公顷产量(公斤)		
	1995	2001	2002	1995	2001	2002	1995	2001	2002
世界总计	**790.4**	**598.3**	**613.7**	**26473.1**	**22941.8**	**25165.0**	**33491**	**38348**	**41007**
亚　洲	**143.1**	**108.4**	**115.8**	**3687.7**	**3416.9**	**3963.1**	**25766**	**31525**	**34219**
伊　朗	20.3	17.2	19.0	552.1	464.9	525.0	27240	27084	27632
伊拉克	0.0	0.0	0.0	0.8	0.8	0.8	25333	22727	22727
日　本	7.0	6.6	6.9	381.3	379.6	370.0	54471	57515	53623
哈萨克斯坦	4.1	1.8	1.8	37.1	28.3	39.5	9093	15722	21703
巴基斯坦	0.8	0.8	0.8	19.5	22.5	22.5	25592	29658	29658
土耳其	31.2	35.9	41.0	1117.1	1263.3	1670.0	35774	35211	40732
非　洲	**8.5**	**11.8**	**12.5**	**390.7**	**599.4**	**649.8**	**46048**	**51005**	**52102**
埃　及	2.1	6.0	6.5	92.0	285.8	316.8	43735	47683	49028
北美洲	**59.9**	**51.5**	**56.1**	**2648.7**	**2393.8**	**2596.7**	**44189**	**46484**	**46321**
加拿大	2.5	1.2	1.2	102.7	54.4	54.0	41575	46521	46154
美　国	57.5	50.3	54.9	2546.0	2339.4	2542.7	44301	46483	46325
南美洲	**5.4**	**4.8**	**4.9**	**374.6**	**325.2**	**333.8**	**69864**	**67969**	**68620**
委内瑞拉	0.0	0.1	0.1	0.0	1.7	1.7	0	19364	19364
欧　洲	**573.5**	**421.8**	**424.5**	**19371.3**	**16206.5**	**17621.6**	**33776**	**38419**	**41515**
白俄罗斯	5.5	5.2	5.3	117.2	168.2	165.0	21309	32348	31132
保加利亚	0.9	0.2	0.2	15.7	2.8	2.5	16794	17949	12500
捷克共和国	9.3	7.8	7.7	371.2	352.9	352.6	39865	45411	45500
法　国	45.8	42.9	43.7	3057.1	2684.1	3198.2	66749	62566	73185
德　国	52.4	44.8	46.1	2604.9	2473.0	2600.0	49750	55238	56399
匈牙利	12.5	6.6	5.6	419.9	290.3	215.0	33590	44190	38262
意大利	28.4	22.3	24.2	1318.8	1110.7	1150.0	46439	49898	47521
荷　兰	11.6	10.7	11.0	644.9	594.7	710.0	55595	55371	64546
波　兰	38.4	31.7	30.5	1330.9	1136.4	1180.0	34616	35798	38689
俄罗斯	108.5	73.1	76.1	1907.2	1453.9	1388.0	17570	19900	18239
英　国	19.6	17.7	17.1	843.1	818.0	940.5	43015	46215	55000
南斯拉夫	6.2	4.3	5.5	169.4	180.6	215.0	27402	41853	39012

资料来源：联合国粮农组织数据库。

16—14 甘蔗收获面积、总产量与单产

国家或地区	收获面积(万公顷)			总产量(万吨)			每公顷产量(公斤)		
	1995	2001	2002	1995	2001	2002	1995	2001	2002
世界总计	**1864.7**	**1949.6**	**1973.4**	**117330**	**127337**	**128780**	**62922**	**65316**	**65260**
亚　洲	**838.4**	**868.8**	**875.4**	**52965**	**56664**	**55896**	**63173**	**65224**	**63851**
孟加拉国	18.0	16.9	16.3	745	674	650	41342	39935	39950
印　度	387.0	429.7	410.0	27554	29921	27900	71199	69636	68049
印度尼西亚	41.2	38.6	33.0	2900	2390	2340	70387	61904	70909
伊　朗	2.5	3.7	3.8	186	320	359	74297	86672	94474
伊拉克	0.3	0.3	0.3	7	7	7	22667	21667	21667
日　本	2.4	2.3	2.2	162	148	145	67303	64435	65909
马来西亚	2.4	2.4	2.4	160	160	160	68000	68085	68085
缅　甸	5.0	13.3	14.0	236	589	633	47133	44382	45236
巴基斯坦	100.9	96.1	100.0	4717	4361	4804	46748	45385	48041
菲律宾	37.5	38.7	39.0	2459	2496	2584	65556	64490	66244
斯里兰卡	2.3	1.8	1.8	127	101	105	55475	55419	57065
泰　国	92.3	85.0	85.0	5432	6004	5949	58874	70637	69992
越　南	22.5	29.1	36.0	1071	1433	1764	47647	49245	49000
非　洲	**126.6**	**138.8**	**138.3**	**7345**	**8469**	**8566**	**58024**	**61031**	**61953**
埃　及	12.9	13.1	13.1	1410	1557	1571	109532	118813	119838
尼日利亚	1.9	2.3	2.3	59	71	71	30566	30652	30652
南　非	27.3	32.2	32.2	1671	2116	2235	61197	65723	69426
北美洲	**285.8**	**283.1**	**289.0**	**14894**	**16061**	**15999**	**52109**	**56736**	**55362**
墨西哥	57.3	62.4	67.7	4445	4728	4600	77573	75793	67910
美　国	37.7	41.6	41.4	2794	3138	3206	74047	75421	77472
南美洲	**569.2**	**610.4**	**621.0**	**38367**	**42665**	**44736**	**67401**	**69897**	**72033**
阿根廷	29.5	26.5	26.5	1770	1500	1500	60012	56604	56604
巴　西	455.9	497.3	506.2	30370	34594	36056	66615	69560	71235
委内瑞拉	10.1	13.5	13.5	615	886	886	60736	65604	65604
欧　洲	**0.1**	**0.1**	**0.1**	**10**	**11**	**11**	**72021**	**91200**	**91200**
大洋洲	**44.5**	**48.4**	**49.5**	**3748**	**3467**	**3573**	**84239**	**71589**	**72131**
澳大利亚	36.3	41.1	41.9	3297	3123	3226	90829	75981	76993

资料来源：联合国粮农组织数据库。

16—15 烟叶收获面积、总产量与单产

国家或地区	收获面积(万公顷)			总产量(万吨)			每公顷产量(公斤)		
	1995	2001	2002	1995	2001	2002	1995	2001	2002
世界总计	**414.46**	**386.82**	**398.63**	**627.22**	**625.76**	**634.06**	**1513**	**1618**	**1591**
亚　洲	**274.58**	**253.31**	**262.22**	**392.48**	**389.72**	**398.12**	**1429**	**1539**	**1518**
孟加拉国	3.60	3.00	3.00	3.80	3.70	3.70	1056	1235	1235
印　度	38.10	39.60	42.50	56.67	53.00	57.50	1487	1338	1353
印度尼西亚	21.61	16.50	17.50	14.02	13.44	14.47	649	814	827
伊　朗	1.37	1.96	1.96	1.38	1.98	1.98	1010	1011	1011
伊拉克	0.24	0.24	0.24	0.25	0.23	0.23	1042	938	938
日　本	2.64	2.35	2.35	7.04	6.06	6.06	2671	2572	2572
哈萨克斯坦	0.17	0.81	0.81	0.17	1.90	1.80	988	2354	2222
朝　鲜	4.20	4.40	4.40	6.00	6.30	6.30	1429	1432	1432
韩　国	3.22	2.39	2.39	8.39	5.56	5.56	2602	2326	2326
马来西亚	0.99	0.91	0.91	1.03	1.00	1.00	1043	1095	1095
缅　甸	3.12	2.84	2.84	3.76	4.82	4.82	1205	1693	1693
巴基斯坦	4.74	4.56	4.56	8.09	8.51	8.51	1706	1866	1866
菲律宾	5.63	4.10	4.10	6.37	4.79	4.79	1131	1170	1170
斯里兰卡	0.86	0.36	0.36	1.14	0.45	0.45	1327	1245	1245
泰　国	4.23	4.20	4.15	4.88	7.42	7.30	1154	1769	1761
土耳其	20.99	19.58	20.00	20.44	14.48	14.50	974	740	725
越　南	2.77	2.39	2.50	2.77	3.10	2.88	1000	1297	1152
非　洲	**35.30**	**37.17**	**37.96**	**46.05**	**45.86**	**42.29**	**1304**	**1234**	**1114**
尼日利亚	2.20	2.20	2.20	0.92	0.92	0.92	418	418	418
南　非	1.40	1.60	1.60	2.06	3.40	3.40	1470	2124	2124
北美洲	**39.29**	**30.28**	**29.69**	**74.73**	**63.28**	**57.71**	**1902**	**2090**	**1944**
加拿大	2.69	2.40	2.50	7.42	5.80	6.50	2760	2417	2600
墨西哥	1.66	2.03	1.25	2.74	4.06	2.50	1648	1996	2000
美　国	26.84	17.50	17.58	57.60	44.98	40.19	2146	2570	2287
南美洲	**37.86**	**39.93**	**43.17**	**60.31**	**74.17**	**83.09**	**1593**	**1858**	**1925**
阿根廷	4.98	5.60	5.60	7.90	10.10	10.10	1586	1804	1804
巴　西	29.34	30.15	33.46	45.60	56.45	65.43	1554	1872	1955
委内瑞拉	0.83	0.60	0.60	1.48	1.10	1.10	1780	1833	1833
欧　洲	**27.08**	**25.78**	**25.24**	**52.93**	**51.90**	**52.02**	**1954**	**2013**	**2061**
白俄罗斯	0.09	0.08	0.08	0.18	0.14	0.14	2000	1750	1750
保加利亚	1.43	3.25	3.73	1.88	4.09	5.02	1319	1260	1348
法　国	0.97	0.91	0.88	2.63	2.48	2.42	2705	2725	2750
德　国	0.36	0.30	0.30	0.68	0.85	0.85	1912	2833	2833
匈牙利	0.71	0.53	0.60	1.12	0.89	1.00	1595	1681	1667
意大利	4.97	3.92	3.94	12.45	13.05	13.04	2504	3328	3310
波　兰	1.86	1.26	1.30	3.98	2.39	2.40	2142	1898	1846
俄罗斯	0.13	0.18	0.18	0.07	0.17	0.17	583	917	917
南斯拉夫	1.08	1.17	0.72	1.35	1.66	1.10	1249	1417	1532
大洋洲	**0.34**	**0.35**	**0.35**	**0.74**	**0.82**	**0.82**	**2170**	**2328**	**2328**
澳大利亚	0.29	0.32	0.32	0.68	0.78	0.78	2336	2437	2437
新西兰	0.02			0.02			1333		

资料来源:联合国粮农组织数据库。

16—16 茶叶收获面积、总产量与单产

国家或地区	收获面积(万公顷)			总产量(吨)			每公顷产量(公斤)		
	1995	2001	2002	1995	2001	2002	1995	2001	2002
世界总计	**229.7**	**230.7**	**231.7**	**2618035**	**3043716**	**3058454**	**1140**	**1319**	**1320**
亚　洲	**203.8**	**204.2**	**205.3**	**2169751**	**2544125**	**2559497**	**1065**	**1246**	**1247**
孟加拉国	4.8	4.9	4.9	52000	52000	52000	1088	1070	1070
印　度	42.8	42.8	42.8	753900	855000	855000	1761	2000	2000
印度尼西亚	11.3	11.0	11.0	154013	172000	172000	1358	1564	1564
伊　朗	3.4	3.2	3.2	54352	68500	68500	1581	2141	2141
日　本	5.4	5.0	5.0	84800	84500	84500	1579	1687	1687
韩　国	0.1	0.2	0.2	699	1600	1600	978	941	941
马来西亚	0.3	0.3	0.3	6000	5000	5000	2037	1613	1613
缅　甸	6.0	6.7	6.7	15900	19400	19400	267	289	289
斯里兰卡	18.9	18.9	18.9	245961	295090	295000	1302	1562	1561
泰　国	1.7	1.9	1.9	5100	5500	5500	300	297	297
土耳其	7.7	7.7	7.7	102713	142900	150000	1341	1864	1956
越　南	7.1	8.0	8.0	40200	82600	82600	568	1033	1033
非　洲	**20.7**	**21.1**	**21.1**	**369378**	**414164**	**415137**	**1787**	**1962**	**1969**
南　非	0.6	0.7	0.7	11975	12671	12671	1899	1891	1891
北美洲	**0.1**	**0.1**	**0.1**	**638**	**600**	**600**	**997**	**1000**	**1000**
南美洲	**4.5**	**4.7**	**4.6**	**66277**	**69800**	**68193**	**1463**	**1491**	**1468**
阿根廷	3.7	3.9	3.9	51481	50000	50000	1378	1282	1282
巴　西	0.5	0.4	0.5	8607	8500	9000	1899	2125	2000
欧　洲	**0.2**	**0.2**	**0.2**	**7292**	**5027**	**5027**	**4230**	**3264**	**3264**
俄罗斯	0.2	0.2	0.2	7210	5000	5000	4506	3333	3333
大洋洲	**0.5**	**0.4**	**0.4**	**4699**	**10000**	**10000**	**1044**	**2273**	**2273**

资料来源:联合国粮农组织数据库。

16—17 水果收获面积、总产量与单产

国家或地区	收获面积(万公顷)			总产量(万吨)			每公顷产量(公斤)		
	1995	2001	2002	1995	2001	2002	1995	2001	2002
世界总计	**4629**	**4934**	**4967**	**40645**	**46826**	**47138**	**8780**	**9491**	**9491**
亚　洲	**2038**	**2261**	**2298**	**16112**	**20335**	**20342**	**7904**	**8995**	**8853**
孟加拉国	17	18	18	139	141	141	8312	7706	7717
印　度	331	354	354	3607	4857	4857	10898	13702	13702
印度尼西亚	98	88	88	932	787	787	9490	8955	8955
伊　朗	100	111	111	967	1177	1177	9619	10568	10568
伊拉克	33	31	31	183	146	146	5570	4734	4734
以色列	6	6	6	148	124	124	23378	20518	20518
日　本	26	23	22	422	407	409	16324	17988	18204
哈萨克斯坦	8	7	7	17	21	21	1997	3044	2945
朝　鲜	16	16	16	130	135	135	8165	8232	8232
韩　国	18	18	18	248	270	270	13567	15291	15291
马来西亚	10	9	9	112	109	109	11534	11730	11730
蒙　古	…	…	…	…	…	…	1667	1667	1667
缅　甸	24	29	29	110	127	127	4584	4455	4455
巴基斯坦	57	64	64	522	535	535	9187	8380	8380
菲律宾	84	99	99	899	1112	1134	10672	11278	11426
斯里兰卡	9	10	10	83	84	84	8778	8131	8127
泰　国	71	79	79	715	757	757	10048	9559	9559
土耳其	103	102	102	959	1079	1100	9295	10589	10744
越　南	37	44	44	389	406	406	10492	9153	9153
非　洲	**809**	**880**	**882**	**5235**	**5770**	**5776**	**6472**	**6557**	**6546**
埃　及	35	43	44	590	730	724	16726	17177	16334
尼日利亚	139	156	156	783	901	901	5618	5764	5764
南　非	25	29	30	380	466	474	15367	15873	16024
北美洲	**321**	**343**	**347**	**5395**	**5775**	**5884**	**16813**	**16839**	**16954**
加拿大	8	7	7	87	73	72	11341	10126	10293
墨西哥	95	110	115	1166	1422	1488	12223	12959	12944
美　国	124	132	132	2929	3010	3055	23560	22739	23060
南美洲	**466**	**492**	**493**	**6470**	**6829**	**7140**	**13894**	**13891**	**14486**
阿根廷	46	46	46	708	778	778	15461	16983	16983
巴　西	242	239	240	3388	3180	3452	14001	13297	14372
委内瑞拉	21	21	21	265	302	302	12717	14544	14544
欧　洲	**961**	**916**	**904**	**6965**	**7539**	**7379**	**7249**	**8234**	**8166**
白俄罗斯	12	10	10	38	27	27	3329	2616	2616
保加利亚	18	20	21	115	70	70	6403	3434	3403
捷克共和国	9	8	7	45	42	40	5124	5194	5841
法　国	108	103	102	1125	1104	1103	10382	10698	10775
德　国	35	36	36	431	463	469	12445	12840	12991
匈牙利	24	22	19	123	173	132	5204	7993	6828
意大利	141	135	129	1626	1827	1770	11563	13564	13762
荷　兰	3	3	3	75	62	74	28839	24670	27916
波　兰	36	40	39	211	340	271	5944	8590	6906
俄罗斯	80	84	86	251	308	345	3130	3660	4030
英　国	4	2	2	40	32	28	10332	12857	11391
南斯拉夫	31	29	27	112	121	93	3583	4212	3477
大洋洲	**34**	**43**	**43**	**469**	**578**	**616**	**13614**	**13469**	**14351**
澳大利亚	17	23	23	242	344	373	14340	14839	16069
新西兰	5	5	5	98	96	105	21156	18514	20373

资料来源:联合国粮农组织数据库。

16—18 猪、牛、羊存栏数

（2002 年）

单位:万头

	猪	水牛	牛	山羊	绵羊
世界总计	**93931.9**	**16641.9**	**136047.6**	**74651.5**	**104404.5**
亚　洲	**56409.6**	**16145.6**	**47232.2**	**46924.3**	**40628.8**
孟加拉国		83.0	2390.0	3410.0	113.2
印　度	1750.0	9413.2	21964.2	12350.0	5820.0
印度尼西亚	600.0	230.0	1120.0	1240.0	735.0
伊　朗		52.4	873.8	2575.7	5390.0
伊拉克		6.5	135.0	160.0	678.0
以色列	15.5		39.0	6.5	39.2
日　本	961.2		456.4	3.5	1.1
哈萨克斯坦	110.0	0.9	419.0	115.0	912.0
韩　国	881.1		195.1	43.0	0.1
马来西亚	210.0	14.0	75.5	21.5	17.0
缅　甸	449.9	255.2	1155.1	154.2	43.2
巴基斯坦		2400.0	2285.7	5090.0	2439.8
菲律宾	1165.3	311.5	254.8	697.0	3.0
斯里兰卡	6.8	66.1	156.5	49.3	1.2
泰　国	668.9	210.0	464.0	15.0	4.3
土耳其	0.3	13.8	1054.8	702.2	2697.2
越　南	2174.1	281.9	430.0	56.1	
非　洲	**1936.2**	**355.0**	**23302.0**	**22294.7**	**25137.9**
埃　及	3.0	355.0	380.1	346.7	467.1
尼日利亚	510.0		1950.0	2600.0	2100.0
南　非	160.0		1372.2	684.9	2909.0
北美洲	**9952.4**	**0.6**	**16051.1**	**1361.4**	**1531.4**
加拿大	1436.7		1370.0	3.0	99.4
墨西哥	1800.0		3060.0	910.0	625.0
美　国	5913.8		9670.0	125.0	668.5
南美洲	**5624.5**	**115.0**	**31282.0**	**2248.2**	**7613.8**
阿根廷	425.0		5036.9	355.0	1400.0
巴　西	3000.0	115.0	17600.0	900.0	1550.0
委内瑞拉	565.5		1600.0	400.0	82.0
欧　洲	**19458.4**	**25.7**	**14263.6**	**1754.5**	**13792.4**
白俄罗斯	337.3		408.5	6.2	8.3
保加利亚	114.4	0.8	64.0	67.5	229.0
捷克共和国	344.1		152.0	1.4	9.6
法　国	1480.0		2028.1	120.0	920.5
德　国	2595.8		1422.7	16.0	218.0
匈牙利	482.2		78.3	22.7	113.6
意大利	841.0	19.0	721.1	132.7	1095.2
荷　兰	1300.0		405.0	21.5	130.0
波　兰	1870.7		550.1		34.0
罗马尼亚	395.0		272.0	52.0	730.0
俄罗斯	1592.3	1.6	2692.8	179.8	1300.0
英　国	552.7		1043.0		3300.0
南斯拉夫	332.9	2.9	183.1	17.4	145.0
大洋洲	**550.7**		**3916.7**	**68.4**	**15700.1**
澳大利亚	276.3		2876.8	20.0	11300.0
新西兰	35.8		963.5	18.3	4398.7

资料来源:联合国粮农组织数据库。

16—19 肉类产量

（2002 年）

单位：万吨

国家或地区	肉类总产量	猪肉	羊肉	牛肉
世界总计	**24263.0**	**9362.4**	**1162.3**	**6080.1**
亚　洲	**9753.7**	**5170.2**	**650.4**	**1408.2**
孟加拉国	42.8		13.2	17.6
印　度	491.7	59.5	69.9	289.0
印度尼西亚	180.3	47.1	7.8	38.1
伊　朗	160.8		44.7	29.6
伊拉克	12.6		2.8	4.8
以色列	38.1	1.2	0.6	5.7
日　本	294.0	122.0	0.0	52.0
哈萨克斯坦	63.8	7.9	11.9	35.0
朝　鲜	21.0	14.5	1.2	2.1
韩　国	180.6	116.5	0.3	18.0
马来西亚	112.1	26.0	0.1	2.5
蒙　古	28.6	0.1	16.0	8.4
缅　甸	51.9	12.3	1.0	12.9
巴基斯坦	183.9		53.2	93.1
菲律宾	203.3	110.3	3.4	25.9
斯里兰卡	12.0	0.2	0.2	3.4
泰　国	215.9	47.5	0.1	23.3
土耳其	131.4		33.3	35.2
越　南	202.0	141.6	0.5	19.7
非　洲	**1135.7**	**73.2**	**197.9**	**437.2**
埃　及	143.7	0.3	11.8	55.3
尼日利亚	97.6	16.1	22.6	31.2
南　非	157.6	11.8	14.0	57.9
北美洲	4997.2	1229.4	21.0	1570.9
加拿大	423.9	182.0	1.3	125.1
墨西哥	473.2	115.8	7.9	145.0
美　国	3906.7	897.3	10.0	1242.4
南美洲	**2633.9**	**318.0**	**33.2**	**1230.3**
阿根廷	409.8	21.5	6.0	274.0
巴　西	1602.2	200.0	11.0	705.0
委内瑞拉	101.2	11.4	0.8	37.0
欧　洲	**5214.5**	**2520.9**	**140.2**	**1166.1**
白俄罗斯	63.0	27.0	0.3	28.3
保加利亚	46.5	24.8	4.8	6.4
捷克共和国	90.3	48.7	0.2	12.9
法　国	654.0	232.0	13.9	166.6
德　国	655.0	409.0	4.6	139.0
匈牙利	118.8	57.5	0.3	4.6
意大利	418.7	151.0	6.3	116.1
波　兰	303.3	190.0	0.1	31.5
俄罗斯	91.2	42.0	4.8	14.5
英　国	464.8	159.5	12.7	185.8
南斯拉夫	333.4	77.5	30.1	69.2
大洋洲	**528.0**	**50.8**	**119.6**	**267.4**
澳大利亚	379.5	39.5	65.4	203.4
新西兰	135.8	4.7	54.1	61.6

资料来源：联合国粮农组织数据库。

16—20 鸡蛋产量

单位:万吨

国家或地区	1995	1996	1997	1998	1999	2000	2001	2002
世界总计	**4293**	**4518**	**4646**	**4808**	**4991**	**5127**	**5282**	**5376**
亚　洲	**2250**	**2499**	**2583**	**2684**	**2810**	**2927**	**3017**	**3081**
孟加拉国	9	12	14	13	13	13	13	13
印　度	150	151	157	166	173	178	191	200
印度尼西亚	58	63	61	39	52	64	64	66
伊　朗	47	52	47	50	57	58	58	58
伊拉克	2.1	2.2	1.3	0.1	0.9	1.4	1.4	1.4
以色列	9.6	9.0	9.2	8.7	9.2	8.8	8.5	8.6
日　本	255	256	257	254	254	254	251	251
哈萨克斯坦	10	7	7	8	8	9	10	12
朝　鲜	9	9	8	8	10	11	12	13
韩　国	45	47	48	46	46	48	52	51
马来西亚	35	36	38	38	39	39	41	43
缅　甸	4.6	4.8	5.4	6.1	7.0	7.7	8.6	10.2
巴基斯坦	28	27	28	27	32	33	34	35
菲律宾	37	45	52	53	44	45	45	50
斯里兰卡	4.9	4.9	4.8	5.0	5.1	5.2	5.4	5.4
泰　国	50	53	56	54	50	51	50	50
土耳其	51	49	60	72	70	68	53	53
越　南	14	16	16	16	17	19	20	20
非　洲	**172**	**166**	**166**	**185**	**195**	**198**	**204**	**209**
埃　及	16	16	17	17	15	18	20	20
尼日利亚	39	33	28	42	44	44	44	45
南　非	25	29	28	31	33	32	33	37
北美洲	**637**	**648**	**668**	**694**	**731**	**757**	**781**	**787**
加拿大	33	33	34	34	36	37	39	39
墨西哥	124	124	133	146	163	179	189	190
美　国	442	451	460	473	491	500	508	513
南美洲	**264**	**254**	**269**	**262**	**274**	**281**	**287**	**294**
阿根廷	29	29	29	31	32	33	30	33
巴　西	142	137	147	139	147	151	154	155
委内瑞拉	15	16	15	16	17	17	18	18
欧　洲	**951**	**931**	**942**	**959**	**958**	**944**	**970**	**982**
保加利亚	10.8	9.6	8.7	9.1	8.8	8.2	8.2	9.0
捷克共和国	15	15	17	22	20	19	18	18
法　国	102	99	100	102	105	104	102	101
德　国	84	84	85	86	87	90	89	87
匈牙利	19	18	19	19	18	18	18	19
意大利	72	74	76	74	80	69	72	72
荷　兰	60	60	61	65	65	67	66	65
波　兰	35	39	43	40	41	43	45	45
罗马尼亚	26	27	25	25	27	26	28	28
俄罗斯	188	177	179	183	185	189	196	202
英　国	63	63	62	67	59	59	63	66
南斯拉夫	9.0	8.9	9.1	9.1	7.6	7.2	6.8	6.8
大洋洲	**19**	**19**	**19**	**23**	**23**	**20**	**24**	**23**
澳大利亚	14	14	14	17	17	14	18	17
新西兰	4.2	4.2	4.2	4.2	4.2	4.3	4.4	4.4

资料来源:联合国粮农组织数据库。

16—21 牛奶产量

单位：万吨

国家或地区	1995	1996	1997	1998	1999	2000	2001	2002
世界总计	**46374**	**46575**	**46820**	**47540**	**48076**	**48722**	**49407**	**50233**
亚　洲	**7883**	**8217**	**8431**	**8816**	**9122**	**9405**	**9652**	**9890**
孟加拉国	78	77	78	75	76	76	78	78
印　度	2607	2725	2958	3160	3280	3400	3440	3570
印度尼西亚	43	44	42	38	44	50	51	55
伊　朗	345	381	390	410	440	476	487	498
伊拉克	20	28	30	32	30	29	30	30
以色列	117	116	116	120	119	119	121	125
日　本	838	866	865	857	846	850	830	838
哈萨克斯坦	458	358	329	336	354	373	392	407
朝　鲜	9	8	8	9	9	9	9	9
韩　国	200	203	198	203	224	225	234	239
马来西亚	4	4	3	3	3	3	3	4
缅　甸	45	46	47	48	49	50	51	53
巴基斯坦	429	588	612	630	650	660	670	684
菲律宾	1	1	1	1	1	1	1	1
斯里兰卡	21	21	21	22	22	22	22	22
泰　国	31	34	39	44	46	52	56	58
土耳其	928	947	891	883	897	873	849	849
越　南	4	4	3	3	4	5	6	8
非　洲	**1668**	**1687**	**1746**	**1808**	**1877**	**1973**	**2010**	**2064**
埃　及	127	130	132	135	160	164	187	190
尼日利亚	38	38	35	37	39	41	43	43
南　非	279	264	285	297	267	254	246	265
北美洲	**8940**	**8915**	**9069**	**9173**	**9466**	**9729**	**9651**	**9885**
加拿大	792	789	810	820	816	809	811	813
墨西哥	763	782	809	832	888	931	947	960
美　国	7044	6986	7080	7141	7380	7602	7498	7702
南美洲	**3872**	**4170**	**4250**	**4352**	**4459**	**4464**	**4593**	**4589**
阿根廷	877	914	937	984	1065	1012	987	820
巴　西	1699	1909	1924	1927	1966	2038	2115	2264
委内瑞拉	137	141	143	148	135	141	140	145
欧　洲	**22229**	**21680**	**21280**	**21273**	**21007**	**20802**	**21090**	**21228**
保加利亚	117	116	120	133	139	141	126	130
捷克共和国	313	313	279	272	282	279	278	273
法　国	2544	2511	2492	2483	2489	2500	2490	2520
德　国	2861	2878	2870	2838	2833	2833	2819	2801
匈牙利	198	198	199	211	211	211	214	225
意大利	1126	1158	1175	1183	1098	1101	1128	1137
荷　兰	1129	1101	1092	1100	1117	1116	1129	1084
波　兰	1164	1170	1212	1260	1228	1189	1188	1220
罗马尼亚	465	469	464	451	436	430	446	445
俄罗斯	3910	3552	3383	3295	3200	3200	3260	3310
英　国	1484	1481	1484	1463	1501	1449	1471	1492
南斯拉夫	195	200	208	213	183	175	176	161
大洋洲	**1782**	**1907**	**2044**	**2118**	**2144**	**2349**	**2411**	**2576**
澳大利亚	846	899	932	973	1049	1118	1088	1161
新西兰	929	1001	1106	1138	1088	1224	1316	1408

资料来源：联合国粮农组织数据库。

16—22 羊毛产量

单位:万吨

国家或地区	1995年	1996年	1997	1998	1999	2000年	2001	2002
世界总计	**258.03**	**243.34**	**240.98**	**235.35**	**233.02**	**234.63**	**226.26**	**221.11**
亚　洲	**72.88**	**70.76**	**65.84**	**68.35**	**70.11**	**71.77**	**71.28**	**71.04**
孟加拉国	0.13	0.13	0.14	0.13	0.13	0.14	0.14	0.14
印　度	4.36	4.56	4.67	4.83	5.07	5.34	5.37	5.37
印度尼西亚	2.15	2.32	2.31	2.14	2.17	2.23	2.19	2.19
伊　朗	5.09	5.15	5.70	6.27	7.39	7.50	7.50	7.50
伊拉克	1.12	0.85	1.20	1.25	1.28	1.30	1.30	1.30
以色列	0.07	0.08	0.08	0.07	0.07	0.08	0.08	0.09
哈萨克斯坦	5.83	4.22	3.46	2.52	2.23	2.29	2.36	2.38
马来西亚	0.02	0.02	0.02	0.02	0.02	0.02	0.02	0.02
缅　甸	0.03	0.03	0.03	0.04	0.04	0.04	0.04	0.04
巴基斯坦	5.32	3.81	3.83	3.85	3.87	3.89	3.92	3.94
土耳其	5.08	4.98	4.56	4.44	4.57	4.31	4.09	4.09
非　洲	**21.73**	**20.65**	**20.49**	**20.33**	**20.45**	**20.50**	**21.02**	**21.11**
埃　及	0.93	0.67	0.69	0.70	0.72	0.74	0.76	0.76
南　非	6.76	6.15	5.73	5.30	5.60	5.27	5.67	5.67
北美洲	**3.44**	**3.14**	**3.02**	**2.78**	**2.68**	**2.67**	**2.53**	**2.52**
加拿大	0.15	0.18	0.14	0.13	0.15	0.15	0.15	0.15
墨西哥	0.41	0.39	0.43	0.42	0.42	0.42	0.43	0.41
美　国	2.88	2.57	2.44	2.23	2.11	2.11	1.95	1.95
南美洲	**22.99**	**20.40**	**20.81**	**19.65**	**18.41**	**17.49**	**17.40**	**16.30**
阿根廷	8.00	7.00	6.80	6.20	6.50	5.80	5.80	5.60
巴　西	2.50	1.50	1.47	1.46	1.34	1.33	1.21	1.30
欧　洲	**35.19**	**32.54**	**30.23**	**28.70**	**27.41**	**27.00**	**25.89**	**26.29**
保加利亚	0.88	0.92	0.74	0.80	0.80	0.70	0.66	0.66
捷克共和国	0.04	0.03	0.03	0.03	0.02	0.03	0.02	0.03
法　国	2.20	2.20	2.20	2.20	2.20	2.20	2.20	2.20
德　国	1.50	1.50	1.50	1.50	1.50	1.50	1.50	1.50
匈牙利	0.33	0.32	0.30	0.30	0.34	0.34	0.39	0.29
意大利	1.10	1.17	1.13	1.05	1.09	1.10	1.10	1.10
荷　兰	0.20	0.20	0.21	0.21	0.26	0.27	0.27	0.27
波　兰	0.23	0.20	0.17	0.15	0.14	0.13	0.13	0.13
罗马尼亚	2.43	2.32	2.21	2.00	1.90	1.80	1.69	1.69
俄罗斯	9.30	7.69	6.08	4.79	4.02	4.00	4.00	4.00
英　国	6.80	6.46	6.40	6.90	6.60	6.40	5.50	6.00
南斯拉夫	0.39	0.39	0.36	0.34	0.30	0.28	0.26	0.22
大洋洲	**101.81**	**95.85**	**100.59**	**95.54**	**93.96**	**95.20**	**88.14**	**83.87**
澳大利亚	72.95	68.97	73.11	68.96	68.76	69.48	64.47	60.70
新西兰	28.86	26.88	27.48	26.58	25.20	25.72	23.67	23.17

资料来源:联合国粮农组织数据库。

16—23 水产品产量

单位：万吨

	1990 年	1995 年	1996 年	1997 年	1998 年	1999 年
世界总计	**9863**	**11636**	**12028**	**12249**	**11773**	**12618**
亚　　洲	**4668**	**6196**	**6579**	**6921**	**7171**	**7488**
中　　国	1237	2517	3288	3602	3907	4122
孟加拉国	85	111	119	126	135	154
缅　　甸	74	83	87	92	96	95
斯里兰卡	17	24	23	24	27	28
印　　度	379	491	526	538	524	535
印度尼西亚	304	414	429	445	459	480
伊　　朗	27	37	38	37	40	42
日　　本	1035	679	676	673	603	594
韩　　国	284	269	277	260	235	242
马来西亚	101	125	124	128	129	141
菲 律 宾	221	222	213	214	215	220
土 耳 其	38	66	56	50	54	64
越　　南	91	145	146	157	165	179
非　　洲	**516**	**567**	**546**	**586**	**600**	**630**
埃　　及	31	37	40	42	50	61
尼日利亚	32	37	36	41	48	48
南　　非	54	58	44	52	56	59
北 美 洲	**957**	**854**	**845**	**863**	**817**	**828**
加 拿 大	168	91	98	105	110	114
墨 西 哥	138	136	150	153	122	125
美　　国	587	564	539	542	515	523
南 美 洲	**1443**	**1997**	**2021**	**1777**	**1129**	**1703**
阿 根 廷	56	116	125	135	113	103
巴　　西	80	75	79	83	81	77
委内瑞拉	34	51	50	48	52	42
欧　　洲	**1148**	**1875**	**1915**	**1963**	**1904**	**1814**
保加利亚	6	1	1	2	2	2
法　　国	88	90	85	86	82	85
德　　国	39	30	31	32	33	31
匈 牙 利	3	2	2	2	2	2
意 大 利	53	63	58	56	56	54
捷克共和国		2	2	2	2	2
波　　兰	47	45	37	38	27	27
罗马尼亚	13	7	3	2	2	2
俄 罗 斯		437	473	472	452	421
南斯拉夫		1	1	1	1	1
英　　国	81	100	98	102	106	99
大 洋 洲	**78**	**110**	**96**	**117**	**128**	**130**
澳大利亚	22	23	23	22	23	25
新 西 兰	37	61	50	67	73	69

资料来源：联合国粮农组织数据库。

16－24 土地利用情况

（2001 年）

单位：万公顷

国家或地区	国土面积	土地面积	农业用地	耕地与多年生作物			永久性草场
					耕地面积	多年生作物	
世界总计	**1341423**	**1305052**	**496129**	**150145**	**136911**	**13241**	**345984**
非　洲	**303117**	**296331**	**109361**	**20178**	**17725**	**2460**	**89182**
埃　及	10015	9955	330	330	283	47	
尼日利亚	9238	9108	6994	3074	2820	254	3920
南　非	12210	12210	9964	1571	1475	96	8393
北美洲	**226562**	**213703**	**63541**	**26813**	**25959**	**854**	**36728**
加拿大	99706	92210	7470	4570	4556	14	2900
墨西哥	19582	19087	10720	2730	2480	250	7990
美　国	96291	91590	41825	17900	17695	205	23925
南美洲	**178661**	**175295**	**61926**	**11613**	**9614**	**1999**	**50312**
阿根廷	27804	27367	16920	2720	2500	220	14200
巴　西	85474	84565	25020	6520	5320	1200	18500
委内瑞拉	9121	8821	2173	349	264	85	1824
亚　洲	**317571**	**308711**	**164934**	**55431**	**49504**	**5927**	**109503**
孟加拉国	1440	1302	904	844	810	34	60
印　度	32873	29732	18075	16970	16175	795	1105
印度尼西亚	19046	18116	4216	3099	1794	1305	1118
伊　朗	16332	16220	6327	1927	1730	197	4400
日　本	3778	3645	527	487	450	36	41
韩　国	993	987	195	190	170	20	5
马来西亚	3298	3286	789	761	182	579	29
蒙　古	15665	15665	11847	132	132	0.1	11715
缅　甸	6766	6576	1051	1014	955	60	36
巴基斯坦	7961	7709	2688	2188	2123	65	500
菲律宾	3000	2982	1133	1005	555	450	128
斯里兰卡	656	646	234	190	88	102	44
泰　国	5131	5109	1880	1800	1470	330	80
土耳其	7748	7696	3905	2667	2414	253	1238
越　南	3317	3255	799	735	575	160	64
欧　洲	**229867**	**226098**	**49130**	**30812**	**29110**	**1702**	**18318**
保加利亚	1109	1106	620	451		21	169
捷克共和国	789	773	428	333	310	24	95
法　国	5515	5501	2990	1952	1836	115	1039
德　国	3570	3567	1701	1204	1182	22	498
匈牙利	930	923	619	504	482	22	115
意大利	3013	2941	1627	1142	855	288	485
波　兰	3233	3044	1844	1440	1407	33	403
俄罗斯	170754	168885	21679	12682	12498	185	8997
罗马尼亚	2384	2303	1478	985	933	51	494
英　国	2429	2409	1722	597	592	5	1125
南斯拉夫	1022	1020	560	373	340	33	187
大洋洲	**85644**	**84914**	**47238**	**5298**	**4999**	**299**	**41940**
澳大利亚	77412	76823	45373	4823	4798	25	40550
新西兰	2705	2680	1658	328	156	173	1330

资料来源：联合国粮农组织数据库。

16—25 农业机械拥有量

（2000 年）

单位:万台

国家或地区	收割机	挤奶机	农用拖拉机
世界总计	**413.45**	**205.96**	**2640.97**
亚　洲	**206.45**	**24.22**	**727.99**
孟加拉国			0.55
印　度	0.42		152.50
印度尼西亚	33.00		7.00
伊　朗	0.55		23.70
伊拉克	0.40		4.96
以色列	0.02	0.16	2.45
日　本	104.20	16.00	202.80
朝　鲜			7.00
韩　国	8.70		19.16
马来西亚			4.33
蒙　古	0.11		0.47
缅　甸	1.17		1.10
巴基斯坦	0.16		32.05
菲律宾	0.07		1.15
斯里兰卡	0.00		0.80
泰　国	6.95	0.06	22.00
土耳其	1.27	7.51	90.50
越　南	23.20		16.27
非　洲	**3.79**	**0.05**	**52.60**
埃　及	0.24		8.60
尼日利亚			3.00
南　非	1.12		7.23
北美洲	**8.30**	**0.12**	**582.05**
加拿大	13.25		71.13
墨西哥	2.25		18.50
美　国	66.20		480.00
南美洲	**12.79**	**1.21**	**129.30**
阿根廷	5.00	0.82	28.00
巴　西	5.40		80.60
委内瑞拉	0.58		4.90
欧　洲	**101.40**	**158.26**	**1108.87**
白俄罗斯	1.71		7.29
保加利亚	0.55	0.42	2.50
捷克共和国	1.29	0.68	9.67
法　国	9.10	20.00	126.40
德　国	13.50	25.00	103.08
匈牙利	1.20	0.40	11.30
意大利	5.10	15.00	175.00
荷　兰	0.56	3.75	14.95
罗马尼亚	2.97		16.01
俄罗斯	20.00		78.50
英　国	4.70	15.70	50.00
南斯拉夫	0.33		39.74
大洋洲	**6.01**	**22.10**	**40.15**
澳大利亚	5.65	20.00	31.50
新西兰	0.31	2.00	7.60

资料来源:联合国粮农组织数据库。

16—26 化肥施用量

(2000 年)

单位:万吨

国家或地区	化肥施用总量	氮　肥	磷　肥	钾　肥
世界总计	**13643.5**	**8162.5**	**3265.5**	**2215.6**
亚　洲	**7285.5**	**4728.7**	**1768.6**	**788.2**
孟加拉国	132.6	99.4	23.1	10.1
印　度	1672.6	1091.1	425.1	156.5
印度尼西亚	247.5	195.5	25.2	26.8
伊　朗	132.0	82.0	39.3	10.7
伊拉克	37.1	25.1	11.7	0.4
以色列	10.7	5.5	2.2	3.0
日　本	145.4	48.7	58.4	38.3
哈萨克斯坦	3.7	3.0	0.5	0.2
朝　鲜	35.1	22.8	7.6	4.7
韩　国	78.2	42.1	16.2	19.9
马来西亚	142.8	52.5	25.3	65.0
蒙　古	0.3	0.3	0.0	0.0
缅　甸	21.0	16.5	3.5	1.0
巴基斯坦	296.6	226.6	67.8	2.3
菲律宾	73.4	48.8	12.4	12.2
斯里兰卡	24.6	15.7	3.0	5.9
泰　国	155.0	89.6	40.1	25.3
土耳其	208.9	137.9	62.9	8.2
越　南	209.7	115.8	50.6	43.3
非　洲	**388.1**	**244.4**	**95.5**	**48.2**
埃　及	127.0	107.3	15.1	4.5
尼日利亚	18.7	10.6	4.4	3.7
南　非	75.8	41.1	21.8	12.9
北美洲	**2409.1**	**1394.8**	**493.7**	**520.5**
加拿大	247.7	155.4	61.4	30.9
墨西哥	183.2	134.2	31.5	17.5
美　国	1850.7	1025.1	381.0	444.5
南美洲	**1028.4**	**353.4**	**339.3**	**335.7**
阿根廷	82.4	48.1	31.5	2.8
巴　西	743.4	199.9	254.4	289.0
委内瑞拉	25.2	14.5	5.3	5.4
欧　洲	**2238.2**	**1335.5**	**411.5**	**491.1**
白俄罗斯	80.5	28.0	7.5	45.0
保加利亚	14.6	13.8	0.7	0.1
捷克共和国	30.0	23.6	4.3	2.1
法　国	414.5	231.6	79.5	103.4
德　国	274.3	184.8	35.1	54.4
匈牙利	47.2	34.4	5.8	7.0
意大利	172.6	82.8	50.4	39.4
荷　兰	42.5	30.0	5.5	7.0
波　兰	151.8	87.8	27.0	37.0
罗马尼亚	36.5	30.0	5.6	0.9
俄罗斯	142.0	96.0	28.0	18.0
英　国	169.4	103.0	28.4	38.0
南斯拉夫	19.9	15.3	1.7	2.9
大洋洲	**316.6**	**125.5**	**156.2**	**34.8**
澳大利亚	230.1	100.2	109.7	20.3
新西兰	83.8	24.2	45.8	13.8

资料来源:联合国粮农组织数据库。

16—27 主要林产品产量

单位：万立方米

国家和地区	圆木			薪材和木炭			工业用圆木			锯材和枕木		
	1995 年	1999 年	2000 年	1995 年	1999 年	2000 年	1995 年	1999 年	2000 年	1995 年	1999 年	2000 年
世界总计	**324267**	**329118**	**335247**	**3688**	**3939**	**4054**	**151068**	**153680**	**158654**	**93296**	**91922**	**94984**
亚　洲	**105244**	**100858**	**99860**	**427**	**425**	**415**	**26379**	**23288**	**22906**	**17331**	**14876**	**14659**
孟加拉国	2852	2847	2846	27	29	29	58	62	62	16	17	17
印　度	31340	31829	31950	162	165	166	2488	2304	2219	1835	1735	1650
印度尼西亚	14356	12177	12034	21	20	7	4320	3136	3136	3140	2486	2486
伊　朗	146	115	111	3	2	1	115	96	106	39	31	32
以色列	11	11	11				10	10	10	4	4	4
日　本	2306	1908	1812	14	7	6	2290	1877	1799	1648	1340	1294
哈萨克斯坦	34											
朝　鲜	559	693	700	13	14	14	60	150	150	60	100	100
韩　国	380	414	404	0	1	3	137	169	159	51	62	42
马来西亚	3935	2522	2643	5	6	3	3575	2184	2308	3419	2029	2144
蒙　古	63	63	63				45	45	45	45	45	45
缅　甸	2110	2257	2280	6	3	2	281	335	357	152	209	230
巴基斯坦	2422	3308	2685	11	5	5	154	241	241	110	179	179
菲律宾	1786	1743	1737	7	4	4	350	371	376	59	57	38
新加坡				4	4	4						
斯里兰卡	1041	659	654	2	1	0.1	69	64	64	6	6	6
泰　国	2350	2345	2345	112	121	120	278	290	289	3	5	5
土耳其	1928	1762	1777				1075	1007	1043	547	493	518
越　南	3122	3125	3124	13	11	11	443	456	456	242	242	242
非　洲	**56834**	**58895**	**59637**	**1778**	**1931**	**1980**	**6648**	**6820**	**6883**	**2631**	**2752**	**2820**
埃　及	1554	1629	1645	113	120	120	12	27	27		13	13
尼日利亚	6503	6829	6877	265	301	309	826	942	942	598	710	710
南　非	3198	3062	3062	3	4	4	1818	1862	1862	543	600	600
北美洲	**77741**	**77687**	**78257**	**105**	**120**	**132**	**60297**	**62054**	**62434**	**40018**	**40668**	**40955**
加拿大	18843	18640	18744				18311	18176	18279	14884	14950	15037
墨西哥	4254	4544	4567	3	17	13	606	811	811	473	665	665
美　国	49931	49764	50043	75	81	98	40895	42566	42845	24287	24624	24824
南美洲	**30650**	**33270**	**33800**	**1334**	**1423**	**1485**	**13288**	**15005**	**15295**	**7619**	**7902**	**7946**
阿根廷	1063	1060	1060	15	44	44	692	665	665	284	355	355
巴　西	21113	23156	23540	1096	1182	1205	8452	10040	10299	4778	4830	4929
委内瑞拉	431	532	515	31	1	36	105	180	155	98	162	136
欧　洲	**48631**	**52961**	**57731**	**41**	**38**	**41**	**40349**	**42250**	**46394**	**23207**	**23582**	**26314**
白俄罗斯	1002	656	614		0.1	0.1	921	542	521	392	299	317
保加利亚	284	435	477	2	0.3	0.3	197	325	266	88	222	163
捷克共和国	1237	1420	1444	0.1			1172	1336	1350	581	767	802
法　国	4337	4301	5017	8	11	11	3357	3324	3912	2170	2219	2650
德　国	3934	3763	4911				3691	3506	4650	2429	2340	3383
意大利	974	1114	933	3	1	1	447	421	365	254	212	206
荷　兰	110	104	104	0.3	0.1	0.1	94	88	88	51	58	57
波　兰	2035	2427	2565	3	3	3	1894	2284	2412	934	1095	1130
罗马尼亚	1218	1270	1315	5	3	3	1002	948	1012	427	529	615
俄罗斯	11621	14360	15810	5	5	6	8275	9460	10580	5255	4650	4970
西班牙	1608	1481	1481	7	7	7	1300	1316	1316	603	569	569
乌克兰		592	592		1	1		415	415		338	338
英　国	756	748	745	0.4	1	1	732	725	722	377	427	425
南斯拉夫	132						127			109		
大洋洲	**5166**	**5448**	**5962**	**2**	**2**	**2**	**4107**	**4263**	**4742**	**2489**	**2141**	**2290**
澳大利亚	2430	2656	3049	2	2	2	1956	2059	2416	959	1004	1104
新西兰	1691	1769	1890				1686	1769	1890	1114	727	776

资料来源：联合国粮农组织数据库。

16－27 附表　　(2002 年)　　单位:吨

国家或地区	栗　子	榛　子	天然树脂	天然橡胶	桐　籽	核　桃
世界总计	**962640**	**857174**	**23550**	**6767492**	**558400**	**1267954**
亚　洲	**792500**	**668111**		**6148414**	**475000**	**672979**
孟加拉国				3200		
印　度				630405		31000
印度尼西亚				1600000		
伊　朗		12000				160000
伊拉克						1900
日　本	29000					
朝　鲜	8500					
韩　国	90000					1079
马来西亚				535000		
缅　甸				35662		
巴基斯坦						18600
菲律宾				73300		
斯里兰卡				87000		
泰　国				2357000		
土耳其	50000	625000				136000
越　南				300700		
非　洲	**140**	**140**		**451400**	**4500**	**8000**
尼日利亚				115000		
北美洲		**43540**	**23000**	**69950**		**267980**
墨西哥			23000	22500		18500
美　国		43540				249480
南美洲	**37600**		**550**	**90428**	**78900**	**25000**
阿根廷					33000	8900
巴　西			50	74000	660	2500
欧　洲	**132400**	**145383**				**293910**
白俄罗斯		1800				12000
保加利亚	300					6500
捷克共和国						6000
法　国	13000	5000				30000
德　国						15700
匈牙利	1000	150				6000
意大利	50000	110000				15000
波　兰						1600
俄罗斯	16000	2000				12000
南斯拉夫	1400					23600
大洋州				**7300**		**85**
澳大利亚						85

资料来源:联合国粮农组织数据库。

17

如何使用农村统计年鉴

如何使用农村统计年鉴

为了使广大读者更好地使用《中国农村统计年鉴》，我们编写了《如何使用农村统计年鉴》一章，主要对农村统计改革和发展进行了概述，对各章资料的来源进行说明，对主要统计指标的统计含义和口径作了诠注。

一、农村统计制度方法改革概述

改革开放以来，我国农村统计适应农村经济改革的要求，取得了长足的发展和进步，农村统计范围由农业统计向农村统计转变；农村统计制度方法由以全面统计为主向以普查为基础、抽样调查为主体、辅之以全面报表、重点调查、科学核算等多种方法综合运用的方法体系转变。

1. *抽样调查得到恢复和全面发展。*1978年以后，中国进入改革开放的新时期，国家统计局和地方统计局陆续恢复。从农村开始的中国经济体制改革，带来了两方面的巨大变化。一是在经济结构上，由过去单一的农业经济向农业、工业、商业、建筑、运输、服务业等全面发展，农业统计面临向农村统计的转变。二是在经营体制上，由三级所有、队为基础的“一大二公”式的集体经营向以家庭联产承包责任制为主要形式的双层经营体制转变，农村统计的对象由600多万个生产队变为2亿多农户。面对大量分散的、小规模经营的农户，继续实行全面统计的方法，依靠层层报表的形式搜集数据，越来越困难。1983年，国务院办公厅转发了国家统计局《关于加强农村统计工作等问题的报告》。提出“根据农村多种经营的新情况，农村统计首先要认真搞准粮食产量和经济作物产量；同时还要调查农村工业、交通运输业、商业等情况，调查农村的人口、教育、文化、卫生等社会情况。今后，除了改进全面报表制度外，一定要大力推行抽样调查”。随后，全国农村抽样调查队在原有1600人的基础上扩大到6100人，正式成为国家统计局直属的事业单位，并于1985年底完成了全国857个抽样调查县的建队工作。在进行组织建设的同时，业务建设也加快了步伐。一是农村住户调查由以前的收支调查扩展为全面反映农民社会经济活动，增加了农户生产经营情况、主要生活消费品实物消费量，以及农民家庭基本情况等方面的内容。二是农产量抽样调查增加了“农作物种植意向调查”，“播种面积调查”和“夏收、早稻、秋粮预测和实测产量调查”等，到1988年由粮食产量调查发展为种植业调查，全面调查反映粮、棉、油、麻、糖、烟、蔬菜和瓜果的生产情况。三是增加了农村社会经济抽样调查，内容包括农村劳动力、固定资产投资等生产要素和农村社区状况等。

抽样调查网点的抽选也逐步实现了科学化。1979年采用多阶段、半距起点、等距抽样方法，住户调查抽样框按各单位人均从集体分配的收入排队，参加分配的人口作辅助资料进行编制。农产量调查抽样框按平均亩产排队，以平均播种面积作为辅助资料进行编制。1984年开始启用多阶段、随机起点、对称等距抽样方法。为了克服样本老化的问题，从1990年开始在县以下实施样本轮换制度，每四年轮换一次样本。

2. *全面统计不断完善并发挥了独特的作用。*由于全面统计在满足我国政府分层决策和分层管理方面具有优势，所以对于行政记录比较健全、起报单位较高或一时还不具备实施抽样调查条件的统计项目，如农村基层组织状况，农业自然资源、人力资源和机械、电力、化学肥料等物质、技术装备情况，农田水利建设和农业灾害情况等，继续采用全面统计的方法取得数据。此外，还有一部分综合性内容，如农村社会总产值、农业总产值、农业增加值、农业商品产值、经济收益分配等，主要是由县以上综合统计部门根据相关基础资料，按照全国统一方案测算的。

全面统计的源头数据按照村、乡（镇）、县（市）、省（区、市）、国家的顺序层层汇总并逐级上报，它的基础是乡镇统计网络。

3. *第一次全国农业普查取得了圆满成功。*根据我国政府决定，于1997年1月正式开展了第一次全国农业普查。普查对象是全国范围内（不含台、港、澳)各种类型的农业生产经营单位、农村住户、乡镇企业、行政村和乡镇。普查内容包括农村住户调查表和非住户类农业生产经营单位调查表、行政村调查表和乡镇调查表、农业用地卡片、非农乡镇企业卡片等 6 张表、38 个项目、687 个指标。第一次农业普查得到联合国粮农组织、意大利政府和包括美国在内的其它国家的援助。第一次全国农业普查获得的大量数据,填补了反映我国基本国情国力数据的缺陷和空白,矫正了常规统计数据因各种原因引起的系统性偏差。它不仅为党和政府的决策提供了科学依据,而且为农村统计改革与发展打下了很好的基础。第一次全国农业普查的成功,标志着我国农村统计事业进入了新的发展阶段。

二、资料来源

《中国农村统计年鉴》资料绝大部分是由国家统计局农调队根据《农林牧渔业综合统计报表制度》、《乡村社会经济调查方案》、《农产量抽样调查制度》、《农村住户调查方案》和《县(市)社会经济调查卡片》的有关资料整理提供。

部分章节资料来自于部门统计。农业生态与环境资料主要来源于国家环保总局、水利部和国家林业局统计报表;农村市场与价格资料主要是根据国家工商行政管理局统计报表和国家统计局城调总队的价格统计资料整理而成;农产品生产成本资料主要是根据国家计委农产品成本调查报表整理而成;农产品进出口主要依据海关总署有关资料加工整理的;农村文化、教育、卫生资料是国家统计局人口与社会统计司根据文化部、教育部、卫生部有关资料加工整理而成的;国外农业统计资料是国家统计局国际统计中心根据联合国粮农组织提供的资料加工整理而成的。

三、主要统计指标解释

国内生产总值(GDP):指一个国家(或地区)所有常住单位在一定时期内生产活动的最终成果。国内生产总值有三种表现形态,即价值形态、收入形态和产品形态。从价值形态看,它是所有常住单位在一定时期内生产的全部货物和服务价值超过同期中间投入的全部非固定资产货物和服务价值的差额,即所有常住单位的增加值之和;从收入形态看,它是所有常住单位在一定时期内创造并分配给常住单位和非常住单位的初次收入分配之和;从产品形态看,它是所有常住单位在一定时期内最终使用的货物和服务价值与货物和服务净出口价值之和。在实际核算中,国内生产总值有三种计算方法,即生产法(总产出减中间投入)、收入法(由劳动者报酬、生产税净额、固定资产折旧、营业盈余组成)和支出法(由最终消费、资本形成总额、货物和服务净出口组成)。三种方法分别从不同的方面反映国内生产总值及其构成。

劳动者报酬:指劳动者因从事生产活动所获得的全部报酬。包括劳动者获得的工资、奖金和津贴,既包括货币形式的,也包括实物形式的;还包括劳动者所享受的公费医疗和医药卫生费、上下班交通补贴和单位支付的社会保险费等。对于个体经济来说,其所有者所获得的劳动报酬和经营利润不易区分,这两部分统一作为劳动者报酬处理。

生产税净额:指生产税减生产补贴后的余额。生产税指政府对生产单位生产、销售和从事经营活动以及因从事生产活动使用某些生产要素(如固定资产、土地、劳动力)所征收的各种税、附加费和规费。生产补贴与生产税相反,指政府对生产单位的单方面收入转移,因此视为负生产税,包括政策亏损补贴、粮食系统价格补贴、外贸企业出口退税收入等。

固定资产折旧:指为弥补固定资产损耗按照核定的固定资产折旧率提取的固定资产折旧,或按国民经济核算统一规定的折旧率虚拟计算的固定资产折旧。各类企业和企业化管理的事业单位的固定资产折旧是指实际计提并计入成本费中的折旧费;不计提折旧的政府机关、非企业化管理的事业单位和居民住房的固定资产折旧是按照统一规定的折旧率和固定资产原值计算其虚拟折旧。原则上,固定资产折旧应按固定资产的重置价值计算,但是目前我国尚不具备对全社会固定资产进行重估价的基础,所以暂时只能采用上述办法。

营业盈余:指常住单位创造的增加值扣除劳动者报酬、生产税净额和固定资产折旧后的余额。它相当于企业的营业利润加上生产补贴,但要扣除从利润中开支的工资和福利等。

支出法国内生产总值:指一个国家(或地区)所有常住单位在一定时期内用于最终消费、资本形成总额,以及货物和服务的净出口总额,它反映本期生产的国内生产总值的使用及构成。

最终消费:指常住单位在一定时期内对于货物和服务的全部最终消费支出,也就是常住单位为满足物质、文化和精神生活的需要，从本国经济领土和国外购买的货物和服务的支出；不包括非常住单位在本国经济领土内的消费支出。最终消费分为居民消费和政府消费。

资本形成总额：指常住单位在一定时期内获得的减去处置的固定资产加存货的变动，包括固定资本形成总额和存货增加。

货物和服务净出口：指货物和服务出口减货物和服务进口的差额。出口包括常住单位向非常住单位出售或无偿转让的各种货物和服务的价值；进口包括常住单位从非常住单位购买或无偿得到的各种货物和服务的价值。由于服务活动的提供与使用同时发生，因此服务的进出口业务并不发生出入境现象，一般把常住单位从国外得到的服务作为进口，非常住单位从本国得到的服务作为出口。货物的出口和进口都按离岸价格计算。

支出法国内生产总值：指一个国家（或地区）所有常住单位在一定时期内用于最终消费、资本形成总额，以及货物和服务的净出口总额，它反映本期生产的国内生产总值的使用及构成。

三次产业：指根据社会生产活动历史发展的顺序对产业结构的划分，产品直接取自自然界的部门称为第一产业，对初级产品进行再加工的部门称为第二产业，为生产和消费提供各种服务的部门称为第三产业。我国的三次产业划分是：第一产业为农业（包括种植业、林业、牧业和渔业），第二产业为工业（包括采掘业，制造业，电力、煤气及水的生产和供应业）和建筑业，第三产业为除第一、第二产业以外的其他各业。

当年价格：也称现行价格，指报告期内的实际市场价格。按现行价格计

算的各种综合指标可以反映当年国民经济发展水平及比例关系，但因其变化受实物数量增减和价格升降因素的影响，在不同时期之间缺乏可比性。

可比价格：指计算各种总量指标所采用的扣除了价格变动因素的价格，可进行不同时期总量指标的对比。按可比价格计算总量指标有两种方法：一种是直接用产品产量乘某一年的不变价格计算；另一种是用价格指数进行缩减。

不变价格：指以同类产品某年的平均价格作为固定价格，用于计算各年的产品价值。按不变价格计算的产品价值消除了价格变动因素，不同时期对比可以反映生产的发展速度。新中国成立后，随着工农业产品价格水平的变化，国家统计局先后五次制定了全国统一的工业产品不变价格和农业产品不变价格。从 1952 年到 1957 年使用 1952 年工（农）业产品不变价格，从 1957 年到 1970 年使用 1957 年不变价格，从 1971 年到 1980 年使用 1970 年不变价格，从 1981 年到 1990 年使用 1980 年不变价格，从 1991 年开始使用 1990 年不变价格。

人口数：指一定时点、一定地区范围内有生命的个人总和。年度统计的年末人口数指每年 12 月 31 日 24 时的人口数。年度统计的全国人口总数内未包括台湾省和港澳同胞以及海外华侨人数。

从业人员：指从事一定社会劳动并取得劳动报酬或经营收入的人员，包括全部职工、再就业的离退休人员、私营业主、个体户主、私营和个体从业人员、乡镇企业从业人员、农村从业人员和其他从业人员（包括民办教师、宗教职业者、现役军人等）。

固定资产投资额：指以货币表现的建造和购置固定资产活动的工作量，分为基本建设投资、更新改造投资、房地产开发投资和其他固定资产投资、城镇工矿区私人建房投资、农村集体投资和农村个人投资几部分。

财政收入：指国家财政参与社会产品分配所取得的收入，是实现国家职能的财力保证。财政收入所包括的内容几经变化，目前主要包括各项税收、专项收入、其他收入（如基本建设贷款归还收入、基本建设收入、捐赠收入等）和国有企业计划亏损补贴。

财政收入按财政体制划分为中央本级收入和地方本级收入。1994 年分税制财政体制以后，属于中央财政的收入包括关税、海关代征消费税和增值税，消费税，中央企业所得税，地方银行和外资银行及非银行金融企业所得税，铁道、银行总行、保险总公司等集中缴纳的营业税、所得税、利润和城市维护建设税，增值税的 75％部分，部分证券交易税（印花税）和海洋石油资源税。属于地方财政的收入包括营业税，地方企业所得税，个人所得税，城镇土地使用税，固定资产投资方向调节税，城镇维护建设税，房产税，车船使用税，印花税，屠宰税，农牧业税，农业特产税，耕地占用税，契税，增值税 25％部分，部分证券交易税（印花税）和除海洋石油资源税以外的其他资源税。

财政支出：国家财政将筹集起来的资金进行分配使用，以满足经济建设和各项事业的需要，主要包括基本建设支出、企业挖潜改造资金、地质勘探

费用、科技三项费用、支援农村生产支出、农林水利气象等部门的事业费用、工业交通商业等部门的事业费、文教科学卫生事业费、抚恤和社会福利救济费、国防支出、行政管理费和价格补贴支出。

财政支出按照政府在经济和社会活动中的不同职权，划分为中央财政支出和地方财政支出。中央财政支出包括国防支出，武装警察部队支出，中央级行政管理费和各项事业费，重点建设支出以及中央政府调整国民经济结构、协调地区发展、实施宏观调控的支出。地方财政支出主要包括地方行政管理和各项事业费，地方统筹的基本建设、技术改造支出，支援农村生产支出，城市维护和建设经费，价格补贴支出等。

城镇居民家庭可支配收入：指被调查的城镇居民家庭在支付个人所得税、财产税及其他经常性转移支出后所余下的实际收入。

社会消费品零售总额：指国民经济各行业直接售给城乡居民和社会集团的消费品总额。社会消费品零售总额包括售给城乡居民作为生活用的商品和修建房屋用的建筑材料；售给社会集团的各种办公用品和公用消费品；售给机关、团体、学校、部队、企业、事业单位的职工食堂和旅店（招待所）附设专门供本店旅客食用，不对外营业的食堂的各种食品、燃料；企业、单位和国营农场直接售给本单位职工和职工食堂的自己生产的产品；售给部队干部、战士生活用的粮食、副食品、衣着品、日用品、燃料；售给来华的外国人、华侨、港澳台同胞的消费品；居民自费购买的中、西药品，中药材及医疗用品；报社、出版社直接售给居民和社会集团的报纸、图书、杂志，集邮公司出售的新、旧纪念邮票、特种邮票、首日封、集邮册、集邮工具等；旧货寄售商店自购、自销部分的商品；煤气公司、液化石油气站售给居民和社会集团的煤气灶具和罐装液化石油气；农民售给非农业居民和社会集团的商品。

海关进出口总额：指实际进出我国国境的货物总金额。包括对外贸易实际进出口货物，来料加工装配进出口货物，国家间、联合国及国际组织无偿援助物资和赠送品，华侨、港澳台同胞和外籍华人捐赠品，租赁期满归承租人所有的租赁货物，进料加工进出口货物，边境地方贸易及边境地区小额贸易进出口货物（边民互市贸易除外），中外合资、中外合作、外商独资经营企业进出口货物和公用物品，到、离岸价格在规定限额以上的进出口货样和广告品（无商业价值、无使用价值和免费提供出口的除外），从保税仓库提取在中国境内销售的进口货物，以及其他进出口货物。我国规定出口货物按离岸价格统计，进口货物按到岸价格统计。

乡镇个数：指农村中经省、自治区、直辖市人民政府批准成立的乡一级行政区划的数量。不包括城关镇、城市街道办事处、工矿区。

村委会个数：指农村中经上级政府批准，按居住地区设立的基层群众性自治组织的个数。含城关镇中的村。

乡村户数：是指长期（一年以上）居住在乡镇（不包括城关镇）行政管理区域内的住户，还包括居住在城关镇所辖行政村范围内的农村住户。户口不在本地而在本地居住一年及以上的住户也包括在本地农村住户内；有本地户口，但举家外出谋生一年以上的住户，无论是否保留承包耕地都不包括在本地农村住户范围内。不包括乡村地区内的国有经济的机关、团体、学校、企业、事业单位的集体户。

乡村人口数：指乡村地区常住居民户数中的常住人口数，即经常在家或在家居住 6 个月以上，而且经济和生活与本户连成一体的人口。外出从业人员在外居住时间虽然在 6 个月以上，但收入主要带回家中，经济与本户连为一体，仍视为家庭常住人口；在家居住，生活和本户连成一体的国家职工、退休人员也为家庭常住人口。但是现役军人、中专及以上（走读生除外）的在校学生、以及常年在外（不包括探亲、看病等）且已有稳定的职业与居住场所的外出从业人员，不应当作家庭常住人口。

乡村从业人员：指乡村人口中 16 岁以上实际参加生产经营活动并取得实物或货币收入的人员，既包括劳动年龄内经常参加劳动的人员，也包括超过劳动年龄但经常参加劳动的人员。但不包括户口在家的在外学生、现役军人和丧失劳动能力的人，也不包括待业人员和家务劳动者。从业人员年龄为 16 岁以上。从业人员按从事主业时间最长（时间相同按收入）分为农业从业人员、工业从业人员、建筑业从业人员、交通、运输、仓储及邮电通讯业从业人员、批零贸易及餐饮业从业人员、其他从业人员。

耕地：是指能够种植农作物、经常进行耕锄的田地。包括熟地、当年新开荒地、连续撂荒未满三年的耕地和当年的休闲地（轮歇地）。以种植农作物为主并附带种植桑树、茶树、果树和其它林木的土地及沿海、沿湖地区已围垦利用的"海涂"、"湖田”等也包括在内。但不包括专业性的桑园、茶园、果木苗圃、林地、芦苇地、天然草原等。南方小于一米，北方小于二米宽的渠、路、田埂包括在耕地中。

(1)当年新开荒地：是指报告年度内已种上农作物的新开荒地；已开垦但尚未耕种的土地，因实际上没有利用，不计算为耕地面积。

(2)水田：是指筑有田埂(坎)，可以经常蓄水、用来种植水稻或莲藕、席草等水生作物的耕地。因天旱暂时没有蓄水而改种旱地作物的，或实行水田和旱地作物轮作的(如水稻和小麦、油菜、蚕豆等轮种)，仍计算为水田。

(3)旱地：是指除水田以外的耕地，不管有无灌溉设施均包括在内。

(4)年内减少耕地面积：指本年度内因兴修水利，修筑公路、铁路，修建工矿企业、建筑房屋、永久性晒场(场基地)和退耕还林、还草、还湖，在耕地上挖建永久性渔塘等原因所占的耕地面积和因灾废弃的而实际减少的耕地面积。

国家基建占地：指经县以上政府主管部门批准的各级新建或扩建工矿企业，修筑公路、铁路、民航机场等工程、兴修水利工程，以及建筑机关学校用房等基本建设而实际占用的耕地面积。

乡村集体占地：指乡村集体新建或扩建乡村企业，兴修水利工程，修筑公路，以及建筑生产用房，办公室和生产设施用耕地，如晒场、畜硼、猪圈等基本建设而实际占用的耕地面积。

农民个人建房占地：指本年度内乡村农民兴建或扩建个人用房实际占用的耕地面积。包括住宅、畜棚、猪圈等。不论是否批准，只要已占建，都应统计在内。但虽经批准而未建成，仍在种植农作物的耕地面积不统计为当年农民个人建房占地，也不包括占用的非耕地面积。

农业机械总动力：指用于农、林、牧、渔业生产的各种动力机械的动力之和，包括耕作机械、农用排灌机械、收获机械、植保机械、林业机械、渔业机械、农产品加工机械、农用运输机械、其他农用机械。按能源又分为柴油、汽油、电力和其他动力。总动力按法定计量单位千瓦计算。(注：1 马力＝735.5 瓦特＝0.735 千瓦)

农用大中型拖拉机：指发动机额定功率为14.7 千瓦及以上的专门用于农作物田间作业和以农作物田间作业为主进行综合利用的拖拉机，包括轮式和履带式两种。不包括用于森工、基建、营林等方面的拖拉机。

小型拖拉机：指专门或主要用于农作物田间作业的不足 14.7 千瓦的拖拉机。包括四轮拖拉机和手扶拖拉机。

有效灌溉面积：指具有一定的水源，地块比较平整，灌溉工程或设备已经配套，在一般年景下当年能够进行正常灌溉的耕地面积。在一般情况下，有效灌溉面积应等于灌溉工程或设备已经配备，能够进行正常灌溉的水田和水浇地面积之和。

(1)灌溉工程或设备已经配套，可以灌溉，但由于雨水及时或所种作物不需要灌溉等原因，当年没有进行灌溉的，应统计为有效灌溉面积。

(2)灌溉工程或设备不配套(如只有深水井，没有安装机器)、渠系不健全(如只有水库，没有修渠)、地块不平整，当年不能发挥灌溉效益的灌溉面积，不应统计为有效灌溉面积。

(3)北方地区没有灌溉工程或设备的引洪淤灌的耕地面积，不应统计为有效灌溉面积。

(4)南方地区没有灌溉工程或设备，完全靠雨蓄水的“冬水田”、“屯水田”、“望天田”、“雷响田”等水田面积，不应统计为有效灌溉面积。

(5)没有灌溉工程或设备，遇到旱年临时抗旱点种的耕地面积，不应统计为有效灌溉面积。

(6)原有的灌溉工程或设备，由于受到破坏等原因不能起灌溉作用，这部分耕地面积不应统计为有效灌溉面积。

旱涝保收面积：指在有效灌溉面积中，灌溉设施齐全，抗灾能力较强，土地肥力较高，遇到较大的旱涝灾害能保证遇旱能灌、遇涝能排的耕地面积。灌溉设施的抗旱能力和排涝能力，全国各地根据当地的气候执行不同的标准。一般抗旱能力：南方在50—100 天，北方在 30—50 天；排涝能力达到 5 年至 10 年一遇的标准，防洪一般达到 20 年一遇的标准。旱涝保收面积应小于或等于有效灌溉面积。

化肥施用量：指本年度内实际用于农业生产的化学肥料数量，包括氮肥、磷肥、钾肥和复合肥。施用量要求按折纯量计算数量，即各类化学肥料的实际施用数量按其含氮、含五氧化二磷、含氧化钾的比例折成百分之百计算。

农村用电量：指本年度内，扣除在农村中的国有工业、交通、基建等单位的用电量以后的农村生产和生活的全年用电总量。包括国家电网供电和农村自办电站供电量。

农作物总播种面积：指本日历年度内收获农产品的作物播种面积之和，包括实际播种或移植有农作物面积。凡是实际种植有作物面积，不论种植在耕地上还是种植在非耕地上，均包括在农作物播种面积中。在播种季节基本结束后，因遭受灾害而重新改种和补种的农作物面积也包括在内。

农作物包括范围

（1）谷物 包括稻谷、小麦、玉米、谷子、高粱和其他谷物，不包括豆类和薯类。谷类作物一律按脱粒后的原粮计算。

（2）豆类作物 是以食用种籽或及其制成品的豆科植物，包括大豆和杂豆。大豆包括黄豆、黑豆、青豆三类。产量按去荚后的干豆计算。

（3）薯类作物 包括甘薯和马铃薯。不包括芋头、木薯等。芋头一般应作为“蔬菜”计算，木薯作为其他作物计算。城市郊区以蔬菜种植为主把马铃薯产量统计在蔬菜内。

（4）油料作物 是以榨取油脂为主要用途的一类作物。种子含油率约达 20－60％。包括花生、油菜籽、芝麻、胡麻籽、向日葵籽等。不包括木本油料和野生油料。花生以带壳干花生计算。

（5）棉花 不包括木棉，按去籽后的皮棉计算，3 公斤籽棉折 1 公斤皮棉。棉花产量从 1999 年起在主产区实行抽样调查（河北、江苏、安徽、山东、河南、湖北、湖南、新疆），非主产区仍按全面统计

（6）糖料 包括甘蔗和甜菜。甘蔗以蔗杆计算，甜菜以块根计算。

（7）药材 指人工栽培的各种药材作物，不包括野生药材。

（8）蔬菜 包括菜用瓜、茭白、芋头、生姜等在内。

（9）瓜类作物 指果用瓜，如西瓜、甜瓜（香瓜）、白兰瓜、哈密瓜、脆瓜等，但不包括菜用瓜。

（10）其他作物 包括饲料作物、荸子、莲子、席草等。

（11）饲料作物 指人工栽培的主要用于喂养牲畜的作物，如苜蓿等。有些地方在饲料地上种植粮食作物，除了种植目的就是作为青饲料用的可作为饲料作物统计以外，收获主产品以后，副产品不管是否作为饲料的，仍应分别列入谷物，豆类作物，薯类等项下统计产量，不得列入饲料作物内。

粮食总产量：指全社会的产量。包括国营农场等国有经济的、集体统一经营的和农民家庭经营的产量，还包括工矿企业办的农场和其他生产单位的产量。粮食除包括稻谷、小麦、玉米、高粱、谷子、其他杂粮外，还包括薯类和大豆。其产量计算方法，豆类按去豆荚后的干豆计算，薯类（包括甘薯和马铃薯，不包括芋头和木薯）1963 年以前按每 4 千克鲜薯折 1 千克粮食计算，从 1964 年以后按 5 千克鲜薯折 1 千克粮食计算。其他粮食一律按脱粒后的原粮计算。

粮食比国际上通行的谷物口径大，相当于谷物＋薯类＋大豆。

茶叶产量：指本年度内生产的全部茶叶产量。包括从成片茶园和零星种植的茶树以及荒芜未垦复的茶树上所采摘的全部产量。不论自食的或出售的，都应统计在内。茶叶的产量按经过初步加工的干毛茶的重量计算。由于加工毛茶的方法不同，以分为红毛茶、绿毛茶、乌龙茶、紧压茶、其他茶。紧压茶是指作紧压茶原料的茶叶产量。其他茶是上述四种毛茶之外的毛茶。

水果产量：指本年度内从果树上收获的全部水果产量。不论自食的或出售的，都应计算在内。但不包括果用瓜（如西瓜、甜瓜、白兰瓜、哈密瓜、脆瓜等）和主要作蔬菜食用的藕、西红柿等。但不包括采集的野生水果。水果的产量按鲜果计算，干枣、葡萄干、柿饼、桔饼等应统一折成鲜果计算。香蕉不包括大蕉、龙牙蕉、粉蕉、西贡蕉等。

林产品产量：指从人工栽培的竹木上，不经砍伐竹木的根而取得的各种林产品数量。包括生漆、棕片、五倍子、松脂、笋干、油桐籽、油茶籽、乌柏籽、核桃、板栗等各种林木果实以及修剪竹木所获得的枝叶（如荆条、柳条、蒲葵叶）等。不包括桑叶、茶叶、水果，也不包括野生的林产品。如果某些林产品人工栽培和野生的混在一起，不易划分，则应根据它的主要来源决定其应计入林产品产量度统计中还是其他农业内采集野生植物果实产量统计中，但不要两方面都算，以免重复。

林产品产量的计算方法为：

（1）油茶籽、油桐籽、乌柏籽、核桃、文冠果 按去掉果皮、外壳的干籽计算产量。

（2）五倍子 以干籽计算产量。

（3）生漆、松脂 按从树上割下来的生漆、松脂计算产量。

（4）棕片和竹笋 按干片和笋干计算产量。

（5）板栗 按除去毛荚的果实计算产量。

（6）油橄榄 按果实计算产量。

（7）紫胶（虫胶）按原胶计算产量。

畜牧业生产

猪、牛、羊、禽等主要畜禽的存栏、出栏及产品

产量。1999年畜牧调查和数据采集方式发生变化。非农户生产经营单位按全面统计的组织方式逐级上报;农户(含规模饲养农户)采取抽样调查,全部调查工作在国家调查(行政)村进行。抽中村中规模饲养农户(制定的规模养殖参照标准)要进行逐个调查。非规模饲养农户,应按随机原则,抽选10个有代表性的农户进行入户调查访问。同时,在调查村要建立畜牧业统计台账 ,并按要求定期填报有关资料。根据1996年农业普查结果,国家统计局农调总队对猪、牛、羊等主要畜产品存栏、出栏及肉产量等指标常规年报数据与农业普查数据进行衔接。2000年生猪存栏、出栏和肉产量均为抽样调查数据。

当年出栏的畜禽数 指当年(报告期内)乡村各种合作经济和农民、国有农场、机关、团体、学校、工矿企业、部队等单位及城镇居民饲养的,已屠宰或出售的全部畜禽数,包括交售给国家,集市上出售和农民自食的部分。不包括个别地区习惯吃的“烤小猪”或出口的“乳猪”。

期初(末)畜禽存栏头(只数) 指本期(报告期)期初(末),农村与城市的全部畜禽存栏头(只)数。除科学研究单位专门用于试验研究的牲畜和军马以外,农村各种合作经济组织和国营农场、农民个人、机关、团体、学校、工矿企业、部队等单位以及城镇居民饲养的各种畜禽,不分大小、公母、品种、用途一律包括在内。专业运输组织的运输用牲畜也应包括在内。但商业部门库存的和运输途中的活牲畜不进行统计。

肉类总产量 指当年出栏并已屠宰的畜禽肉产量,即屠宰后除去头蹄下水后带骨肉的重量,也叫酮体重,通过抽样调查制定全省统一标准。

牛奶产量、羊奶产量 指全社会产量。包括出售给国家、农贸市场交易和农牧民自食部分。无论是纯种牛、杂种牛、黄牛或兼用牛产的奶;无论是奶山羊、绵羊或其他改良羊所产的奶都要计算为产量。牛犊、羊羔直接吮食部分,不统计产量。

细羊毛 指细毛及其改良羊所产的羊毛量。

半细羊毛 指半细毛羊及其改良羊所产的羊毛产量。

禽蛋产量 指鸡、鸭、鹅三种家禽的禽蛋产量,包括出卖和农民自食以及种蛋。

蚕茧产量 指本年度内生产的全部蚕茧产量,无论自用的或出售的,都应计算在内。在计算产量时,要把土茧、改良茧和种茧包括在内,桑蚕茧、柞蚕茧均按鲜茧计算,木薯蚕茧和蓖麻蚕茧等的产量均按茧壳的重计算。

渔业生产

水产品产量 指当年捕捞的水产品(包括人工养殖并捕捞的水产品和捕捞天然生长的水产品)产量。

海水产品产量 指从海洋和海水养殖水域中捕捞的海水产品产量。包括海水中的鱼类、虾蟹类、贝类、藻类。

内陆水域水产品产量 指淡(咸)水湖泊、水库、河沟和池塘以及其他内陆水域内捕涝的水产品产量。包括鱼类、虾蟹类、贝类,不包括淡水水生植物。

养殖产量 指从海水养殖面积和内陆水域养殖面积中捕捞的产量。

捕捞产量 指捕捞天然生长的水产品产量。

农林牧渔业总产值:指以货币表现的农、林、牧、渔业全部产品的总量,它反映一定时期内农业生产总规模和总成果。农业总产值的计算方法通常是按农业林牧渔业产品及其副产品的产量分别乘以各自单位产品价格求得;少数生产周期较长,当年没有产品或产品产量不易统计的,则采用间接方法匡算其产值;然后将四业产品产值相加即为农业总产值。

1957年以前的农业总产值中包括了厩肥和农民自给性手工业(如农民自制衣服、鞋、袜,自己从事粮食初步加工等)。1958年及以后的农业总产值,林业中增加了村及村以下竹木采伐产值;牧业中取消了厩肥产值;副业中取消了农民自给性手工业产值,增加了村及村以下办的工业产值;渔业中增加了海洋捕捞水产品产值。1980年及以后的农业农业总产值,在副业中增加了农民家庭兼营工业商品部分产值。从1984年起村及村以下工业产值划归工业。从1993年起取消副业,将野生动物的捕猎划入牧业、野生植物采集和农民家庭兼营商品性工业划归农业。

农业增加值:用生产法计算的一定时期内农业生产活动的最终成果。其计算方法是用现价计算的农林牧渔业产值扣除各项中间投入。

1996年第一次农业普查以后,由于畜牧业产品产量年报数据与普查数据之间存在一定的差距,国家统计局农调总队对畜牧业年报数据与普查数据进行衔接,相应的畜牧业产值、增加值进行调整。

农村固定资产:是指使用年限在一年以上,单位价值在规定的标准以上，并在使用过程中保持原来物质形态的资产。企事业单位所有的使用期限在一年以上、单位价值在200元以上的房屋建筑物、机器设备、器具、工具等资产应作为固定资产统计；不属于生产经营的物品，单位价值在200元以上，并且使用期限超过两年的也应作为固定资产统计。农户所有的使用年限在一年以上、单位价值在50元以上的房屋建筑物、机器设备、器具等资产应作为固定资产统计。

农村固定资产统计调查方式由全面统计改为抽样调查。九十年代初，农村固定资产投资统计进行了初步改革，即集体部分的投资由统计部门中负责投资统计的单位通过全面统计的方式，逐级汇总、层层上报取得数据；农户部分则以抽样调查方式取得数据。由于全面统计数据存在行政干扰，农户抽样调查不太规范等原因，从1999年年报开始，农村固定资产投资全面实行抽样调查。根据农村固定资产投资调查的现实情况，本着“不重不漏、方便调查”的原则，界定了调查范围，即城关镇以下(不包括城关镇，但包括城关镇所辖的行政村)属于农村固定资产投资调查的范围。但为了保持工作的衔接，在此范围内的大中型工矿企业、县级以上直属单位所属的企业和单位的投资活动不列入农村固定资产投资调查的范围。统计原则由按所属统计改革为按所在地原则调查。具体划分为三个层次：一是乡政府所在地或镇区所在地范围内的非农户投资单位；二是行政村范围内的非农户投资单位；三是农户投资。

除涝

(1)易涝耕地面积 是指抗涝能力标准低的低洼涝耕地面积。即经过治理的“除涝面积”和尚未经过治理的或虽经过治理，但抗涝标准尚未达到三年一遇的“现有易涝面积”之和。

(2)除涝面积 指由于兴修治涝工程或安装排涝机械等水利设施(或进行改种)，使易涝耕地免除淹涝，除涝标准达到三年一遇以上者。易涝面积虽经过治理，但标准尚未达到三年一遇标准的，不做为除涝面积统计。

易涝面积＝除涝面积＋现有易涝面积(即尚未治理面积＋虽经过治理，标准尚未达到三年一遇的标准)

除涝面积＝三年至五年治理面积＋五年至十年治理面积＋十年以上治理面积

除涝面积＝上年除涝面积(上年基数)＋本年新增除涝面积－本年减少面积

治减

(1)盐碱耕地面积 是指土壤中含有盐碱，影响农作物生长，成苗率(促苗率)不足70%的耕地面积。盐碱耕地面积包括未改良的老盐碱耕地以及未改良的次生盐碱耕地和盐碱耕地改良面积之和。

(2)盐碱耕地改良面积：是指在老盐碱地、次生盐碱地上进行水利、农业、土壤改良等措施，在正常年景使作物成苗率(促苗率)达到70%以上的盐碱耕地面积。在同一块耕地上，除涝、治碱并举，应分别统计除涝面积和盐碱耕地改良面积。

(3)本年新增改良面积：是指在报告期当年(日历年度)，对尚未经过治理的盐碱耕地，采取水利、农业、化学等改碱措施，使其脱盐(碱)，达到盐碱地改良标准的面积。不包括在已改良过(已被统计除涝面积)的面积上，采取治碱措施，而被改善、提高的面积。

(4)本年养活改良面积；是指已被改良的盐碱地面积中由于建设占地、退耕养殖、工程老化失修或不合理的人为措施重又退化积盐，沦为严重影响农作物生长的盐碱耕地的面积。

盐碱耕地改良面积＝上年盐碱耕地改良面积(上年基数)＋本年新增改良面积－本年减少改良面积

水土保持

(1)水土流失面积 是指自然因素和人为因素，使山丘地区地表土壤及母质受到各种破坏和移动，造成水土流失的面积。水土流失面积应为解放初期实有的水土流失面积和解放后发展的水土流失面积之和。

(2)水土流失治理面积(又称水土保持面积)是指在山丘地区水土流失面积上，按照综合治理的原则，采取各种治理措施，如：水平梯田、淤地坝、谷坊、造林种草、封山育林育草(指有造林、种草补植任务的)等，以及按小流域综合治理措施所治理的水土流失面积总和。

(3)小流域治理面积 是以小流域为单元，根据流域内的自然条件，按照土壤侵蚀的类型特点和农业区划，在全面规划的基础上，合理安排农、林、牧各业用地，布置水土保持农业技术措施，林草措施与工程措施，相互协调、相互促进形成综合的水土流失防治体系。凡列入县级以上治理规划，并进行重点治理的，流域面积在5平方公里以上的小流域治理面积均进行统计。

(4)本年新增治理面积(也称本年新增水土保持面积)是指在山丘水土流失区,由于采取各种水土措施,或进行小流域综合治理,在报告期年度,新增加的水土流失治理面积。不包括已治理的水土流失面积,以往年度已经统计,而在本年度内又增建或更新改造水保措施,而得到提高改善的面积。

(5)本年减少的治理面积 是指在报告期内,由于各种原因,如基建占地、人为破坏、自然灾害、各类生产活动、工程老化失修等,使原已治理的水土流失面积重又产生水土流失的面积。

水土流失治理面积＝上年累计达到治理面积＋本年新增治理面积－本年减少治理面积

水库

(1)已建成水库 是指主、副坝、溢洪道、输水洞和专门建筑物,如电站、过船过水建筑物等,已全部建成或基本建成,无重大遗留问题达到设计蓄水能力,经过验收鉴定合格,正式交付使用的水库。

(2)总库容:即校核水位以下的库容。包括死库容、兴利库容、防洪库容(减掉和兴利库容重复部分)之总和,称总库容,它是水库兴建的总规模。

大、中、小型水库的划分标准

大型水库 总库容在一亿立方米及以上;

中型水库 总库容在一千(含一千)万立方米至一亿立方米;

小型水库 库容在十万立方米至一千万立方米。

堤防总长度:指建成或基本建成的河堤、江堤、海堤、湖堤、围堤,包括防洪墙等各类防洪,防潮堤防之总和,包括建国前建成或需要加固加高培厚的老堤防。但不包括单纯除涝河道的堤防和弃土形成的堤防,也不包括子埝和生产堤。所谓基本建成,是指按设计标准已经完成,已能发挥设计效益,但还留有少量尾工的工程。

农场个数:指报告期末实有农场个数。包括农垦系统内全民所有制、集体所有制和合资经营的农、林、牧、渔场个数,不包括家庭农场个数。农场应具备三个条件:(1)进行农林牧渔业生产;(2)设有场部组织结构;(3)实行独立核算。

农村居民家庭基本情况

常住人口:是指全年经常在家或在家居住六个月以上,而且经济生活和本户连成一体的人口。在外劳动的合同工、临时工和其他副业工,他们在外劳动虽然超过六个月,但其收入主要带回家中,仍要计算在内。在家居住,生活和本户连成一体的国家职工、退休人员也要计算在内。但是参军、在外居住的职工等,则不应计入。

常住人口中整半劳动力:整劳动力是指男子18周岁到50周岁,女子18周岁到45周岁;半劳动力是指男子16周岁到17周岁,51周岁到60周岁;女子16周岁到17周岁,46周岁到55周岁,同时具有劳动能力的人。虽然在劳动年龄之内,但已丧失劳动能力的人,不应算为劳动力;在劳动年龄以外,但能经常参加劳动,能顶上一个整劳动力或半劳动力的人,应计入劳动力数内。常住人口中的职工,若这些职工为劳动力,就包括在本户的整半劳动力中。

总支出:指农村居民家庭全年用于生产、生活和再分配等方面的全部实际支出。包括家庭经营费用支出、购置生产性固定资产支出、缴纳税款、上交集体承包任务、集体提留和各种摊派、生活消费支出和其他非借贷性支出。但储蓄借贷性支出不包括在内。

家庭经营费用支出:指农村居民家庭经营生产所支出的费用,包括承包集体生产的费用支出和家庭自营生产的费用支出两部分。凡是未计算收入的产品,在利用它作为原材料支出时,就不应该计算生产费用支出。库存的化肥、农药也不应该计算生产费用支出。包产户经营集体生产,仍由集体统一开支的费用,如种籽、化肥、农药等,也不应该包括在内。

其他非借贷性支出:指包括寄给和带给在外人口、赠送农村以外亲友、利息支出、租金支出、支付保险费支出、购买特许权支出、土地有偿使用费支出、其他支出等。

现金收入:指农村居民家庭年内所有家庭成员的全部现金收入。包括基本收入(即以工资形式支付的劳动报酬收入和家庭经营现金收入)、财产性收入、转移性收入和储蓄借贷现金收入。

现金支出:指农村居民家庭年内全部现金支出。包括用于承包经营生产的家庭经营费用支出的各项现金,向国家缴纳的各种税金,按承包合同上交的集体提留或承包任务的现金,购买生产用固定资产支付的现金,用于生活消费支出,转移性支出和储蓄借贷支出的现金等。

农村居民家庭平均每人总收入和纯收入

总收入:是指农村住户全年从各种来源得到的全部实际收入(包括现金收入和实物收入)。由基本收入,转移性收入和财产性收入三部分组成。

基本收入:包括劳动者的报酬收入和家庭经营收入。

(1)劳动者报酬收入:指受雇于单位或个人,出卖劳动而得到的报酬收入。包括在乡村组织中劳动得到的报酬收入、在企业劳动得到的报酬收入和其他单位劳动得到的报酬收入。

其中:在集体组织中劳动得到的报酬收入:指农村住户成员在当地县、乡、村组织中劳动得到的报酬收入。包括乡村干部和民办教师的工资、奖金、各种补贴,基本建设用工报酬,乡以上行政、事业单位工作人员的工资、奖金、补贴等收入。

在企业劳动得到的报酬收入:指农村住户成员在国营企业、集体企业、私营企业、个体企业等企业劳动,企业直接发给的工资、奖金和各种补贴收入。

在其他单位劳动得到的报酬收入:指除在集体组织和企业以外的单位劳动得到的报酬收入,包括为个人劳动得到的报酬,外出打工得到报酬等。

(2)家庭经营收入:主要用来反映以家庭为生产单位的收入水平、生产规模和经济效益情况。它是农村住户从事各项生产的收入,包括种植业收入、林业收入、牧业收入、渔业收入、手工业收入、采集捕猎收入、工业收入、建筑业收入、运输业收入、生产性劳务收入、商业收入、饮食业收入、服务业收入和其他家庭经营收入。

家庭经营产品的计价:凡是出售部分,按实际出售价格计算;非出售部分(包括自用的和结存的)按出售该产品的市场综合平均价计算。

转移性收入:包括在外人口寄回和带回、农村以外亲友赠送的收入、调查补贴、保险赔款、救济金、救灾款、退休金、抚恤金、五保户的供给、奖励收入、土地征用补偿收入和其他转移性收入。

财产性收入:包括利息收入、股息收入、租金收入、出让特许权收入、集体财产收入、其他财产收入。

纯收入:是农村常住居民家庭总收入中,扣除从事生产和非生产经营费用支出、交纳税款、上交承包集体任务金额、集体提留和摊派、生产性固定资产折旧以后剩余的、可直接用于进行农村居民进行生产性、非生产性建设投资、生活消费和积蓄的那一部分收入。它是反映农村居民家庭实际收入水平的综合性的主要指标。农村居民家庭纯收入包括农村居民全年从事生产性和非生产性的经营收入,在外人口寄回、带回和国家财政救济、各种补贴等非经营性收入;既包括货币收入,又包括自产自用的实物收入。但不包括向银行、信用社以及向亲友借款等属于储蓄、接待性的收入。计算方法为:

纯收入=总收入-家庭经营费用支出-生产性固定资产折旧-交纳税收-上交集体承包任务-其他集体提留收费-调查补贴-赠送农村外部亲友的支出。

农村居民家庭平均每人生活消费支出

生活消费支出:指农村常住居民家庭全年用于日常生活的全部开支。生活消费支出按消费类别划分包括:食品,衣着,居住,家庭设备、用品及服务,医疗保健,交通和通讯,文化教育娱乐用品及服务,其他商品和服务等消费支出。生活消费支出按消费性质划分包括:直接使用现金在市场上购买的货币性消费和自产自用实物产品的货币折价金额。各消费类别的具体内容如下:

(1)食品消费:指主食、副食、其他食品、在外饮食支出和食品加工费。其中的主食:是指各种粮食和粮食复制品的消费量折价。粮食复制品:指利用原粮加工而成的食品,如挂面、年糕等。但不包括用粮食加工成豆油、豆腐、粉条、酒。副食:包括蔬菜、豆制品、油脂类、食糖、肉、禽及其制品、蛋类、水产品、调味品等。其他食品:包括烟草类、酒类、饮料类、干鲜果品、糖果糕点、奶和奶制品、罐头类等。在外饮食:包括在外面饭馆、小吃部、小卖部、茶馆、饮食摊内吃饭、喝茶、吃冷饮时消费的各种食品。开会和住院的伙食费也应包括在内。食品加工费:指加工食品所需的费用,包括把原粮加工成副食品和其他食品的费用。

(2)衣着:指农村住户各种穿着用品及加工穿用品的各种材料等支出。包括棉花、丝棉、化纤棉、驼毛、棉布、各种化纤布、绸、缎、呢绒、各类成衣、棉、毛、丝、麻纺织品,背心、汗衫、棉毛衫裤、卫生衫裤、袜子等针织品,毛线、毛线织品、各种鞋、帽等消费品及衣着的加工修理费。但不包括用各种布料做的床上用品,室内装饰品。

(3)居住:指农村住户与居住有关的支出,包括住房、水、电、燃料等方面的支出。

(4)家庭设备、用品及服务:指农村住户消费的各种家庭设备、用品及设备、用品的加工修理费用。包括耐用消费品、室内装饰品、床上用品、家庭日用杂品等。

(5)医疗保健:指农村住户用于医疗和保健的药品、医疗器械和服务费用。包括医药卫生保健用品、医疗保健服务费和医疗卫生设备、用品加工修理费等。

(6)交通和通讯:指农村住户用于交通和通讯的工具、各种服务费、维修费用支出。

(7)文化教育娱乐用品及服务:指农村住户用于文化、教育、娱乐方面的支出。包括文化教育娱乐用品支出和文化教育娱乐服务支出。

(8)其他商品和服务:是指上述各类支出以外的商品的服务支出。其中商品性支出:包括化装品、金银珠宝饰品和其他商品。服务支出:指生活消费的服务。包括旅店住宿费、洗澡费、照相费、殡殓费等。

农村居民家庭房屋使用情况

房屋:是指有顶有墙,能遮风避雨,可用于住人放物从事生产等用的房屋。包括住房、仓库、牧区的蒙古包、帐棚,但不包括船屋。它是反映农村住户生活水平的重要标志。

新建房屋:是指全年从无到有"平地起家"的新建筑房屋。包括新址上新建和旧址上新建的房屋。在原来的房屋基础上按原有规模对房屋进行翻修或一般维修的不包括在内。新建房屋仅包括年内建成的新建房屋,未完工的在建房屋不要统计在内。

房屋面积:是指室内面积,从房屋的内墙线算起的面积,不包括房屋结构(如墙、柱)占用的面积。多层建筑,按各层面积总和计算。其中:砖(石)木结构:是指房屋的梁、柱、承重墙等主要部分是用砖、石、木料建造的,如木房架、砖、石墙、木柱、砖柱建造的房屋。钢筋混泥土结构:是指房屋的梁、柱、承重墙等主要部分是用钢筋混泥土建造的。

房屋的价值:购买房屋按购买价格计算。新建房屋价值,可按实际消耗的建筑材料和人工的报酬计算,有的地方,人工不要报酬,只管吃喝,可将吃喝的费用,当作报酬,计入房价内。原有房屋,按房屋质量和新旧程度,根据当地实际情况进行估价。对原有房屋进行大翻修的,也应考虑在内。

生活用房屋面积:指实际住人或可以用来住人的房屋面积。与住房连成一体的起居室或放置灶具的地方、专用厨房,均应包括在内。但不包括专用仓库等生产用房面积。其中的楼房面积:是指二层和二层以上的多层建筑的房屋面积,楼房面积按各层面积总和计算。

农村居民家庭平均每户生产性固定资产原值

生产性固定资产:是指农村居民家庭在生产过程中多次使用并保持原有物质形态、单位价值在50元以上,重复使用在两年以上的生产资料。包括役畜(耕牛等)、产品畜(奶牛、母猪、种公猪等)、大中型铁木农具(犁、耙、耖等)、农、林、牧、渔业机械(农田水利用排灌机械、拖拉机及机引农具、机耕船、脱粒机、剪毛机、采割机等)、工业机械(磨面机、碾米机、轧花机、榨油机等)、运输工具(汽车、挂车、胶轮大车等)、生产用房(库房、牲畜用房等)以及其他生产用固定资产。

生产用固定资产原值:是以购入该项固定资产的原始价值量,反映农村住户拥有的生产规模和能力。各类固定资产的原值,也可按开始占有这项固定资产的重新估计的价值计算。

农村居民家庭平均每人经营耕地情况

经营耕地面积:是指农村住户年末经营的全部耕地面积,包括承包集体生产的耕地面积和家庭自营地面积(自留地、饲料地和零星开荒地),经营耕地面积中,应包括因各种原因休闲和抛荒的耕地面积、改种植为养殖的耕地面积。还包括经营他人的转包耕地面积,但不包括代为他人临时耕种的承包地面积。

经营山地面积:是指农村住户年末经营的全部山地面积,包括承包集体的山地面积和家庭自留山面积。还包括经营他人的转包山地面积,但不包括代为他人临时经营承包的山地面积。

经营山地面积中植树造林面积:是按当年造林面积计算。当年造林面积按年末实际成活率达到80%以上的面积,有一亩算一亩。

经营水面面积:是指农村住户年末经营的全部水面面积,包括承包集体的水面和家庭自营水面面积。经营水面面积,包括原水面面积、新挖塘养殖面积,未挖深但已停止种植粮食作物的蓄水养殖面积。